国家社会科学基金
博士论文出版项目

马克思民主理论研究

Study on Marx's Democratic Theory

张婷婷　著

中国社会科学出版社

图书在版编目（CIP）数据

马克思民主理论研究 / 张婷婷著. —北京：中国社会科学出版社，2024.4
ISBN 978-7-5227-3082-0

Ⅰ.①马⋯　Ⅱ.①张⋯　Ⅲ.①马克思主义—民主—研究　Ⅳ.①A811.64

中国国家版本馆 CIP 数据核字（2024）第 037576 号

出 版 人	赵剑英
责任编辑	杨晓芳
责任校对	王佳玉
责任印制	王　超

出　　版	中国社会科学出版社
社　　址	北京鼓楼西大街甲 158 号
邮　　编	100720
网　　址	http://www.csspw.cn
发 行 部	010-84083685
门 市 部	010-84029450
经　　销	新华书店及其他书店
印　　刷	北京君升印刷有限公司
装　　订	廊坊市广阳区广增装订厂
版　　次	2024 年 4 月第 1 版
印　　次	2024 年 4 月第 1 次印刷
开　　本	710×1000　1/16
印　　张	22.75
插　　页	2
字　　数	315 千字
定　　价	119.00 元

凡购买中国社会科学出版社图书，如有质量问题请与本社营销中心联系调换
电话：010-84083683
版权所有　侵权必究

出 版 说 明

为进一步加大对哲学社会科学领域青年人才扶持力度，促进优秀青年学者更快更好成长，国家社科基金2019年起设立博士论文出版项目，重点资助学术基础扎实、具有创新意识和发展潜力的青年学者。每年评选一次。2022年经组织申报、专家评审、社会公示，评选出第四批博士论文项目。按照"统一标识、统一封面、统一版式、统一标准"的总体要求，现予出版，以飨读者。

全国哲学社会科学工作办公室

2023年

摘　　要

　　一直以来，马克思民主话语单纯被理解为一种批判性话语和理想性话语，马克思对民主理论的建构被指认为是"超越政治"的，真正的民主存在于消灭政治性质的国家之外。这种理解导致马克思民主理论与社会政治现实"被迫"脱节，"马克思过时论""否定革命论""意识形态终结论"等污蔑马克思的言说不绝于耳，给马克思主义造成巨大冲击和危害。事实上，马克思聚焦民主的产生和发展、在不同历史阶段制度形式的异同、发展变化的决定条件等问题，提出了关于原始社会民主、资本主义社会民主和未来社会民主的系统框架。这一理论实际包含着一条"革命政治—建构政治—超越政治"的致思理路，既有对原始民主存在基础的考察，又有对资本主义民主的揭露和批判，以及对现代民主建设的规范性话语和未来社会民主的合理设想。

　　马克思在批判吸收以往各种民主遗产的基础上实现其民主观的转型和升华，并呈现政治批判、政治经济学批判、人类学批判的多元进路。为避免单纯思想领域的研究和斗争，马克思注重吸收国际工人运动的经验教训，将民主理论深化发展于社会实践。在马克思看来，民主最初是作为观念或社会管理体制存在的，以普遍的制度化形式存在的民主始于政治国家和市民社会的分离。类概念的民主是民主的一般意义，指一切社会制度的属性，国家制度形态的民主是民主的特殊存在形式。二者都属于上层建筑范畴，有与其相适应的经济基础，物质生产关系的总和构成民主的存在论前提，生产力及生产关系的矛盾运动推动民主政治变革。民主的真正存在形式是"自主—自治"逻辑下的选择性民主,即脱离了政治性质、人民进行自我管理的社会自治组织,这一时期,阶级、国家被消灭,劳动真正获得解放。

马克思民主理论的理论视野、原理方法和策略原则在当今时代意义重大。它指明,现代国家民主政治的建构呈现"市场(社会)—国家(制度)—政党"的三维逻辑。民主制是从市民社会中抽象出来的"人的自由产物",人通过自主地创造国家制度重新使自己成为国家的主人,并以国家制度、法律等合理利用资本和限制资本以达到再塑人的存在方式的可能。政党是阶级利益的代表,是连接人民、国家和社会的中介,对现代民主政治具有调节作用。中国共产党具有集中力量办大事的优势。新时代中国特色社会主义民主政治要始终坚持中国共产党领导,处理好各类关系,深入探索制度优化、程序合理、法律完善的体制机制,以推进国家治理为契机,转制度优势为治理效能,深化落实全过程人民民主。

关键词:马克思;民主理论;当代建构

Abstract

For a long time, Marx's democratic discourse has been understood as a kind of critical discourseand ideal discourse. Marx's construction of democratic theory has been said to be "beyond politics", and true democracy exists outside the state that eliminates the nature of politics. This understanding led to the "forced" disconnect between Marx's democratic theory and social and political reality, and the "outdated theory of Marx", "the theory of negating revolution", "the end of ideology" and other smears against Marx were constantly heard, causing great impact and harm to Marxism. In fact, Marx focused on the emergence and development of democracy, the similarities and differences of institutional forms in different historical stages, and the determining conditions for development and change, proposed a systematic framework for primitive social democracy, capitalist social democracy and future social democracy. This theory actually contains a path of "revolutionary politics-construction politics-beyond politics", which not only examines the existence basis of primitive democracy, but also exposes and criticizes capitalist democracy, as well as normative discourse on modern democracy construction and reasonable assumptions of future social democracy.

Marx realized the transformation and sublimation of his democratic view on the basis of criticizing and absorbing various democratic heritages in the past, and presented multiple approaches to political criticism, political economy criticism and anthropological criticism. In order to avoid the study and struggle in the pure ideological field, Marx paid attention to absorbing the experience and lessons of the international workers' movement, and deepened the democratic theory into social practice. In Marx's view, democracy originally existed as an idea or social management system, and democracy in the form of universal institutionalization began with the separation of the political state and civil society. The concept of democracy is the general meaning of democracy, refers to the attributes of all social systems, the state system of democracy is a special form of democracy. Both of them belong to the category of superstructure and have their corresponding economic basis, the sum of material production relations constitutes the ontological premise of democracy, and the contradictory movement of productive forces and production relations promotes democratic political reform. The real form of democracy is selective democracy under the logic of "autonomy-autonomy", that is, the social autonomous organization free from the political nature and self-management by the people. During this period, the class and the state were eliminated and labor was truly liberated.

The theoretical vision, principle method and strategy principle of Marx's democratic theory are of great significance in the present era. It points out that the construction of modern national democratic politics presents a three-dimensional logic of "market (society) -state (system) -political party". Democracy is the "free product of man" abstracted from the civil society. Man makes himself the master of the country again by creating the national system independently, and uses capital rationally and restricts capital by using the national system and law to achieve the possibility of re-shaping the way of man's existence. Political party is the representative of class interests, the intermediary connecting the people, the country and the society, and has a regulating effect on modern democratic politics. The Communist Party of China has the advantage of concentrating its resources to accomplish major tasks. Socialist democracy with Chinese characteristics in the new era must always uphold the leadership of the Communist Party of China, properly handle all kinds of relations, deepen the exploration of institutions and mechanisms that optimize the system, rational procedures, and perfect laws, take the opportunity to advance state governance, turn institutional advantages into governance effectiveness, and deepen the implementation of people's democracy throughout the process.

Key words: Marx; democratic theory; contemporary construction

目 录

绪 论 …………………………………………………………（1）
 第一节　选题缘起和意义 …………………………………（1）
 第二节　国内外研究现状 …………………………………（10）
 第三节　研究思路、方法、创新与不足 …………………（30）
 第四节　本书所涉及的相关概念厘定 ……………………（32）

第一章　马克思民主理论的思想溯源 ………………………（43）
 第一节　马克思民主思想的古希腊渊源 …………………（43）
 第二节　马克思民主理论的西方近代传统 ………………（55）
 第三节　马克思与同时代思想家的民主理论关联 ………（73）

第二章　马克思民主理论的形成理路 ………………………（90）
 第一节　政治批判与马克思民主理想制度的确立 ………（90）
 第二节　政治经济学批判与民主政治现实的考证 ………（104）
 第三节　国际工人运动实践与马克思民主理论的丰富 …（115）
 第四节　人类学研究与氏族民主的新发现 ………………（128）

第三章　马克思研究民主问题的基本框架 …………………（138）
 第一节　马克思阐述民主的三种解释模式 ………………（138）
 第二节　马克思民主理论的历史唯物主义基础 …………（149）
 第三节　马克思民主理论的建构逻辑 ……………………（159）

第四章　马克思民主理论的多维度解读 (174)
   - 第一节　马克思民主理论的历史性维度 (174)
   - 第二节　马克思民主理论的社会性维度 (190)
   - 第三节　马克思民主理论的政治哲学维度 (198)
   - 第四节　马克思民主理论的政治经济学向度 (208)

第五章　"民主批评的批评"：马克思民主理论的四重辩护 (215)
   - 第一节　澄清对马克思民主观中"多数原则"的误解 (215)
   - 第二节　驳马克思是"社会民主主义者"的虚假命题 (227)
   - 第三节　无政府主义民主观批判 (239)
   - 第四节　警惕马克思民主研究中的政治虚无主义 (247)

第六章　马克思民主理论的当代建构 (258)
   - 第一节　马克思民主理论的历史地位及其贡献 (258)
   - 第二节　马克思民主理论的当代性何以可能 (267)
   - 第三节　异质性社会的民主发展问题 (278)
   - 第四节　当代中国马克思主义民主理论的建构 (289)

结　语 (324)

参考文献 (327)

索　引 (343)

后　记 (349)

Contents

Introduction .... (1)
  Section 1 Origin and significance of selected topic .... (1)
  Section 2 Research status at home and abroad .... (10)
  Section 3 Research ideas, methods, innovations and
              shortcomings .... (30)
  Section 4 Definition of relevant concepts .... (32)

**Chapter One Tracing the Ideological Source of Marx's
               Democratic Theory** .... (43)
  Section 1 The origin of Marx's democratic theory
              in ancient Greece .... (43)
  Section 2 The western modern tradition of Marx's
              democratic theory .... (55)
  Section 3 The relationship between Marx and contemporary
              thinkers in democratic theory .... (73)

**Chapter Two The Formation Process of Marx's Democratic
               Theory** .... (90)
  Section 1 Political criticism and the establishment of
              Marx's democratic ideal system .... (90)

Section 2　Critique of political economy and textual research on the reality of democratic politics ······ (104)

Section 3　The practice of international workers' movement and the enrichment of Marx's democratic theory ············· (115)

Section 4　Anthropological research and new discoveries of primitive democracy ································ (128)

Chapter Three　Basic Framework for Marx's Study of Democratic Issues ································ (138)

Section 1　Marx's three explanation of the democracy ········· (138)

Section 2　Historical materialist foundations of Marx's democratic theory ································ (149)

Section 3　The construction logic of Marx's democratic theory ·· (159)

Chapter Four　Multidimensional Interpretation of Marx's Democratic Theory ···················· (174)

Section 1　The historical dimension of Marx's democratic theory ·· (174)

Section 2　The social dimension of Marx's democratic theory ·· (190)

Section 3　The political philosophy dimension of Marx's democratic theory ································ (198)

Section 4　The political economy dimension of Marx's democratic theory ································ (208)

Chapter Five　"Criticism of Democratic Criticism": The Four Defenses of Marx's Democratic Theory ·· (215)

Section 1	Clarify the misunderstanding of the "majority principle" in Marx's democratic theory	(215)
Section 2	Refuting the false proposition that Marx was a "social democrat"	(227)
Section 3	Criticism of anarchist democratic Views	(239)
Section 4	Beware of political nihilism in Marx's democratic research	(247)

Chapter Six Contemporary Construction of Marx's Democratic Theory (258)

Section 1	The historical status and contributions of Marx's democratic theory	(258)
Section 2	Possibility of contemporaneity of Marx's democratic theory	(267)
Section 3	Democratic development issues in heterogeneous societies	(278)
Section 4	Construction of contemporary marxist democratic theory in China	(289)

Peroration (324)

References (327)

Index (343)

Postscript (349)

绪　　论

作为现代化发展的后发国家，中国乃至其他发展中国家在尚未完成现代化转型之际，西方发达国家已经在经历了现代化的种种弊端后开始对现代性问题展开反思和批判。民主作为现代性的主要内容之一，首先成为学界研究热点。自20世纪80年代以来，走出现代国家的民主发展困境一直是学术界的主体话语。究其原因，一是基于西欧和苏联社会主义运动失败的历史反思，二是基于西方民主化发展困境的现实倒逼。人们不断追问和反思：什么样的政治才是人的解放或"类生活"的最后形式？现代民主国家何以可能？本书试图回归马克思民主话语来回答和解决西方民主困境的根源性问题，在认识和厘清马克思民主理论基础上，揭露资本主义民主缺陷，以当代中国特色社会主义民主政治建设为依托，建构新时代中国马克思主义民主理论体系。

第一节　选题缘起和意义

一　"马克思与民主"问题的提出

马克思有无民主思想之争。马克思具有民主思想，一直遭受西方学者质疑。卡尔·波普尔（Karl Popper）、哈耶克（Friedrich August von Hayek）、悉尼·胡克（Sidney Hook）、萨败因（Prof. George Holland Sabine）等人依据马克思的暴力革命学说和无产阶级专政概念，指责马克思的政治思想存在民主"空场"，他们断言，马克思的政治理论即便存在民主思想，也在整个马克思学说中无足轻重。在《开放社会及其敌人》一书中，波普尔从证伪马克思的历史决定论出发，攻击马克思是"民主政治的敌人"。他认为，马克思对资本主义的批判仅是出于道义，其对无产阶级专政的考量也是一种乌托邦幻想，最终必然会导致"暴力专政的地狱"。哈耶克也不承认马克思有民主理论，他把马克思的民主观误读为专制思想，指责马克思主张的无产阶级专政是一场民主"控制"的幻梦[①]，最终流于现实的是奴役和专政，是多数人的暴政甚至纳粹主义。悉尼·胡克反对马克思主张的多数人的民主统治，强调多数并不能保证知识和智慧，必须抛弃马克思主张的大多数人统治少数人的民主思想。

民主概念之争。当前学术界存在"作为国家制度的民主"和"作为类概念的国家制度的民主"的争论，主要争论问题是民主与国家制度之间存在什么样的关系？如何理解不同国家制度的民主形式？作为国家制度属性的民主和作为国家制度形式的民主之间有何异同等，争论实质是如何看待"民主特殊"和"民主一般"的关系。国内学者林尚立指明，马克思的民主范畴是"类概念的国家制度"，这是马克思民主观区别于西方民主思想的独特之处。但对如何解读"类概念的国家制度"，学界莫衷一是。有学者认为，马克思的类民主"是无产阶级的民主，人民大众的民主"[②]，不包括虚伪的资本主义民主。也有学者持有异议，认为马克思的"类民主"是从民主价值视角谈起的，所谓"类"概念指的是民主作为一切国家制度的属性或价值，"古今中外的任何国家制度都拥有

---

① 参见 [英] 哈耶克《通往奴役之路》，王明毅等译，中国社会科学出版社1997年版，第32—35页。
② 参见孟雪静、郝志强《民主——马克思政治哲学的一种价值诉求》，《中共青岛市委党校·青岛行政学院学报》2018年第2期。

'民主制'的基因"[1]。

民主主体之争。当前学术界在民主主体的认识问题上，存在精英主义和民粹主义倾向，即后现代政治中消解和规避阶级概念的现象。首先，在强调精英和强调大众的论争中，罗伯特·米歇尔斯（Robert Michels）、古斯塔夫·勒庞（Gustave Le Bon）、奥尔特加·加塞特（Jose Ortegay Y Gasset）等西方精英主义者认为，民主是权力精英的事业，普通大众等"乌合之众"难以真正融入参与管理国家的事务中来，其理论依据主要是阶级的存在和政治地位的不平等性。民粹主义主张奉行绝对平等化、全民民主等，意图将人民概念的重心转移至平民、下层或各种弱势群体。其次，在强调民主的真实性问题上，后现代主义政治中出现了规避"阶级"甚至否认阶级的现象。尤尔根·哈贝马斯（Jürgen Habermas）提出，在国家与市民社会的二元结构中衍生出的第三种力量（政治公共领域）促使了阶级意识的隐退，厄尼斯特·拉克劳（Ernesto Laclau）、尚塔尔·墨菲（Chantal Mouffe）提出"放弃马克思主义的革命观念"。这些观点造成了对历史唯物主义的疏离，根本目的是掩盖和隐藏民主的阶级性，从抽象意义上宣扬民主的普世价值，维护资本主义的意识形态。除此之外，学界在人民何以拥有权力、人民拥有权力该如何安排和实现以及必须通过哪些措施保证它等问题上也存有疑惑。回答这些问题，亟待充分挖掘马克思民主理论的思想资源，这不仅是建构马克思主义民主话语权的需要，也是解决现代民主政治发展困境的现实要求。

民主价值之争。在探讨马克思民主价值的问题上，学界存在某些误读。其一，对民主的一般概念及普遍价值的误读。这一方面表现为西方国家以"民主的普遍性"为由对"普世民主"的宣扬，另一方面表现为当前学术界以民主的特殊性为由对"民主普遍性"的

---

[1] 林尚立：《建构民主的政治逻辑——从马克思的民主理论出发》，《学术界》2011年第5期。

拒绝，即否认民主的普遍意义。二者所犯的共同错误在于依照单一思维逻辑片面肯定或片面否定民主的特殊价值和一般特征。事实上，马克思承认民主作为人类共同价值的一般意义，马克思批判的只是资本主义宣扬的"超历史的、超阶级"的普世价值的民主概念。其二，认为马克思的民主理论与自由主义民主现实毫无关联。东欧新马克思主义者认为，自由范畴并未纳入马克思民主思想的视野，当前自由主义民主出现的困境也难以用马克思的民主理论加以解决，马克思的民主观已经过时了。在哈贝马斯看来，马克思在建构民主时对自由的建树较少，"除了预计在'过渡时期'必然出现的无产阶级专政以外，他未想象出任何别的建制形式"①。汉娜·阿伦特（Hannah Arend）虽承认马克思的自由观，但她从多数人的暴政危险出发，指责马克思将自由平等化，忽视了多数人掌权的"流氓无产者的威胁"②。

对于民主与相关概念的关系认识不清。在现有的民主研究中，民主概念被泛化，在多种语境下使用甚至被误用。首先，民主被神话化、宗教化。受思维习惯的驱使，人们对民主有着一种热忱和憧憬，理想主义色彩浓厚。其次，民主被普世化。西方国家利用其在现代化进程中的优势地位，把民主视为普世价值进行宣传，以传播其政治意识形态和价值主张。美国政治学家塞缪尔·亨廷顿（Samuel Phillips Huntington）直言："普世主义是西方对付非西方社会的意识形态。"③最后，民主被标签化、碎片化。一部分自由主义者假借民主之名，肆意宣言网络自由化、网络全球化、网络民主化，造成网络空间的污浊

---

① J. Habeas, "*What does Socialism Mean Today? The Rectifying Revolution and the Need for New Thinking on the Left*", trails. Ben Morgan, 183 New Left Review, 1990, p. 12.

② 谢亚洲、杨永强：《马克思与政治现代性问题》，《马克思主义与现实》2015年第6期。

③ ［美］塞缪尔·亨廷顿：《文明的冲突与世界秩序的重建》，周琪、张立平等译，新华出版社2010年版，第45页。

之态。在认识和评价民主问题上,学界存在对立思维倾向,对诸如民主与专政的关系、民主与法的关系、民主与集中的关系等问题认识不清。就民主与专政的关系看,学界存在把二者相对立的现象,忽视了马克思用唯物辩证法谈论无产阶级民主和无产阶级专政的关系;在回应民主与集中的关系时,执着于民主是手段还是目的,民主是自由还是约束的讨论;在民主与法的关系问题上,有学者认为马克思在其思想发展中存有一个"法学空场"。之所以存在这些误区,一是因为照搬西方民主思维逻辑,割裂了辩证统一的思维方法;二是缺乏历史思维和整体思维,割裂了马克思民主思想的历史连续性或整体性特征,在未完全了解马克思基础理论的同时,对马克思学说作出某一哲学范畴"空场"的错误判断。

马克思民主思想实现的可能性问题。20世纪,卡尔·波普尔(Karl Popper)在区分了科学和非科学原则之后,污蔑马克思的民主理论无任何实现的可能性,指责"马克思是一个乌托邦主义者"。他认为,马克思不仅没有关于民主的理论,而且是从空想性出发构建未来社会的乌托邦蓝图。哈耶克、李普塞特(Seymour Martin Lipset)等人也同样表现出对马克思民主思想的质疑,其疑问主要集中在:一方面,马克思是否具有追求平均主义之嫌。李普塞特质疑,马克思的民主思想由于过分追求平等、平均最终可能流于虚幻。南斯拉夫实践派哲学家尼古拉·斯托亚诺维奇(Nikola Stojanovic)更是公开反对马克思的共产主义民主,错把马克思的民主理想解读为"追求绝对的解放的人类状态",认为绝对平均、绝对平等的理想社会是不存在的。另一方面,人民主权观念具有诱发"极权制度"的危险。哈耶克以民主和自由相对立为由反对人民主权,在他看来,民主不仅未能实现人民自由,反而"因其自身不可限制及没有限制而变成了一种证明新的专断权力为正当的理由"[①]。从实质上看,这些质疑

---

① [英]哈耶克:《自由秩序原理》(上),邓正来译,生活·读书·新知三联书店1997年版,第130页。

都是以平均主义、平等主义等前提性预设为基础的,即他们意图从理论根源上否认马克思主义的科学性。

"民主制的消亡"和"真正的民主制"争议。马克思基于国家消亡逻辑,提出了"真正的民主制"和"在真正的民主制中政治国家就消失了"①的观点。这一观点遭到两方面的批评,一是"真正的民主制"和"民主消亡"存在逻辑上的自我悖谬,二者之间缺乏统一性认识;二是"真正的民主制"是马克思早期的提法,它与后来马克思的民主思想存在"认识上的断裂"。②这两种观点造成的后果是,要么抛弃马克思的民主观点,要么否定马克思的早期思想发展。廓清和探究这些问题,必须将马克思的民主理论研究深入到对马克思民主思想发展历程的整体把握,从民主思想史的高度研究各个历史时期思想发展特点。因此,在当前时代,我们有必要对马克思民主思想史重新进行考察,对"民主"和"共产主义","人类解放"和"国家消亡"等关系重新进行阐释,因为这些问题的解决是推进新时代马克思理论研究的前提基础。

简以以上争论,我们可以看出,对马克思民主理论的研究尚存有众多争议,而且,在众多学术争论中,马克思民主理论研究依然面临几个悬而未决的问题:

首先,民主与所有制有何关联?总体看,当前学界普遍认同的是,马克思谈及的所有制是生产关系的总和,它决定着作为政治上层建筑的民主制度,有什么样的所有制,就有什么样的社会制度。马克思提出"消灭私有制"并不代表他直接否定资本主义社会不存在民主,马克思对资本主义民主的批判是基于仅生存在政治范围内的、未落实到现实的个人的、虚伪的、虚幻的民主制度形式。但这一问题还涉及如何看待资本主义与民主、社会主义与民主、资本主

---

① 《马克思恩格斯全集》第3卷,人民出版社2002年版,第41页。
② 参见方博《去政治的政治哲学方案——马克思的"真正的民主制"》,《学术月刊》2018年第3期。

义民主和社会主义民主的关系问题，以及由这一问题引发的被称为"经济学中的哥德巴赫猜想"难题，即关于马克思"重建个人所有制"命题的争论。廓清这些难题，还需要进一步明确马克思民主范畴的科学内涵，准确把握马克思民主理论实质，以及马克思对理想的民主制度形式的政治追求。

其次，政府及国家机器在民主制中发挥怎样的作用？国家的消亡对民主发展有无实际的意义？政治民主的表现样态是国家制度，国家（政府）在民主中的地位和作用是马克思民主理论研究中的重点问题。有学者疑惑，马克思提出的"无产阶级专政和国家是否是一回事"[①]，马克思既然提出实现"真正的民主"要消灭国家，为何还强调无产阶级专政？德国学者亨利希·库诺（Heinrich Cunow）直言，无产阶级专政理论与马克思提出的"消灭阶级和国家"存在自我悖论。列斐伏尔（Henri Lefebvre）将无产阶级专政称为所谓"不足以构成一种积极的国家理论"[②]。汉斯·凯尔森（Hans Kelsen）也在《布尔什维主义的政治理论》一书中指责，马克思从生产资料私有制所有制基础指责资本主义民主，但生产资料公有化之后，阶级压迫的经济基础已然不复存在，为何马克思还坚持建立无产阶级专政？这些质疑表明，澄清无产阶级专政与民主有何联系，无产阶级专政在性质上何以有别于专制主义、极权主义，无产阶级专政与国家消亡论之间存在何种勾连，依然是当前马克思民主理论研究亟待进一步说明的问题。

最后，如何看待无产阶级政党在民主制中的地位和作用？政党和民主制度之间有何关联？雷蒙·阿隆（Raymond Aron）曾把马克思关于无产阶级先锋队理论称为"无产阶级的神话观"，污蔑马克思主义是"末世学"，认为马克思把无产阶级看成"天选阶级"，以神

---

① 参看李惠斌《从马克思的〈法兰西内战〉看中国的民主政治制度》，《当代世界与社会主义》2013年第6期。

② ［法］昂利·列斐伏尔：《论国家——从黑格尔到斯大林和毛泽东》，李青宜等译，重庆出版社1993年版，第125页。

学的方式解读了无产阶级的社会角色。保罗·蒂利希（Paul Tillich）指责马克思把无产阶级受苦受难的地位说成无产阶级对其自身历史地位的"生存性焦虑"。[①] 这些观点有意解构无产阶级及其政党在民主建设中的政治合法性和领导地位，对当前马克思民主研究产生了一定消极影响。

基于此，本书力图廓清马克思民主观的相关争论，系统阐明马克思民主理论的基本内涵，尝试在解决争议和回归本真基础上丰富马克思民主观。

二 马克思民主理论研究的当代价值和现实意义

第一，有助于澄清对马克思民主理论的误解和争议，阐明马克思主义民主理论的基本主张和价值取向。民主理论在马克思学说中举足轻重，但长期以来，马克思的民主理论被忽视、被误解甚至被歪曲：或视其为"专制"，或谓之曰"直接民主模式"，或将其纳入"民主的一般"，或对专政作民主化解释，或认为其只有批判性而无建构性，或视其为空想，或质疑其当代价值。种种错误倾向和诘难表明，马克思民主思想的本来面目被遮蔽已久。尽管在新的历史时期，学界逐渐拓宽了马克思民主理论研究的新视角如马克思的协商民主、经济民主、生态民主等思想，但依然未能从根源上肃清和解决关于马克思民主理论的重重疑惑。而且，随着西方民主制度不断出现危机，曾经饱受赞扬的西式民主陷入政治泥潭和制度困境，有部分历史虚无主义者开始散布"民主失灵论""民主过时论"，进而引发了新一轮的民主争论和反思。更有甚者虚无和否定党的领导、马克思主义指导、社会主义民主制度和道路。为正本清源，廓清马克思民主理论在民主问题上的基本原理及主张，有必要回归马克思的经典文本，"回到马克思"并"走进马克思"，在深入探究马克思

[①] 于涛：《命运与期望——论蒂利希的"无产阶级处境"理论》，《教学与研究》2017年第7期。

民主思想发展史基础上，阐明马克思民主观的理论样态和精神实质。

第二，有助于系统搭建马克思民主理论的基本框架，掌握马克思民主理论的解释权、话语权。首先，系统梳理和探究马克思民主理论，是对部分学者污蔑马克思无任何民主思想的有力回击。马克思虽没有集中论述民主问题的相关著作，但是马克思对民主问题的研究始终"在场"。从青年时代，马克思受到自由思想的熏陶及黑格尔国家观的影响就开始关注民主问题。在《莱茵报》及《德法年鉴》时期，马克思初涉民主政治的现实问题，开始将民主理想和政治现实紧密结合起来。尽管到了《1844年经济学哲学手稿》的创作时期，马克思将研究重心转向政治经济学研究，但是马克思研究转向的初衷也是想要将社会政治现实的问题深入到市民社会中去寻找。因此，就马克思民主思想的发展史看，马克思的民主理论贯穿于马克思学说的始终，系统梳理马克思民主理论的历史脉络，有助于整体全面地把握其主要观点、内在逻辑和基本特征，建构马克思民主思想的理论体系，进而打破西方国家长期占据民主解释权、评判权的话语优势，抢占民主话语权。

第三，有助于推进马克思民主理论运用于解决现代民主困境的理论自觉和方法论自觉，在回应和解答现实问题中增强马克思民主理论的现代解释力。一直以来，马克思民主思想遭受质疑和责难的理由之一是马克思所处的时代局限性导致其民主思想过时了。事实上，就马克思民主理论的本质属性看，马克思的民主思想不仅是一种理论，更是一种方法，它回答了在民主政治建设中如何认识和处理民主与专政、民主与法治、民主与科学、民主与集中、民主与自由等的关系问题，是新时代民主政治的辩证法。祛魅和创新马克思的民主理论，有助于破除西方民主发展的单线式思维，从理论实质和方法论上厘清"普世民主""超阶级民主"的话语陷阱，解决由西方民主困境引发的现代性危机。而且，就马克思民主理论的创新要求看，以问题意识展开马克思民主观与现代民主政治的对话，有助于在理论应用中丰富马克思的民主理论，为其注入时代活力。历经时代的变迁，马克思的民主理论是否依然焕发时代魅力，根本在于它能否回应和解答当今时代的民主问题。在马克思看来，西方民主国家的认同危机是现代政治领域的文明缺陷所造成的必然后果，资本主义的财产制度和经济基础决定了资本主义民主的虚假性，西方民主困境本质上是西方国家的现代性困境，这一判断在当今时代依然具有重大意义，它对于认识和解决当前民主政治建设问题提供了重要借鉴。因此，以问题为向导，把马克思民主理论与当今民主现实相洽接，既是现代民主政治发展的需要，也是马克思民主理论的创新要求。

第二节 国内外研究现状

一 国内研究状况

自20世纪80年代以来，马克思民主思想逐渐得到国内学界重视。从研究主题的分布看，国内学术界主要侧重以下问题：

（一）马克思民主思想的理论渊源研究

国内学者多是在考究民主的历史或马克思思想发展的历史时，对马克思以前的民主思想进行"渊与流"的介绍，缺乏横向视域的关系比较。[1] 主要关切的人物对象有亚里士多德（Aristotle）、斯宾诺莎（Baruch de Spinoza）、卢梭（Jean-Jacques Rousseau）、黑格尔（G. W. F. Hegel）、费尔巴哈（Ludwig Andreas Feuerbach）及与马克思同时代的赫斯（Moses Hess）、卢格（Arnold Ruge）等人。

马克思与古代民主传统关系分析。有学者从考察古代民主传统尤其是共和主义传统对马克思的影响出发，发现了马克思受古典

---

[1] 参见荣剑、杨逢春《民主论》，上海人民出版社1989年版；施治生等《民主的历史演变》，北京出版社1982年版；孙永芬《西方民主理论史纲》，人民出版社2008年版；黄达强、孙国华等《社会主义民主：跨世纪的沉思》，中国人民大学出版社1993年版；李淑梅《政治哲学的批判与重建》，人民出版社2014年版；孙伯鍨《探索者道路的探索：青年马克思恩格斯哲学思想研究》，南京大学出版社2002年版。

民主传统影响的两点原因：一是马克思对古希腊文化表现出的浓厚兴趣，突出体现在早期文本诸如《德谟克里特的自然哲学与伊壁鸠鲁的自然哲学的差别》《黑格尔法哲学批判》等著作中。① 马克思用相当多的论述讨论古代民主实践和政治生活，指出："或者像希腊那样……政治国家作为政治国家是市民的生活和意志的真正的惟一的内容。"② 二是马克思深受古典教育熏陶，这不仅体现为马克思曾正面阐述过古典共和主义的相关范畴如理性、美德等，③ 而且体现为马克思的民主思想继承了古典思想家的相关合理因素，具体是何种因素或价值理念还有待于进一步研究和考证。

马克思与亚里士多德。国内学者指出，亚里士多德的民主理论从人的政治生活出发，阐发了人作为"天生的政治动物"的意义，他设想的关于城邦政治的"幸福、自由、友爱、互惠、整体性、多样性和公正性原则"④，对后人揭示和探究好的政治生活提供了重要借鉴。有学者从马克思的国家观出发，指出马克思吸收了亚里士多德关于城邦治理思想的相关政治意涵。还有学者考察了马克思所设想的理想社会和亚里士多德时期雅典城邦的关系，认为亚里士多德设想的理想城邦政体对马克思进行民主问题研究具有借鉴意义。

马克思与斯宾诺莎。《马克思与斯宾诺莎：宗教批判与现代伦理的建构》一书是国内关于马克思思想研究的斯宾诺莎渊源的最新著作。作者以马克思早年对斯宾诺莎《神学政治论》的摘录笔记为中心，研究了马克思在意识形态批判和政治哲学方面对斯宾诺莎哲学的继承和发展，并探讨了马克思关于未来社会设想的可行性。在民

---

① 参见王代月《共和主义对早期马克思的影响研究》，《社会主义研究》2012年第2期。
② 《马克思恩格斯全集》第3卷，人民出版社2002年版，第43页。
③ 参见王代月《共和主义对早期马克思的影响研究》，《社会主义研究》2012年第2期。
④ 参见王代月《共和主义对早期马克思的影响研究》，《社会主义研究》2012年第2期。

主建构问题上,作者以分析"雅典城邦"和"巴黎公社"的关联为基础,提出了马克思的共产主义伦理是古典民主的现代重建。① 综合看,国内学者对马克思与斯宾诺莎的民主关联研究②一方面肯定了马克思在一定程度上继承了斯宾诺莎关于生命政治的主张,另一方面指出马克思批判地接受了斯宾诺莎关于自由民主的阐发。但他们同时强调,要严格区别马克思主义民主传统和西方激进主义民主传统,防止出现对马克思民主思想的误读。

在卢梭与马克思的民主关联问题上,学界存在两种声音:一种是沿袭部分苏联学者说法,认为卢梭对马克思的民主哲学影响较小;另一种则接受部分西方马克思主义的观点,认为卢梭民主哲学对马克思影响较大。在肯定方面,有学者指出,卢梭的人民主权理论给马克思的民主思想很大启发,他们在批判和揭露法国封建专制制度问题上都有着犀利的语言,都承认"暴力的统治必将被人民起义的暴力所推翻"③。国内学者张盾指出,马克思接受了卢梭政治个人主义的批判观点,在把卢梭的普遍性形式落到实处的同时超越了卢梭的政治哲学,正确认识了个人与共同体的关系,提出自由生产者联合的构想。④ 郭丽兰提出,马克思在私有产权问题上接受了卢梭社会不平等起源等思想。但也有学者认为,卢梭与马克思在民主问题上有诸多分歧,马克思的民主理论与卢梭的民主哲学有严格的政治立场界限,即无产阶级和资产阶级立场的绝对对立,二者在民主建构上也存在无产

---

① 参见冯波《马克思与斯宾诺莎:宗教批判与现代伦理的建构》,江苏人民出版社 2019 年版,第 243 页。
② 参见邹诗鹏《重思斯宾诺莎的启蒙思想》,《南京大学学报》(哲学·人文科学·社会科学) 2018 年第 1 期;邹诗鹏《马克思哲学中的斯宾诺莎因素》,《哲学研究》2017 年第 1 期;辛向阳《透镜下的政治:斯宾诺莎的自由民主理论》,《国外社会科学》2015 年第 3 期。
③ 岳麟章:《从马基雅维利到尼采:西方近代政治思想史》,陕西人民出版社 1989 年版,第 139 页。
④ 参见张盾、袁立国《对社会的再发现:从卢梭到马克思》,《马克思主义与现实》2012 年第 3 期。

阶级专政和资本主义民主共和国的差别。①

关于马克思与黑格尔的关系，国内学者普遍认同马克思解决了民主主体性本末倒置的问题，实现了人的主体性回归。关于马克思对黑格尔在政治问题上的批判，国内学者普遍认为，马克思对黑格尔的君主制理论、关于中介要素如长子继承制、等级要素问题等进行了系统阐发与批判。② 有学者还从青年时期的马克思民主观出发，认为青年马克思深受黑格尔的影响，在认识个体与共同体的关系问题上，马克思就表现出明显的黑格尔国家观的痕迹，但马克思并未停留至此，而是在比较民主制和君主制的优劣过程中，建立起历史唯物主义的民主观。但就二者的关系看，关于马克思民主理论的黑格尔传统还有许多尚待挖掘的思想资源，如当前学术界依然争议较大的"马克思是否真的误解了黑格尔的王权理论"问题。③ 尤其在当前历史条件下，展开马克思与黑格尔的思想对话，既有助于重新思考市场经济领域的规定性原则问题，又能够助力解决社会主义与国家和市场经济领域之间关系的重要难题。

费尔巴哈对马克思民主思想的影响，学界主要从三个方面进行阐述：一是费尔巴哈在马克思民主思想的转变中起到了推促作用，同时还架构起马克思和黑格尔关系的桥梁。④ 但也有学者认为，这种"桥梁说""中间环节说"存在"马克思的费尔巴哈化"倾向，即存在将马克思看成"费尔巴哈派"之嫌。事实上，马克思的思想始终是独立于费尔巴哈的，尽管受其影响，仍保持独立见解。如在私有

---

① 参见曾枝盛《卢梭及其在马克思主义中的地位》，《马克思主义与现实》2012年第3期。

② 参见李淑梅《马克思对黑格尔国家观代议制因素的批判》，《江西社会科学》2014年第2期。

③ 梁燕晓：《马克思误解黑格尔王权理论了吗？——由〈法哲学〉版本问题所引发的新争论》，《上海交通大学学报》（哲学社会科学版）2019年第2期。

④ 参见孙菲菲《马克思早期民主思想演进的理论来源概述》，《理论观察》2016年第2期。

制、关于未来社会的设想问题上都远远超过费尔巴哈。① 二是费尔巴哈的主词和宾词颠倒的方法论、政治思想对马克思的影响。有学者提出,费尔巴哈的政治思想是从宗教批判开始的,他批判封建专制对人的强迫和约束,揭露封建专制的黑暗,但是他将这种束缚归因于宗教,未看到封建专制的社会根源。在追求自由、民主理想上,费尔巴哈具有"激进主义倾向"②,对"合理的国家形式"的设想,先是主张君主立宪制,又倾向民主共和制。总的来说,这一研究思路在当前学术界还处于起步阶段,原因在于学界多认为费尔巴哈过多注重的是批判宗教和强调自然,而在政治批判上阐述较少。

卢格的民主思想属于激进民主哲学,马克思的民主理论与卢格的政治哲学有较大差异性。马克思和卢格发生联系始于1842年,在此之前,"卢格编辑的两个杂志《哈雷年鉴》和《德国年鉴》对马克思思想成长产生了影响"③。马克思不仅认同卢格对于普鲁士现实的批判,而且赞赏卢格对黑格尔法哲学的批判,并认为卢格的批判是建立在一定研究范式基础上的,在一定意义上,他开创了政治批判的"先河",对青年黑格尔派从哲学研究向政治领域延伸具有指导性意义。就差异来看,有学者提出,马克思超越了卢格的"政治理智",发现了"工人起义中的社会理智因素"④,建立起超越政治的人类解放路径,即通过无产阶级革命消灭私有制和国家制度的观点,这也是二人分道扬镳的根本原因。

马克思和赫斯。学界对二者关系的探讨集中在:一是马克思继承了赫斯关于"政治与宗教具有同质性"的观点;二是赫斯一定程度上促进了马克思民主思想的经济学转向,这突出体现在马克思的

---

① 参见俞吾金《被遮蔽的马克思》,《学术月刊》2012年第5期。
② 陈小鸿:《论人的自由全面发展》,人民出版社2004年版,第95页。
③ 王代月:《青年马克思走向政治批判的"卢格因素"研究》,《北京行政学院学报》2015年第1期。
④ 李淑梅:《马克思对卢格的批判与社会政治哲学的构建》,《思想战线》2009年第6期。

异化劳动观点上；三是马克思的早期共产主义理想受到赫斯的影响。聂锦芳教授专门提出了《德意志意识形态》研究中的"赫斯问题"，认为学术界在研究马克思与赫斯关系中存在简单化的倾向。他提出，在《德意志意识形态》中，马克思与赫斯依然是一种思想合作关系①，这一认识是关系到明确认识和把握马克思的政治转向和民主诉求的大问题。

（二）关于民主的基本内涵及特征研究

民主的定义。对民主的不同定义造成了民主一词的混乱使用。总的来看，国内学者对马克思民主概念的解读主要涉及三个层面：一是政治层面，认为马克思的民主范畴是一种国家制度或国家政治形式；二是哲学层面，认为马克思的民主范畴是一个类概念，是"人民的自我规定"②，国家制度也是人自我规定的环节；三是实践层面，认为民主是体现人民意志，保证公民权利顺利实现的体制机制。在具体的使用中，学者也主要在三个层面使用"民主"，涉及政治、经济、社会、文化、社会、生态六个领域。（1）观念层面的民主。它集中体现在人们在处理人与社会、人与人、人与自然关系上表现出来的民主意识，以及追求正义、平等、自由等的价值观念。（2）管理层面的民主，主要呈现两种状态，"自然"管理状态和国家管理状态。"自然"状态的民主出现在原始社会，恩格斯称为"自然长成的民主制"。国家管理层面的民主是在国家出现以后，从制度安排和制度设计上体现民主，除此之外，还表现为权利与权力关系的存在形式。（3）方法手段层面的民主，把民主看作一种方法，运用于管理、决策等各项活动中。

民主的特征。民主首先是个历史范畴，这是马克思认识民主问题的前提。这一属性决定了在特定的历史时期民主的具体表现形式

---

① 参见聂锦芳《〈德意志意识形态〉研究中的"赫斯问题"》，《学习与探索》2006年第5期。

② 《马克思恩格斯全集》第3卷，人民出版社2002年版，第39页。

和实现程度。有学者就学界热议的"民主是个好东西"命题，指出，看待民主需要用历史的观点。民主是在社会演进过程中形成的，是相较于专制制度的高级国家形式，但民主不是政治文明的唯一形式，国家"在不同的发展阶段所表现出来的存在方式和治理方式"不同，廓清"民主是不是个好东西""民主是不是普世的"需要承认民主的历史性特点。[①] 其次，在阶级社会，民主具有阶级性。在大多数学者看来，马克思所谈的民主不是抽象的民主，民主总是为特定的阶级服务的，这一属性决定了民主与专政是对立统一的关系，无产阶级的民主也是对被统治阶级的专政。[②] 除此之外，还有学者提出民主具有现实性、人民性、多样性等品格。

民主的本质。较多学者从马克思的国家理论阐释民主的本质，认为民主是人民掌握和管理国家的方式，它体现的是"人与国家之间的最基本的逻辑关系"[③]，人民掌握和管理国家从根本上决定了民主的真实性和有效性。也有学者从民主的发生学考证，得出了从国家理论出发的同样结论，即民主的本质是"阶级统治"，它反映的是"经济基础和产权关系的权力分配"[④]。国家政权掌握在什么人手中，及人民通过什么样的方式掌握国家权力，决定了民主的实现程度。但也有学者指出，民主的本质并非都是从国家层面理解的，从人类活动的矛盾特性看，民主的实质实际上是人民内部的利益关系问题，解决在人民内部利益关系的分配问题是民主的核心问题。

（三）马克思民主思想的发展历程研究

关于马克思的民主思想演变，国内学者普遍将其分为三个阶段：形成、发展和完善（或深化）时期。争论较大的是马克思研究民主

---

① 林剑：《民主论四题》，《马克思主义研究》2017年第8期。
② 参见白双翎《马克思主义民主的主要特征及启示》，《学术论坛》2016年第4期。
③ 林尚立：《建构民主的政治逻辑——从马克思的民主理论出发》，《学术界》2011年第5期。
④ 邱敦红：《中西民主政治论》，中国工人出版社1993年版，第3页。

问题的起点、马克思民主思想有无前后"认识上的断裂"、马克思民主思想发展史中的研究转向及促因等问题。

马克思民主理论创立的起点问题。有学者提出,马克思民主观萌芽的思想起点始于《博士论文》时期,尽管《博士论文》主要谈及的是自然哲学,但马克思已经将思想主旨指向了自由和民主。[①] 但大多数学者认同的是马克思民主思想始于《莱茵报》时期,认为马克思对普鲁士封建专制主义的严厉批判,是马克思初涉民主问题的起点。在《莱茵报》期间,马克思通过批判和揭露普鲁士的专制制度、资本主义法的本质确立了为人民争取自由和民主的理想目标,在批判黑格尔颠倒的国家观问题上,找到了研究民主问题的理论基点,即"市民社会决定国家"的基本观点。[②]

马克思民主思想发展史中是否存在"认识论断裂"问题。"认识论断裂"最先是由阿尔都塞提出的,涉及马克思思想文本的考察。他把1845年看成是马克思认识论上的断裂期,认为马克思这一时期创作的《关于费尔巴哈的提纲》及《德意志意识形态》,是其哲学思想逐渐走向科学的标志。"认识论断裂说"的意图是以马克思后期思想否定早期著作中的思想,把早期马克思思想歪曲为人道主义、唯心主义。国内学者在马克思民主理论研究中都否认马克思有前后思想的"认识论断裂"问题,但在对马克思早期提出的"真正的民主制"与后期提出的共产主义理想社会之间的差别争论、民主范畴与革命范畴的争论问题上有"认识论断裂"嫌疑。有学者认为,1844年以前,青年马克思的政治诉求是略带人本主义色彩的"真正的民主制"提法,在后期的著作中,这一概念"彻底以'共产主义'概念取代"。[③] 也有学者认为,马克思在1848年以前是以自由

[①] 参见郭丽兰《马克思民主观的文本研究》,人民出版社2014年版,第37页。
[②] 汪家焰、钱再见:《国内学界关于马克思恩格斯民主思想的研究动态及其评析》,《学习论坛》2017年第9期。
[③] 袁立国:《青年马克思论"真正的民主制"与共产主义》,《黑龙江社会科学》2017年第2期。

民主观来分析问题，但是在 1848 年以后确立了革命范畴的分析框架，尽管民主并未消失且以革命的内涵重新规定，但民主内涵已经发生了根本变化。

马克思民主思想发展史中的研究转向及促因。在马克思思想的研究转向问题上，学界普遍认同马克思有三次明显的兴趣转变，即从法哲学到政治经济学再到人类学的研究，在具体转向动因的分析上也都肯定马克思曾遇到物质利益的难题、经济学难题，以及如何回答俄国发展道路的难题。有学者也依循这一逻辑，认为马克思民主思想发展也存在哲学、政治经济学以及人类学向度的转变，但在具体的历史时期，关于马克思民主思想倾向有何变化，还有进一步挖掘和提升的空间。

(四) 马克思民主理论的体系框架研究

在体系构建上，依据不同划分标准，学者们对马克思民主理论体系有不同认识。从民主实现形式分类看，马克思民主理论包含人民民主理论、协商民主理论、党内民主理论；从民主的属性和特征看，马克思民主理论包含民主的阶级性理论，民主的社会性理论，民主的历史性理论及民主的所有制理论。从民主实现手段看，有学者提出阶级斗争、无产阶级专政和民主的统一是马克思民主的制度实践形式。[①] 除具体分类外，对资本主义民主（自由主义民主）的批判是马克思民主理论的研究热点，马克思关于原始社会民主、社会主义民主、未来理想民主的探讨等问题是存在争论但被长期忽视的重难点。

原始社会有无民主？有学者认为，马克思在晚年转向人类学研究后，对原始社会有所涉及，提出了原始社会存在民主形式，且原始社会的民主是"低级阶段的社会民主制"，其《人类学笔记》是考察马克思关于原始社会民主的较好论著。但也有学者质疑原始社会存在民主的可能性，并认为，"古希腊的民主，仅仅是一种民主制

---

① 参见王雪《马克思民主理论体系初探》，《世纪桥》2016 年第 11 期。

度形式而言，其本质不是民主的"。[①] 为回应和解决这一争论，有必要重新展开对马克思关于人类学笔记的研究。

马克思的社会主义民主思想。这一理论在当前学术界未曾作为专题研究，学者对使用"社会主义"一词还有较大争议。许耀桐教授在纪念马克思诞辰200周年时系统梳理了马克思恩格斯关于社会主义民主的形成史，指明人民民主（或称社会民主）和党内民主是马克思社会主义民主的两个重要部分，而对于马克思关于社会主义民主具体内容的阐述，许耀桐教授将其概括为"在无产阶级取得政权的新的国家里，是公民（党员）权利平等，享有言论、集会、结社自由，实行选举制、代议制、任期制、撤换制和监督制等"[②]。

关于马克思的理想民主思想研究。近年来，学界普遍关注马克思"真正的民主制"提法，也有学者提出共产主义民主概念。但在大多数学者看来，马克思的民主理想未有直接描述未来社会的民主图景，仅是提出了理想民主实现的两个条件：一是生产力极大发展，物质财富得到极大的丰富；二是政治国家消失，民主失去阶级性质和政治性质。

总的来看，国内学者对马克思民主理论的研究较多挖掘其理论渊源、思想发展史历程，注重马克思民主思想文本中关于民主的一般论述，缺乏针对性、系统性的研究，缺乏马克思民主思想与其他民主思想的对比研究，难以从本质上把握马克思民主思想的与众不同。

二 国外研究现状

国外学者拘于不同政治立场，在具体历史语境下，围绕马克思民主理论展开了众多讨论，回归、解构、重释马克思民主理论的不同流派纷纷出场，呈现出差异化理论景观。厘清这些不同思想流派

---

① 林尚立：《建构民主的政治逻辑——从马克思的民主理论出发》，《学术界》2011年第5期。

② 许耀桐：《马克思恩格斯社会主义民主思想的形成和创立——纪念马克思诞辰200周年》，《新视野》2018年第5期。

在分析马克思民主理论问题上的争议，指出其内在合理性和局限性，有利于进一步打开理解和研究马克思民主理论的新视角。

（一）解构马克思民主理论

重新定义"民主"概念，并逐渐偏离其原义。学者们对民主的认识最早来源于古希腊，其原初含义为"人民的统治"。但伴随精英民主理论的产生，人们对民主概念的认识逐渐产生分野。约瑟夫·熊彼特（Joseph Alois Schumpeter）指出："民主是一种政治方法，也就是为达到立法与行政的政治决定而作出的某种形式的制度安排。"乔万尼·萨托利（Giovanni Sartori）对这一定义进行补充，指出，民主不仅是少数人通过选举对多数人的统治，"选民的选举权以反馈的形式制约着统治者的决策"。民主的主体逐渐由人民替换为政府，民主的活动也由人民自由自觉的活动限定为国家（选举）的活动。这一定义逐渐把民主概念形式化了，民主变成了脱离于实践的、带有正当或适当评价性的抽象认知。

马克思民主理论过时论。激进主义民主代表拉克劳、墨菲攻击马克思民主理论中主张的阶级斗争、人类解放、历史决定论等是一种本质主义，污蔑马克思用经济决定政治的单一解释模式看待民主政治。[①] 他们除有意规避阶级斗争，还主张把政治自由主义与经济自由主义两者相分离。弗朗西斯·福山（Francis Fukuyama）则提出，西方民主是"人类政府的最后形式"和"人类意识形态进化的重点"，主张意识形态终结论。

马克思民主理论属于极权主义谱系。波普尔、哈耶克、塔尔蒙（J. F. Talman）等人把马克思归入现代极权主义或专制主义的代表中，认为马克思的民主思想属于极权主义谱系。在波普尔看来，马克思关于政治的思考不仅是专制的，而且是错误的。他把马克思的学说与斯大林时期的高度集权现象联系起来，提出"马克思应为

[①] ［英］恩斯特·拉克劳、［英］查特尔·墨菲：《领导权与社会主义策略：走向激进民主政治》，尹树广等译，黑龙江人民出版社2003年版，第2页。

斯大林的错误负责"的荒谬观点。哈耶克不主张民主，排斥国家干预经济。他把公有制说成是专制主义的起源，污蔑马克思是极权主义者，认为社会主义是"生产资料集体所有，中央控制与决定这些生产资料的使用"①的极权主义，政党政治与开放社会是完全不兼容的。塔尔蒙则将马克思主义同雅各宾主义相类比，提出"雅各宾主义与马克思主义乌托邦的概念具有明显的相似性"的观点②，错把马克思主张的阶级斗争和暴力革命等看成构成马克思极权主义的要素。

马克思的民主思想是一种乌托邦。西方学者普遍将马克思的民主理想看成"乌托邦之梦"，他们以马克思的相关理论观点或苏联解体、东欧剧变为由污蔑马克思是乌托邦主义者。如波普尔攻击马克思"是一个错误的预言家"③，他提出不应该对未来社会抱有规律性的设想，认为整个人类社会是由自发的秩序支配的，马克思的社会发展规律学说以及关于未来社会的预言不仅是没有根据的，而且总的来说是"一种江湖骗术"。④ 东欧新马克思主义者费伦茨·费赫尔（Ferenc Feher）、赫勒（Agnes Heller）等人提出"无产阶级的神话"及"马克思主义的乌托邦"观点，指责马克思的共产主义民主具有理想化的乌托邦色彩。

总的来说，国外学者对马克思民主理论的主要诘难，一是着眼于马克思民主理论的实现方式如暴力、革命等字眼污蔑马克思是极权主义者，或以当今社会发展变化污蔑马克思民主理论过时了。二是着眼于马克思对未来理想民主的设想，质疑马克思的民主理论无

---

① ［英］哈耶克：《个人主义与经济秩序》，邓正来译，生活·读书·新知三联书店2003年版，第119页。

② ［荷兰］雅各布·塔尔蒙：《极权主义民主的起源》，孙传钊译，吉林人民出版社2004年版，第277页。

③ ［英］卡尔·波普尔：《开放社会及其敌人》第2卷，郑一明等译，中国社会科学出版社1999年版，第142页。

④ ［英］卡尔·波普尔：《猜想与反驳：科学知识的增长》，傅季重等译，上海译文出版社1986年版，第520页。

赖以生成的社会基础。其根本缺陷在于未能实事求是地分析马克思的民主理论内涵，以现阶段的社会现实考量马克思关于特定历史阶段的民主图景。这一方面反映出马克思民主理论的时代价值遭受质疑，另一方面也表现出人们在理解马克思民主理论问题上还存在种种误解。为回应马克思民主理论所面临的挑战，必须回归其真实面貌。这也是近年来学术界呼吁"回到马克思""走进马克思"的原因之一。

（二）追溯马克思之前的民主传统

近年来，西方学术界掀起了回到马克思之前的民主传统浪潮。他们认为，马克思的民主思想沿袭西方民主政治传统，追溯西方民主传统能够有效克服现代国家的民主政治危机。其研究主要涉及：

马克思民主思想与古代民主传统的关系。汉娜·阿伦特认为，马克思政治思想与西方政治传统紧密相关，"连接亚里士多德与马克思的这条线，远比从马克思到斯大林的那条线紧密"。[①] 在她看来，马克思关于未来社会民主的构想就在一定程度上再现了古希腊城邦政治的思想。[②] 英国学者罗伯特·伯尔基（R. N. Berki）从分析马克思主义的几个来源出发，也同样得出了马克思与西方政治思想传统关系密切的观点。杰弗里·C. 艾萨克（Jeffery C. Issac）提出，在关于理想政治制度的探讨上，"马克思居于亚里士多德、马基雅维利（Niccolò Machiavelli）、卢梭等人阐发的公民共和主义传统之列"。[③] 戴维·赫尔德（David Held）在探讨民主的模式时，直接将马克思的民主思想看作直接民主模式类型。但他认为，马克思的"直接民主模式"尽管一定程度上吸收了以往民主传统的合理因素，但与古代

---

① ［美］汉娜·阿伦特：《马克思与西方政治思想传统》，孙传钊译，江苏人民出版社 2007 年版，第 6 页。

② 参见［美］汉娜·阿伦特《过去与未来之间》，王寅丽、张立立译，译林出版社 2011 年版，第 15 页。

③ 参见 David Leopold, *The Young Karl Marx*, New York: Cambridge University Press, 2007, p. 254.

民主模式相比还是不同的,与卢梭的民主观也存在一定差别。

马克思民主思想与近代民主传统的关系。在阐述马克思哲学的思想渊源时,"斯宾诺莎主义的马克思主义"是西方自阿尔都塞(Louis Pierre Althusser)以来形成的新的研究路数。有学者认为,马克思民主理论深受斯宾诺莎的影响,在其诸多笔记中较多提到了斯宾诺莎的观点。德拉·沃尔佩(Galvano Della-Volpe)及其学生科来蒂(Lucio Colletti)比较了马克思民主观与卢梭的关系,把马克思的民主思想追溯到卢梭,认为"马克思对议会制度的批判,普遍代表权理论,甚至关于国家消亡的思想"[①] 都包含卢梭的民主思想元素。法国政治思想家米格尔·阿本舒(Miguel Abensour)依据马科斯米里安·吕贝尔(Maximilien Rubel)的《卡尔·马克思:学术传记》指出,马克思的人民民主理论、自我管理的民主政治思想[②]在一定程度上也借鉴了卢梭等近代启蒙思想家的人民主权思想。奥古斯特·科尔纽(Auguste Cornu)在研究马克思的早期思想著作时,认为马克思在早期提到的"真正的民主制"观点表现出黑格尔传统,在某种程度上是受到黑格尔理性主义国家观影响的。

(三)回归马克思的民主理论范式

回归马克思民主理论范式研究存在科学主义和人道主义两种倾向。人道主义注重对马克思民主理论人本主义的阐发,认为马克思对资本主义民主现实的分析已经过时了;科学主义拒斥价值判断,认为早期马克思民主思想具有人道主义的不彻底性和不成熟性,应回归马克思的社会理论、历史决定论,以新实证主义解释马克思主义的科学。其共同点都主张从"回归"马克思主张的资本主义民主批判理论出发,对当代资本主义社会的民主现实进行批判。

人道主义倾向。西方部分马克思主义研究者注重挖掘马克思民

---

① 参见郭丽兰《马克思民主观的文本研究》,人民出版社2014年版,第194页。
② 参见 Maximlien Rubel, *Karl Marx*:*Essai de Biographie Intellectuelle*, Paris:Librairie Marcel Riviere et Cie,1971,pp. 43 – 50.

主理论的早期思想资源以阐释当前资本主义现实。在他们看来，马克思是一位人道主义者，他的"真正的民主制"设想是为建立"真正的人道主义"社会的构想。所谓"真正的人道主义"，集中体现为宣言某些理念、原则，并从这些原则出发引出具体的结论。如早期代表卢卡奇（György Lukács）、葛兰西（Antonio Gramsci）、柯尔施（Karl Korsch）等人提出从主体意识出发探索民主在社会政治中的核心作用，在透析资本主义国家的意识形态、文化霸权现象后，主张通过占领文化领导权等实现工人阶级的真正民主。20世纪四五十年代后，法兰克福学派代表霍克海默（Max Horkheimer）、阿多诺（Theodor Wiesengrund Adorno）、马尔库塞（Herbert Marcuse）等人将批判视角转向资本主义的政治民主困境，但依然基于文化范畴展开研究，总基调呈现为资本主义的文化批判。他们主张捍卫和回归马克思的异化理论，提出扬弃工具理性提高审美理性，以马克思的批判视角批判资本主义社会中的极权主义文化，以及文化与政治的勾连对主体意识的压抑现象。让·保罗·萨特（Jean-Paul Sartre）、列斐伏尔、梅洛·庞蒂（Maurice Merleau-Ponty）等人在研究马克思关于人的本质的思想基础上，提出反对殖民主义、暴力、把民主引入"历史情境"、扩展到社会生活等主张。总的来说，人道主义的马克思主义具有超历史性的特点，能够为现代民主政治提供启发。

科学主义倾向。科学主义不认同从马克思早期寻求马克思的民主理论资源，主张通过实证分析回归马克思（主义）。卡尔·考茨基（Karl Kautsky）在研究马克思民主问题上有明显的实证主义倾向，他强调，无产阶级只有通过政治斗争和无产阶级革命才能争得民主，"工人阶级不能从自称为工人的老师的那些人那里得到教育，而只能从生活条件所强加于工资劳动者的阶级斗争的经验中得到教育"[①]。相反，在对工人主体意识和作用的探讨上，考茨基关注较少。阿尔

---

① ［德］卡尔·考茨基：《社会民主主义对抗共产主义》，李石秦译，生活·读书·新知三联书店1963年版，第15页。

都塞主张建立反人道主义的马克思主义，在对民主政治问题的探讨上，阿尔都塞发展了马克思的国家理论，提出"意识形态国家机器"的观点。德拉·沃尔佩主张重新思考马克思主义与民主、社会主义与民主的关系，认为民主有"两重化身"，资本主义民主的自由和社会主义的自由根本对立。他认同马克思对资本主义民主不彻底性的批判，认为自由主义民主只是保证了少数人的权利和自由，这在一定意义上冲破了资产阶级立场的解释框架。但是德拉·沃尔佩没有从本质上看到马克思的民主理论相对于卢梭民主哲学的超越性，因而没能认识到马克思民主理论的创新性。

（四）重建当代民主理论

宪政民主思想。美国民主建制的实践家托马斯·潘恩（Thomas Paine）主张的宪政民主思想是近代西方最早弘扬法治和民主相结合的思想家。他认为，宪法既是在人民同意的契约关系基础上形成的，而且能够有效维护人民的权利和权力，保障民主有效建制。法国自由主义思想家贡斯当在《古代人的自由和现代人的自由》中也提出以宪法保障权利，以权力制约权力的宪政民主观点。他区分了两种自由即"个人自由"和"政治自由"，明确了个人权力和社会权力之间的界限，一定程度上回答了"多数人的暴政"隐忧的问题，为后来的民主政治规范注入了法治观念。

精英民主论。19世纪，精英主义萌芽，开始致思"多数人暴政"危险。马克思·韦伯（Maximilian Karl Emil Weber）是早期精英民主理论的代表，他从分析现代性的特质入手，指出官僚制是现代性的弊端。他主张在"经济上保持自由资本主义，政治上则需要实行议会制和民主化"[1]，用民主维持权利与权力的平衡，实行官僚民主制。[2]

---

[1] 郭为桂：《现代性与大众民主的逻辑——马克斯·韦伯的政治社会学分析》，《东南学术》2007年第3期。

[2] 参见陈炳辉《西方民主理论：古典与现代》，中国社会科学出版社2016年版，第19页。

20世纪的精英民主理论以熊彼特为代表，他主张民主政治是通过竞争性选举实现的，人民的民意体现为对选票政治家的接受和拒绝。萨托利在熊彼特的竞争性民主基础上，提出了反馈机制，主张选民对于政治家精英的制约。在当代，精英民主理论受到质疑，主要争议在于精英代表是对民主的限制还是增益？精英民主是否能够保证多数人的民意？

协商民主理论。20世纪后期，西方协商民主理论兴起，至今仍较盛行。代表人有哈贝马斯、约书亚·科恩（Joshua Cohen）、詹姆斯·博曼（James Bohman）等。科恩指出，协商民主是通过"民主联合体"实现协商，其主要形式是"公共论辩"和"说理"，最终达到收集解决问题的意见。哈贝马斯以其交往理论为基础，提出公民在交往中基于话语协商达成共识性意见。他还提出了建立在协商式对话基础上的"双轨的商议性政治的概念"[1]，主张建立双轨商谈民主制度。国内学者陈炳辉指出，这一提法主要是"阐明了正式的政治制度民主和非正式的公共领域的商谈民主的内在联系"。[2] 博曼提出"协商多数统治"观点，这一提法是为解决哈贝马斯"双轨商谈民主制度"的缺陷，即无主体性、公众意志的转换缺陷。这对于我们理解当前的协商民主复杂性起到了较为积极的作用。

多元民主理论。英国政治学家拉斯基（Harold Joseph Laski）是多元主义的创始人。他认为，"一个国家不应该存在一个权力无限的主权者，权力应该分散于社会各领域和职能主体中"[3]。罗伯特·达尔（Robert Alan Dahl）是多元民主论的集大成者。他认为民主应该是多元的，对于"多元"的解释，他指出："'多元'和'多元论

---

[1] ［德］尤尔根·哈贝马斯：《在事实与规范之间：关于法律和民主法治国的商谈理论》，童世骏译，生活·读书·新知三联书店2003年版，第378页。

[2] 陈炳辉：《西方民主理论：古典与现代》，中国社会科学出版社2016年版，第35页。

[3] 陈炳辉：《西方民主理论：古典与现代》，中国社会科学出版社2016年版，第22页。

者',这两个术语都指组织的多元论,也就是一个国家范围内许多相对自治的(独立的)组织(子系统)的存在。"① 但是达尔的这一想法在 1985 年发生了转向。在《民主理论导言》一书中,达尔指出,社会各职能主体并非都能构成为民主的主体,在现实世界中,经济上的不平等造成了理想多元民主的困境,事实上,现实的民主依然是少数人对多数人的统治。对此,达尔提出"建立合作型的所有制,把民主扩展到车间和一般的经济生活中去"。② 达尔的理想的民主和现实的民主思想对于我国的民主建设在一定程度上具有借鉴意义,启示我们在民主建设的过程中,不能局限于政治,而且要深入到制约上层建筑的经济基础。

共识民主理论。阿伦·利普哈特(Arend Lijphart)是共识民主的代表。他的这一思想的形成有一个过程。起初,利普哈特是在认识到多数民主的缺陷后提出建设"结盟民主"(也有学者称为"协和型民主")的,即主张在"一个种族、民族、宗教、语言高度异质化的多元社会中实现权力分享,并且具有包容性、妥协性的新的民主形式"。③ 在进行相关的实证分析后,他又发展了这一思想,提出"共识民主"。在利普哈特看来,共识民主克服了"多数民主"的诸多缺陷如"多数人的暴政"等,提倡"尽可能多的人的统治",能够更好地实现民主化和政府绩效,提高社会治理效率。一定意义上说,共识民主理论主张的"和谐、包容、协商"等原则,对于民主建设是十分有益的,但是其本身也存在缺陷。国内学者包刚升教授指出,首先在类概念上,共识民主是存在瑕疵的,它是否与多数民主存在模式上的分野也未明晰。其次,在研究设计上,利普哈特的共

---

① [美]罗伯特·达尔:《多元主义民主的困境:自治与控制》,尤正明译,求实出版社 1989 年版,第 5 页。
② 陈炳辉:《西方民主理论:古典与现代》,中国社会科学出版社 2016 年版,第 24 页。
③ 陈炳辉:《西方民主理论:古典与现代》,中国社会科学出版社 2016 年版,第 274 页。

识民主模式也存在一定问题,如变量过多、样本选择存在系统偏差等。因此,在对共识民主借鉴时,我们需要进行批判性研究和反思。

后民主理论。伴随着西方民主运行机制出现危机,西方民主理论研究领域兴起了后民主理论,主要发起人是法国哲学家雅克·朗西埃(Jacques Rancière),经美国政治学家谢尔顿·沃林(Sheldon S. Wolin)的进一步阐述,后民主理论与现实发生对接。后民主理论认为民主制度的演化遵循抛物线式的轨迹,当前西方民主正处于下行阶段,即"徒有民主制度之表,无民主运行之效"。对此,国家应该限制企业精英权利、启动政治实践改革、扩大公众政治参与等。这一理论一经提出就引起较大争论并备受质疑,但对于我国民主建设而言,无疑提供了一种审慎民主运行机制的新视角。

民主解固理论。以罗伯特·福阿(Robert Stefan Foa)和雅恰·蒙特(Yascha Mounk)为代表的西方学者提出了"民主解固说"。他们认为,西方民主在全球范围内出现衰退甚至失灵表明,西式民主的稳定性难以为继。弗朗西斯·福山曾直言:"现代发达民主国家的特征之一,就是随着时间的推移,已越发僵化,使制度调整变得越来越难。"[1] 罗伯特·福阿和亚夏·芒克提出,现代国家"最佳整体的选择"不是着眼于"民主巩固",而应该着眼于民众对民主统治方式的忠诚度,民众对非民主政体的抗拒程度以及意图削弱或推翻自由民主制核心要件的反体制政党或政治运动所拥有的政治实力或影响力。[2] 这些既是衡量现代国家民主质量的指标,也是实现真民主的"预警信号"。有学者质疑,仅通过民众的态度就评估民主的好坏失之偏颇,"这只能反映出民众对民主这一抽象概念的态度"[3]。也

---

[1] [美]弗朗西斯·福山:《政治秩序与政治衰败:从工业革命到民主全球化》,毛俊杰译,广西师范大学出版社2015年版,第410页。

[2] 参见轩传树、薛雁方《从"民主巩固"到"民主解固"——西方自由民主研究范式转型》,《当代世界与社会主义》2023年第3期。

[3] 轩传树、薛雁方:《从"民主巩固"到"民主解固"——西方自由民主研究范式转型》,《当代世界与社会主义》2023年第3期。

有学者认为，仅从民主巩固的方面谈西方发达国家的民主，最终会陷入单线式思维逻辑，民主解固既是基于西方民主困境的现实考量，也是为解决西方民主危机进行的新的民主范式的研究和思考。该学说的提出及其展开在一定程度上反映出国际社会民主发展的现实，对于我们认识西方民主的发展变化有借鉴意义。其提出的关注民众的思想表达也在一定程度上对于我们吸收西方民主教训与经验具有进步意义，进而为我们全面认识西式民主的本质提供了一种别样视角和契机。

国外学者对马克思民主理论的重构远不止此，但总的来说，贬责有余，立新尚浅。其建构途径更多注重在资本主义制度体系框架内思考民主问题，尽管提出了一些协商自治、合作、产权民主等新的民主建构路径，值得我们参考和研究，但最终囿于维护资本主义统治而流于形式和虚幻。

三　关于国内外研究现状的总体思考

综合来看，学界对马克思民主理论的研究已然卓有成效，研究视角也在不断拓宽，但依然存在尚待挖掘的空间：

第一，学界聚焦于对马克思民主理论的内涵、本质、特征等进行论述，对其思想渊源研究尚显不足，且较多研究侧重于思想史梳理，缺乏对比研究，对西方民主传统何以影响马克思，以及马克思何以继承传统民主遗产的阐述较为模糊。在此方面，西方学者关于马克思与西方政治传统的研究虽值得借鉴，但其意识形态批判色彩浓厚。

第二，现有研究成果较多侧重于马克思关于资本主义民主的批判研究，对马克思关于民主制的历史演进挖掘不够，一定程度上遮蔽了马克思民主理论的整全性研究。

第三，部分研究存在方法论上的误区，使得马克思民主理论遭受一定误解和批评。或对马克思民主文本单个抽离和片面考察，或脱离实际问题强行进行时代解读。这造成的后果是，对马克思民主话语进行泛泛而谈，忽视了其本真精神。

为此，本书力求在吸收现有成果基础上，回归经典文本，挖掘马克思民主思想的理论资源，"原原本本"地展现马克思民主观原貌。同时，结合当前民主发展困境，加强马克思民主理论与时代对话，用马克思民主理论回应和解答现实民主问题。

第三节 研究思路、方法、创新与不足

一 研究思路

关于马克思民主理论的研究，本书主要围绕两个核心问题，一是马克思民主观是否自成体系以及核心内容是什么？回答这一问题需要立足于马克思民主理论的相关文本，通过系统梳理马克思民主思想的发展历程，追问马克思研究民主问题的理论旨趣；二是马克思民主理论与现实民主政治有何关联，其能否解答当前西方民主政治的发展困境？这一问题关乎马克思民主理论的时代价值，对建构当代马克思主义民主理论、批判和反驳"马克思民主理论过时了"等问题颇为重要。基本思路如下：

其一，对马克思民主理论的思想渊源等前提性问题进行考察，具体展开步骤：一是梳理对马克思民主理论产生重要影响的思想先驱的民主理论；二是梳理与马克思发生过直接联系的民主思想家及派别；三是展开马克思与同时代思想家的政治理论的比较。

其二，立足文本，深入分析马克思民主思想的发展历程。基于马克思在不同时期民主研究兴趣的转变，将其发展历程分为政治批判、政治经济学批判、对国际工人运动实践经验总结、人类学研究四个部分，并针对每一部分系统阐述马克思民主思想的核心议题。

其三，系统分析马克思研究民主问题的基本框架，将马克思对民主内涵的阐释分为三种模式，即"类—种"逻辑的类概念民主、

"统治—服从"逻辑的认同性民主、"自主—自治"逻辑的选择性民主。同时，在深度把握其历史唯物主义基础上，明确马克思建构民主的基本逻辑。

其四，从多维度对马克思民主理论进行解读，并批判和反驳马克思民主理论遭受的诘难和质疑。首先，基于历史维度，从原始民主、资本主义民主、无产阶级专政与民主和"真正的民主制"四个方面系统阐述马克思的民主理论，回应民主与所有制、国家机器与民主、政党与民主的关系。其次，基于社会维度、经济学维度、政治哲学维度阐明马克思历史唯物主义民主观的基本原理及其内含的经济学和政治哲学意蕴。最后，对关于马克思民主理论研究中的歪曲化、虚无化问题加以澄清和批判。

其五，依托当今民主现实，展开马克思民主理论的当代建构，阐明在异质性社会、中西民主差异中如何建设21世纪的马克思主义民主理论。

二 主要研究方法

第一，"返本"。本书主要依托马克思关于民主问题研究的文本及相关文献，系统梳理马克思民主思想发展的几个历程，以"回归经典"方式对马克思民主理论进行文本的深度耕犁。

第二，史论结合。为避免陷入盲目的史料堆砌，本书注重史论结合，坚持论从史出，力求保证学术的严谨性和科学性。

第三，对话。为深入探究马克思民主理论的独特品质，本书坚决抛弃把理论"拿来就用"的错误做法，坚持以开放的态度展开马克思民主理论与现代民主政治发展的对话，以求从对话和争论中廓清马克思民主理论的本质内涵和精神实质。

第四，开新。与时俱进是马克思主义发展的要求。在坚持把马克思民主理论应用于指导当前民主实践的基础上，本书力求展现马克思民主理论的时代价值，探究当代中国马克思主义民主理论的建构路径，进一步丰富马克思民主理论研究。

三 可能存在的创新之处及不足

首先，基于文章内容、结构与方法，本书可能存在的创新之处：

一，系统梳理了马克思民主理论的思想渊源，明确了民主概念的原初语境和马克思民主理论的西方民主思想传统。

二，概括和总结了马克思研究民主的三种解释模式，并尝试从历史性、社会性和政治哲学维度搭建马克思民主理论的基本框架，对当前学界研究尚显薄弱的马克思原始民主理论、共产主义民主理论进行了系统研究。

三，本书可能存在的最大创新在于尝试分析了马克思民主理论的建构逻辑，以及马克思关于异质性社会民主发展的规范性话语，提出了马克思民主理论中关于现代社会民主政治建设的"市场（社会）—国家—政党"三维建构逻辑。这在一定程度上弥补了当前部分学者仅将马克思民主理论研究停留在对资本主义民主的批判性话语和对未来社会民主设想的理想性话语上的不足，凸显了马克思民主理论的当代价值和现实意义。

其次，限于文章篇幅及笔者研究资质，本书存在以下不足：

一是理论水平尚浅，凝练语句功底较弱，文章略显冗长。

二是对异质性社会民主问题的考察尚显粗浅，在对社会主义市场经济和社会主义民主政治关系的论述上着墨不多。

第四节 本书所涉及的相关概念厘定

一 民主的基本内涵

民主的词源学考察主要围绕"民主概念何时产生""民主的原初定义""民主一词经历了什么样的演变"三个问题展开。

据相关学者①考证,西方使用"民主"一词,最早见于古希腊,本意是"民众作主"。约公元前5世纪,古希腊历史学家希罗多德(Herodotus)将"民主"一词与政治相联系,在《历史》一书中将雅典的政治制度称为民主政治。他认为,民主政治的特点是公民直接参与政权,政事"取决于民众"。随后,"民主"一词开始在政治领域使用,被赋予政治权力意蕴,称作"多数人的统治或权力"。亚里士多德直接将民主作为制度模式来探讨,指明在民主政体中,"政事裁决于大多数人的意志,大多数人的意志就是正义"②。但亚里士多德并未从政治制度本身讨论民主,而是立足于人的生活,以"相当多的人生活在一起,其目的是什么"发问,指出民主政治制度是维护个人美德的"惠而不费"的方式。罗马时期,"民主"一词未广泛使用,"罗马人自己从来没有用民主这个词来解释或是衡量他们自己的政治措施"③,罗马语言常用"共和""自由"等词表述其政治思想。如波利比阿(Polybius)认为民主需要与贵族、君主相联系,脱离这些因素,民主就是最坏的政治类型。总的来说,就古代政治学家等对民主的态度看,古代民主具有两层含义:一是颇受赞扬的褒义民主,主要代表是伯里克利(Pericles)。伯里克利在《演说》一文中指出,民主政体是"政权在全体公民手中,而不是在少数人手中"。④ 他把自由、法制和平等看成是民主政治的三个基本原则,称颂雅典民主实现了个人对雅典共同体的"终身依附"以及共同体自觉的"公众裁断"。二是贬义的民主,代表人有柏拉图(Aristocles)、色诺芬(Xenophon)。柏拉图、色诺芬批评民主是"一种专横而极为丑陋的观念"⑤,

---

① 李铁映:《论民主》,中国人民大学出版社2007年版,第2页。
② 施治生、沈永兴:《民主的历史演变》,北京出版社1982年版,第3页。
③ [英]约翰·邓恩:《让人民自由:民主的历史》,尹钛译,新星出版社2010年版,第51页。
④ [古希腊]修昔底德:《伯罗奔尼撒战争史》(上),谢德风译,商务印书馆1960年版,第130页。
⑤ [英]约翰·邓恩:《让人民自由:民主的历史》,尹钛译,新星出版社2010年版,第40页。

指出"雅典的民主不是什么值得表扬的盛事"①，因为它削弱富人的权力去补益穷人，未包含全体人民，如奴隶、妇女、异邦人等并非完全意义上的公民。他们还批评民主作为"多数人的统治"难以与非理性、知识寡陋的平民摆脱干系，容易引发"多数的暴政"。此时，民主概念还未有"权利制衡"意味，其基本特征是公民直接参与管理国家，属于直接民主。

近代以来，伴随人口、疆域的扩大，民族国家兴起、权利意识觉醒，"民主"一词因其语境尴尬和次级概念的混乱被众多学者重新定义。霍布斯（Thomas Hobbes）从自然科学方法论出发，第一个认识到主权观念的重要性。他首次对权利和法做出区分，指出，国家的建立源于公民让渡"权利"，国家与公民的关系体现为权利和权力的交换关系。霍布斯提出被授权的强权政治的说法，认为民主是某些人的意志对另一些人的力量的服从。洛克（John Locke）也从权力与权利的关系出发认识民主，但与霍布斯不同的是，他强调现代国家中公民让渡的是"权力"而非"权利"，他主张用宪政民主实现个人权利，通过法治对政府进行权力制衡和监督。罗尔斯（John Bordley Rawls）将关心权力的来源转向"权利的分配"，将民主引向了正义、公平等领域。综合看，近代以来，关于"民主"的定义有三种版本较为典型：一是字面上的定义，把民主定义为"人民的统治"。这一定义引发了三个问题"谁是人民""如何统治""民主的真伪"。美国学者萨托利通过归纳"人民"的六种定义②说明了这一定义的含混性，指出"人民"本就个历史概念，"权力"一词也存在归属关系或行使关系的争议，权力的持有者和权力的实际施行者之间其实也有较大差别。但萨托利由于脱离和规避"人民"的阶级性分析，最终导致"人民"的虚幻建构，将人民看成抽象的"无定

---

① ［英］约翰·邓恩：《让人民自由：民主的历史》，尹钛译，新星出版社2010年版，第40页。

② 参见［美］乔万尼·萨托利《民主新论：当代论争》（上），冯克利、阎克文译，上海人民出版社2015年版，第47页。

形的集合体"。二是程序上的定义,把民主定义为选民通过选票、竞争选举等手段获取权力的行为。这一定义更注重民主的运行程序,忽视了人民在民主体制中的实际地位,从而也引发了经验主义、精英主义、弱主体性等一系列问题。三是条件依附上的定义,把民主与法治、公平、正义、自由等范畴联系起来,形成较为泛化的"复合型民主"① 概念。基于对民主的多重定义,民主的内涵、外延及其形式随之扩大化了。

中国先哲使用民主一词,最早见于《尚书·多方》(约公元前11世纪,早于西方约6个世纪)。《尚书》言,"乃惟成汤,克以尔多方,简代夏作民主""天唯时求民主",其词义是民之君主,与西方民主词义大相径庭。其中也有诸多关于民主意识及民主精神的记载,如《尚书》中提到的"民惟邦本,本固邦宁"(《五子之歌》)、"天视自我民视,天听自我民听"(《泰誓》)等。春秋时期,有学者从神学出发解释民主,认为"民,神之主也,是以圣人先成民而后致力于神"(《左传·桓公六年》季梁语)。对此,有学者从民主实体组织的起源出发,提出民主最早出现于中国的尧舜时代。但就民主的本真含义看,当时中国先哲、政治学家提出的"民主",并不是强调"主"为民,而是强调"主"由上天选择,是民之首领,民需接受主即统治者的统治。冠以权力和权利的西方民主概念是近代中国人通过译介和启蒙传入的。中国近代的民主思想遵循的是从制度层面到思想层面的逻辑,在"救亡压倒启蒙"的时代背景下,带有"集体主义"价值观的民主思想逐渐代替西方以"抽象的个人"为主体的自由主义民主。随着十月革命一声炮响,马克思主义传入中国,中国人民最终选择了历史唯物主义的民主观。

马克思主义经典作家多用政治权力、共同利益、阶级斗争、专政等词来阐述民主内涵。马克思说,"民主"一词在德语中释义为"人民当权的","权"即指"政治权力"。在民主制中,权力属于人

---

① 包刚升:《民主的逻辑》,社会科学文献出版社2018年版,第38页。

民，人民在整个国家的政治生活中属于决定性的环节，国家的人民就是这个国家的民主。因此，民主概念不可或缺地存在三个条件：一是民主的主体是被国家法律规定了的全体公民；二是人民和国家及其制度的关系是存在与被存在的关系，任何国家制度、法律都是由人民设立并为人民服务的；三是国家意志体现为"人民意志"，人民是"决定性的环节"[①]。马克思指出，民主是共同利益的体现，这种共同利益在政治生活中体现为"公共意志"，通过"国家这种与实际的单个利益和全体利益相脱离的独立形式"[②]，即"虚幻的共同体"的国家形式。但由于一切政治权力是以"某种经济的、社会的职能"[③]为基础的，民主始终与经济社会紧密相关，并归根到底由经济社会中的生产关系决定。这决定了民主本身是具有一定的阶级性的，民主制不是要消除阶级的对立，反而表现为占统治地位的阶级对被统治阶级的专政。恩格斯在《家庭、私有制和国家的起源》中指出："民主共和国并不消除两个阶级的对立，相反，正是它才提供了一个为解决这一对立而斗争的地盘。"[④]

为避免抽象、空泛地谈论民主，马克思主义经典作家对"人民的统治"之"人民""统治"的具体概念作出明确阐释。人民是一个历史概念，是现代政治的产物。在现代国家中，人民是政治国家的抽象，政治国家的抽象是现代的产物。马克思在《〈黑格尔法哲学批判〉导言》《论犹太人问题》等文中指出，现代国家通过政治革命完成了政治解放，使人民通过国家这个中介完成对宗教的政治超越，"在政治上从某种限制中解放出来"[⑤]。但政治解放并没有消除人对宗教的崇敬和敬畏，现代国家这个中介依靠政治制度的确立和

[①] 俞可平：《马克思论民主的一般概念、普遍价值和共同形式》，《马克思主义与现实》2007年第3期。
[②]《马克思恩格斯文集》第1卷，人民出版社2009年版，第536页。
[③]《马克思恩格斯文集》第9卷，人民出版社2009年版，第190页。
[④]《马克思恩格斯文集》第4卷，人民出版社2009年版，第88页。
[⑤]《马克思恩格斯文集》第1卷，人民出版社2009年版，第28页。

政治生活的运行，构建鲜明政治性的人民生活。人民只是在政治上作为现代国家的公民出现的，在市民社会领域，人民是"孤立的、退居于自身的单子的自由"①，即独立自在的单子式的、自私自利的人。作为集体概念的人民是以互相对立的两大阶级——资产阶级和无产阶级出现的，资产阶级通过政治革命建立起资本主义国家，成为占统治地位的阶级，强调所谓"人民主权"，在政治上标榜本阶级执政的合法性，实际代表的却是"少数人"的利益。无产阶级是资产阶级的掘墓人，根本上代表绝大多数人的利益，并始终进行着"为绝大多数人谋利益的独立的运动"②。马克思坚信，只有作为统治工具的国家机器开始消亡，即无产阶级推翻资产阶级的统治，建立起无产阶级的专政，人民才不仅在政治领域而且在经济领域中出现。无产阶级专政是正在消亡的国家，在无产阶级专政下，人民的主体地位真正确立，人民得以成为社会的主人。当整个社会"达到消灭一切阶级和进入无阶级社会"③即阶级不复存在，国家完全消亡的时候，人民概念将失去政治意义，作为"共同体中的成员"存在。由此，人民的真正出场是国家开始消亡，社会的大多数实现当家作主。

马克思主义从多维度界定民主概念。就其政治形式看，民主是一种国家形态，也是一种国家治理方式。就其政治属性看，民主是建立在一定经济基础之上的政治上层建筑，既属历史范畴，又是阶级范畴。阶级范畴的民主是实现阶级利益的政治形式，本质是一个阶级对另一个阶级的统治。历史范畴的民主是人类历史发展到一定阶段的产物，属于国家制度的最高形式，亦即最后形式，它伴随国家的消亡而不复存在。就其功能和作用看，民主是将国家意志上升为普遍的人民意志，是实现人类解放的重要手段。从过程或程序的

---

① 《马克思恩格斯全集》第3卷，人民出版社2002年版，第183页。
② 《马克思恩格斯文集》第2卷，人民出版社2009年版，第42页。
③ 《马克思恩格斯文集》第10卷，人民出版社2009年版，第106页。

角度看，民主是一套保证公民权利得以实现的有效机制。就其政治价值看，民主是人类政治文明的追求对象，其价值范畴包含平等、正义、自由等元素，它涉及政治思维的提升、生活方式的表达，是一种人际交往规则、一种利益协调机制。

二　民主相关概念的辩证关系

民主与民主政治。与民主制度相比，民主政治是由一整套复杂政治体系构成的，依凭公共权力，采用民主的办法和平解决或缓解冲突，实现公民有效行使权利的完整系统。基于民主概念的阶级性和历史性，现实的民主政治是具体的，具有普遍性和特殊性，其普遍性集中体现在：其一，实行民主政治的国家在形式上都实现了民意政治，即都承认国家的权力属于人民。其二，不同性质的国家能够享有相同的实现民主政治的方式方法，如选举、协商等。其三，民主政治的实际过程都表现出阶级性。在不同的阶级本质上，各民主国家的民主政治又由此表现出特殊性和差异性：首先，不同国家的民主政治都是为特定的阶级服务的。其次，民主政治的具体实现形式依赖于本国国情并反映国家的阶级本质。因而，衡量一个国家是否民主，可以从以下几个方面着手：一是国家权力归谁所有；二是国家运行由谁管理；三是国家机关为谁服务。

民主与民主理想。从认识论看，民主包含事实层面的描述性认知和价值层面的规范性认知，是历史观和价值观的统一。民主的历史观实质上反映人们对特定历史阶段民主实践的历史选择和实现程度，民主理想包含人们对理想社会制度的设想和期盼。二者存在是与应当的差别，一方面，民主理想涉及"人民的统治"在逻辑上理应是什么样的理想类型，另一方面，民主的现实反映和回答民主理想是否具有可操作性及实现这种类型需要的可能性条件。基于民主理想在一定程度上具有超前性和预见性，现实的民主和理想的民主总是表现出一定偏差。仅限于理想化的价值追求，民主就会陷入至善论的乌托邦主义，过于关注民主事实或具体程序的安排，民主也会陷入经验主义或技术至上主义的窠臼。因此，辩证看待二者的关系，是正确认识和建设当前社会民主政治的前提和基础。

民主和专政。民主和专政实质上是一体两面的。民主的阶级性决定了任何国家的民主政治都是一个阶级对另一个阶级的统治，对统治阶级实行民主，对被统治阶级必然实行专政。二者既相互对立，又相互依存、相互影响。对于马克思、恩格斯在《共产党宣言》中表述的"工人革命的第一步就是使无产阶级上升为统治阶级，争得民主"①，列宁将其称为"无产阶级专政"②思想。列宁认为，"无产阶级争得民主"和"无产阶级专政"是同一问题的不同思想表述。就二者的依存关系看，民主的主体和专政的对象必须是同时存在的，表现为相互对立的阶级，并互为存在的前提。专政的对象消失了，民主制度也将不复存在。无产阶级专政的目的是建立"民主共和国"，在"民主共和国"内民主政治的实现需要依赖稳定的政权，从而不得不对敌对势力实行专政。就对立关系看，二者相互排斥。被压迫阶级组织成为统治阶级，压迫阶级就成了被统治阶级。但并不能因此将其称为"极"与"非极"的关系，"在对立里，相异者并不是与任何他物相对立，而是与它正相反的他物相对立"③，当无产阶级专政失去存在的意义时，民主也愈加完全，失去了它原来的阶级统治的性质，演化成为人们习惯性遵守的社会自治形式。

民主与法治。民主和法治是相辅相成的辩证关系，二者相互依存、相互作用。就功能看，民主的实施保障人民掌握国家主权，法治是民主政治实现的基本要素，离开法治的民主不是好民主且难以实现，离开民主的法治不是真正的法治，从根本意义上说，法治本质上是为民主服务的。有些人把民主与法治对立起来，认为普通民众的素质不适合民主政治，中国现在应当推行法治，而不应当推行

---

① 《马克思恩格斯文集》第2卷，人民出版社2009年版，第52页。
② 《列宁全集》第31卷，人民出版社2017年版，第22页。
③ [德]黑格尔：《小逻辑》，贺麟译，商务印书馆1980年版，第257页。

民主。这种观点将民主与法治割裂开来了，实际上是以法治来否定民主。从政治权力的角度看，民主实际上是将权力制度化。但由于现行的民主多是代议制民主，民主政治难以避免地存在两种倾向：一是威权主义倾向，二是民粹主义倾向。这就需要民主的法治化，即依据法律实现权力的公平与公正。就此，有学者提出法治并不是要维护"上层群体之社会、政治或是经济特权"，而"侧重在捍卫规则和秩序"①。历史唯物主义深入法的本质属性，指明法治同民主一样，都反映和体现统治阶级的共同意志。但法本身"不受他们之中何一个单个人的任性所左右"②，法律是"社会共同体的、由一定物质生产方式所产生的利益和需要的表现"③。它同民主规定"权力的来源"不同，法律限定了"权力的行使方式"。民主是法治的前提和基础，民主实现了把人民的意志上升为国家意志，法治保证了将人民的意志固定化、法律化。

民主与集中。民主与集中的关系通常在工作方法和思维方法中集中体现，指的是在工作中领导人征求意见、了解下情，与群众商量等。二者互为条件，相互补充。马克思主义坚持民主与集中辩证性的具体表现和现实运用是在无产阶级政党中实行民主集中制，它是党的根本组织原则和领导制度。党坚持民主基础上的集中和集中指导下的民主，既基于商议形成集体意志，又基于集体领导制度实现有效的民主政治。就性质看，民主集中制所达到的"集中"不是政治权力集中于领导者个人手中，而是通过民主的办法到达行政权力的集中，实现全体人民当家作主。毛泽东曾指出，在党内实行民主集中制旨在形成又有集中又有民主、又有纪律又有自由、又有统一意志又有个人心情舒畅生动活泼的政治局面。

民主与民粹。民主与民粹具有高度聚合性，二者都以"民意"

---

① [英]约翰·邓恩：《让人民自由：民主的历史》，尹钛译，新星出版社2010年版，第38页。
② 《马克思恩格斯全集》第3卷，人民出版社1960年版，第378页。
③ 《马克思恩格斯全集》第6卷，人民出版社1961年版，第292页。

为基础，以"人民主权"为核心价值理念，但又有明显差别。就产生根源看，民粹主义滋生于政治主体的社会性差异，它反对精英、特权及官僚，缺乏对精英与代表的容纳，易使民主极端化，"最终的结果不但可能背离了民主政治的初衷，而且可能走到民主主义的对立面，成为一种反民主主义，而与权威主义的独裁政治相联系"①。民主政治比民粹政治更能够包容精英和代表。就基本主张看，民粹主义声称代表普通大众的利益，主张人民为实现主权进行直接行动，注重民主平等化、均质化，具有平民主义和草根色彩。俄国1861年农奴制改革中出现的民粹派具有典型性，其主张的"直接过渡到社会主义""理想村社制度"都表现出了民粹派在政治主张上的空想性、暴动性。列宁批判，民粹派未正视俄国当时的实际情况，他们把"农民及其村社理想化"，本质是一种反动的和落后的社会思潮，尽管其看到了资本主义的缺陷和俄国的独特性，但其轻率的理论主张却使社会更加混乱。因此，对社会政治制度的思考，民粹派不是追求进步，而是表现出反建制。近年来，西方民粹主义的不断滋生也从侧面反映了西方民主政治的危机，它一方面表明了民众对代表民意的不满，另一方面反映了西方民主政治制度的失灵。

民主与自由、平等。就三者所要回答的问题看，民主主要解答"谁应该行使公共权力"问题，自由回答"人们掌握权力和实现自主的程度和范围"即"权力的限度"问题，而平等则要解答"何以赋予每个人同等重要的政治权力"问题。民主将权力交予人民，自由排斥任何人掌握或操持公共权力的绝对性，平等力求给予每个人应得的公平和正义。民主、自由、平等之间具有内在规约的相互联系。首先，民主离不开自由和平等，自由、平等是民主的前提。民主的主体是参与政治活动的自由人，享有平等地行使和表达政治意

---

① 俞可平：《权利政治与公益政治：当代西方政治哲学评析》，社会科学文献出版社2000年版，第224页。

愿的权利，没有自由和平等，民主及其权利就会流于虚幻。列宁在强调民主是一种阶级统治时，指出民主包含平等的要素，它要求"在形式上承认公民一律平等，承认大家都有决定国家制度和管理国家的平等权利"①。美国学者约翰·密尔（John Stuart Mill）在阐释公民权利时，也直接将其阐释为："每人应当享有实行行动而承当其后果的法律上的和社会上的完全自由。"② 其次，自由、平等不等同于民主。自由、平等仅是保证民主实现的要素，而非全部内容。以政治自由为参照，民主不是无限制的政治自由，其运行还需要依靠程序化的原则、法治等保证。最后，自由、平等是民主运行和实现的基本原则和价值因素，尽管三者各有侧重，但在现实的社会民主政治中，实行民主需要自由和平等为支撑，保障自由和平等能够集中体现良性民主。

---

① 《列宁专题文集·论社会主义》，人民出版社2009年版，第40页。
② ［英］约翰·密尔：《论自由》，程崇华译，商务印书馆1959年版，第82页。

第 一 章

马克思民主理论的思想溯源

列宁曾言，马克思主义的历史贡献，不仅在于其思想发展的超越性，而且在于它"吸收和改造了两千多年来人类思想和文化发展中一切有价值的东西"①。马克思以前的古典民主传统、近代民主思想及赫斯、卢格等同时代与马克思发生过直接联系的德国思想家均影响到马克思，在马克思民主思想发展、理论研究转变等过程中产生过积极作用。

第一节 马克思民主思想的古希腊渊源

马克思民主思想与古希腊民主传统有密切关联，但在现有的研究中，学者仅是把民主的词源学考察追溯至古希腊，而将马克思民主理论的思想探源停留在与马克思有直接关系的"三大来源"上，这一度造成民主的原初定义与马克思民主语用的混乱。为厘清古希腊哲学家对马克思民主观的影响，回溯和研究古希腊哲学和古希腊民主传统，有助于深刻洞察马克思民主理论在古代民主和现代民主之间的语境转换。

---

① 《列宁选集》第 4 卷，人民出版社 2012 年版，第 299 页。

一 古希腊民主概念的原初语境

古希腊民主与城邦有着内在的共生关系,"民主"一词首先是作为城邦的政体出现的,希罗多德在《历史》中将其与僭主政体相比较。总的来说,柏拉图、亚里士多德等古希腊哲学家对政体的理解包含"制度形式"和制度内部"权威和服从的关系"两个层面,这决定了民主的原初语义主要是为解答城邦"统治形式"以及城邦内部"统治与被统治者的关系"问题存在的。随着人们对理想政体描绘的增多,民主的内涵逐渐清晰,平等、公正、法治、自由等融入民主的范围,这些价值因素至今影响着中西方现代国家的政治思维。

就民主的起源或产生看,商品经济的发展以及由此引发的社会结构变革为希腊民主奠定了经济基础。据史料记载,希腊的商品经济是由航海业和对外贸易带动的,"从8世纪初起,希腊的对外贸易在爱琴海岛屿、意大利和西西里地区有了实质性的快速增长"[①]。它的发展引起了希腊城邦商人阶层地位的提高,对城邦贵族造成了威胁,引发了贵族和商人集团的矛盾。同时由于贵族和富有的地产主长期占有土地,使得原本以农业为生的贫民逐渐贫困化,平民和贵族之间的矛盾也不断激化。政治的冲突和对抗就在经济社会的这些矛盾中发生了。雅典的梭伦改革是民主产生的直接原因,主要贡献是重构了政治体制,把雅典按等级进行划分,建立四百人议事会,同时解除贫民和地产主之间的债务纠纷,以及由债务捆绑的奴隶协议,这为雅典城邦形成独立自主的公民意识,开始民主政治进程提供了有效准备。亚里士多德评价说,"梭伦改革"一定程度上平衡了当时的社会势力,缓解了社会内部的矛盾和危机。继梭伦改革之后,克里斯蒂尼在约前508—前507年进行的五百人议会、公民大会改革进一步促进了雅典民主的建立和发展。这些改革为大量自由民走进法庭、参与政治提供了极大便利。值得注意的是,把雅典民主进一步推

[①] 阮炜:《不自由的希腊民主》,上海三联书店2014年版,第35—36页。

向平民时代的是厄菲阿尔忒改革，这一改革把象征贵族权力的"战神山议事会"的政治特权"分散到五百人议事会、公民大会和民众法庭"① 三个民主机构中，使平民更多地接触并分享到了政治权利。至此，古希腊城邦"多数人的统治"的民主形式就逐渐产生了。

民主是"多数人的统治"（democratia），从字面意义看，是作为整体的人民（demos）或作为"在其敌对者眼中的庸众或是非高贵（non-Eupatrid）的人们"② 掌握主权，决定和统治政治。由于希腊城邦是从原始社会的文化形态发展而来的，未有国家与社会的区分，因而雅典城邦中"多数人的统治"通常被理解为一种城邦公民自我管理的社会形式。亚里士多德在《政治学》中对政体进行分类时，依据掌权者人数的多寡和政权服务的目的将多数人统治的派生形式直接划分为平民政体（民主政体），与贵族制、寡头制等政体形式区分开来。民主的定义遂逐渐被"多数人的统治或权力"固定下来。但"多数人的统治"之"多数"所指的是哪些人？多数人进行统治时有无权力限度或边界？其遵循的基本原则及价值追寻有哪些等问题还难以明晰。要回答这些问题，必须深入到希腊哲学家在思考民主时关联使用的相关范畴和概念。

首先，公民身份问题，这涉及作为"多数人"的公民所指，公民资格、公民性质及公民在可能的政治抉择中进行统治选择的范围或权力的边界问题。苏格拉底（Socrates）提出的"认识你自己"及其与普罗泰戈拉（Protagoras）等智者派关于"评判人的标准是什么"的争论为回答这一问题奠定了基础，其主要目的是挖掘主体意识。但苏格拉底把对主体的追问建立在某种虚幻的"善观念"上，局限于哲人的个人思维。亚里士多德从城邦的构成出发，指出与公民权划分标准有直接关系的是政治权利，"公民就是终身具有参加司

---

① 魏凤莲：《古希腊民主制研究的历史考察：近现代》，山东大学出版社 2008 年版，第 5 页。

② ［英］约翰·邓恩：《让人民自由：民主的历史》，尹钛译，新星出版社 2010 年版，第 25 页。

法和议事机构的权利的人"①。参与司法和议事是确认公民身份的能力，但这一能力是以财产为基础的。"有自己的财产"② 是享有公民资格的前提，这一前提决定了公民的性质是能够维持自己生活的主体，城邦是由各部分公民构成的"足以维持自足生活的公民组合体"③。亚里士多德同时也承认，确定公民身份是困难的，因为城邦定义本身就是混乱的，在民主制内是公民，在寡头制内不一定是公民。因此，对待公民身份要因地而异。对公民权力及边界问题，古希腊哲学家认为，权力是象征公民能够分享统治城邦的统治权，在民主政体中，这种权力主要表现为由多数的意志裁决政事。基于平民是民主制中占多数的群体，平民多数参与并决定政事招致了一定的批评，一是平民政体更容易导致"专制"或引发多数人的暴政；二是多数的平民没有能力（或知识）进行统治；三是民主政体容易被"平民领袖"或少数野心家利用；四是穷人等多数拥有治权会瓜分富人的财富，这有违正义。柏拉图等人认为，城邦政治都应由具有专门知识和才艺的人进行统治和管理，而平民本身较易受其狭隘视野的限制和主观情绪的左右，无法良善地执政，亚里士多德虽对此反驳，但也提出平民政体把最后的决策权交给民众抽签投票而不是依据法律，这本身就"很有可能滋生君主专制"④。

其次，民主内涵的价值范畴。在古希腊哲学家看来，民主的内涵包含平等、公正、法治、自由等价值观念。平等是民主政体的首要原则，它要求公民平等地享有政治权利、公职、受教育等机会。

---

① ［古希腊］亚里士多德：《政治学》，高书文译，江西教育出版社 2014 年版，第 89 页。
② ［古希腊］亚里士多德：《政治学》，高书文译，江西教育出版社 2014 年版，第 50 页。
③ ［古希腊］亚里士多德：《政治学》，高书文译，江西教育出版社 2014 年版，第 92 页。
④ ［古希腊］亚里士多德：《政治学》，高书文译，江西教育出版社 2014 年版，第 165 页。

这种平等是以法律为依托的，公民尊重法律才能保证民主制内政治权利的公正性，所以民主的价值必须包含法治的因素。亚里士多德认为，法律对于城邦有重要意义，公民应该遵守法律，这既是关系到公民自身德性的问题，也是关系到有效维护城邦秩序的问题。但是古希腊哲学家在谈论法的问题时总是赋予法以宗教色彩，认为法的本质体现为宗教的一部分，如"克里特的法律被认为源自宙斯——最高的神。"① 公正也是古希腊民主的价值范畴。亚里士多德指出，无论何种政体，城邦内部是需要公正的，公正是维持政治秩序和是非的标准。而且，在城邦中尊重法律就体现了一种公正，因为法律可以公正地分配政治权利。他还就分配正义谈到，城邦的目的在于正义，因为正义才能使每一公民保持平等状态，正义本身是一种平等的形式。自由范畴既是古希腊民主的根本原则，也是其价值追求，它表现为人们不仅能够享有言论自由、行为自由等权利，而且能够自由地追求和选择生活方式。在亚里士多德看来，民主制本身是鼓励多样化生活的，人们从事政治的目的就在于追求自由，这种自由不仅是为了获得闲暇的时间，而且能够给人以快乐和幸福的指望。英国思想家戴维·赫尔德（David Held）举例说，在希腊民主政体中，自由的一个集中体现就是"轮流地统治和被统治"②。它体现了公职人员和掌权者之间平等的公职关系，让人们享受到了政治生活领域较为宽容的自由。

就回归古希腊民主概念的原初语境看，民主最初是在政治层面使用的，其本义是"人民的统治"。民主在其产生发展过程中，逐渐蕴含了平等、公正、法治、自由等要素，"较多的穷人占据统治权的政体"③

---

① [美]列奥·施特劳斯：《政治哲学史》（上），李天然等译，河北人民出版社1993年版，第77页。

② [英]戴维·赫尔德：《民主的模式》，燕继荣、王浦劬译，中央编译出版社2008年版，第19页。

③ [古希腊]亚里士多德：《政治学》，高书文译，江西教育出版社2014年版，第112页。

是古希腊民主制的实质。这些价值原则被后来研究民主的思想家批判地继承了,其遭受的批判和责难也为后来的民主思想研究提供了重要的价值参照。

二 马克思民主观与古希腊民主思想的具体关联

马克思民主思想从古希腊哲学那里所获教益主要集中在三个方面:一是从分析希腊哲学与人的关系中汲取了伊壁鸠鲁(Epicurus)的自由主义元素,初步认识到人民和哲学、人民与哲学家的真正关系;二是从分析希腊民主思想家尤其是亚里士多德的城邦政治思想,批判地吸收了"人是天生地政治动物"的命题,为深刻追问人和政治与社会的关系奠定了思想基础;三是从分析希腊民主遭受的批评和褒扬,总结经验和教训,巧妙地实现了"多数人"主体及"多数人的统治"的现代语境转化。

(一)"虚假的哲学"和"人民的哲学家"

马克思对希腊哲学的兴趣从青年时期就表现出来。高中时的马克思热衷于读古希腊哲学家苏格拉底、柏拉图等人的著作,到了大学,他还修习了关于希腊罗马神话、希腊史等课程。即使是在晚年,马克思对古希腊文本依然有很大的研究兴趣,甚至在临近晚上休息时都把阅读希腊文本作为一种习惯,他亲言:"晚上为了休息,我读了阿庇安关于罗马内战的希腊文原本。"[1] 有学者考证,"马克思的书房有89卷古希腊和古罗马作者的书(48卷为原文)"(布鲁诺·凯撒语)。[2] 美国学者麦卡锡同样得出此结论,指出马克思的私人藏书中有将近九十余部希腊文本。[3]

对古希腊民主传统的认知,马克思是从分析哲学和人民的关系

---

[1] 《马克思恩格斯全集》第30卷,人民出版社1975年版,第159页。
[2] 参见郭奕鹏《马克思思想中的古典与现代——基于马克思与亚里士多德关系的考察》,《现代哲学》2013年第4期。
[3] 参见[美]乔治·麦卡锡《马克思和古人:古典伦理学、社会主义和19世纪政治经济学》,王文扬译,华东大学出版社2011年版,第27页。

开始的。他通过对苏格拉底、柏拉图、伊壁鸠鲁等哲学家政治思想的解读，批判地吸收伊壁鸠鲁的自由精神思想，发现了哲学家主张的精神自由与其存在的内在矛盾性。马克思认为，苏格拉底问题最先反映了这一矛盾。苏格拉底把哲学主体化，认为个人的主观精神是"实体的保存者"，不仅与现实相对立，而且与"人民生活的实体力量相对立"[1]。他还提出善观念，认为人们应该通过追求善接近真理，利用善建立理想的正义城邦。但苏格拉底又认为，善观念本身不是人民的，善的传播者和承担者都是由哲人实现的。即苏格拉底把善观念限定在哲学家的思想领域，认为这"只是被他自己主观化了的实体精神，而不包含人民的自由精神"[2]。为此，他以身作则，积极劝导人民，传授自己的理念。但是苏格拉底始终是作为"实体的个人"存在的，他一方面提出人要追求真理和善，另一方面又承认和接受着城邦给予人生存的条件限制。马克思看到了苏格拉底身上表现出来的这种矛盾性，认为苏格拉底提出主观精神确实是哲学史上的一大进步，但是，他的主观性观念始终是建立在他的城邦权利和宗教权利之上的。他之所以受到审判，根源在于他自身的实体性和主观性之间存在矛盾。在考察伊壁鸠鲁的哲学观点时，马克思汲取到，伊壁鸠鲁从哲学家走向个人，关注众多个人自由精神的哲学精华，这为马克思萌生"人民的哲学家"思想埋下了种子。但伊壁鸠鲁在研究个人自由时主张从远离政治的视角出发分析原子式的个人，这一想法虽然对后来西方民主传统影响较大，却也是马克思与伊壁鸠鲁分道扬镳的原因所在。

马克思看到，苏格拉底、伊壁鸠鲁等哲学家的思想实际反映了哲学与人民的相互脱节关系，事实上，哲学应是反映人民自由精神的哲学，哲学家应是"人民的哲学家"。苏格拉底虽然用善观念教导

---

[1] 《马克思恩格斯全集》第 40 卷，人民出版社 1982 年版，第 66 页。
[2] 李淑梅：《马克思早期对古希腊哲学史的研究》，《马克思主义与现实》2010 年第 4 期。

人民，但是他却为善观念建立一种特权——"哲学家的特权"，把人民排除在外。他主张的哲学主体性、自由精神实质上是一种脱离人民的虚假主体意识，根本为追求哲人自身的卓越性服务。这一点在柏拉图的理念中更为明显地呈现出来，柏拉图把知识界看作社会阶层中"特殊的和最高的阶层"，认为"或者哲学家应当成为国王，或者国王应当成为哲学家，以便国家能完成它的使命"①。在马克思看来，哲学是为人民服务的，把哲学建立在人民主体的自由精神之上，才是反映真实主体意识的哲学，教育和引导人民走向真正自由的民主政治生活。

（二）"人天生是一种政治动物"和"人天生是社会动物"

马克思与亚里士多德关系紧密，据考证，马克思不仅熟读亚里士多德的著作，而且在其行文中经常引用、参照亚里士多德的相关命题。②"人天生是一种政治动物"是亚里士多德城邦政治思想的核心命题，马克思在《政治经济学批判导言》《资本论》等著作中频繁参引此观点，批判地继承了其中的合理因素。但在现有研究中，人们对马克思引用这一命题的看法褒贬不一。

亚里士多德在三种语境中使用该命题。首先，在阐述城邦的自然本性时，亚里士多德提出"人天生是一种政治动物"③。在城邦问题上，他主张城邦自然存在并先于个人，人的天性趋向城邦，并希望通过政治共同体追求卓异，那种"由于自己的本性而非偶然因素脱离城邦"且自认为是"无家无邦"的人"乃是好战分子，就像棋盘中的孤子"④。城邦中的人分为统治者和被统治者，这种区分也是

---

① 《马克思恩格斯全集》第40卷，人民出版社1982年版，第70页。
② 参见［美］乔治·麦卡锡《马克思与亚里士多德：十九世纪德国社会理论与古典的古代》，郝亿春译，华东师范大学出版社2015年版，第142页。
③ ［古希腊］亚里士多德：《政治学》，高书文译，江西教育出版社2014年版，第5页。
④ ［古希腊］亚里士多德：《政治学》，高书文译，江西教育出版社2014年版，第5页。

天然存在的，基于"确保各自的生存"的需要，他们必要地联系在一起组成城邦共同体，天生的统治者是"哪些智力超群、先知先觉的人"。其次，城邦中的人并不只从事政治活动，人的本性首先在于人是区别于动物的聚合性动物，"就其本性而言，人不是离群索居的动物，而是要合作共处，与本性上亲近的人交往"①。人的这种彼此交往的特性构成了合作关系的城邦共同体。最后，在阐述城邦目的及政体分类时，亚里士多德重提此说法。他指出，城邦的目的是善、是正义，它与聚集起来的人们相联系，共同的利益使他们能够相互合作，形成并维持在一个城邦共同体中。他认为，正义调节的是个人与他人之间的行为关系，唯有同时持有平等的形式、完美的美德、处于在城邦共同体等条件，正义才能实现。

马克思主要从考察社会动物和政治动物的关系出发，批判地吸收了亚里士多德的"人是天生的政治动物"的核心观点。在《政治经济学批判导言》中，马克思指出："人是最名副其实的政治动物，不仅是一种合群的动物，而且是只有在社会中才能独立的动物。"②《资本论》中，马克思重申："人即使不像亚里士多德所说的那样，天生是政治动物，无论如何也天生是社会动物。"③ 他认为，亚里士多德的这一命题主要是从定义"公民"概念出发的，把人的特性定义为政治性，认为人生活于城邦是一个自然的事实。但亚里士多德也阐述了人作为公民首先是具有合作交往的社会属性的，即从人与动物的区别出发探讨人的本质属性，这也是马克思批判地吸收的合理因素之一。在马克思看来，亚里士多德强调政治动物是有一定积极意义的，就从人的本质来说，人是政治动物本身就是民主政治的起点，是人在共同体中成人（自主决定）的起点。但与亚里士多德不同的是，马克思逐渐认识到劳动基于人的本质的意义。对亚里士

---

① 苗力田：《亚里士多德全集》第5卷，中国人民大学出版社1990年版，第430页。
② 《马克思恩格斯文集》第8卷，人民出版社2009年版，第6页。
③ 《马克思恩格斯文集》第5卷，人民出版社2009年版，第379页。

多德对统治者和被统治者的划分,马克思指出,亚里士多德虽未明确指出用阶级分析法分析民主问题,但他承认了阶级存在,开始用权力的不平等分析政治问题。

(三)"内行治国"和"多数人的统治"

在希腊民主传统中,存在着是"内行治国"还是"多数人的统治"的争论。城邦政治初期,许多思想家并不接受民主治国,对平等、法治、自由、城邦的世俗化等大多持有拒斥态度,在实践中古希腊政治思想家也对民主褒贬不一。马克思深刻洞察民主遭受的批评和褒扬实质,在总结相关经验和教训时对希腊民主思想中的法治理念、群众智慧、知识教育等主张进行了合理借鉴。

古希腊思想家如修昔底德、苏格拉底、柏拉图、色诺芬等人对民主基本都持批评态度。从其对民主的论述看,他们对民主的不满至少包含以下方面:(1)政治需要智慧,平民既然无受教育的经历又无智能传统。早在公元前6世纪,泰奥格尼斯(Theognis)、赫拉克利特(Heraclitus)等人就指责民主派对人民的盲目信任。泰奥格尼斯提出,人民是"坏人"(kakoi)组成的,而正义只属于好人。[①] 赫拉克利特认为民主政治威胁到了智慧,智慧是具有个体性的,出色的人可以以一抵万。苏格拉底主张用智慧和技艺管理国家,他曾提出"卫护者应该是道德和知性上的精英",成为现代西方精英民主理论的重要来源。柏拉图发展了苏格拉底的这一观点,提出哲学家才是对真理进行整全并沉思的人,他以"船长"和"水手"的故事隐喻,水手不是真正的航海家,真正的航海家是具备必要的技术和专门的知识的少数人。把政治权利指向以哲学家为代表的少数人。(2)把权力平分到每一个人是愚蠢的,抽签导致外行治国。他们中有人把"密提林决议""西西里远征""苏格拉底的审判"等都说成是由于民众抽签或冲动的激情导致的民主失败的

---

① 参见[法]菲利普·内莫《民主与城邦的衰落:古希腊政治思想史讲稿》,张竝译,华东师范大学出版社2011年版,第87页。

行为。①（3）多数人的统治容易受意见左右。柏拉图认为，鼓动家、野心家是"群氓"般的民众的谄媚者，他们推动民众钟情于激情和幻觉，从而实现操控政治的目的。（4）平民聚集有暴政的危险。由此，他们主张有智慧有德性的人管理城邦，要内行人来治国。同时，为保证良好的贤君，要利用教育，对整个"卫护者"进行选任和培养，用"善的理念"和"美德"夯实统治者统治权力的基础。

亚里士多德等思想家对这些民主的批评进行了反驳。首先，群体智慧不一定逊色于专家和内行者。《政治学》写道，倘若平民拥有完善的性格且不是卑贱的，那么当"他们全部集合在一起时，就有可能超过专家，至少无论如何也不会逊色于他们"②。在某一领域擅长的人对于另一领域可能一无所知。他还以"建筑者"和"居住者"的故事喻比，多数人的意志就像是房子的居住者，他们更能够对房子的好坏做出准确判断。其次，权力实际交付的不是庸俗的平民个人、单个成员，而是"整个公审法庭、整个议事会、整个平民大会"③。再次，拥有技艺和知识的行家和创造者不一定是最好的评判者。在某一领域擅长的人对于另一领域可能一无所知，在多数人的智慧中，每个人都能适当奉献智慧。最后，人们不能以出身判定谁应该是城邦最好的管理者。亚里士多德以吹笛举例，指出"谁也不会因为出身门第高就会天生比别人吹得好，谁吹得好谁就应该得到更多更好的笛子"④。但需要澄清的是，尽管亚里士多德对民主进行了辩护，但他并不因此主张多数人的平民政体。他认为，变态的民主政体由于缺乏法治传统，注定会沦为专制。而且，在正义问题

---

① 参见魏凤莲《古希腊民主制研究的历史考察：近现代》，山东大学出版社2008年版，第11页。
② ［古希腊］亚里士多德：《政治学》，高书文译，江西教育出版社2014年版，第123页。
③ ［古希腊］亚里士多德：《政治学》，高书文译，江西教育出版社2014年版，第123页。
④ ［古希腊］亚里士多德：《政治学》，高书文译，江西教育出版社2014年版，第126页。

上，平民政体难以维护富人的平等利益。

马克思在这一争论中汲取了群众智慧、法治、知识教育等主张，并将其看作民主理论中的重要因素，如民主与法治相结合、"权为民所赋"思想。在马克思看来，法治、教育等都是民主政治的价值范畴，"法律是肯定的、明确的、普遍的规范"[①]，教育是每个公民应有的权利，群众则是整个社会民主政治的基础，尽管古希腊时期，不同哲学家在阐述民主价值的标准时各有差异，但这些价值和追求都为后来学者的民主研究提供了较大的参考价值。

（四）"理想国"和"理想的民主制"

一直以来，学界关于马克思未来民主制的思想源流研究仅是追溯到空想社会主义的乌托邦就停止了，忽视了希腊哲学思想。事实上，马克思的民主观一定程度上融合了古希腊的"共产主义"理想。柏拉图是希腊"共产主义"理念的主要思想家，其对理想社会的构建主要涉及"哲学王""财产公有"和"生活公有制"等问题，尽管不乏等级差别意味、乌托邦色彩，但其中关于抨击私有财产的观点、社会管理等提法对马克思均有借鉴意义。

柏拉图在被称为"治国纲要"的《理想国》一书中，借苏格拉底之口描绘了理想社会的应有状态。其一，在理想社会中"真正卓越优秀"的人享有统治者的特权，他们是一些在任何考验中"都无懈可击的人"，擅长或致力于城邦统治，主要是行家、专家等拥有智慧的少数人。其二，理想社会是"财产公有"的，每个人除了获得必不可少的东西外不得占有任何私有财产，因为无论是统治者还是被统治者，都会因为占有私有财产而产生罪恶。其三，人们在理想社会中所获得的供应品即是他们所得报酬，产品多寡和分配手段都是按照"自制且勇敢的卫士所需的量"平均分配的。其四，公民的日常生活采取公有制，这里谈到的公有制是非常狭隘的，如公民有"共同的食堂"。其五，理想社会的管理是成员（主要指哲人）之间

---

① 《马克思恩格斯全集》第1卷，人民出版社1995年版，第176页。

对城邦的轮流管理，同时也需要监督城邦的人。其中最理想的状态是"自制"状态，即"个人和城邦中的自制"，这需要统治者和被统治者"全体一致地承认理性部分成为管理者的必然性，……被管理者不再反抗理性部分"①。统治者也能真正地做好管理，二者之间达成内部的和谐。除此之外，柏拉图在个别章节中还表达了"妻儿共有"的想法。不难看出，柏拉图对"共产主义"的描绘是有明显阶级倾向的，他其实把财产公有的想法仅限定在统治者阶层。英国学者厄奈斯特·巴克等人对此评价说，柏拉图的共产主义理想实际上是"半共产主义"。②

马克思的共产主义理想与柏拉图有严格对立的阶级立场，且马克思不执着于描绘未来社会的具体状态，而是把共产主义看成历史的现实运动。但就二者对理想社会的设想看，马克思关于理想民主社会的构建还是具有一定柏拉图因素的，柏拉图对于理想国的描绘也给马克思提供了一个鲜明的批判对象。如马克思在《共产党宣言》《哥达纲领批判》等文章中对私有产权的批判、对公妻制的批判，以及社会自治思想，在一定意义上可以说，受到了柏拉图"共产主义"思想的启发。马克思对于共产主义的社会制度探索，接受了其直接来源的法国空想社会主义，更近一步，马克思明确提出了"消灭私有制"的主张。

第二节 马克思民主理论的西方近代传统

经历了黑暗专制的中世纪，近代思想运动和资产阶级革命为人

---

① ［古希腊］柏拉图：《理想国》，庞燨春译，中国社会科学出版社2009年版，第130页。

② ［英］厄奈斯特·巴克：《希腊政治理论：柏拉图及其前人》，卢华萍译，吉林人民出版社2003年版，第299页。

类政治生活迎来了新的政治启蒙。从斯宾诺莎的民主政体自由论、洛克的同意原则和自由理论,到卢梭的公意理论和人民主权学说,马克思从中获得了新的启发和理论资源。空想社会主义者对理想社会制度的设想和规划也成为马克思民主思想的重要资源。

一 西方近代人民主权论对马克思的影响

人民主权论在近代民主思想史中举足轻重,斯宾诺莎、洛克、卢梭等人先后对其进行了丰富和补充。马克思在大学期间就阅读了这些思想家的诸多重要著作,并留有内容翔实的摘录笔记,集中显露出对人民主权论的批判性分析和继承。

斯宾诺莎的民主观念是从平等、自由的自然状态开始论证的,承认人与人之间的天生不同是其展开政治研究的始基。关于民主政体和主权学说,斯宾诺莎着重解决了三个问题:一是政治权力的合法性问题。斯宾诺莎认为,政治权力是人们基于对快乐的欲求、痛苦的恐惧、其生存的保障而通过"契约"形式形成的,人们创造共同的契约,通过理性主动服从于国家最高的统治权力。人们之所以在社会契约中保持服从,主要是因为人屈从于感情,能够运用理智使自身服从于共同缔约的国家。有学者将斯宾诺莎对权力来源的这种阐述称为"自求生存的冲动",认为它在斯宾诺莎思想中的地位犹如马克思思想地位中占类似分量的"物质的生存状态"范畴之重。二是法律制定程序的合法性以及依法办事的重要性问题。斯宾诺莎指出,法律的制定源于人类情感的不理智,"若是人生来只听清醒的理智的指挥,社会显然就用不着法律了"[1]。社会需要法律,遵从法律实际就是个人遵从理性的凸显。对此,斯宾诺莎将法律分为自然法和人定法。自然法是由人类的本能、意愿外化而成的法律法规,从一定意义上说,也即是人类内心遵从的道德法律。人定法是国家

---

[1] [荷] 巴鲁赫·德·斯宾诺莎:《神学政治论》,温锡增译,商务印书馆1963年版,第82页。

代表人民制定的法律，目的是保证国家权力的有效实现。斯宾诺莎主张法治，认为法律面前人人平等，国家与人民应该依法办事。他提出，最好的状态应该是"人们和睦相处，法律广受尊重"，这样的国家就是好国家。

马克思受到斯宾诺莎思想的启发，对理性、自由、法治有了进一步了解。首先，就自由问题看，马克思肯定了斯宾诺莎把自由和平等纳入对于民主政体的考察框架，承接斯宾诺莎"做自由的人"的主张，进一步考察人类自由状态的局限性，把抽象的自由概念深入到研究历史发展的规律中。其次，马克思批判性继承了斯宾诺莎"法律面前人人平等"、依法办事的主张，接受了法律具有维持社会秩序的能力和功效的观点。最后，斯宾诺莎科学分析政治问题的方法也给马克思提供了重要借鉴。恩格斯对此说："当时的哲学博得的最高荣誉就是：它没有被同时代的自然知识的狭隘状况引入迷途，它——从斯宾诺莎一直到伟大的法国唯物主义者——坚持从世界本身来说明世界，并把细节的证明留给未来的自然科学。"[1] 但相较于斯宾诺莎，马克思进一步看到了法律强制力背后的真实性质，提出"法典就是人民自由的圣经"[2]。

自由主义者洛克对人民主权论的发展体现同意原则和自由理论上。洛克认为，国家或政府是经人民同意建立起来的，政府合法性源于同意让渡权力，与国家建立契约关系，"当每个人和其他人同意建立一个由一个政府统辖的国家的时候，他使自己对这个社会的每一成员负有绝对大多数的决定和取决于大多数的义务"[3]。由此，洛克其实将对人民主权的论证偷换为对人民的政治义务的论证上来了。关于人民的权利自由问题，洛克集中阐述了政治自由、劳动自由等。就政治自由看，洛克强调，取得公民资格的首要条件首先是人们自

---

[1]《马克思恩格斯文集》第9卷，人民出版社2009年版，第413页。
[2]《马克思恩格斯全集》第1卷，人民出版社1995年版，第176页。
[3] [英] 约翰·洛克：《政府论》（下），翟菊农、叶启芳译，商务印书馆1996年版，第90页。

觉地同意，政治义务是自己选择的结果，所以人们必须承担责任。麦克弗森指出，虽然洛克意识到当时他所处的社会中的"社会的大多数"是英国的无产者而非有产者，但还是把多数的统治界定为了有产者的统治。对此，恩格斯曾在《致康·施米特》的信中说洛克是"1688年的阶级妥协的产儿"。① 在劳动自由方面，洛克提出劳动是人自身特有的一种所有权，只要人开始从事"使任何东西脱离自然所提供的和那个东西所处的状态，他就已经掺进他的劳动，在这上面参加他自己所有的某些东西，因而使它成为他的财产"②。马克思肯定洛克看到了劳动的社会属性，并受到洛克的启发，把劳动与政治联系起来，进一步发现在资本主义私有制下人们遭受的劳动剥削和政治公正问题。有学者指出："从《1844年经济学哲学手稿》开始，马克思就已经自觉地按照洛克的思路来理解劳动范畴了。"③ 但相较于洛克单纯地提出劳动范畴，马克思的超越性在于，他更为深刻地把作为人生存意义的劳动深入到考察政治社会的根基中去了。

基于卢梭是西方近代思想家中关于人民主权论的集大成者，学界对马克思与卢梭的关系颇为重视。有学者甚至有意夸大卢梭对马克思的影响。如施特劳斯曾提出马克思的国家（政府）消亡说是"卢梭的极进化"④。但就文本而论，马克思的民主观与卢梭的民主观是合理继承、批判和超越的关系，他既肯定了卢梭人民主权论的相关命题，也发现了卢梭命题的相关悖论。首先，马克思主张的国家需要人民的"公认"的思想批判吸收了卢梭的"公意"思想。卢梭认为，人的原初状态是自由和平等，这种属性促使人们在达成社

---

① 《马克思恩格斯全集》第37卷，人民出版社1971年版，第489页。
② ［英］约翰·洛克：《政府论》（下），翟菊农、叶启芳译，商务印书馆1996年版，第19页。
③ 李佃来：《马克思的政治哲学：理论与现实》，人民出版社2015年版，第39页。
④ ［美］列奥·施特劳斯：《政治哲学史》（下），李天然等译，河北人民出版社1993年版，第977页。

会契约时"受公意之最高的指挥……把每个分子都作为全体的不可分的部分看待"①，进而形成建立在公意基础上的民主政体。但公意何以具备正当性？卢梭指出，一方面基于公意建立起来的政治社会凭借的是约定而非强力，因而是正义的，另一方面，遵循公意原则建立社会契约能够使人们在政治社会中获取自由及他们所持财产的所有权。这样，人们得益于政治社会的形成逐渐从"天生的自由"扩大到"约定的自由"，人民在政治上也成为主权体，成为国家的一分子。但马克思也看到了卢梭在公意理论上的先验性，从而对卢梭的公意原则进行了批判的继承。其次，卢梭的"主权在民"思想一定程度上影响了马克思。卢梭曾认为，人民既是立法者也是掌权者，同时是权力的监督者。人民主权具有不可转让性和不可分割性，它是一种公共的意识，或者至多只是一个命令。到了晚年，卢梭的这一观点有所变化，他虽然主张直接民主制，但同时也接受了政府作为治权代表的存在。马克思一方面赞赏卢梭对人民主权的肯定，另一方面不断研究民主政治中代表和人民的分离问题，进而在后来发现了市民社会和国家的二元分离，明白了人们在政治领域遭受的"约定的自由"束缚实质上是市民社会和国家之间的分裂导致的，因此，在解决人的"自由束缚"问题上，提出在实现政治解放的同时应着眼于人类解放。

二 马克思对黑格尔政治建制和研究方法的批判和反思

黑格尔对民主的批判是以近代民主传统为界分的，他一方面承认古希腊的民主建制是可行的而且是必要的，另一方面指出在现代国家中建立民主制度尤其是近代以来以个人主义为基础的自由主义民主制度是不合时宜的。马克思在批判黑格尔君主建制思想的同时，颠倒黑格尔的研究方法，进一步厘清了市民社会和国家的关系。

---

① [法] 卢梭：《卢梭民主哲学》，陈惟和等译，九州出版社2004年版，第14页。

黑格尔采用经验主义的方法，在分析和总结英法国家的民主实践尤其是法国大革命时期的政治民主活动基础上，得出了"民主制度在现代国家并不必然带来好的结果"①的结论。在黑格尔看来，表面上看似是"自由平等"的民主政体形式，实际上可能具有潜在的"激情"倾向和"恶的意志"隐患，"雅各宾专政"就是其实例证明。黑格尔通过比较专制君主制、贵族制、民主制等政体模式，提出理想的国家制度应该是君主立宪制。他批判以往对国家制度的划分要么是以"人的数量"这一外在的实体差别为基础，要么"把国家从头到尾表述为抽象的东西……但在国家中为首的究竟是一个人、多数人或一切人，这个问题被看做无足轻重"②，而君主立宪制明确解决了这一问题。在他看来，民主制一定程度上是建立在"情绪"上的，仅是把"德"作为原则，是远远不够的。而君主立宪制是最自然的民主形式，它克服了以往的缺点。在君主立宪制中，王权、行政权、立法权是统一的，王权是一切权力之首，代表着"国家的人格"，行政权是"国家的代理人"，由代表社会普遍利益的"普遍阶级"构成，立法权被看作国家制度的一部分，由君主和议会结合行使。黑格尔还批判民主制中"一切人都应当参与国家事务"的提法，指出它还有一个隐含的条件，即"一切人都熟悉这些事务"。③

为充分认识和考察黑格尔关于民主制度的认识，马克思对影响民主政治的根源进行了深入研究。他发现，黑格尔关于君主立宪制的构想，存在政治建制的妥协性和反动性，而且，就其政治学说本身而言也是自相矛盾的。就软弱性和妥协性看，黑格尔一方面反封

---

① 张守奎：《黑格尔对自由主义民主制的批判》，《中国社会科学报》2017年3月15日第7版。
② [德] 黑格尔：《法哲学原理》，范扬、张企泰译，商务印书馆1961年版，第288页。
③ 参见郁建兴《黑格尔对社会契约论的批判》，《吉林大学社会科学学报》2000年第5期。

建、反民主，另一方面又企图建立理想的"普鲁士王国"。恩格斯评价说："黑格尔本人，虽然在他的著作中相当频繁地爆发出革命的怒火，但是总的说来似乎更倾向于保守的方面；他在体系上所花费的'艰苦的思维劳动'倒比他在方法上所花费的要多得多。"① 由于黑格尔政治学说的这个特点，以至于后来重视和遵循黑格尔思想体系的人在政治上都表现出一定的保守性。就其政治学说的矛盾性看，马克思指出，黑格尔虽然大肆褒扬立宪国家的"合理性"及"普遍性"，但在实质上，君主立宪制国家仅是一种"形式""仪式"的存在，在这种政体形式中，其"等级要素是立宪国家批准的法定的谎言"，立法权是"形而上学的国家权力"②，总的来说是一种理想的"国家幻想"。而且最能体现其思想矛盾性的是，黑格尔在批判自由主义民主时企图建立一个完整的官僚体系，这种官僚体系把政治生活当成是独立生活的存在，脱离了人们的现实生活。基于这一批判，马克思对政治国家和市民社会关系的认识逐渐清晰，并逐渐将政治制度的研究深入到人民的物质生活中去了。

三 马克思对空想社会主义民主思想遗产的批判性继承

（一）空想社会主义者的"人民主权思想"对马克思的影响

从历史上看，空想社会主义者对"主权在民"的论证经历了萌发、提出、补充三个阶段。

16—17世纪，早期空想社会主义者托马斯·莫尔（St. Thomas More）、康帕内拉（Tommas Campanella）最先萌生人民主权思想。莫尔首先见证资本主义原始积累的"原罪"，他把这一罪行比作"羊吃人"的运动，认为私有制是万恶之源。为此，他主张消灭私有制。尽管他未明确提出主权在民思想，但其在乌托邦制度的构想上，认为国家制度是维护公共福利的，由官员和民众大会共同

---

① 《马克思恩格斯文集》第4卷，人民出版社2009年版，第273页。
② 《马克思恩格斯全集》第3卷，人民出版社2002年版，第82页。

决定①已经萌发了国家权力属于人民的想法。康帕内拉在著作《太阳城》里写道，人民有充分的民主和自由权利，在成人后，人民能够"平等地享有管理国家的民主权利承担保卫国家的义务"②。但他也不主张人民有权决定政事，认为"太阳城"实行政教合一、贤人政治。

到了18世纪，摩莱里（Morelly）、马布利（Gabri-el Bonnot de Mably）、巴贝夫（Gracchus Babeuf）等人明确提出理想的国家制度要坚持人民主权原则。摩莱里在《巴齐里阿达》《自然法典》《君主论，内心的最高快乐对一个贤明政府的伟大法律和制度优点的研究》等著作中，表达了对腐朽的封建专制制度的不满，主张国家的主权应该掌握在人民手里，但对于政体形式，摩莱里认为无关紧要，即使是民主制，也"并不具备政权的巩固所必需的协调"③，因为一旦它运用到实践中，很容易使私人利益高踞公共利益，从而导致社会崩溃。他认为，理想的政体是君主制，人民群众与国家官员即使是元首一样具有平等地位。马布利提出人民在国家历史中具有重要作用，国家的最高权力应属于人民，他要求"社会建立平等制度，认为这是救世道德的根本"④。巴贝夫则主张为实现真正的人民主权，应建立直接民主制度。

19世纪初，圣西门（Claude-Henri de Rouvroy）、傅立叶（Jean Baptiste Joseph Fourier）、欧文（Claude-Henri de Rouvroy）对人民主权思想的补充，为马克思民主思想提供了直接的理论来源。圣西门批判法国政治是少数人奴役多数人的社会，认为"专横、无能和阴

---

① 参见［英］托马斯·莫尔《乌托邦》，戴镏龄译，商务印书馆1982年版，第55页。
② 吴向宇、梁明伟：《〈太阳城〉导读》，天津人民出版社2010年版，第88页。
③ 蓝瑛：《社会主义政治学说史》（上编），上海人民出版社2014年版，第83页。
④ 北京师联教育科学研究所：《马布利选集》，学苑音像出版社2005年版，第3页。

谋"是"现有政治体系的三个主要弊端"①,主张关注多数人的幸福。圣西门认为,由人民选举产生的人民领袖更适合掌握国家主权。傅立叶抨击了法国共和国人民主权的虚伪性,认为尽管宪法上规定了人民有主权,但实际上,人民在现实生活中甚至没有一口面包,因此他主张重新建立理想的政治制度归还人民主权。欧文认为,每个人都应有公平而合理的权利,政府的合法性也是由真正的民意授予的,因为受人类理性的驱使,"富人和穷人,统治者和被统治者实际上利益是一致的"②。

经过历史的溯源可以看出,多数空想社会主义者是赞成主权在民的。而且,与资产阶级主张的"主权在民"相比,空想社会主义的主权观在政治立场、基本观点上关注到了劳动人民的主权地位。在政治立场上,空想社会主义的主权观看到了市民阶层、劳动阶层的主权缺失。托马斯·莫尔无疑是市民阶层的代表,他对资产阶级"羊吃人"圈地运动的批判表达了其为维护劳动阶级权益所做的呐喊。尽管19世纪的圣西门、傅立叶、欧文等都不是作为无产阶级的代表出现的,但是他们也严厉批判了资本主义社会人民主权的虚伪性。圣西门还曾在著作《新基督教》中明确表露过他是为"人数最多和最贫穷的阶级"服务的。马克思称:"他们和启蒙学者一样,并不是想解放某一个阶级,而是想解放全人类。"③ 就基本观点看,空想社会主义的主权观意图要为实现真正的人民主权提供有别于资本主义制度的理想政治体制。如温斯坦莱(Gerrard Winstanley)提出要建立"自由共和国",马布利提出通过"完美共和国"即直接民主实现人民主权,卡贝(Etienne Cabet)主张建立"伊加利亚共和国"等。

---

① [法]克劳德·昂利·圣西门:《圣西门选集》(上),何清新译,商务印书馆1962年版,第283页。
② [英]罗伯特·欧文:《欧文选集》第1卷,柯象峰等译,商务印书馆1965年版,第175页。
③ 《马克思恩格斯文集》第9卷,人民出版社2009年版,第385页。

马克思看到了空想社会主义在人民主权思想上的批判性及不彻底性，有选择地借鉴了其中的思想遗产。首先，马克思肯定并赞赏了他们对封建社会及资本主义社会对人的剥削的严厉打击和揭露，指出他们的文献"是在居于统治地位的资产阶级的压迫下产生的，并且是同这种统治作斗争的文字表现"①。其次，马克思进一步明确了自身的无产阶级立场。在马克思看来，空想社会主义者岁同情无产阶级和劳苦大众，但并未明确提出代表工人阶级的口号，以圣西门为例，他只是以"歌颂产业家和银行家，反对拿破仑时代的元帅和法律制造者"②进而以此反封建，没能真正代表无产阶级或认识到无产阶级的力量。基于此，马克思把民主理论研究深入到其所处时代的现代资本主义社会，在揭露资本主义民主实质的同时，逐渐找到了人类依靠无产阶级走向真正的民主的现实路径。

（二）马克思对空想社会主义民主中"法治因素"的汲取

在空想社会主义民主思想中，法治因素比较突出，温斯坦莱的《自由法》、巴贝夫的《起义法》、德萨米（Dezamy）的《公有法典》，以及圣西门、傅立叶、欧文对法治问题都有涉及。他们关于法律本质、民主立法思想、法治和人治关系的探讨对于马克思民主思想具有重要的借鉴意义。

在法律的本质问题上，"掘地派"代表温斯坦莱认为，法律的本质是自由，真正的自由是使用土地的自由，理想的政治模式应该保证人民"真正的自由"。他抨击资产阶级的法律是"饥饿法律"，封建王国的法律是命令式的"横暴法律"，而"资产阶级的议会政府，只是用饥饿法律代替了过往的横暴法律，劳动人民的生活更加痛苦"③。在理想制度的构建上，他主张建立一个法治国家，提出健全的法律一是体现为人民充分地享有政治民主权利，二是体现为其目的是

---

① 《马克思恩格斯文集》第 2 卷，人民出版社 2009 年版，第 57 页。
② 《马克思恩格斯全集》第 46 卷，人民出版社 2003 年版，第 684 页。
③ 李凤鸣：《空想社会主义思想史》，上海人民出版社 1980 年版，第 53 页。

严格惩治坏人以保护人民的真正自由。巴贝夫从批判资产阶级的法律思想谈起，认为资本主义法律表现的不是正义，而是控制。他揭露资产阶级的舆论"完全听从政府方面的提示和控制"①，资本主义使用法律只是为了维护自己的政治统治。马克思高度赞赏了二人在挖掘社会问题中表现出的犀利眼光，以及对资产阶级法律性质的深刻揭露，提出首先认识到资本主义的这些"社会问题"的是"最彻底的共和主义者。但与此同时，马克思也看到他们表现出了一定的历史局限性，如温斯坦莱的"一切产品平均分配"的主张表现出的平均主义色彩。

在法治和人治的关系上，温斯坦莱提出要兼顾法律和公职人员的意志，实现"法律、胜任的公职人员，以及对这些法律的认真的执行"② 的统一。其意在说明，理想的国家管理需要适当的法律约束，也需要有才能、有德性的人认真执行法律，从而实现法治和德治管理的统一。温斯坦莱强调，公职人员的有效执行是决定国家有效管理的关键，缺少对法律的敬畏就会出现"不治之症"。卡贝在分析这一问题时，严厉驳斥了资本主义制度中所谓"公众的意志就是法律"的谏言。他提出，"现存政治制度的主要弊端在于法律是由贵族或富人来制定"③，这造成了贵族意志影响法律实施的现象，不能真正发挥法律的作用。他主张取消富人特权，让法律意志真正体现人民的公共意志。德萨米的主张与其他思想家稍有不同，他认为，在理想的国家制度中，国家管理的呈现方式是"自然而然"的法治，国家所保障的是基于根本法而实现的社会的自然运行。这些论述虽各有争论，但从一定意义上说，它们

---

① 蓝瑛：《社会主义政治学说史》（上编），上海人民出版社2014年版，第100页。

② [英]温斯坦莱：《温斯坦莱文选》，任国栋译，商务印书馆1965年版，第119页。

③ [法]埃蒂耶纳·卡贝：《伊加利亚旅行记》第2、3卷，李雄飞译，商务印书馆1978年版，第25页。

为马克思研究并形成科学的民主思想提供了启发性的思想材料。而且，就马克思的文本考察看，马克思确实是受到了这些思想家的影响，如马克思研究卡贝的思想时提到，卡贝是"一个最受欢迎然而也是最肤浅的共产主义的代表人物"①。

关于民主立法问题，圣西门坚持唯心主义的基本立场，主张应该将"人类理性"作为立法的指导思想，最高的最普遍的法律就是"人类理性"。欧文也主张从人性的角度去思考法律问题。但是他认为，从人性的角度看，人为的法律相较于自然法表现出极大的非正义，他就其所处时代的英法等国家制度谈到，现有的法律是基于人的愚昧无知建立起来的"治人的制度"，它造成更多的贫民"养成最坏的习惯，犯下各种各样的罪行"②，要解决这一问题，需重新审视法律，将自然法和人类理性结合起来，"为署理民政而制定一种符合一切自然法的新法典"③。欧文批判私有制，认为法律的罪恶源于私有制，私有制度使那些拥有私有财产的人为达到自身利益而明目张胆地压榨穷人。马克思肯定了欧文对旧世界社会制度的批判，指出他"推测出（见欧文及其他人的著作）文明世界的基本缺陷"④，这为以后的政治理论思想家研究该问题无疑提供了重要的思想资源。但是其理论根基是资本主义的唯心史观，所以他不可能找到现实的、能够真正解决人民苦难的道路。与此不同，马克思结合时代境遇，借鉴合理成分，逐渐将民主法治的理论设想和制度构建从天上拉回人间。

（三）巴贝夫的"贫民的革命专政"对马克思的影响

巴贝夫的革命专政理念是空想社会主义民主思想的一个重大贡

---

① 《马克思恩格斯文集》第1卷，人民出版社2009年版，第335页。
② ［英］罗伯特·欧文：《欧文选集》第1卷，柯象峰等译，商务印书馆1965年版，第77页。
③ ［英］罗伯特·欧文：《欧文选集》第1卷，柯象峰等译，商务印书馆1965年版，第293页。
④ 《马克思恩格斯文集》第1卷，人民出版社2009年版，第290页。

献，对马克思拓宽民主研究提供了新启发。马克思评价说，它是"超出整个旧世界秩序的思想范围的思想"。① 尽管其理论具有平均主义倾向，但在推进世界整个民主研究进程中发挥了重要作用。

巴贝夫首先阐发了在通往未来社会的过程中存在一个时期，这是"过渡时期"思想的最初体现。但巴贝夫并未使用"过渡时期"一词。巴贝夫认为，在这一时期，国家的政治制度不免要受到旧制度的侵袭，为克服复杂困难，被压迫阶级（巴贝夫主要指贫民）应该采取"特殊的权力"即通过建立革命专政的方式为通往共产主义排除障碍。就这一时期的政权性质看，巴贝夫强调，这一时期必须由人民掌握政权。具体到人民所指，他强调，"人民"主要指的是从事劳动能够为国家做出贡献的人。这不同于马克思在1848年欧洲革命时期谈到的"过渡时期的无产阶级专政"，因为就巴贝夫当时的历史境遇和时代背景看，马克思所言的"无产阶级"在当时还处于形成时期。

巴贝夫还设想了"革命专政"时期的国家管理办法及其措施。他提出，为真实有效地保证政权存在，统治者一方面要在政治上实行"铁腕政策"镇压敌对分子或反抗者，另一方面要在经济上实行"紧急措施"保证政权能够得到有效巩固。具体看，巴贝夫指出，政治上的"铁腕政策"主要包括：一是采用武力镇压"不忠实于人民代表和人民主权的篡夺者、叛徒、可疑者"②；二是依法将政治权力平均分配给人民，保证人民掌握国家主权；三是保证公民享有"一律平等的生存权"。在经济上，国家首先要没收敌人的财产以归属到"国民公社"。而对于人民自己所有的财产是否交予公社，国家主要遵循"自愿原则"，不采取强制性措施让公民转交财产。在《为平等而密谋》中，其战友邦纳罗蒂指出："共和国号召善良的公民自愿地把财产捐献给公社，以促进改革工作的成功。"③ 他们还主张，将

---

① 《马克思恩格斯文集》第1卷，人民出版社2009年版，第320页。
② 蓝瑛：《社会主义政治学说史》（上编），上海人民出版社2014年版，第105页。
③ [法] 菲利波·米凯莱·邦纳罗蒂：《为平等而密谋》（下卷），陈叔平、端木美译，商务印书馆1989年版，第201页。

土地、房屋等平均分配给人民。另外，为了保证人民的生活水平以及人民能够参与到公社工作中来，国家应该采取强制性的措施号召人民参与公社劳动。[①]

马克思和恩格斯虽对巴贝夫及其思想做了较高的评价，指出其著作是"在现代一切大革命中表达过无产阶级要求的文献"[②]，但也明确指出了他的缺陷。他们称巴贝夫的思想是"粗糙的社会主义和共产主义"，脱离了现实的历史发展状况来思考问题，因此表现出较大的空想性。就当时法国的社会现实看，巴贝夫面临的实际情况是以小生产者的劳动为主的工业发展不发达状况，离他设想的理想革命专政还有较大的距离，这也是其革命必然失败的原因。就巴贝夫提出的革命专政时期的管理措施看，这些措施不仅表现出巴贝夫理想国家的空想性，而且还明显表露了他小生产者的平等主义、禁欲主义倾向。巴贝夫狭隘的小手工业生产视野决定了其共产主义学说是粗糙的不彻底的学说。

（四）温斯坦莱、卡贝的政治体制设想对马克思的影响

依据政权性质的划分，挖掘温斯坦莱、马布利、卡贝对民主政治体制的设计有助于深刻探源马克思民主理论的空想社会主义民主材料。

温斯坦莱注重从自然法出发建立法制化的"自由共和国"，并主张在真正的自由共和国内明确公职人员的选拔机制、任免机制和监督机制。首先，温斯坦莱明确指出，"自由共和国"的性质是以生产资料公有制为基础的"议会制民主共和制度"。他认为，公有制是保证民主制度的基础，它促使人们在共同占有土地财富的基础上"本着正义工作"、彼此之间"都把对方看作上帝创造出来与自己平等的成员"[③]。其

[①] 参见［苏］维·彼·沃尔金《法国空想共产主义》，郭一民译，商务印书馆1980年版，第40页。

[②] 《马克思恩格斯选集》第1卷，人民出版社2012年版，第430页。

[③] ［英］温斯坦莱：《温斯坦莱文选》，任国栋译，商务印书馆1965年版，第13页。

次，在分配制度上，温斯坦莱主张平均分配，从土地到果实，以及社会权利都应该进行"平均的、公正的分配"①。再者，对于公职人员的选拔，温斯坦莱首先提出了通过民主选举选拔人民公仆的建议。为保证公职人员能够真正做到为人民服务，始终忠诚于共和管理制度，温斯坦莱还提出民主监督制度，即公职人员应该每年进行改选，实现人民与职员之间的相互监督。这些观点对马克思的影响，在巴黎公社期间的具体措施中能够体现。尽管二者所处时代不同，政治理想也有差别，但在政治社会管理办法的设想上，是存在一定的相近性的。它表明，空想社会主义的民主精神在一定程度上是得到马克思的借鉴的。

马布利是民主政体的拥护者，他坚决反对君主政体，认为只有废除君主的特权才能保证民主的实现。在民主机制的设计上，马克思说，马布利曾为"科西嘉岛上的居民草拟过最好的政治制度"②。在马布利看来，理想的政体形式是一个真正完美的共和国。"真正的共和国"切实贯彻人民主权原则，人民既是最高权力的代表者，也是政治权力的分配者，人民掌握着立法权，行政机关的公职人员也由人民选举产生，人民也有权利对有害于公共利益的政府或官员进行罢免。但是人民并不是拥有至上的权力或可以滥用自己手中的权力的，马布利主张在完美的共和国实行法治，他认为人人都要依法办事，尤其是公职人员，应当始终是法律的忠诚拥护者和执行者。马布利并未执着于对理想政体的具体描绘，他认为，对理想政体的建构需要充分的材料，这在当时条件下还不具备，这一想法表现出一定的现实主义精神。除此之外，马布利的政治思想中还包含一定的革命因素，他认为，革命或内战并不一定都是坏事，人民有权拿起武器反抗压迫者和敌人。由此可以看出，马布利具有一定的革命

---

① ［英］温斯坦莱：《温斯坦莱文选》，任国栋译，商务印书馆1965年版，第83页。

② 《马克思恩格斯全集》第4卷，人民出版社1958年版，第348页。

情绪，看到了革命的作用，鼓励人民拿起武器对不平等或不公正的事情进行反抗。但是马布利也仅从理论上阐述革命，并未将其付诸实际。

卡贝的政治体制设计集中体现为"人民主权"和"议行合一"。较为突出的政治理念是民主选举思想。他把世界上的社会制度简单归结为"不平等的私有制"和"平等的共产制度"两种形式，认为"伊加利亚共和国"是理想的政治形式。在这一共和国内，国家主权是归于人民的，人民在法律上一律平等。其中，立法权是由人民掌握的，人民委托给人民代表大会或公民大会执行。卡贝对民主选举思想有系统的阐述，他认为应该采取直接民主和间接民主相结合的方式，这样能增加民主选举的灵活性。他还主张采取商谈的办法进行民主决策，而对于公社之上较大范围的区域，可以采取间接民主形式，委托代表大会进行。尽管卡贝提出了较为详细的民主建制方案，但就其理论基础来看，卡贝是一个彻底的唯心主义者。他把他的学说最终都归结为"万能的人类理性"，认为其学说是一种能够促使人类解放的"博爱主义"，而这一途径就是通过人的理性。马克思对此批判说，卡贝的共产主义"只不过是人道主义原则的特殊表现"[1]罢了。

（五）"法郎吉""劳动公社"等共产主义模式探讨对马克思的启发

圣西门设想，未来社会存在一个"永恒正义的王国"，即实行"实业制度"的王国，它是建立在消灭分工、阶级特权等一切寄生现象基础上的、完全平等的社会。在这一制度模式下，国家机关的性质是人民主权的国家，人民以明确的工作计划和合作实现其主权。实业制度根本不同于资本主义制度，它一方面是把为无产阶级谋福利作为自己的政治目的的，另一方面是摆脱了任何分工和特权的，劳动人民是自由平等的，而且脱离了资本主义生产的那种无政府状

---

[1] 《马克思恩格斯全集》第1卷，人民出版社1956年版，第416页。

态。这表明，实业制度是为全体成员服务的，其中最根本的是服务于改进社会成员的物质和精神状况。圣西门还首次提出了未来社会国家政权的存在与否问题，他认为，在实业制度下国家消亡了，代之的是"贤人政治"，即国家应该是由实业家和学者进行管理的，因为他们更懂得有计划地管理政治和社会经济。这一想法表现出圣西门的政治思想中略带有一定的精英主义色彩。在所有制问题上，圣西门看到了所有制的重要作用，并将其称为"社会大厦的基石"，认为一切政治问题最终都将被经济所包容。对此，恩格斯肯定他说："经济状况是政治制度的基础这样的认识在这里仅仅以萌芽状态表现出来。"① 但圣西门并不主张彻底废除私有制，仅是提出将私有企业的生产纳入国家的计划中来。

傅立叶的"法郎吉"共产主义设想对马克思民主理论具有一定的启发。傅立叶认为，现有的资本主义制度是"每个人对全体和全体对每个人的战争"的制度，这种性质决定了人们必然会推翻资本主义制度建立新的制度形式。由此，傅立叶设想，未来的制度形式是"和谐制度"，且这种"和谐制度"的存在是以国家消亡为基础的。傅立叶解释说，和谐制度是建立在人们自愿协作基础之上的社会组织，自愿原则是该制度形式的主要原则，这种人们自愿的联合被称为"法郎吉"。在法郎吉中，资本主义社会中存在的阶级对立、剥削和压迫不复存在了，领导体制、事务机构都是非强制性的，人与人之间、人与法郎吉之间是自由、平等的，人们进行劳动和工作也是出于爱好而非强迫，唯一把人们联合起来的条件是人们自愿的合作，合作成为法郎吉思想的核心。恩格斯评价说，傅立叶提出把国家政权的消亡作为"和谐制度"的存在基础，这在一定程度上萌生了与"经济基础与上层建筑相适应"的历史唯物主义基本原理相适应的想法，尽管傅立叶的历史观是唯心主义的，但是这一思想确实也包含了"辩证法"和一定的"唯物主义因素"。另外，傅立叶

---

① 《马克思恩格斯文集》第9卷，人民出版社2009年版，第275页。

还深刻"指出了协作的优越性,不仅如此,他还指出了它的必然性"。① 这对于启发后人重视社会政治生活中的合作思想有重要意义。

欧文对未来社会的设想是建立"劳动公社"。欧文遵循法国唯物主义思想,提出,未来社会的理想制度模式是以公有制为基础的"劳动公社"。所谓劳动公社是"根据联合劳动和联合消费的原则、以农业为基础组成的五百至一千五百人的公社"②。首先,在欧文看来,在公社中,人们既可以获得一切满足于生活需要的必需品,而且能够改正以往旧社会遗留的各种陋习,从而发扬和培育人之所以为人的本质。其次,欧文提出公社需要保留一定的职权,他解释说保留职权的目的是更好地维持社会秩序,但是这一职权不是资产阶级社会中存在的警察、法庭、监狱等强制性的暴力工具,而是基于公民的需要建立起来的为维持公社发展的职务形式。再者,欧文指出,公社主要采取按需分配的形式,但这基于公社较高的发展程度,因为只有到了这时,人们才能够较为简易地生产其自身所需要的产品。总的来说,欧文对未来社会的设想对于马克思的民主理论具有较高的参考价值,马克思的科学民主观也一定程度上吸收了其宝贵资源,但是与马克思不同的是,欧文的政治思想陷入了空想,他只是在头脑中设想未来社会的图景。把希望寄托于现有政府对政治体制的改革上,既没有看到革命的重要意义,也未发现无产阶级的历史地位。这也是马克思超越其思想从空想走向科学的原因所在。

马克思对空想社会主义民主观的批判性继承一方面表现为他认同并赞赏了空想社会主义者对封建制度、资本主义制度的批判,汲取了空想社会主义民主的"主权在民"思想、法治思想、革命因素,

---

① 《马克思恩格斯全集》第 3 卷,人民出版社 2002 年版,第 478 页。
② [英]罗伯特·欧文:《欧文选集》第 1 卷,柯象峰等译,商务印书馆 1965 年版,第 200 页。

以及空想社会主义在思考未来社会问题上提供的民主图景。另一方面，马克思发现并揭露了空想社会主义民主观的时代局限，指明其"空想性"所在：一是因为空想社会主义者从唯心史观考察社会政治历史，他们"固然批判了现存的资本主义生产方式及其后果，但是，它不能说明这个生产方式，因而也就不能对付这个生产方式；它只能简单地把它当做坏东西抛弃掉"①。二是因为他们所处时代的现实条件还未达到他们理想的社会状态，因而他们只能从头脑中展开想象的历史构造。马克思在其思想发展基础上，把社会主义和共产主义学说立足于历史的现实，深入考察社会政治，进一步发现了资本主义民主的秘密及无产阶级的历史地位和历史作用，从而促使社会主义民主观逐渐从空想走向科学。

第三节　马克思与同时代思想家的民主理论关联

19世纪的欧洲，民主政治斗争首先是在宗教问题上拉开序幕的，而"就德国来说，对宗教的批判基本上已经结束"②，这些贡献是由以布鲁诺·鲍威尔（Bruno Bauer）为代表的"批判的神学家"完成的。青年马克思辩证地吸收青年黑格尔派的宗教观和政治哲学观点，在继承和批判中实现其民主理论的转型和升华。他对"人类解放"和"真正的民主制"的构想受到了鲍威尔"真正的自由"及卢格"政治批判"思想的启发，在转向唯物主义民主观的过程中借鉴了费尔巴哈的人本思想。莫泽斯·赫斯"真正的社会主义"思想也对马克思从革命民主主义转向共产主义产生了积极影响。

---

① 《马克思恩格斯文集》第9卷，人民出版社2009年版，第387页。
② 《马克思恩格斯文集》第1卷，人民出版社2009年版，第3页。

一 马克思和布鲁诺·鲍威尔"真正的自由"

布鲁诺·鲍威尔是青年黑格尔派的精神领袖,青年马克思曾作为"博士俱乐部"的一员深受其影响。当前学界普遍认同马克思的《博士论文》带有明显的鲍威尔印记。《黑格尔法哲学批判导言》《论犹太人问题》《神圣家族》等著作及鲍威尔和马克思的相关书信(集中在1838—1842年)也明显表明马克思与鲍威尔的思想关联有据可考。鲍威尔的宗教批判对马克思民主观有重要意义,马克思一方面肯定鲍威尔宗教批判的进步作用,从思想观点、研究方法上批判吸收了鲍威尔的宗教观,另一方面把宗教批判的研究深入现代国家人们的民主自由实现问题,扬弃并超越了以鲍威尔为代表的"批判的神学家"。

鲍威尔在《对观福音书作者批判》《末日的宣告》等文中进行宗教批判,其矛头主要指向作为国家精神支柱的基督教并逐渐深入到普鲁士国家的现实政治制度。在鲍威尔看来,历史发展是以人的有限的精神为载体的自我意识的表现,宗教意识是人的自我意识的一个阶段,人类要获得真正的自由,必须扬弃异化了的宗教。鲍威尔批判说,宗教、上帝并非超验性的存在,而是人的自我意识的创造物,人在宗教中幻想彼岸生活,如在"上了鸦片瘾似的迷醉中侈谈一切都将焕然一新的来世生活"[①]。他把宗教的实质看作"人的自我意识的异化",认为宗教具有排他性和特殊性等特质,人要实现自由、解放,必须摆脱宗教的束缚。对于普鲁士国家制度,鲍威尔最初是信奉黑格尔理性的国家观的,认为普鲁士王国能够满足人类的理想自由,但随着威廉四世的上台并宣布实施一系列迎合教会,把教会置国家之上的措施,鲍威尔对普鲁士政治的态度有了很大转向。他认为,普鲁士国家把带有排他性的基督教作为国家的精神支柱,

---

① [英] 戴维·麦克莱伦:《青年黑格尔派与马克思》,夏威仪译,商务印书馆1982年版,第81页。

本身就是异化了的"基督教国家",这决定了其不能实现真正的自由,因为,"真正的自由"是以消灭宗教特权为前提的,"真正的自由可能构成人类历史发展的目标和推动力"①。因此,必须展开政治革命,完成政治解放。

马克思赞扬并肯定了鲍威尔宗教批判的进步意义,认为鲍威尔在一些宗教问题上"以精细入微地分析圣经的方法"②证明了以往神学家们的无知。首先,马克思借鉴鲍威尔关于"宗教是人的自我意识的异化"观点,指出"人创造了宗教,而不是宗教创造人"。③但与鲍威尔不同的是,马克思看到,宗教本质上不是受人类有限的精神支配的,而是基于人本身存在的,这标志着马克思历史唯物主义宗教观的萌芽。其次,马克思运用鲍威尔批判宗教的隐喻方法,提出"宗教里的苦难既是现实的苦难的表现……是人民的鸦片"④。麦克莱伦、兹维·罗森等人考证说,马克思的这一比喻借鉴了鲍威尔把基督教看作"现存状况的不完善性的标准"的这一说法,鲍威尔在《自由的功绩和我自己的事业》一文中明确指出"人们对宗教的幻想如同鸦片",在《基督教国家》中,鲍威尔又重提了宗教带给人们的"鸦片般的影响"说法。⑤不过,学界对这一比喻的来源存在争议,麦克莱伦指出,这个说法在青年黑格尔派其他学者的论述中也有出现过。另外,马克思还通过这种手法将宗教比喻成"幻想的太阳""有毒的花朵"等。

但马克思对鲍威尔的思想总体来讲是持否定态度的,这种否定是"扬弃"的否定。在马克思看来,鲍威尔只是从精神出发去探索

---

① [英]大卫·利奥波德:《青年马克思——德国哲学、当代政治与人类繁荣》,刘同舫、万小磊译,中山大学出版社2017年版,第115页。
② 《马克思恩格斯全集》第40卷,人民出版社1982年版,第294页。
③ 《马克思恩格斯文集》第1卷,人民出版社2009年版,第3页。
④ 《马克思恩格斯文集》第1卷,人民出版社2009年版,第4页。
⑤ 参见戴维·麦克莱伦《青年黑格尔派与马克思》夏威仪译,商务印书馆1982年版,第81—83页;兹维·罗森《布鲁诺·鲍威尔和卡尔·马克思:鲍威尔对马克思思想的影响》,王谨等译,中国人民大学出版社1984年版,第166页。

摆脱自由束缚的条件。对这一认识，学界当前存在两个误区：一是把二者的分歧停留在人类解放高于政治解放的争论上，未看到鲍威尔谈及的人的解放的前提；二是把对鲍威尔的思想认识局限在"政治批判"，未看到其对社会问题的思考，未能从哲学立场和阶级立场上揭露鲍威尔的政治思想局限。实际上，从鲍威尔的相关论著中看，鲍威尔同马克思一样，是追求人类解放的。不同的是，鲍威尔从精神层面（宗教意识）出发思考问题，把政治解放混同人类解放，将实现"政治解放"等同于实现人类"真正的自由"。鲍威尔把宗教意识看成是人类自我意识的异化阶段，认为宗教自由与政治自由是不兼容的，宗教意识否认了人类意识的普遍性，造成个体之间的相互分裂。鲍威尔提出，实现"真正的自由"的前提是消灭宗教特权，其次是个体做到对人类普遍共性的承认和认同，放弃自身的宗教信仰，"把全人类的事业当作自己的事业"。在《文学总汇报》第1期中，鲍威尔作了如何将"政治解放"延伸到"社会问题"的思考，认为政治解放还没有从根本上解决自由的桎梏，在"法律"之外，人们还受着社会生活的自由束缚。这表明，鲍威尔已经开始注意到人的社会生活对政治解放的制约问题。只不过，鲍威尔关注的是人类理性中的民主和自由，认为普遍的人性支撑"真正的自由"，人在生活中受到限制的根本原因在于其自身的宗教精神。基于此，鲍威尔主张，摆脱利己排他的宗教意识，从人的有限精神中寻求人类解放的办法。这样，鲍威尔就将探讨人类"真正的自由"带入精神领域中去了。

马克思从三个方面驳斥了鲍威尔的"真正的自由"观点：一是鲍威尔从情感上预设了犹太教是"落后、可恶的宗教"，并将基督教国家不能解放犹太人的原因归结为犹太教是自私自利的排他性宗教是不合理的。因为，英、美、法等现代国家的一系列法律条文、相关文件对财产权、自由权、宗教信仰权的保护已经从实例上证明了宗教与现代国家不仅是兼容的，私有财产、利己主义也是被现代国家默认了的。二是鲍威尔混淆了政治解放和"真正的自由"的关系，把本属于基督教国家封建残余的"犹太人问题"提升到人类自由解放的"普遍问题"高度，从神学角度回答世俗问题。尽管鲍威尔在后期逐渐发现了政治解放的局限，但依然未找到解决问题的根本办法。事实上，个人的权利区别于公民的权利，个人是否信教以及信仰何种宗教不是剥夺其获得政治权利的正当理由。因为，在完成政治解放的国家中，"宗教已经不是世俗局限性的原因，而只是它的现象"①。尽管宗教在现实社会中存在本身是一种缺陷，但造成这种缺陷的根本原因不应该从"异化了的宗教意识"中寻找，而应该通过国家自身的本质深入到宗教束缚的"世俗限制"②，只有这样才能真正消灭宗教，实现人在政治民主、自由、平等问题上的解放。三是鲍威尔未从根本上厘清国家与个人的关系、公人与私人的关系。马克思指出，当政治解放把人二重化为公人与私人，把宗教排除在政治之外时，宗教信仰自由就已经属于私人领域的个人事情了，鲍威尔忽视这一变化继续将宗教信仰和抽象的政治国家相联系本身就是错误的。

二 马克思与费尔巴哈的"主谓颠倒"法和"民主共和制"构想

基于马克思曾评价费尔巴哈"过多地强调自然而过少地强调政治"③，学界对费尔巴哈的政治思想研究甚少，有人甚至将费尔巴哈与政治绝对对立起来，提出费尔巴哈"不关心政治""厌恶政治"等。④ 但就其生平和著作看，费尔巴哈曾是激进的民主主义者（早在青年时期，费尔巴哈就积极参与推进德国统一和民主宪法的活动），其思想体系中不乏对政治和社会问题的研究。马克思民主思想

---

① 《马克思恩格斯文集》第 1 卷，人民出版社 2009 年版，第 27 页。
② 《马克思恩格斯文集》第 1 卷，人民出版社 2009 年版，第 27 页。
③ 《马克思恩格斯全集》第 27 卷，人民出版社 1972 年版，第 443 页。
④ 参见［英］大卫·利奥波德《青年马克思——德国哲学、当代政治与人类繁荣》，刘同舫、万小磊译，中山大学出版社 2017 年版，第 115 页。

受费尔巴哈思想的启发，集中体现在对"主谓颠倒"法的"政治"运用和"民主共和制"的批判性继承上。

马克思效仿费尔巴哈用"现实的主体或类"颠覆"神或理性"批判传统思辨哲学的唯心主义缺陷，主张通过颠倒"现实政治"和"政治理念"的主谓关系，展开对现代国家及其制度的唯物主义批判。他赞赏费尔巴哈在批判宗教和旧哲学中使用"主谓颠倒"方法证明了以往的哲学不过是唯心主义的，是"理性的或理性化了的有神论"[①]，并以该方法为借鉴，指出了黑格尔理性主义国家观的缺陷。马克思指出："黑格尔不把主观性和人格看作它们的主体的谓语，反而把这些谓语变成某种独立的东西，然后以神秘的方式把这些谓语变成这些谓语的主体。"[②] 有学者考证，"神秘""神秘性"词语的使用就援引了费尔巴哈用语，在费尔巴哈《关于哲学改造的临时纲要》中，"神秘性"意为"剥夺掉某物自身的独立本质"[③]。这种方法与黑格尔的辩证方法直接不同的是，黑格尔颠倒了"政治理念"和"政治现实"之间的关系，但马克思指出，政治理念不过是现实政治的历史结果，是作谓词存在的，国家的真正主体是"真实的、活生生的人"。受费尔巴哈人本学影响，马克思将"主谓颠倒法"进一步运用于研究现实政治中人的地位和处境。马克思发现，在现实的国家制度中，个人尽管在形式上表现为拥有"普遍的权利"，但实质上却是被"对象化"了的，国家的政治活动变成了"一种异化了的政治活动"[④]，国家主权被代表特殊利益的集团占有了。尼·拉宾提出，马克思在论及现代国家制度的这些

[①] [德] 路德维希·安德列斯·费尔巴哈：《费尔巴哈哲学著作选集》（上卷），荣震华等译，商务印书馆1984年版，第144页。

[②] 《马克思恩格斯全集》第3卷，人民出版社2002年版，第32页。

[③] [英] 戴维·麦克莱伦：《马克思主义以前的马克思》，和飞等译，河北教育出版社1990年版，第116页。

[④] [英] 安东尼·吉登斯：《资本主义与现代社会理论：对马克思、涂尔干和韦伯著作的分析》，郭忠华、潘华凌译，上海译文出版社2013年版，第8页。

缺陷时，在语用上受到了费尔巴哈类哲学的影响，如马克思将"人民的意志"理解为"类意志"，将"民主制"理解为"国家制度的类"，并认为民主制"对其他形式的国家制度的关系，同类对自己的各个种的关系是一样的"①。这些表述凸显了马克思思想中的费尔巴哈痕迹。

关于"民主共和制"的构想，费尔巴哈主要从批判宗教出发揭露封建专制政体的局限性：一方面，费尔巴哈通过批判基督教提倡的"上帝特权"批判封建专制政体的君主。在费尔巴哈看来，君主政体隐含宗教信念的支撑，宗教中凸显的等级性和不平等性对君主专制提供了精神依据，人们的宗教意识中信奉的"上帝特权"促使人普遍地认为君主是高于臣民的"君王本人与他的臣民是完全不同的存在"②。但事实上，国家及政治制度的存在是以人为依托的，"上帝"并非高于人的实体，而是人的观念的产物，君主作为类个体，同类"完全一样"，为此，费尔巴哈主张消灭君主特权。另一方面，费尔巴哈通过批判宗教的虚假性批判封建君主政体对人民的压制。他指出，实行君主政体的国家，"一切以专制君主的慈悲和专横为转移的"。③ 他指责在君主政体下任何政治活动都是在君主的授意下完成的，人们毫无民主自由可言，其实质是"毫无道德的国家"。马克思看到，费尔巴哈对封建君主专制的批判确实使君主政体遭受了一定打击，这为其挖掘民主素材提供了一定的帮助，但是马克思也指明，费尔巴哈对封建专制的抨击是从"人性"角度出发的，这暴露了其在历史领域和政治领域的唯心主义缺陷。其次，马克思从费尔巴哈对未来理想制度的构想中找到了一定的民主理论资源。费尔巴哈从类哲学出发构想未来的理想制度，把

---

① 《马克思恩格斯全集》第 3 卷，人民出版社 2002 年版，第 40 页。
② [英] 大卫·利奥波德：《青年马克思——德国哲学、当代政治与人类繁荣》，刘同舫、万小磊译，中山大学出版社 2017 年版，第 216 页。
③ [德] 路德维希·安德列斯·费尔巴哈：《费尔巴哈哲学著作选集》（上卷），荣震华等译，商务印书馆 1984 年版，第 596 页。

民主共和国制度看作理想的政治模式。他把人看作"是国家的本质"①,指出民主制的国家保证了人的本质的实现。费尔巴哈指出,人的本质是"理性、意志和爱",在封建君主政体下,人的社会关系是以利己主义为基础的异化关系,人追求幸福、自由和爱的权利不能得到实现,人就不是完整的人。他主张建立如资产阶级以"自由、平等、博爱"为基础的共和国,用"人和人的爱"推动政治制度的进步和社会的和谐。然而,吊诡的是,费尔巴哈并不主张在德国的政治现实中建立民主共和国,而是将君主立宪制认定"是唯一对于我们适合的,可实行的,因而也即合理的国家形式"②。马克思评价说,尽管费尔巴哈揭露了基督教的秘密,看到了人的苦难及人的本质的"和谐"特质,但却从抽象的人性出发看待社会和政治,这决定了他在"探讨历史的时候,他不是一个唯物主义者"③。

需要注意的是,为避免对马克思民主观中费尔巴哈因素的过度解读,应警惕当前理论研究中夸大马克思与费尔巴哈关系的做法。有说法称青年马克思是"费尔巴哈的小跟班"(施蒂纳语)、"前卫的费尔巴哈"④。这都是对马克思与费尔巴哈思想关系的误读。事实上,马克思从接触费尔巴哈的思想起,就是持有批判态度的,尽管类、存在、主谓颠倒等术语被马克思等使用和借鉴,但马克思始终是批判地继承的,极为显著的区别是,马克思是从历史唯物主义立场出发对政治和社会问题展开分析的,这也是马克思超越费尔巴哈的根本所在。

三 马克思与卢格的"政治批判"

马克思与卢格在 1842 年到 1843 年期间交往甚密。在社会政治

---

① [德]路德维希·安德列斯·费尔巴哈:《费尔巴哈哲学著作选集》(上卷),荣震华等译,商务印书馆 1984 年版,第 116 页。
② [德]路德维希·安德列斯·费尔巴哈:《费尔巴哈哲学著作选集》(上卷),荣震华等译,商务印书馆 1984 年版,第 846 页。
③ 《马克思恩格斯文集》第 1 卷,人民出版社 2009 年版,第 530 页。
④ 参见[英]大卫·利奥波德《青年马克思——德国哲学、当代政治与人类繁荣》,刘同舫、万小磊译,中山大学出版社 2017 年版,第 216 页。

思想上，卢格对普鲁士政治的猛烈批判、对政治自由及其实现途径的理论探索给马克思的民主理论提供了重要的思想资源。但由于卢格仅注重教育和改良，既不主张改变现存制度，也未认识到无产阶级的重要作用，马克思最终与其决裂。

据考证，卢格的政治转向始于19世纪30年代末期，其直接原因是威廉四世的上台浇灭了青年黑格尔派与普鲁士当局联盟的幻想。卢格发现，普鲁士政府并非理性王国的实践者，事实证明，它们是旧社会等级秩序和绝对君主制的维护者，其实质是"作为国家还是天主教的，政治上的绝对君主制就是宗教上的天主教"①。即是说，普鲁士王国并未摆脱基督教的等级制度，它依然实行绝对的君主制。卢格指出，"绝对的君主制"政体把现实生活的人分裂成了"局外人"和"局内人"，广大人民成了处于社会受压迫阶层的"国家的局外人"。为此，卢格主张，从对普鲁士政治制度的幻想中走出来，改良普鲁士的等级制度，建立真正的政治自由。

卢格对"政治自由"进行了系统的阐述。他认为，政治自由的本质是国家公民能够享有自由平等的公民自治，历史上的雅典民主政治为现代民主政治提供了制度典型。但近代意义的政治自由与以往自由的历史条件有所差异，现代人的真正的自由需要依靠"公民的生活方式和行为方式"即"公民精神"来实现。② 在卢格看来，真正的政治自由与国家制度无关，其实现手段一是依靠教育，二是依靠和平的改良计划。卢格所言的"教育"主要是从广义上理解的，即对公民的"教化"，公民通过受教育提高"文化水平"为国家服务，"自由的公民教化"不仅体现在发明创造上，而且体现在一个国家的"公共舆论"中。对此，卢格主张国家对"公共舆论"采取批判的态度，并为其提供发声的发展空间。卢格将政治自由的实现寄托在和平的民主

---

① 朱学平：《从古典共和主义到共产主义：马克思早期政治批判研究（1839—1843）》，中国法制出版社2018年版，第131页。
② 朱学平：《从古典共和主义到共产主义：马克思早期政治批判研究（1839—1843）》，中国法制出版社2018年版，第120页。

改革上，希望通过组织教育、开展民意、对话等手段来消除贫困、不平等等自由的束缚。在《前进报》中，他指出："社会革命没有政治灵魂（就是说，没有从整体观点出发的具有组织力量的思想）是不可能的。"① 马克思指责卢格仅是停留在精神领域未真正看到国家局限性的根源，事实上，意识的改革或和平的改良并不能从根本上改变政治不自由的现状，在"自由主义的华丽外衣掉下来了，可恶至极的专制制度已赤裸裸地呈现在全世界面前"② 时，人类实现解放的唯一手段就是革命的行动。由此，马克思和卢格分道扬镳。

马克思与卢格的决裂还集中体现在二人在认识共产主义问题的思想差异上。卢格把"共产主义"问题称为"可怕的问题"，主张在民主主义的改革范围内解决世界的救赎问题。马克思批判卢格同以往的理论家一样，未真正认识和解决"向何处去"的问题。在他看来，历史当前的任务"不是构想未来并使它适合于任何时候"，不是树立未来社会图景的"教条主义的旗帜"，而是"要对现存的一切进行无情的批判"。③ 这样，马克思不仅完成了从宗教批判向政治批判的转变，而且为以后完成"从革命民主主义向共产主义"的转变做了准备。后一转变是马克思与卢格分手的重要原因。卢格自己也曾说："马克思对我说，他不能同我继续共事了。因为我只是政治家，而他是共产主义者。从 1843 年 9 月 1844 年 3 月，他完成了向'极端社会主义'的转变，而在书信（《年鉴》第 37 页）中他还非常理智地反对过这种社会主义。"④

四 马克思与赫斯的"真正的社会主义"

赫斯被誉为"德国的社会主义之父"，其政治思想内容着重从经

---

① 《马克思恩格斯全集》第 3 卷，人民出版社 2002 年版，第 394 页。
② 《马克思恩格斯文集》第 10 卷，人民出版社 2009 年版，第 5 页。
③ 《马克思恩格斯文集》第 10 卷，人民出版社 2009 年版，第 7 页。
④ ［德］克利姆：《马克思文献传记》，李成毅等译，河南人民出版社 1992 年版，第 123 页。

济视角和社会视角对社会历史和社会政治制度进行批判和探讨。作为与马克思同时期的思想家，赫斯的"社会主义"思想对马克思民主观有一定启发，马克思自己也承认，在进行政治和社会问题研究时曾参阅赫斯的著作，尤其是"《二十一印张》文集中赫斯的几篇论文"①。在批判和借鉴赫斯的经济异化理论、行动哲学、共产主义思想基础上，马克思扩大了民主问题的研究视野，提出了从经济事实出发分析社会政治现实的民主观。但基于赫斯始终坚持从道德视域出发阐释社会主义，马克思最终与其分道扬镳。

赫斯对资本主义社会的经济批判对马克思民主观的经济转向产生一定影响。马克思通过赫斯对资本主义"利己主义""金钱社会"等特性的揭露，进一步认识到资本主义制度的经济弊端。在《人类的圣史》《欧洲三同盟》《论货币的本质》等文中，赫斯提出，资本主义经济是给资本主义制度招致祸端的根源，其原因一是在资本主义经济条件下"金钱是这个社会的唯一杠杆"，而大地产和资本掌握在"少数大企业资本家"手中，这造成了资本主义制度从经济地位上就是不平等的；二是因为在资本主义经济条件下，自由的活动异化为努力的劳动，"动物的享乐作为这种动物劳动的当然目的提到人类至上幸福的地位"②。这就造成了人的利己关系的形成，促使社会陷入"富者越富而穷者耗尽自己的血汗都活不下去的"③沼泽之中。在赫斯看来，资本主义社会中存在的这种不平等性和利己主义特点是摧毁资本主义制度本身的武器，不久的将来它就要被埋葬掉，但并不是借助政府的力量。受赫斯的影响，马克思从经济异化理论出发，进一步研究国家、法和市民生活的关系，揭露资本主义社会的剥削现象，并逐渐了萌生了"商品拜物教"思想，他指出，在资本

---

① 《马克思恩格斯全集》第3卷，人民出版社2002年版，第220页。
② 张一兵、赫斯：《人本学经济异化理论逻辑的初始呈现》，《福建论坛》（文史哲版）1998年第5期。
③ 张一兵、赫斯：《人本学经济异化理论逻辑的初始呈现》，《福建论坛》（文史哲版）1998年第5期。

主义社会,"金钱是人的劳动和人的存在的同人相异化的本质;这种异己的本质统治了人,而人则向它顶礼膜拜"①。但需要注意的是,当前学界对这一问题还存在一定争议,有说法称赫斯的异化理论并未直接影响到马克思,马克思在赫斯之前已经提出了关于资本主义政治经济制度的异化观点。

赫斯从行动哲学出发,提出通过"社会改革"的方法克服资本主义弊端,这为马克思民主思想提供了一定启发。赫斯认为,消灭社会的不平等可通过暴力或和平手段,但赫斯未明确地提出通过暴力革命或斗争消灭资本主义社会的不公现象。在他看来,暴力革命容易引发祸患,人们应该坚持人道主义把"道德上的净化看得比经济上的解放更加重要"②,但这并不意味着,和平的方式只需要通过"单纯的政治改革"就可以了。在《欧洲三头政治》一文中,赫斯解释了资本主义社会存在的贫富差距和阶级对立现象之所以存在的原因。他试图与改良主义划清界限,主张对资本主义社会"恶劣状况"进行改革,并认为这种改革不能仅是只停留在政治层面,还应该深入社会经济领域。马克思批判性地指出,尽管赫斯在一定程度上看到了社会运动的重要作用,但他把社会问题最终归结为道德问题,否认和害怕暴力革命的表现无疑也暴露了他在对待资本主义社会的软弱性和妥协性态度。这种小资产阶级代表的"社会主义者",归根结底"只不过是无产阶级政党暂时的同路人"③。

赫斯的共产主义思想对马克思关于共产主义民主的构想也提供一定的理论素材。他把共产主义社会看成理想的社会,并着重从实现人的自由和社会解放两个层面阐释其思想,但基于其思想体系的理论基石是人道主义,赫斯的共产主义思想最终陷入空想。赫斯指

---

① 《马克思恩格斯全集》第 3 卷,人民出版社 2002 年版,第 194 页。
② 孙伯鍨:《探索者道路的探索　青年马克思恩格斯哲学思想研究》,南京大学出版社 2002 年版,第 46 页。
③ [苏]康捷尔:《马克思恩格斯和第一批无产阶级革命家》,杨静远等译,生活·读书·新知三联书店 1963 年版,第 10 页。

出，自由的活动是人的本质，人只能在"在实践中通过社会主义，即人们紧密团结，在共同体中生活，在其中劳动，并通过扬弃私人所得，才能够得到扬弃"。① 在这里，赫斯将人的自由解释为个体的自由和类的自由两层含义，并指出劳动和团结是人的自由实现的前提条件。他首先批判费尔巴哈及以往哲学家只是"单纯的理论说教"，并未找到实现人的本质的真正途径，因而也不是"真正的共产主义"。其次，赫斯提出"科学的共产主义概念"。他认为，在"科学的共产主义"中，自由的本质是劳动和享受的统一，人们在共产主义社会中的劳动是可以依凭爱好进行选择的劳动，社会满足人们爱好的多样性，为人们提供合乎人性的职业，自由的劳动选择和劳动享受促使产生具有共产主义性质的合乎人的本质的社会。最后，赫斯还明确说明了实现共产主义的条件。他从资本主义的社会现实出发，指出，当前人类受到"道德奴役"和"社会奴役"的双重压迫，共产主义社会的根本目标就是超越双重奴役走向人类社会的自由和平等。由此，他主张消灭一切束缚人类的可能条件，并尝试从"财富公有化"出发解决人本质的异化问题，这对马克思进一步研究资本主义社会制度提供了一定思想资源。但是赫斯强调，人们所受的剥削和压迫首先是精神层面的，共产主义社会实现的前提性要素应该是精神解放，"道德奴役和社会奴役只是继精神奴役而进行的。反之，法律的、道德的解放一定是要由精神解放引起的"。② 赫斯最终将人类社会存在奴役和压迫的根本原因归结到精神层面的因素，始终未能走出唯心主义的旋涡。

五　马克思与恩格斯民主思想关联

马克思恩格斯思想密不可分，这决定了要真正了解马克思，必

---

① ［德］莫泽斯·赫斯：《赫斯精粹》，邓习议译，南京大学出版社 2010 年版，第 184 页。
② ［波兰］莱泽克·科拉科夫斯基：《马克思主义的主要流派》第 1 卷，唐少杰等译，黑龙江大学出版社 2015 年版，第 110 页。

须去读恩格斯的著作。在民主思想的启蒙和发展中，恩格斯的思想无疑对马克思民主思想的发展起到了激发、碰撞、交汇、传承的作用。

恩格斯的生存境遇使他在社会阅历中比马克思更加"见多识广"。恩格斯在关注了现代国家的社会现实后对民主问题进行了深入思考。在不来梅工作期间，恩格斯较多关注手工业工人的生活和斗争情况。他发现，工人的生活状况并不像政治国家中所宣扬的拥有独立的自由、民主和人权，甚至是政治国家也有实际操控的权力主体。他以自己文字创作发表受限调侃普鲁士当局，"我可不能让书报检查阻碍我自由写作，……伤痕累累的战士才是最优秀的战士。一本书，拿来一读就肯定看得出它是同书报检查官作过斗争的"[1]。在深入研究了英、法等国的现代史之后，他指出，现代国家以"世界主义"著称的文明，实际上同宗教主义同出一源，重新陷入宗教主义的束缚中去了。"法国'在国外称霸的基础在于他们总是比一切其他民族都更容易掌握欧洲的文化形式即掌握文明'"，但"条顿狂总想把这个民族拉回到德意志的中世纪去，甚至拉回到源于托伊托堡林山的初期条顿精神的纯正中去"[2]。为了考察现代国家的矛盾根源，恩格斯在柏林时期着重关心政治问题，但这一时期恩格斯是从研究黑格尔、费尔巴哈的哲学入手深思现代国家的。普鲁士书报检查令使恩格斯深刻认识到，单纯的哲学研究不能解决政治问题，现代国家所倡导的自由、民主有"其他的实现形式，而不是国家"[3]。就此，恩格斯产生了"究竟是谁统治着英国"的疑问。在对英国工人状况进行深入调查后，恩格斯发现，财产在现实中实际进行着对国家的统治。民主选举也实际与财产直接相关。他以批判英国代议制为例，指明财产对于人的真正意义。"财产使贵族能支配农业地区

---

[1] 《马克思恩格斯全集》第47卷，人民出版社2004年版，第227页。
[2] 《马克思恩格斯全集》第41卷，人民出版社1982年版，第148页。
[3] 《马克思恩格斯全集》第41卷，人民出版社1982年版，第397页。

和小城市的议员选举；财产使商人和工厂主能决定大城市及部分小城市的议员选举；财产使二者能通过贿赂来加强自己的影响。财产的统治已经由改革法案通过财产资格的规定明确承认了。"[1] 因此，现代国家不仅没有解决这一矛盾，实际上以财产权的政治权利重新固化了财产的现实地位。为此，恩格斯进一步深入工人状况揭露自私自利的私有制。这些努力使恩格斯发现工人之间有可能联合起来进行推翻资产阶级的革命，工人之间能够联合的可能性条件归根到底是一定的社会关系。在1840年为《总汇报》撰写的不来梅通讯文章中，恩格斯说："某种关系把同一个行业的帮工联合起来，这早已不是什么秘密。"[2]

就马克思恩格斯的早期思想文本看，马克思和恩格斯的思想差异一是体现在宗教批判上，恩格斯在不来梅期间对宗教问题进行了大量的阐述，马克思对纯粹的宗教批判并未着墨过多，在谈到宗教问题时通常是在分析政治国家和市民社会的关系上进行的。恩格斯对物质利益诱因的探索激发了马克思关于市民社会决定国家和法的思想阐述。马克思分析借鉴了恩格斯对英国工人状况的整体图景，以批判和揭露资本主义社会实然状况充盈自己对现代国家的应然分析。二是体现研究方法的差别上。恩格斯较为注重从现实出发考虑现代国家的民主政治，马克思则较多关注经济活动的社会形式，从矛盾着的生产关系或社会关系出发，探索实质性民主存在的条件。

但即便这样，恩格斯从宗教批判转向政治批判到政治经济学批判的研究路径，与马克思民主思想的发展也存在强烈的历史碰撞。两人对现代国家背后物质利益的探讨、私有制弊病的揭露，对无产阶级历史地位和历史使命的追寻为二者在后来合著《神圣家族》《德意志意识形态》以及《共产党宣言》奠定了基础。同为争取工

---

[1] 《马克思恩格斯全集》第3卷，人民出版社2002年版，第567页。
[2] 《马克思恩格斯全集》第2卷，人民出版社2005年版，第261页。

人普选权的斗争，对谷物法、林木盗窃法的辩论，以及现代国家存在的普遍的对抗关系的揭露，使二人在对民主问题的认识上形成思想的交汇，开始共同探索推翻私有制建立新的更高级社会的形式和内容。如马克思恩格斯对民主问题的关注在探索国家的本质、揭露资本主义国家民主性质、消灭私有制等问题上具有观点上的内在一致性。二人在《神圣家族》中对以布鲁诺·鲍威尔为代表的青年黑格尔派展开批判，直指德国的唯心主义，奠基了"天才的新世界观"。在深入国家具体的法律和政治问题后，他们发现国家背后的物质动因是导致种种冲突矛盾的深层次根源。在《德意志意识形态》中，马克思恩格斯明确阐述了国家、法与整个市民社会的关系，指出："统治阶级的思想在每一时代都是占统治地位的思想。这就是说，一个阶级是社会上占统治地位的物质力量，同时也是社会上占统治地位的精神力量。"[①]《共产党宣言》是马克思主义诞生的标志性著作，马克思恩格斯在《共产党宣言》中详细分析了无产阶级争得民主的历史必然性，指明无产阶级政党和无产阶级国家的性质属性。因此，如同恩格斯亲自谈及的，"当我1844年夏天在巴黎拜访马克思时，我们在一切理论领域中都显出意见完全一致，从此就开始了我们共同的工作"[②]。所以本书在分析马克思民主思想的发展史时并未刻意区分马克思恩格斯民主思想的差异性，在马克思民主理论的概括和阐发中交融了恩格斯的民主思想。

总的来说，马克思与西方政治传统存在千丝万缕的关系，但这种关系决不是如阿伦特所言的，主要的是对自由主义民主传统的继承。就西方政治传统而言，马克思更多的是批判和重构。通过比较和分析马克思与各时代思想家的民主观点，不难发现，马克思的民主理论的形成和发展是具有宗教批判、政治批判、社会批判等多元进路的。马克思在此过程中逐渐完成了思想发展的两个转变，一是

[①] 《马克思恩格斯选集》第1卷，人民出版社2012年版，第178页。
[②] 《马克思恩格斯选集》第4卷，人民出版社2012年版，第192页。

站在以往哲人宗教批判的肩膀上,从政治批判走向对市民社会的批判,把国家政治制度问题逐渐转化为世俗问题,完成了历史唯物主义民主观的转变。二是马克思从政治解放出发探求现代国家的民主政治实质,揭露现代国家形式的民主制缺陷,主张从人的自由本质出发实现从政治解放到人类解放,从革命民主主义向共产主义的转变。

在研究方法上,马克思完成了从历史唯心主义向历史唯物主义的转变,形成了与西方政治传统不同的政治哲学。国内学者吴恩裕指出,马克思的哲学传统"既为——历史观,又为——革命论"①,马克思研究社会政治法则的工作是"革命哲学"的工作,"共产主义者即由此推出他们的革命策略"②。首先,马克思廓清资产阶级形而上学方法的特征,指明从"范畴""观念"出发难以找到历史的真正奥秘。他批判蒲鲁东(Pierre-Joseph Proudhon)通过所谓教条创造抽象概念解释历史的发展过程,是一种把真实世界湮没在概念世界的过程。事实上,经济学家只要研究历史,着手分析资本主义的生产过程,就"不得不把'资本'这个用语完全抛开,而去谈论劳动材料、劳动资料和生活资料"③。其次,马克思发现,历史的变化离不开社会革命,推动社会革命的主体是现实的从事生产劳动的社会主体。资本主义的研究方法大多从机器出发窥探社会的进步,但就方法本身来说,机器的方法与机器本身有根本差异,"因为机器本身的制造——从而机器的存在——是以充分实行分工原则的工场为基础的"④。因此,研究资本主义应用机器的前提和后果,归根到底要深入到从事机器生产及其操作的劳动工人的生存生活。就此逻辑,马克思的政治传统与资本主义的政治传统形成了迥然有别的分析路径,将民主政治的哲学与实践深入到无产阶级的解放乃至全人类的解放目标中去了。

---

① 吴恩裕:《马克思的政治思想》,商务印书馆2016年版,第49页。
② 吴恩裕:《马克思的政治思想》,商务印书馆2016年版,第49页。
③ 《马克思恩格斯全集》第35卷,人民出版社2013年版,第239页。
④ 《马克思恩格斯文集》第8卷,人民出版社2009年版,第279页。

第 二 章

马克思民主理论的形成理路

葛兰西指出："如果人们希望研究一种从不曾被它的创始人所系统地阐明过的世界观的诞生，……首先必须重视这位思想家的思想发展进程。"[①] 马克思民主观的形成呈现政治批判、政治经济学批判、人类学批判的多元进路。政治批判使马克思民主理论与社会民主现实问题具体联系起来，政治经济学批判使马克思民主理论深入市民社会的深层次问题，人类学批判则使马克思完成了原生民主形态的探索。为避免单纯的思想领域的研究和斗争，马克思还在吸收国际工人运动经验教训基础上，进一步深化和发展民主理论。

第一节 政治批判与马克思民主理想制度的确立

马克思民主理论的形成逻辑与马克思对现代社会制度的政治批判逻辑相统一。在马克思这里，理想的政治模式是民主制，它回答了政治批判的核心内容"国家和人民的关系"问题，明确了人民在

---

① ［意］安东尼奥·葛兰西：《实践哲学》，徐崇温译，重庆出版社1990年版，第69页。

社会政治生活中的主体地位和作用。从《博士论文》中原子偏斜说凸显的政治意识起，马克思民主观的逻辑理路跟随他对政治批判的深入经历了理想探讨、唯物史观奠基、多维阐释和深入揭示四个时期。

一 《莱茵报》时期及以前马克思的民主理想

早在《博士论文》期间，马克思就表现出对民主政治的关注，他曾坦言："伊壁鸠鲁（尤其是他）、斯多葛派和怀疑论者，［我］曾专门研究过，但与其说出于哲学的兴趣，不如说出于［政治的］兴趣。"① 只不过，当时的马克思主要从考察自我意识的形成过程间接地表达个人对民主自由生活的追求。到了《莱茵报》时期，马克思开始接触到新闻自由、国家制度和法的具体问题，从而明确展开了对国家政治制度的直接研究，民主思想也在这一时期开始萌芽。

在《博士论文》中，马克思的民主思想首先体现为他通过回溯古希腊哲学史，提出了"虚假的主体意识"和"真实的主体意识"的区分。马克思指出，古希腊哲学时期，人们对主体意识的认识就过分强调"哲学家的精神"，如苏格拉底的善观念、柏拉图的"哲学王"思想，他们忽视和否认多数人的认识能力，而把哲学变成哲学家的"自我意识"。德谟克利特（Democritus）同以往哲学家一样，只重视"知识""法"和"天意"，把"感性现象"看作"主观的假象"②。这种哲学把主体看作少数哲学家的主观认识，客体看成被哲学家"作出说明的主体"，实际上是一种虚假的哲学。在马克思看来，真正的哲学是与感性的现实相联系的，代表人民，并引导人民追求自由。其次，马克思通过阐述伊壁鸠鲁的"原子偏斜说"，表达了人对自由精神的追求，他肯定伊壁鸠鲁通过原子的偏斜运动把人类的自我意识从以往的神学迷信中解放出来，并将其运用于理

---

① 《马克思恩格斯全集》第 29 卷，人民出版社 1972 年版，第 527 页。
② 《马克思恩格斯全集》第 1 卷，人民出版社 1995 年版，第 21 页。

解政治自由的活动。马克思引述伊壁鸠鲁对国家和法的看法，初步表达了人们对自由、民主的政治生活的向往。但此时，马克思的研究重心主要集中在哲学层面，并未深入到社会政治对具体问题进行研究。

随着现实物质利益问题的凸显，《莱茵报》时期，马克思开始具体分析现代国家的政治现实难题，把《博士论文》中实现的批判哲学进一步延伸到社会政治领域中去。

首先，马克思展开以新闻出版自由为中心的政治批判，将批判矛头直指普鲁士的书报检查制度。其批判维度主要体现在三个层面：一是从"普遍的理性"出发，揭示"新闻出版自由"的实质，驳斥普鲁士国家限制新闻自由违背了国家理性。在马克思看来，新闻出版和人类的自由联系在一起，新闻出版自由的实现标志着人的精神自由的实现。作为一种自由权利，其主体是普遍的人，即国家的公民普遍享有新闻出版的自由，这一权利保证了"每个人都可以不受阻挠地和不经国家事先许可而发表自己的意见"①。因此，国家理应维护并保证报刊是属于人民的报刊。但是在德国，普鲁士却以"书报检查令"将人民排除在报刊之外，这就违背了理性的国家对公民自由精神的满足和实现。二是从国家和宗教的关系出发，指出，书报检查令刻意杜绝一切违反或与宗教原则相悖的意见，旨在保护宗教。马克思通过比较新旧书报检查令指出，新的书报检查制度"把宗教搬到政治中去"，实际是"把宗教理解为对自己的无限权力和英明统治的崇拜"②。普鲁士国家故意混淆世俗宗教与国家理性的关系，目的是弱化人类理性，强化"宗教良心"，继而达到对公民精神的控制。三是从"颠倒的方法"出发，驳斥书报检查制度颠倒"批评"与"被批评"的关系。新闻出版展开的本是批评的工作，其权利属于人民"批评的权力"，然而书报检查令却把这种权利转移到

---

① 《马克思恩格斯全集》第3卷，人民出版社2002年版，第575页。
② 《马克思恩格斯全集》第1卷，人民出版社1995年版，第119页。

"政府批评家的日常责任"①,从而造成了本末倒置。马克思嘲讽地说,书报检查令还指望通过"政治性著作和报刊将更清楚地了解自己的使命"②,这不过是虚情假意的希冀罢了,普鲁士政府在书报检查制度的维护下已经成了不许被批评的政府。

其次,马克思进行了以专制法律为核心的法律批判,将批判矛头指向制定并维持这种法律的政府、法官和检察官,同时对当时社会中盛行的历史法学派给予严厉批判。马克思通过对普鲁士法律性质的研究得出,普鲁士的法律是专制的法律。就法的性质看,国家的法是基于人类自由的意志建立起来的,应该体现人民的自由意志,但普鲁士政府所颁布的法律直接将人民定为法律的对立面。就立法问题看,公民应该参与立法,但普鲁士实际的情形是"立法垄断"。立法权掌握在等级议会的议员手中,法官和检察官不是从人民中产生的,而是基于具有一定"地位和品格",其中,决定性的因素是"拥有特殊的地位",品格和才能都是在"地位"的基础上派生出来的。马克思以莱茵省议会颁布的"林木盗窃法"为例,指出穷人被永远地排除在了普鲁士国家的"法律保护"之外,即使是那些具有"不确定性"占有权的物品或财产,即未"预先被确定的私有财产的性质"③的物品,也被国家变成了私人的产物。除此之外,马克思还批判以胡果为代表的历史法学派表现出来的怀疑精神实际是对人类理性的否定,他们把"人在法律上的唯一特征"说成是人的"动物本性",根本企图是将人们希望建立的"理性的法"退回到"专制暴力的法"的时代中去。④

最后,马克思展开以等级议会制为中心的制度批判,揭露普鲁士等级制度的真正本质,初步提出"人民代表制"思想。在《关于林木盗窃法的辩论》《评奥格斯堡〈总汇报〉》等文章中,马克思从

---

① 《马克思恩格斯全集》第 1 卷,人民出版社 1995 年版,第 122 页。
② 《马克思恩格斯全集》第 1 卷,人民出版社 1995 年版,第 126 页。
③ 《马克思恩格斯全集》第 1 卷,人民出版社 1995 年版,第 252 页。
④ 《马克思恩格斯全集》第 1 卷,人民出版社 1995 年版,第 238 页。

黑格尔的国家观出发,揭露了等级议会制度的实质。他指出,尽管把人民看成"无机体"是不正确的,但是等级议会的机械划分"同样也不能实现有机运动"①。等级制造成的实际危害一是导致了私人利益的盛行,二是将阶级固化,造成人民的普遍贫困。等级特权的存在不仅是对普遍的人的自由本质的否认,而且为占有特殊地位的阶层提供了获取其特殊利益的便利途径,他们把法和职权变成自身获利的手段,从而造成国家职能与国家理性产生了严重的断裂。为此,马克思提出"人民代表制",即在承认现有社会差别的基础上,建立代表普遍的人民利益而非某一特殊利益的代表机构。他强调,人民的代表权是与人们的现实活动联系在一起的,它不是作为"某种并非人民本身的事物的代表权,而只应理解为人民自身的代表权"②。因为无机的生物不需要代表权,真正的代表权是立足于人的现实,为满足人民普遍利益而争取的政治活动。

总的来说,这一时期,马克思的政治批判局限在黑格尔的理性国家观视域内,导致他对民主问题的研究也仅是出于理性的考量。但国家理性和等级特权、私人利益之间难以调和的矛盾使马克思开始认识到,单纯依靠思想斗争难以解决现实政治难题。在等级制度的严格控制下,想要通过理性对现实政治进行民主改造不仅不可能,自由言论的话语表达也不过是幻想。

二 《黑格尔法哲学批判》及导言和《论犹太人问题》对马克思历史唯物主义民主观的初步奠基

基于《莱茵报》时期对物质利益问题的困惑,马克思开始"退回书房"重新研究和反思国家问题。1843 年 2 月,在接触到费尔巴哈发表的《关于哲学改造的临时纲要》《未来哲学原理》后,马克思决定对以往的哲学立场进行清算。次月,他就批判黑格尔的思辨

---

① 《马克思恩格斯全集》第 1 卷,人民出版社 1995 年版,第 333 页。
② 《马克思恩格斯全集》第 1 卷,人民出版社 1995 年版,第 344 页。

哲学撰写《黑格尔法哲学批判》，并于年末出版了《〈黑格尔法哲学批判〉导言》和《犹太人问题》。在这些著作中，马克思初步确立了"市民社会决定国家和法"的历史唯物主义民主观的哲学立场，把对现实社会政治的态度由《莱茵报》时期温和的共和主义态度转向革命态度，对"无产阶级"在革命中的地位和作用的认识在这一时期也有所体现。由此，学界普遍认为，《德法年鉴》时期是马克思民主思想的重要转折时期。

马克思通过批判黑格尔颠倒了"国家和市民社会"的关系，确立了"市民社会决定国家和法"的历史唯物主义民主观前提。在《法哲学原理》中，黑格尔是从伦理观念出发，把市民社会和家庭解释为国家自我运动的结果的。他认为，国家是伦理观念现实的最高阶段，家庭和市民社会都是伦理或自然发展的中间环节，它们依附于国家，是国家自身运动的"有限性的两个领域"[1]。黑格尔规避"经验的冲突"谈国家和市民社会的关系，颠倒了二者之间的真实关系。马克思看到这一歪曲，指出家庭和市民社会同国家的关系实际上是彼此分离的，家庭和市民社会并非从属于国家，而是相反，"政治国家没有家庭的自然基础和市民社会的人为基础就不可能存在"[2]。为准确说明问题，马克思以长子继承制为例，指出长子继承制并非依赖"自然伦理关系"，而是依赖于政治制度中"对地产不可转让"的规定，这种财产私有制的规定是长子继承制实现的基础。这一思想的转变为马克思研究民主问题提供了唯物主义的哲学立场，它构成其民主思想发展的逻辑主线。但此时，马克思只是厘清了市民社会和国家的关系，并未深入现代社会经济基础的市民社会批判。

马克思通过揭露黑格尔"内部国家制度"的缺陷，提出"人民主权"思想。与黑格尔从思辨哲学角度研究君主制不同，马克思从

---

[1] ［德］黑格尔：《法哲学原理》，范扬、张企泰译，商务印书馆1979年版，第263页。

[2] 《马克思恩格斯全集》第3卷，人民出版社2002年版，第12页。

一开始就表现出立足于人民探讨国家制度的研究旨趣。他认为，黑格尔把"把政治制度列为它的（观念的）发展史上的一个环节。这是露骨的神秘主义"。① 与黑格尔不同，马克思主张从感性世界的人出发看待国家制度。他认为，国家制度并非"君王的人格"，黑格尔把君主制中的王权看作国家主权，并认为王权体现的现实的人的意志，实际上是把国家主权变成了"主体的自我意识的产物"。② 事实上，国家主权是人民的主权，民主政治如何保证并实现国家主权，一是从立法权上保证体现人民的自由意志，使各阶级社会群体都能平等地享有立法权；二是从行政权上保证人民的政治参与，使政府和官员都从人民中产生。

在《论犹太人问题》中，马克思通过区分政治解放和人类解放，揭露了现代政治国家的民主局限，指出资本主义的政治革命实现的是资产阶级的民主和自由。首先，马克思从"犹太人能否获得解放"的问题争论出发，揭示解放犹太人需要"对政治解放本身的批判"③。针对布鲁诺·鲍威尔对犹太人问题的诠释，马克思肯定了他对基督教国家的猛烈批判，称赞他认识到政治解放没有解决人的民主自由的普遍问题。但是，马克思批判性地指出，鲍威尔始终围绕宗教问题批判政治，没能找到解放犹太人的根本路径。事实上，犹太人能否获得信仰自由并非犹太人能否获得民主权利的根本问题，它不是宗教问题，而是政治解放和人类解放问题。其次，马克思提出已经完成了政治解放的现代国家实际上实现的是资产阶级的民主、自由和人权。因为现代政治国家在宣告人权时，依然把市民社会中存在的"私有财产""出身、等级、文化程度、职业"④ 等差别作为前提和基础，它不是建立在自由、平等和尊重人的差别基础上，而是基于人和人的分离谈人权。因此，资产阶级国家实现的人权不过

---

① 《马克思恩格斯全集》第 3 卷，人民出版社 2002 年版，第 19 页。
② 《马克思恩格斯全集》第 3 卷，人民出版社 2002 年版，第 31 页。
③ 《马克思恩格斯全集》第 3 卷，人民出版社 2002 年版，第 167 页。
④ 《马克思恩格斯全集》第 3 卷，人民出版社 2002 年版，第 172 页。

是"私有财产占有者"的人权,其民主不过是资产阶级的民主。

在认识资产阶级民主的局限性基础上,马克思提出"真正的民主制"构想。在《〈黑格尔法哲学批判〉导言》中,马克思最先使用"真正的民主制"一词。在文中,马克思不是从国家出发理解民主,而是从民主出发阐释国家。他将国家看作人民存在的特殊方式,认为,国家制度本身是代表人民意志的,国家的真实性就表现在"以民主为自己的真实性"①。所以,马克思强调,"真正的民主制"并不依赖于政治国家,如同现代的法国人认知的那样,"在真正的民主制中政治国家就消失了"②。学界对这一提法争议较大。有学者称,马克思在这里所指的"真正的民主制"其实是"共产主义",还有观点认为,"真正的民主制"指的是"市民社会和政治国家的同一"。③ 甚至有观点认为,马克思提到的"真正的民主制"概念是早期不成熟的提法,这实际上是马克思后来抛弃掉的概念。这些争论主要围绕一个问题即"如何理解和认识政治国家和民主"的关系问题。恩格斯在《大陆上社会改革的进展》一文中,对这一论述有过补充和阐释。他指出,对他和马克思来说,政治民主最终是要消失的,它同政治自由、政治平等一样,人们只有在摆脱政治束缚之后才谈得上是真正的自由、民主。"要么是真正的奴隶制,即赤裸裸的专制制度,要么是真正的自由和真正的平等,即共产主义。"④ 这说明,恩格斯对"真正的民主制"解释是在民主失去了政治性质之后,即共产主义阶段。

马克思还通过分析无产阶级的特殊地位,初步洞见到通往"真正的民主制"的出路。在批判和吸收空想社会主义者思想的基础上,马克思发现,无产阶级在人的解放中具有特殊地位,一方面,无产

---

① 《马克思恩格斯全集》第 3 卷,人民出版社 2002 年版,第 41 页。
② 《马克思恩格斯全集》第 3 卷,人民出版社 2002 年版,第 41 页。
③ 员俊雅:《现代性危机的反思与人道主义马克思主义诉求:斯维塔克文化批判理论研究》,黑龙江大学出版社 2016 年版,第 110 页。
④ 《马克思恩格斯全集》第 3 卷,人民出版社 2002 年版,第 476 页。

阶级在现代社会中是"带着锁链""遭受普遍苦难"的阶级,能够代表遭受"普遍的不公正"的阶级的利益;另一方面,无产阶级是只有解放社会其他一切阶级才能解放自己的阶级。无产阶级的这一特殊地位决定了它是为人类争取"真正的民主"的主要动力阶级。这一发现对马克思论证"真正的民主制"实现的可能性和现实性具有重大意义。马克思开始认识到,从政治批判走向社会,深入观察和认识无产阶级的实际状况,才是通往"真正的民主制"的道路。但需要注意的是,这一时期,马克思对无产阶级地位的认识仅限于政治层面和哲学层面,他还未真正走入无产阶级观察并了解他们的实际发展状况。

三 《德意志意识形态》中马克思历史唯物主义民主观的多维阐释

在《〈政治经济学批判〉序言》中,马克思回顾了他与恩格斯写《德意志意识形态》(简称《形态》)的初衷:"当1845年春他也住在布鲁塞尔时,我们决定共同阐明我们的见解与德国哲学的意识形态的见解的对立,实际上是把我们从前的哲学信仰清算一下。"① 学界把马克思、恩格斯所说的"见解"一般阐释为唯物史观,认为唯物史观是《形态》的思想主题。可以确信的是,马克思确实明确提出了他所要清算的是其同德意志意识形态的哲学信仰,哲学是其中主导性话语。但马克思也曾明确指出,消灭哲学,绝不能像德国的理论政治派和实践政治派那样,只是"背对着哲学,并且扭过头去对哲学嘟囔几句陈腐的气话"②,必须从现实生活出发,把批判上升为"有原则高度的实践"。③ 这表明,社会政治现实也是马克思和恩格斯在《形态》中的批判焦点。而且就《形态》的实际内容看,

---

① 《马克思恩格斯文集》第2卷,人民出版社2009年版,第593页。
② 《马克思恩格斯全集》第3卷,人民出版社2002年版,第206页。
③ 《马克思恩格斯全集》第3卷,人民出版社2002年版,第207页。

与民主政治紧密相关的政治主体、社会政治结构、国家和法及其与所有制的关系都是马克思、恩格斯的阐述重点。显然,基于政治批判的民主研究也是马克思在这一时期关注的核心问题,它只不过被大量的哲学论证遮蔽了。因此,新的历史时期,祛蔽和展开马克思关于《形态》的民主理论研究,对于开辟和探索《形态》研究的新视角具有重要意义。

马克思和恩格斯在清算和批判德意志意识形态的思想基础时,首先提出了研究社会政治问题的基本方法。他们指出,德意志意识形态的一切批判"都是在纯粹的思想领域中发生的"①,宗教观念是其批判的思想主题。德国哲学家们把"思想和概念"看成"决定性的本原"②,都从幻想的世界中反抗现实的历史。尽管费尔巴哈看到了现实世界中人在物质生产活动中结成的关系,但他依然把爱、感情等道德因素作为解决现实社会问题的基础。马克思、恩格斯批判说,德国哲学家们坚持的是"轻视现实关系而局限于言过其实的重大政治历史事件的历史观"③,以这种研究方法为支撑,他们只能看到理论层面的政治历史和宗教的斗争,因而把批判的活动局限于"孤立的思想活动"。其造成的后果是,用"颠倒的世界观"看待政治和历史,最后只能得出关于"颠倒的、倒立着的世界"④ 的成像。对比以往哲学家,马克思、恩格斯提出从政治现实出发考察社会政治问题的方法。他们指出,这种考察方法是对以往历史研究方法的颠倒,其出发点是基于感性世界的现实的人,立足点是现实的人的感性实践活动,对社会政治问题而言,是立足于考察和研究现实的人的政治实践活动。

基于历史唯物主义的考察方法,马克思、恩格斯从社会结构层面和历史层面阐明了政治民主的本体论基础、性质、主体要素及与

---

① 《马克思恩格斯文集》第1卷,人民出版社2009年版,第513页。
② 《马克思恩格斯文集》第1卷,人民出版社2009年版,第510页。
③ 《马克思恩格斯文集》第1卷,人民出版社2009年版,第540页。
④ 《马克思恩格斯全集》第46卷,人民出版社2003年版,第940页。

市民社会的相互关系。其一，马克思指出，在社会发展的特定阶段，政治活动同精神活动、宗教活动一样，有适应于其形成和发展的物质基础，即"与生产力发展的一定水平相适应的交往形式"①，它集中表现在物质实践活动中现实的人的地位差别，尤其是经济地位造成的阶级差别和对立。这些差别和对立不是由"国家政权"造成的，反而是决定国家政权性质的主要力量。其二，民主的物质基础决定了民主具有阶级性、历史性等。马克思、恩格斯认为，民主作为一种国家制度或国家形式，集中反映在作为主体的"人民"掌握和管理国家政权。国家主权属于人民，能够体现人民的"普遍意志"。但是，基于"人民"的构成在不同的时期有不同体现，这决定了"民主这个'概念'……每次都随着人民的变化而变化"②，具有历史性。从社会结构层面看，马克思将作为国家形态的民主同现实的阶级结合起来，认为在阶级社会，民主自由的权利是有条件限制的，因为，"统治阶级的思想在每一时代都是占统治地位的思想"③。在资本主义社会，唯有资产阶级享有民主和自由。无产阶级要争取民主的地位，首先要夺取政权，消灭资产阶级赖以存在的现实条件。马克思看到，只要有阶级存在，民主的本质也只能是"阶级的民主"。列宁也对此补充说，所谓"纯粹民主"的说法不过"自由主义者用来愚弄工人的谎话"④，只有到了无阶级的社会，民主才脱离阶级的性质，演变为习惯。

但此时，马克思还未完全认识到现代民主政治和资本主义生产方式的内在关系，对资本主义生产方式的神秘性及其何以造成资本主义政治制度局限性尚不清晰。马克思对这一问题的研究是伴随资本主义社会的政治经济学批判研究逐渐深入的，直到其完成《资本论》著作才完全破解了这一难题。

---

① 《马克思恩格斯文集》第1卷，人民出版社2009年版，第575页。
② 《马克思恩格斯文集》第10卷，人民出版社2009年版，第514页。
③ 《马克思恩格斯文集》第1卷，人民出版社2009年版，第550页。
④ 《列宁选集》第3卷，人民出版社2012年版，第601页。

四 《共产党宣言》中马克思民主理论的深入揭示

《共产党宣言》(以下简称《宣言》)是集中体现马克思政治批判思想的著作。在《宣言》中,马克思运用历史唯物主义方法,从"阶级"和"革命"两个概念出发,抨击资本主义的政治现代性,把对资本主义政治制度及实践的批判"深入到历史的本质性的一度中"[①]。在此过程中,马克思赢得了一个关于"自由民主制"的批判维度,他通过揭露自由民主制的危机与内在限度,找到了无产阶级获得民主革命力量,充分利用"旧社会内部的所有冲突"条件,摆脱资本主义的统治和奴役的现实路径。

马克思和恩格斯从"阶级"概念出发,发现历史的政治性首先在"阶级"中体现。自有文字记载以来,"至今一切社会的历史都是阶级斗争的历史"[②]。阶级性始终是人类社会的基本特征,它一方面表现在历史的各个时代人类社会都是划分为不同的阶级的,另一方面,不同的阶级之间是相互对立的关系。尽管到了资本主义时代,阶级的存在被简单化为资产阶级和无产阶级,阶级对立及其造成的"压迫者和被压迫者"的事实却始终存在且更加尖锐化。这就造成了阶级社会中总是一部分人享有民主、自由等政治权利,一部分人受着被奴役、被压迫的命运。由此,马克思揭示,人类社会尤其是资本主义社会的政治秘密正基于此,资本主义的政治统治是资产阶级的阶级统治。马克思、恩格斯承认,资产阶级在历史上曾是作为先进的阶级存在的,对历史发展起到一定的作用,它宣告了天赋人权、人人享有民主、自由、人权等,使人们在政治上获得了自由平等的权利。但资产阶级重新建立起来的所有制关系,却是从利己主义出发的,资产阶级的民主政治制度具有明显的抽象性和虚伪性,自从它在代议制国家中获得独占的政治统治地位后就已经将资本主义的

[①] 孙周兴:《海德格尔选集》,上海三联书店1996年版,第383页。
[②] 《马克思恩格斯文集》第2卷,人民出版社2009年版,第31页。

国家转化为由特殊利益集团操控的国家工具。对于无产阶级来说，资产阶级的国家政权"不过是管理整个资产阶级的共同事务的委员会罢了"①。资产阶级把政治自由的活动局限于本阶级范围内，尽可能地为实现自身的阶级利益服务。一旦出现"显露出生机的独立的无产阶级运动"或是阻碍其谋取特殊利益的行为，"都遭到无情的镇压"。

以"阶级"概念为核心，马克思从阶级权力出发，把对资本主义的政治批判深入维系资本主义政治统治的物质基础，从而解蔽了其民主政治背后的物质关系。在《宣言》中，马克思和恩格斯指出，资产阶级的政治权力不是预先就存在的，其统治地位的获得本身是伴随着资本主义的生产方式和交换方式的发展而发展起来的，具体来说，经历了三个环节：一是成为初期的城关市民并建立起联合的公社；二是在工场手工业中被排挤到行会师傅等其他阶级，依靠经济实力的跃升成为与君主、贵族相抗衡的势力；三是在现代大工业中增强资本，依靠其物质力量的支持夺取政治统治。其每一阶段的发展都是伴随着经济地位的提升实现其相应的政治发展的。这表明，资产阶级的政治地位是其生产关系和交换关系的产物。依循《形态》中揭露的生产关系和交换关系要同生产力发展相适应的矛盾运动规律，马克思进一步指出："我们眼前又进行着类似的运动。"② 一方面，资产阶级对无产阶级劳动力的压榨和剥削促进了生产力的快速发展和无产阶级自身的发展；另一方面，资产阶级对无产阶级"个性"和"独立性"的剥夺把资本主义宣扬的"自由、民主、人权"推向资本主义的反面了，无产阶级必须为获得必需品即生存发展的条件和政治权利展开斗争。"资产阶级用来推翻封建制度的武器，现在却对准资产阶级自己了。"③ 基于此，马克思对资本主义的政治批

---

① 《马克思恩格斯文集》第2卷，人民出版社2009年版，第33页。
② 《马克思恩格斯文集》第2卷，人民出版社2009年版，第37页。
③ 《马克思恩格斯文集》第2卷，人民出版社2009年版，第37页。

判的第二条线索即"革命"主线就呼之欲出了。

马克思和恩格斯以"革命"概念为核心,找到了超越资本主义自由民主制的现实路径,其实现进路为依靠无产阶级及其政党的先进力量,充分利用"旧社会内部的所有冲突"展开革命。

首先,马克思指出,革命是无产阶级获得民主的重要力量。尽管在写作《宣言》时,马克思和恩格斯还未参与到1848年欧洲革命中来,但马克思已经认识到"德国的资产阶级革命只能是无产阶级革命的直接序幕"[①]。到后来,当马克思与恩格斯真正参与革命后,他们更加清楚地认识到革命在社会变革中的重要作用。马克思在《1848—1850年的法兰西斗争》中还明确提出了"革命是历史的火车头"[②]的著名观点。马克思认为,阶级政治的变革是通过革命发生改变的,如果把以"阶级"为核心的政治统治看作静态层面的历史,那么"革命"就是推促阶级前进和发展的动态的历史。

其次,马克思和恩格斯肯定了资产阶级在推翻封建专制统治的斗争中扮演过"革命者"的角色。他们指出,相对于贵族阶级,资产阶级也是作为"掌握着未来的阶级"存在的,资产阶级为争取民主自由的斗争曾作为"革命的阶级"同封建专制主义中的君主、贵族进行过"非常强烈、非常尖锐"的斗争。[③] 但是,资产阶级在获得政治统治权后,仅是在政治上承认了全体人民的自由平等权利。实际上,资本主义国家依然未消除社会各阶级的不平等,反而是以财产、职业、教育等这些差别为前提,尤其是以私有财产为基础展开资本主义的民主政治建设。这从事实上表现出其"革命"的不彻底性,也预示着其将被更为彻底的革命所打败。

最后,马克思指出,无产阶级是同资产阶级相对立的彻底的革命力量。无产阶级作为在现代大工业中产生的真正的革命的阶级,

[①] 《马克思恩格斯文集》第2卷,人民出版社2009年版,第66页。
[②] 《马克思恩格斯文集》第2卷,人民出版社2009年版,第161页。
[③] 《马克思恩格斯文集》第2卷,人民出版社2009年版,第41页。

其赤贫的历史地位决定了无产阶级革命"是绝大多数人的，为绝大多数人谋利益的独立的运动"①，是为彻底消灭阶级而进行的共产主义革命。为准确说明无产阶级革命与其他阶级革命的区别，在《宣言》中马克思和恩格斯还对"形形色色的社会主义"思潮进行了批判，指出它们所宣言的民主革命实际上都是"伪革命"。无论是"封建的社会主义""僧侣的社会主义"抑或"保守的或资产阶级的社会主义"，它们都有鲜明的阶级立场，都是为争取本阶级的特殊利益服务的，虽标榜"自由""民主""平等"等特征，但却害怕消灭阶级差别，从本质上说，其实质都是"有身份"带有各种"颜色"的"社会主义"。

总以上述，基本文本史的考察，政治批判维度的马克思民主观大致遵循以下演进逻辑：《莱茵报》时期，理性主义的民主观是马克思思考民主问题的逻辑起点，《德法年鉴》时期，"市民社会决定国家和法"的历史唯物主义立场构成马克思思考民主问题的逻辑主线，到了《德意志意识形态》时期及《共产党宣言》时期，马克思对民主的认识日渐成熟，并逐步搭建起民主理论的框架。

第二节　政治经济学批判与民主政治现实的考证

马克思在1859年《〈政治经济学批判〉序言》中指出："我在巴黎开始研究政治经济学，后来因基佐先生下令驱逐而移居布鲁塞尔，在那里继续进行研究。"②遵循马克思对其思想发展的自述，学界普遍认同，马克思是从1844年开始对市民社会进行批判研究的，《巴黎笔记》是其标志性著作。马克思在经济学语境中对民主理论进

---

① 《马克思恩格斯文集》第2卷，人民出版社2009年版，第42页。
② 《马克思恩格斯文集》第2卷，人民出版社2009年版，第591页。

一步进行深入研究，实现了其政治批判在经济学语境中的拓展和深化。

一 早期马克思民主理论的政治经济学进路

1843年，马克思在《德法年鉴》上发表的《〈黑格尔法哲学批判〉导言》和《论犹太人问题》中，就已经谈到要深入市民社会探索民主政治问题。在阅读和研究恩格斯的《国民经济学批判大纲》，英国古典政治经济学家亚当·斯密、李嘉图等的经济学著作即德国社会主义者的著作时，马克思进一步认识到展开政治经济学研究对解决社会政治问题的重要意义。《1844年经济学哲学手稿》是马克思经济学转向的重要文本，在《神圣家族》《哲学的贫困》等文中，马克思又通过批判蒲鲁东、鲍威尔等人的雇佣劳动、私有财产等观点进一步指明民主与私有制、民主与劳动的关系。综合来看，在经济学语境中，青年马克思对民主问题的探讨遵循两种逻辑进路，一是从市民社会与政治国家相分离的事实出发确立马克思民主理论的方法论，二是从资本主义社会的劳动关系出发揭露异化了的人的本质，表明以"私有财产"为核心的权力关系将资本主义国家的民主、自由权利形式化了。

首先，马克思批判亚当·斯密（Adam Smith）、李嘉图（David Ricardo）等国民经济学家恪守抽象孤立的研究方法单薄地为资产阶级统治辩护，他们一是将"原子式个人"视为现实社会生产发展的起点，二是脱离现实的物质生产关系孤立考察民主范畴。马克思指出，"原子式"个人是国民经济学家为市场的自由竞争做辩护的利器，他们以所谓"天性"阐述资本主义社会"冷冰冰的社会关系"，否认现实社会中普遍的交往关系，并认为以个人为本位进行追逐利益的斗争是符合人类本性的规定。个人追求的民主、自由、权利，则是原子的个人通过让渡、社会契约等形式衍生的抽象物。蒲鲁东将自由、平等等原则视为"为人类指引方向的神"，将民主范畴的考察引致神学层面，鼓吹资本主义政治的自由、平等等人权为民主提供了极大的生存空间。马克思批判蒲鲁东不能正确区分现实的经济制度和法律上的法权概念，将人民的实际权利与"法权"混为一谈。事实上，"与自由、平等、安全等权利不同，所有权不是真正的权利，而是一切流弊之源"①。对待资本主义人权，要从市民社会的经济事实出发，揭露资本主义私有制条件下，人们在市民社会中有无真正地享有民主权利。马克思指出，尽管在政治上，资本主义国家已经规定了全体公民的自由、民主和平等，但在经济领域中工人阶级遭受的生存压力使得这一切都成为空想。比起其他行业的工人，无产阶级获得的劳动报酬不仅是最低的，而且他们还深受"过度劳动"的奴役和压迫。劳动和财富（私有财产）的分离促使他们越是出卖大量的劳动力，越是使自己的"生存资料和活动资料越来越多地积聚在资本家手中"②。而资本家在获得资本权力后，毫无底线地对他们进行剥削和压榨，最终促使他们完全牺牲和放弃掉自己的时间和自由，回以无限制地劳动换取生存的空间。针对埃德加·鲍威尔提出的从思维中消灭雇佣劳动的观点，马克思批判道，思维的活动仅是人们头脑的想象，埃德加·鲍威尔把私有财产的弊端归因于"工人从思想上认为其是雇佣工人"，提出所谓"一切祸害都只在工人的'思维'中"的说法，根本未找到工人贫困的根源。他们把私有制招致的"祸害"归因于工人，把工人、群众置于社会的对立面，实质是为资产阶级申辩。对此，马克思指出，真正的自由、民主、平等是建立在消灭私有制基础之上的，而消灭异化劳动和私有财产的任务只能由工人阶级和广大人民群众承担。

其次，马克思具体分析了资本主义社会雇佣劳动、工资、利润及地租之间的相互关系，指出劳动与劳动资料分离的经济现实是资本主义私有制确立的前提和基础。马克思指出，任何经济范畴都不

---

① 李淑梅：《政治哲学的批判与重建：马克思早期著作研究》，人民出版社2014年版，第250页。

② 《马克思恩格斯文集》第1卷，人民出版社2009年版，第120页。

过是经济现实中各种生产关系及社会关系的抽象,考察资本主义社会劳动、工资等经济范畴必须结合资本主义生产的经济事实。在《1844年经济学哲学手稿》中,马克思批判资本主义社会的雇佣劳动是异化了的劳动形式,资本家利用劳动力商品的买卖严重消解了劳动本身的自由本质。在现实社会中,资本主义生产实际是依靠雇佣劳动存在的,把工人劳动当作资本增殖的工具是资产阶级抹杀民主的"祸根"。尽管资本家鼓吹雇佣劳动是商品经济的平等交易,是通过支付"工资"实现的,但资本家支付工人的"工资"仅是其购买劳动力的价值,劳动力作为商品所带来的价值增殖被资本家无偿占有,成为资产阶级进一步剥削劳动者的利器。马克思指出,资产阶级的私有财产制正是在劳动力买卖和劳动力剥削基础上完成的,国民经济学家试图从自然法、原初状态、财富论等观点阐述私有财产的来源,实质是为掩盖劳动本质及劳动力买卖背后人的社会关系。马克思批判重农主义者将全部财富的来源视为"土地和耕作",重商主义者将金属、货币视为财富的源泉,都没有看到私有财产的本质。实际的情形是,土地唯有作为劳动者的对象在生产发展中发挥作用才能具有财产本身的意义,资本家之所以能够在资本主义生产中获取巨额利润,原因在于资本家通过购买劳动力压榨工人进行负荷量劳动。为掩盖生产的剥削本质,资本家通过提高劳动生产率和加强劳动强度来实现价值增殖。工人在此过程中看似获得了更多自由时间和高额工资,实际上确是背负了更多的劳动工作量和劳动分工。

最后,马克思指出,资本主义社会政治国家和市民社会二元分离的事实造成了现实的人被二重化为"公人"和"私人",在"私人"生活领域中,贫苦的工人难以获得民主、自由的权利,而被商品拜物教、资本拜物教等异化为资产阶级政治统治的奴隶。在马克思看来,资本主义社会实际是"一个着了魔的、颠倒的、倒立着的世界"[①],它集中表现为工人与其社会生活的全面异化。工人与其经

---

① 《马克思恩格斯文集》第7卷,人民出版社2009年版,第940页。

济生活的异化凸显在资本主义社会的异化劳动之上。在资本主义生产条件下，工人的生命活动是非自觉的，强迫性劳动，工人创造的劳动产品不属于工人，而属于购买工人劳动力的资本家。在"备受折磨"和"自我牺牲"的劳动中，工人难以确证其自身，而只能作为资本家的增殖机器存在。马克思说，工人在资本主义社会中的这种异化劳动最终将人的本质，将"自主活动、自由活动贬低为手段，也就把人的类生活变成维持人的肉体生存的手段"[①]。在此情形下，人既不能确认自身，也难以与他人建立起正当、自由的社会关系。商品拜物教是资本主义社会交往的主要表现形式，每个人都将他人作为其获取金钱的工具，人与人之间除了冷冰冰的金钱交易，再无其他社会关系。在政治生活中，人的异化凸显为金钱关系的选票民主。资本主义民主尽管从制度和法律上规定公民平等享有选举权，但实际参与政治的只是在市民社会中掌握私有财产的资产者。

总的来说，这一时期，马克思开始认识到民主政治与现实社会的物质生产之间具有密不可分的关系，二者之间实质上包含存在和被存在的关系。到了1846年，《德意志意识形态》发表，马克思开始明确提出民主作为上层建筑实际取决于市民社会现实的物质生活过程。马克思指出，"生产力与交往形式的关系就是交往形式与个人的行动或活动的关系。这种活动的基本形式当然是物质活动，一切其他的活动，如精神活动、政治活动、宗教活动等都取决于它"[②]。民主无论是作为政治制度，抑或作为市场活动的基本原则，都取决于由物质生产活动建立起来的各种生产关系和交往关系，这是理解整个历史的基础。

基于此，青年马克思就完成了对政治国家及其世俗基础的双重批判，其民主理论也在他对资本主义政治制度和市民社会的双重批判中得到了充分发展。

---

① 《马克思恩格斯文集》第1卷，人民出版社2009年版，第163页。
② 《马克思恩格斯文集》第1卷，人民出版社2009年版，第575页。

二 《资本论》及其手稿中的民主思想

马克思的政治经济学批判在《资本论》及其手稿中达到了最高水平,他将历史唯物主义的民主观运用于批判和分析资本主义社会的商品、货币、劳动、资本等诸多经济范畴中,从微观层面进一步拓展了民主理论的研究视角。基于对商品经济及其交换关系的批判研究,马克思论证了民主政治在资本主义社会形成和发展的历史必然性和进步性。但同时,马克思也发现,资本主义社会中存在不可克服的矛盾和缺陷,这使得资本主义民主最终只能流于形式。资本主义的民主实质是形式的、虚伪的、金钱的民主。

(一) 商品经济及其交换关系中的民主要求

马克思遵循业已形成的历史唯物主义民主观,将民主理论的考察深入资本主义社会商品经济的"生产关系"和"交换关系"基础。他发现,商品经济和民主政治具有一致性的内在逻辑:社会经济形态从自然经济发展到商品经济为民主政治建设提供了历史根基;商品经济中的等价交换和自由竞争构建了民主政治的现实基础;凝结在商品中的无差别的一般人类劳动与具体劳动的矛盾催生了民主制度的政治诉求。

从历史发展的逻辑看,商品经济代替自然经济,资产阶级革命推翻封建专制,为民主政治的确立斩断了封建束缚。但随着社会化大生产的快速发展和分工的逐渐扩大,封建社会这种生产关系逐渐不能适应生产力的发展,普遍地建立以平等交换关系为基础的社会经济形态成为历史必然。资产阶级伴随自由意识的觉醒进行推翻封建社会的革命,一方面斩断了封建社会中劳苦大众对于土地、贵族或领主的人身依附关系,促使奴隶获得了解放,另一方面在理性、自由意识的政治诉求下,必然地建立起自由主义的民主政治。

从商品、货币的基本属性看,马克思认为,民主范畴与商品、货币概念中的自由、平等属性具有耦合性。商品自身内含平等观念,"商品是天生的平等派和昔尼克派,它随时准备不仅用自己的灵魂而且用自己的肉体去换取任何别的商品，哪怕这个商品生得比马立托奈斯还丑"①。商品交易中出现的货币是作为"一般等价物的表现形式"出现的，其本身不含有任何歧视和偏见，因而，它反映了在商品经济中展开的商品交易行为是具有平等意蕴的。但这不足以表明，在政治领域内确立民主政治是必然的。民主政治建立的条件还反映在"作为凝结在商品中的一般人类劳动"和具体劳动的矛盾之上。马克思指出，商品具有使用价值和价值，其价值实体体现为"人类劳动本身"，是"人类抽象劳动的凝结"②，使用价值是人类具体劳动的凝结，这是劳动的二重性。劳动二重性表现在社会生活中，集中体现在个人和社会关系的矛盾之上，这一矛盾要求作为调和社会冲突的国家建立起民主政治，以便服务于协调个人利益与社会利益的冲突。这表明，民主是一种对劳动进行"再占有"的政治形式，民主的目的是为解决商品经济发展过程中劳动二重性的分裂造成的矛盾。

商品经济的等价交换和自由竞争也为民主政治的确立提供了现实基础。马克思认为，在商品经济中，"平等和自由不仅在以交换价值为基础的交换中受到尊重，而且交换价值的交换是一切平等和自由的生产的、现实的基础"。③ 原则上说，商品交换的主体是多元平等、相互尊重的，各主体之间需自觉遵守自由、平等、公开、透明的市场原则才能保证商品经济得以进行。这一诉求与政治领域中资产阶级的政治口号"自由、民主、人权"相吻合。它表明，商品经济和民主政治具有相互契合的价值追求，资产阶级建立起民主政治具有与现实的生产力和生产关系相适应的经济基础。民主政治及其制度体系的确立，依附并服务于现实的经济基础。

资本主义社会的市场经济是商品经济的进阶，资本主义的民主

---

① 《马克思恩格斯全集》第 42 卷，人民出版社 2016 年版，第 67 页。
② 《马克思恩格斯全集》第 42 卷，人民出版社 2016 年版，第 7 页。
③ 《马克思恩格斯全集》第 30 卷，人民出版社 1995 年版，第 199 页。

政治为其经济基础服务。马克思评价说,尽管资本主义民主政治相较于封建专制具有历史性的进步,但资本主义提倡的自由、民主、平等具有其内在限度。就自由的限度而言,资本主义社会之所以规定人民是法律上的自由民,根本目的是为市场经济提供能够自由买卖的工人,为市民社会的经济关系和社会关系服务。因为,在资本主义国家中,工人的自由也仅限于人身自由,即"一方面,工人是自由人,能够把自己的劳动力当作自己的商品来支配;另一方面,他没有别的商品可以出卖,自由得一无所有,没有任何实现自己的劳动力所必需的东西"[①]。马克思批判某些社会主义者特别是法国社会主义者一心主张商品交换关系基础上普遍的自由、平等,这实际是一种空想。他们把市场经济中的自由竞争、等价交换理想化、绝对化,这一做法无异于将资本主义的民主政治绝对化、终结化。

(二) 资本主义市场经济中的民主实质:形式的、虚伪的、金钱的民主

马克思指出,资本主义社会中存在的自由、民主、平等等观念不过是资产阶级的法权,是资产阶级的形式的、虚伪的民主自由权利。资本主义经济中内含的劳动力买卖、资本增殖逻辑、资本主义生产的矛盾促使资本主义不断走向其民主政治的反面。这是资本主义所固有、无法超越并难以克服的矛盾和限制,是资本主义社会的自我悖论。

马克思阐明,劳动异化和劳动力买卖暴露了资本主义的民主是形式的民主。依据《1844年经济学哲学手稿》中洞察到的"整个所谓世界历史不外是人通过人的劳动而诞生的过程"[②],马克思把"劳动"作为理解和认识资本主义民主的一条红线。他指出,劳动是"是人体的机能,而每一种这样的机能不管内容和形式如何,实质上

[①]《马克思恩格斯全集》第44卷,人民出版社2001年版,第197页。
[②]《马克思恩格斯文集》第1卷,人民出版社2009年版,第196页。

都是人的脑、神经、肌肉、感官等等的耗费"。① 劳动主要被分为必要劳动与剩余劳动两个层次，必要劳动是劳动者维持其生存发展的条件，剩余劳动为社会进步和发展创造价值。占有剩余劳动是生成经济权力的基础。所谓经济权力，是在经济行为中能够起到支配作用的能力。在资本主义经济现实中，劳动力成为商品拿来买和卖。而处于被压迫地位的赤贫的工人阶级则是出卖劳动力的主要对象。资产阶级则通过购买劳动力以无偿占有剩余价值的方式获取经济权力，成为占有工人剩余劳动和支配工人劳动的权力主体。资产阶级为占有更多的剩余劳动，进行剩余价值的生产和再生产，其手段一是通过压榨工人劳动，对工人阶级的自由、平等权利进行剥夺，二是通过立法或行政手段将这种支配和控制合法化。这不可避免地造成资本主义民主政治主张的"自由、平等、博爱"等人权空虚化，资本主义经济关系变成剥削和被剥削的关系，资本主义的民主变成了奴役和被奴役的政治统治。为使劳动重新回归"吸引人的劳动"②，马克思提出，劳动只有在同时获得"社会性"和"科学性"，并且"又是一般的劳动"的时候才有可能真正实现人类自由自觉的活动本质。马克思意在说明，真正的劳动，一是人们出于自愿而非强制的劳动，二是人们认识到劳动的性质及其规律，"作为支配一切自然力的活动出现在生产过程中"③。

"资本逻辑"是研究和分析资本主义民主的另一逻辑主线。马克思通过对资本发展逻辑的分析指出，资本主义的民主是金钱的民主。在《资本论》中，马克思批判大卫·李嘉图只是将资本看成"一国财富中用于生产的部分"④ 即社会生产的一个要素，而掩盖了资本作为生产关系（剥削关系）的本质。亚当·斯密虽然看到了资本与劳动的关系，把资本看作"一定量的积蓄和储存的劳动"，但他依然

---

① 《马克思恩格斯全集》第44卷，人民出版社2001年版，第88页。
② 《马克思恩格斯全集》第30卷，人民出版社1995年版，第616页。
③ 《马克思恩格斯全集》第30卷，人民出版社1995年版，第616页。
④ 《马克思恩格斯全集》第34卷，人民出版社2008年版，第453页。

只是从现实的商品和物来分析资本，并将私有制造成的贫困归因到"工人阶级的脑海中"，不免陷入直观主义和唯心主义。事实上，资本具有二重性，是作为生产要素的资本和构建生产关系的资本的统一。一方面，作为生产要素的资本，"不是物质的和生产出来的生产资料的总和"，而是资本主义社会生产中的生产资料。另一方面，作为生产关系的资本，是"属于一定历史社会形态的生产关系"[①]，这种关系反映在具体、可观的商品和物上，并且赋予商品或物以"独特的社会性质"[②]。马克思的用意，旨在说明资本主义的本质与现实的经济关系和社会关系有不可分割的联系。他通过三个代表性的隐喻进一步揭露了资本的性质：一是把资本比作"人"，认为资本的产生是剥削和掠夺式的，"资本来到世间，从头到脚，每个毛孔都滴着血和肮脏的东西"[③]，而资本的人格化正是在市场经济中掌握经济权力的"资本家"；二是把资本比作"货币"，指出资本的主要功能其实就是增殖，资本家把资本的增殖视为其经济活动的主要目的；三是把资本比作"吸血鬼"，指出资本的本性是价值增殖，并主要表现为资本家剥削和压榨剩余劳动。这意味着，在资本逻辑下，资本主义社会中人的关系只能是剥削和被剥削、奴役和被奴役的关系。它反映在资本主义政治中，只能是以法律的形式确定人的自由，而现实的政治统治却是少数人的民主和自由。

资本主义生产的二重性为理解资本主义民主政治提供了以"生产"为主线的研究视角。在马克思看来，生产是人类生存发展的基础，是人类生存活动的共有形式，人能够在生产中清晰地表现自己的本质。然而，在资本主义社会中，人们从事被迫的生产活动，生产出"人剥削人的关系"[④]。马克思批判庸俗的自由贸易者仅是从流通领域的表象说明资本主义的自由、平等和所有权，把资本主义的

---

① 《马克思恩格斯全集》第 46 卷，人民出版社 2003 年版，第 922 页。
② 《马克思恩格斯全集》第 46 卷，人民出版社 2003 年版，第 922 页。
③ 《马克思恩格斯全集》第 42 卷，人民出版社 2016 年版，第 777 页。
④ 吴恩裕：《马克思的政治思想》，商务印书馆 2008 年版，第 153 页。

市场经济说成"取决于自己的自由意志"①展开的经济形式，但是他们没有看到，资本主义的自由、平等和人权，一旦进入生产领域，就被资本家吞噬掉了，即使是间隙中也是毫无踪影，"原来的货币占有者作为资本家，昂首前行；劳动力占有者作为他的工人，尾随于后。一个笑容满面，雄心勃勃；一个战战兢兢，畏缩不前，像在市场上出卖了自己的皮一样，只有一个前途——让人家来鞣"②。而生产本身在资本主义经济政治中又是基础性的、决定性的，所以资本主义的生产过程用事实证明了资本主义民主的虚伪性。马克思指出，资本主义的生产方式具有两个特征，即一方面资本主义生产的产品是商品，另一方面资本主义生产的根本目的是剩余价值的生产，这两个基本特征决定了无产阶级在资本主义生产中必然是受到资产阶级的剥削和压制的：其一，在资本主义社会，机器的投入和使用不是用来供劳动者减免其负荷或是补偿和改善劳动工人生活状况的工具，而是作为"资本家的帮凶"③出现，资本家投入大机器进入生产领域根本目的是生产更多的剩余价值或资本。在资本家看来，用金钱雇佣的劳动工人事实上与机器无异，或说是"机器的附属品"④。其二，资本主义生产手段主要是依靠剥削和牺牲雇佣工人的自由实现的。为实现资本增殖，资本家不惜采取一切"统治和剥削生产者的手段"剥夺生产者的自由时间和生存空间，运用强制性劳动将"工人在劳动过程中屈服于卑鄙可恶的无限专制"⑤。

所以，在资本主义社会，生产者无任何自由、平等可言，整个资本主义的生产过程都将生产推向"正义"的反面。它表现在政治领域，是资本家掌握统治权，无产者实际上不享有任何自由和民主等政治权利，所谓"个人的独立自主性"实质上仅限于资产阶级。

---

① 《马克思恩格斯全集》第42卷，人民出版社2016年版，第166页。
② 《马克思恩格斯全集》第42卷，人民出版社2016年版，第166页。
③ 《列宁专题文集·论社会主义》，人民出版社2009年版，第216页。
④ 《马克思恩格斯全集》第43卷，人民出版社2016年版，第692页。
⑤ 《马克思恩格斯全集》第43卷，人民出版社2016年版，第693页。

由此，马克思提出，资本主义剥削、非正义的生产过程决定了资本主义在政治领域中提倡的平等、自由、民主等法权是形式的、虚伪的权利。

第三节　国际工人运动实践与马克思民主理论的丰富

从1848年欧洲革命到1871年巴黎人民举行起义，马克思不断在革命中研究、检验、反思和修正现代社会的民主理论。在《1848年至1850年的法兰西阶级斗争》《路易·波拿巴的雾月十八日》《法兰西内战》等文章中，他集中总结了欧洲革命及巴黎公社的经验和教训，从实践中进一步丰富和发展了历史唯物主义的民主观。

一　1848—1852年间马克思政治文献的民主观解读

据统计，1848—1852年间，马克思在《新莱茵报》等相关刊物上发表政治性论文或时评颇多，计250余篇，较多论述涌现其政治思想精粹，理论研究价值和现实意义重大。但学界对马克思这一时期的政治思想关注度不足，很多学者对马克思民主观的研究忽视或跳跃了这一时期的诸多文献。综合当时历史背景及马克思民主理论的研究主题，不难发现，1848—1852年是欧洲革命经历高潮又退潮的时期，马克思在这一时期将民主问题明确纳入社会革命的框架中来。针对欧洲革命的来潮和退潮引发的几个难题：（1）资本主义的民主政治制度能否为无产阶级所用？（2）无产阶级何以争得民主？（3）农民阶级在民主革命运动中具有什么样的地位和作用？马克思提出了无产阶级必须通过暴力革命打碎资产阶级的国家机器、实行无产阶级专政、工农联盟等思想，对暴力、革命、民主与专政及其相互关系进行了系统的阐述。

(一) 资本主义民主把无产阶级及广大人民群众排除在外

基于历史性批判视角，在总结法国二月革命、六月起义、德国三月革命等经验教训时，马克思从分析和批判资产阶级革命与民主出发，指认资本主义民主革命是历史发展的一个阶段，但资本主义的民主政治却将无产阶级和广大人民群众排除在外，其国家组织形式、法律、议会、普选权等为资产阶级的特殊利益服务。资本主义民主凸显出的实质性问题其实是"要不要将革命进行到底""要不要彻底实现人民主权"的问题。

历史证明，1848—1852年间，资本主义社会出现过的社会共和国、民主共和国及议会制共和国都是服务于资产阶级政治统治的国家形式。尽管资产阶级在1848年法国二月革命后曾应工人"组织劳动！成立专门的劳动部"的要求建立起"专门常设委员会"，但委员会主席是由资产阶级承担的，资产阶级占领并掌控着"实际的国家政权和行政枢纽"①。六月起义失败后，资产阶级将共和国曾经隐蔽的阶级性质公然地表达出来，暴露其"凶恶怪物的脑袋"②。到了制宪国民会议时期和立法国民议会时期，资产阶级虚假伪善的面孔更是通过各种措施表现出来。

其一，资产阶级共和国的国家政权形式无论采取君主立宪制，抑或是"小公国和小共和国"的共和制，其性质都是资产阶级对其他阶级的统治。马克思提到，在法国二月街垒战中产生的资产阶级临时政府，工人阶级的代表仅为两人。工人阶级曾幻想着在资产阶级"旁边"获取民主政治权利、实现自身利益，但事实上"他们得用自己的头去撞碎资产阶级社会的柱石"③。

其二，资本主义的宪法具有两副面孔，它的"每一条本身都包

---

① 《马克思恩格斯全集》第10卷，人民出版社1998年版，第139页。
② 《马克思恩格斯全集》第10卷，人民出版社1998年版，第155页。
③ 《马克思恩格斯全集》第10卷，人民出版社1998年版，第140页。

含有自己的对立面"①。就 1850 年法国立法议会颁布的新闻出版法看，该法律的有关规定"大大提高了报刊出版者应交付的保证金数额，并开始征收印花税，小册子也不例外"②。这造成大量无产者有可能被迫停止出版报刊或著作，实际上是以金钱的方式迫害了人民的新闻出版自由。关于教育法，国民议会一方面在法律上废除了无神论，另一方面又将学校置于教会的管束和控制之下。而与工人阶级及广大人民群众密切相关的"劳动权"，在六月起义后却也被冠冕堂皇地置换成了"享受社会救济权"。马克思抨击道，这种说法是"在资产阶级的意义上是一种胡说"。事实上，资本主义宣扬的所谓"劳动权"不过是资产阶级支配资本的权力。

其三，资本主义的普选制只是一种形式或摆设。就选民资格看，资产阶级对选民要求有严格的财产限制。英国的选举法对"人民是否具有选举权"规定，"想在郡里选举的人，必须拥有每年获得两英镑收入的完全自主的地产，或者租赁每年获得 50 英镑收入的地产"③。这一限制造成郡选派中的绝大多数人只能是贵族阶层；法国在 1850 年 5 月通过的"新选举法"规定，"在固定居住地居住 3 年以上并直接纳税的人才有表决权"④。就各阶级在选民中的占比看，资产阶级也表现出对普选权的普遍占有。马克思曾列举英国的一家日报对议会选区人员数字占比进行的统计调查，指出，在不包括爱尔兰的 327 个选区中，有"72 个选举巨头控制着 297 个选区……下院总共有 654 名议员，其中 594 名议员是由 297 个受控制的选区选出来的。这 594 名议员中有 274 名不是贵族，就是贵族的直系亲属"⑤。由此，马克思批判道，资本主义议会的实质是资产阶级的"玩物"，资本主义的民主政治制度根本无法为无产阶级争得民主

---

① 《马克思恩格斯全集》第 11 卷，人民出版社 1995 年版，第 145 页。
② 《马克思恩格斯文集》第 2 卷，人民出版社 2009 年版，第 721 页。
③ 《马克思恩格斯全集》第 11 卷，人民出版社 1995 年版，第 252 页。
④ 《马克思恩格斯全集》第 11 卷，人民出版社 1995 年版，第 829 页。
⑤ 《马克思恩格斯全集》第 14 卷，人民出版社 2013 年版，第 526 页。

所用。

即便如此，马克思在此依旧肯定了资本主义民主作为历史发展的一个阶段对历史发展的进步性贡献。一是资本主义的选举制无疑是推进了民主历史的发展进程，如二月共和国宣布的普选权"把那些在法国人中占绝大多数的名义上的所有者即农民指定为法国命运的裁定人"①，扩大了政治主体的范围，促使资本主义的民主在形式上表现出大众化趋势。马克思还赞赏英国在普选权上实行的"秘密投票、规定议员支薪、每年举行大选"②丰富了公民政治参与的形式。二是清除了封建社会关系及各种封建形式对生产力发展的束缚，创造了物质生产条件和现代的生产资料，保证了市场经济和自由竞争的发展，"在欧洲大陆上创造一个符合时代要求的适当环境"③。相对于以往历史的革命，资本主义争取民主、自由的革命斗争本身也是一种"英雄行为"，它的胜利"需要自我牺牲、恐怖、内战和民族间战斗"④。

但是，资本主义民主的缺陷同时也暴露了资产阶级革命的历史局限。资产阶级寻求以"自欺"和"欺他"的骗术掩盖"自己的斗争的资产阶级狭隘内容"⑤，凸显出的实质性问题其实是"要不要将革命进行到底""要不要彻底实现人民主权"的问题。恩格斯提出："承认革命在目前就是承认革命的不彻底性，从而承认为了反对革命的某些结果而嫌弃的民主运动。"⑥资产阶级虽承认革命，并以"自由、平等、博爱"的革命口号展开了推翻封建专制统治的运动，但资产阶级建立起的政治制度并未建立起真正的民主政治，在资本主义政治制度下，自由、平等、政治参与、选举权和被选举权都是受

---

① 《马克思恩格斯全集》第 10 卷，人民出版社 1998 年版，第 139 页。
② 《马克思恩格斯全集》第 11 卷，人民出版社 1995 年版，第 424 页。
③ 《马克思恩格斯全集》第 11 卷，人民出版社 1995 年版，第 132 页。
④ 《马克思恩格斯全集》第 11 卷，人民出版社 1995 年版，第 133 页。
⑤ 《马克思恩格斯全集》第 11 卷，人民出版社 1995 年版，第 133 页。
⑥ 《马克思恩格斯全集》第 5 卷，人民出版社 1958 年版，第 74 页。

到财产或地位的限制的,它不属于人民,在国民议会中,"人民是不存在的,因为在议会的生活中找不到人民生活的反映。到现在为止,国民议会连革命运动的回声也够不上,更不用说是革命运动的中央机关了"[1]。因此,工人阶级要争取真正的民主,必须将革命进行到底,从建立真正的人民主权性质的民主政治开始,为实现人类真正的自由解放进行彻底的革命。

(二) 无产阶级民主革命是无产阶级争得民主的基本方式

马克思在总结1848年欧洲工人运动失败的教训时指出,欧洲工人运动不经过革命而以合法的斗争去争取民主最终以失败而告终,六月起义的失败尤其检验了这一真理。它表明,资本主义的民主制度不仅不能为工人阶级享用,而且工人阶级只能用暴力打碎资产阶级的国家机器,代之以无产阶级的专政。

用暴力革命争得民主是由无产阶级的阶级地位和历史境遇决定的。在《共产党宣言》中,马克思和恩格斯曾分析无产阶级的历史地位是作为与资产阶级严重对立的阶级存在的,它在资本主义的奴役和统治下毫无自由可言,赤贫的无产阶级只有推翻资产阶级才能维持并获得生存发展的条件。1848—1852年间,巴黎六月起义、十月农民起义等几经反复的革命的失败,再次确证了无产阶级依靠暴力革命打碎资产阶级国家机器的必要性和必然性。马克思以作为小资产阶级代表的山岳党为例,指出山岳党曾因所谓的人权对统治阶级妥协,但并未得到实际的受益,反而招致削弱和驱逐。显然,暴力的革命需要暴力的手段,无产阶级推翻资产阶级的革命不可避免。

但无产阶级革命的产生需要具备一定的主客观因素。在总结1848年六月起义失败的原因时,马克思指出,缺少领袖和系统的理论、没有先进的革命工具与统一的计划、无产阶级意识的不成熟等都是起义失败的重要因素,但根本原因在于社会矛盾尚处于未充分发展的状态。1850年以后,马克思在研究和总结革命形势和革命教

---

[1] 《马克思恩格斯全集》第5卷,人民出版社1958年版,第46页。

训后，一改 1850 年以前对无产阶级迅速革命的认知，主张新革命的产生需要经济条件的成熟。恩格斯对此解释说，马克思在研究了将近 10 年的经济史后，发现经济原因是政治事件发生的根本原因，并以历史为据，阐述了"1847 年的世界贸易危机孕育了二月革命和三月革命；从 1848 年年中开始逐渐复兴而在 1849 年和 1850 年达到全盛状态的工业繁荣，是重新强大起来的欧洲反动势力的振奋力量"[①]。这样，马克思就将历史唯物主义的民主观运用到检验国际工人运动的实践中去了，凸显了一定的方法论特色。

马克思把无产阶级只有保持其政党独立性才能争得民主革命的胜利看作欧洲革命最重要的经验教训。他强调，保持阶级和政党的独立性是革命胜利的必要条件。因为 1848 年欧洲革命证明，党派之间的联盟充斥的是利益冲突，其表面的平静其实是伪善的和谐，尽管在一定时期他们的联合能够起到推动革命的作用，但是这种联合是建立在共同利益基础之上的，"在战胜共同的敌人之后，战胜者之间就要分成不同的营垒，彼此兵戎相见"[②]。法国二月革命是由无产阶级和资产阶级共同进行的，但在革命胜利后，是金融资产阶级掌握了政治统治的权力，无产阶级未实现真正的自由、民主、人权。德国的资产阶级表现更甚，在还未取得革命胜利的时候就已经抛弃了无产阶级。因此，无产阶级要争得民主革命的胜利，首先要保持无产阶级政党的独立性。

马克思还提出无产阶级争取工农联盟的思想，指出工人与农民、小资产阶级的"合唱"是无产阶级革命胜利的有力保障。马克思认为法国六月起义失败的原因之一就是未能争取农民和小资产者。事实上，农民和小资产者有向无产阶级靠拢的可能性。首先，就农民阶级而言，资产阶级对农民阶级施加的土地债务、经济负担和政治束缚导致农民阶级追随无产阶级的队伍，这在每一时期都有体现。

---

① 《马克思恩格斯文集》第 4 卷，人民出版社 2009 年版，第 535—536 页。
② 《马克思恩格斯全集》第 11 卷，人民出版社 1995 年版，第 37 页。

如法国二月革命后建立的临时政府直接将沉重的税负施压在农民阶级身上；制宪国民议会时期，高额的盐税和葡萄酒税在很大程度上损害了农民阶级的利益。马克思对此讽刺道："法国农民想象魔鬼的时候，就把他想象成税吏。"① 其次，随着资产阶级对小资产阶级的攻击和压迫，小资产阶级也逐渐被吸收到无产阶级的联盟中来。马克思指出，由于资本主义民主有严格的财产限制，因而小资产阶级在国民议会中的权利较易被资产阶级夺取和碾压，制宪议会在处理"友好协议"问题上，大资产阶级通过增加累进税直接牺牲了小资产阶级的利益。因此，在受到同样的剥削和压迫下，农民阶级和小资产阶级必然与工人阶级联合起来，成为无产阶级革命化的力量。马克思还提出了若干争得无产阶级民主革命胜利的策略原则，如不断革命的理论、无产阶级要加强教育、革命要注重灵活性等，这些都为无产阶级争得民主革命的胜利提供了重要的理论指导和方法论指引。

（三）无产阶级专政是无产阶级实现民主的政治形式

1848年欧洲革命失败后，面对卡尔·海因岑（Heinzen Karl）对马克思理论学说及欧洲工人运动的攻击，马克思指出，海因岑未认识到工人运动的重要性。事实上，"阶级的存在仅仅同生产发展的一定历史阶段相联系"②，无产阶级革命不是随意臆断的结果，这是阶级斗争的必然结果，是历史发展的实实在在的运动。无产阶级进行革命的目的就在于为本阶级和广大人民群众争得民主。1848—1852年间，欧洲工人运动的实践已经证明，工人阶级通过合法斗争争取民主行不通，工人阶级不推翻资产阶级的国家机器也难以争得共和国所谓的"平等""自由""民主"等权利。

此时，马克思对无产阶级专政的观点着墨不多。他仅是将无产阶级专政等同于"革命的社会主义"和"不断革命"，认为这种专政是为了消灭一切阶级而必然存在的过渡阶段。

---

① 《马克思恩格斯全集》第10卷，人民出版社1998年版，第210页。
② 《马克思恩格斯全集》第49卷，人民出版社2016年版，第81页。

二 《法兰西内战》中马克思的新型民主观

1871年，巴黎人民基于对法国政府的不满举行起义推翻了资产阶级的国家机器，建立巴黎公社，初步验证了马克思在1848年欧洲革命时期的民主设想。但巴黎公社仅存了72天就被曾逃亡凡尔赛的梯也尔攻占了，公社不仅被摧毁，工人也遭到反动势力的大肆摧残和扼杀。资产阶级对成千上万巴黎工人的屠杀和镇压标志着巴黎起义的失败。马克思对巴黎公社失败的经验教训及时进行总结，著作了《法兰西内战》一文，其中不乏关于民主理论的重要阐述，集中凸显了马克思民主思想的成熟。

区别于以往的政治体制，巴黎公社要建立的民主是新型的民主，它一方面实现了彻底的制度变革，将民主革命的对象不再局限于"虚假的共同体"即国家范围内的专制主义者，而是意图彻底打碎资产阶级的国家机器，消除"国家本身这个社会的超自然怪胎"[①]；另一方面，在新型民主的制度设计和运行机制上，巴黎公社民主以尊重和保证人民主权为原则，确立了普选和代议、议政合一、社会自治等公民有效政治参与的制度形态；在制度保障和机制约束问题上，巴黎公社的新型民主注重廉洁政府的构建和公仆意识的培养，主张通过完善司法、加强民主监督防止权力异化，实现刚性保障和软性规约。

（一）巴黎公社民主是代替资产阶级军事官僚机器的新型民主形式

当前，有学者在研究马克思巴黎公社民主问题上存在两个误区：一是单纯强调"打碎资产阶级的国家机器"忽略了巴黎公社民主革命的深层次目标是消灭国家这一怪胎，导致污蔑"马克思民主理论未超越资本主义民主限度"的言论有机可乘；二是单纯强调巴黎公社民主的政治变革和制度设想，忽视马克思阐释新型民主的社会维

---

① 《马克思恩格斯文集》第3卷，人民出版社2009年版，第193页。

度，造成误读"马克思新型民主观是'空想的民主观'"的言论不绝于耳。事实上，回顾马克思民主思想发展的历史，马克思在《法兰西内战》中详细阐述了新型民主的实现条件和革命目标。

首先，马克思秉承 1848 年欧洲革命时期的革命理想，进一步肯定和丰富了无产阶级要打碎资产阶级国家机器争得民主的想法。在《法兰西内战》中，马克思指出，资本主义国家是奴役无产阶级和广大人民群众的政治工具，"不能当成解放他们的政治工具来使用"①，无产阶级的革命必须打碎资产阶级的旧的国家机器，实行无产阶级专政。在马克思看来，资产阶级虽赢得了民主革命，但资本主义建立的政治制度是"穷奢极欲、粉饰太平的闹宴，是'上等阶级'的一切下流欲望的渊薮"②。资本主义的议会制虽标榜自身平等、正义、自由的"秩序的救世主"形象，但资产阶级对议会大权的独揽"产生了它自身的否定"，一是建立起"由大资产阶级中一小部分人独揽统治权"③ 的政权组织形式，一帮资产阶级特权阶层"把政治变成一种生意，拿联邦国会和各州议会的议席来投机牟利"④；二是打着"大多数人的名义"毫不羞愧地进行反民主的活动，如梯也尔和茹尔·法夫尔等人未经议会辩论直接宣布同普鲁士的和约、条款，巴黎投降也是他们私下就做出的决定。资本主义的政府虽摆出一副不偏不倚的公平形象，但它同专制时代建立的"像蟒蛇似的用官僚、警察、常备军、僧侣、法官把社会机体从四面八方缠绕起来的庞大的寄生政府"⑤ 类似，尽管表现形式不同，实际上都是"维护占有者阶级对生产者阶级的压迫和剥削的权力"。无产者和广大人民要争得民主，实现政治参与，就不得不打碎资产阶级的国家机器，建立无产阶级专政。

---

① 《马克思恩格斯文集》第 3 卷，人民出版社 2009 年版，第 218 页。
② 《马克思恩格斯文集》第 3 卷，人民出版社 2009 年版，第 221 页。
③ 《马克思恩格斯文集》第 3 卷，人民出版社 2009 年版，第 102 页。
④ 《马克思恩格斯文集》第 3 卷，人民出版社 2009 年版，第 110 页。
⑤ 《马克思恩格斯文集》第 3 卷，人民出版社 2009 年版，第 219 页。

其次，马克思批判德国哲学对国家作为"秩序的救世主"的迷信，指出，新型民主提出了消灭国家这一寄生在民族躯体上的"赘瘤"的任务。他从历史思维和实践思维出发，指出以往哲学家和政治学家对民主的考量都置放在国家范围内，实际上国家本身是一个"历史祸害"和"社会祸害"，它"无非是一个阶级镇压另一个阶级的机器，而且在这一点上民主共和国并不亚于君主国"①。无产阶级之所以打碎资产阶级的国家机器建立无产阶级专政，继承并保留国家这一"废物"，根源在于社会生产力的发展水平还未达到完全消灭资产阶级法权的地步，国家机器中的常备军等构成还发挥一定的历史作用，"至少在可预见的历史时期内，以全民武装代替常备军的主张还是国际共产主义运动中的政治空想主义"②。但需要注意的是，无产阶级专政时期的民主政治与以往国家制度形式有根本差异，争得民主的无产阶级专政的首要目标是祛除国家这一历史祸害的坏的方面，为实现真正的民主政治奠定基础。

最后，马克思指出，新型民主以工人在经济上获得劳动解放为基础和前提。具体而言，劳动解放有双重意蕴：其一，劳动在经济上获得解放使得生产劳动本身不再具有阶级性质，这样，以往民主政治中由少数的资产者垄断和占有社会财富和社会权利的现象就消失了。其二，劳动解放是铲除分工因而也是铲除剥削和不正义的社会现实的前提条件。早在《德意志意识形态》中，马克思就曾提到，分工和私有制是同义语，分工是导致社会不平等和不正义的重要原因，它造成社会中个体和共同体的矛盾，形成特殊利益和共同利益之间的冲突，从而形成国家这一虚幻的共同体形式。消灭分工实质上是从劳动出发，而非从劳动产品的分配（所有制）出发提出"消灭私有制"的任务。因而，劳动在经济上解放同劳动产品从私有制

---

① 《马克思恩格斯文集》第 3 卷，人民出版社 2009 年版，第 111 页。
② 王建民：《马克思国家学说的一个重要问题——"打碎旧的国家机器"思想研究》，《当代世界社会主义问题》2009 年第 4 期。

中解放出来是同一件事情，它消灭了劳动者屈从于资本奴役的锁链，把"自由自觉的劳动"本质复归于人，把人民的权力重新归还给人民。

（二）新型民主的运行机制和实现路径

巴黎公社的新型民主集中体现在制度设计和运行机制上。马克思指出："公社的伟大社会措施就是它本身的存在和工作。它所采取的各项具体措施，只能显示出走向属于人民、由人民掌权的政府的趋势。"① 这些措施保证了巴黎公社新型民主的现实性和可操作性。

公社民主坚持国家主权属于人民原则，采取普选、代议、协商等多种形式保证公民广泛政治参与。就政治参与的主体选择看，公社民主的主权掌握在劳动人民手中，他们主要是社会中占绝大多数的生产者群体。除了量的变化，公社民主还有鲜明的阶级性质，它是为无产阶级和广大劳动人民服务的，这由公社委员的组成多是"工人或公认的工人代表"体现出来。公民能够有效实现其民主权利不仅体现在公社规定公社委员是通过选举产生的，公社还规定了委员代表随时能够由人民罢免。为保证公民有效的政治参与，公社还注重保护人民的言论自由、通过举行代表性集会将人民的意见吸收到民主政治中来。

公社采取议政合一的民主政治形式将民主真正落实到政治实践中来。公社是"一个实干的而不是议会式的机构，它既是行政机关，同时也是立法机关"②，是议政合一的制度形式。就立法和行政的统一机构看，公社委员会集立法权和司法权于一体，这种政治形式克服了资产阶级民主中由三权分立可能诱发的权力集中的危险，同时保证了公社职员执政效率的提升。但需要澄清的是，马克思并未将其看作真正的民主的一般形式，而是把议政合一的民主实现形式看作属于特定历史时期的"一定形式"。这一想法在后来列宁时期实际

---

① 《马克思恩格斯文集》第3卷，人民出版社2009年版，第163页。
② 《马克思恩格斯文集》第3卷，人民出版社2009年版，第154页。

的无产阶级民主实践样态中也得到了证实,即苏维埃所实行的民主政治形势并未将立法权和司法权统一到一个具体的社会机构。

公社民主的"社会自治"主张突出体现了新型民主的"新"。这种制度形式给予公民更为民主的弹性空间,能够尽可能地推动广大人民群众在社会生活中自觉地参与到秩序的维护和管理中来。但马克思强调,公社主张自治并不代表反对权威,对待社会自治需要正确认识权威和自治的关系,巴黎公社的民主革命也表明,保证革命领导权,坚持党的领导权威是民主革命胜利的有效办法。恩格斯后来在《论权威》中也指出:"权威与自治是相对的东西"①,公民在社会生活中自觉地组织起来参与到社会管理中来,也是遵循一定的秩序的,此时社会的权威不表现在强制力上,而是由人民群众所组成的"社会力量"取而代之。

(三) 维护和巩固新型民主的总体性措施

在《法兰西内战》中,马克思总结了巴黎公社维护和巩固新型民主的有效措施。他指出,无产阶级国家建立健全的司法制度是维护新型民主的刚性保障,公职人员保持公仆意识是防止社会公仆异化成社会主人的软性措施,公民对政府的民主监督也是对民主政治的有效约束。

法律约束是确保新型民主有效实现的刚性措施,公社在对司法制度、司法机构进行改革的同时建立起相对完善的法制体系。首先,公社取消了资本主义民主政治中的"法官独立"制度。在马克思看来,法官独立并未保证民主的真正实现,"这种独立性只是他们用来掩盖自己向历届政府奴颜谄媚的假面具"②。公社的法官通过人民选举产生、为人民负责、受人民监督。其次,公社对司法程序也进行了进一步的完善,对于未有实证材料而进行逮捕的行为,公社要求:

---

① 《马克思恩格斯文集》第 3 卷,人民出版社 2009 年版,第 337 页。
② 《马克思恩格斯文集》第 3 卷,人民出版社 2009 年版,第 155 页。

"防止任何专横无理和任何侵犯人身自由的行为"①。除了司法改革，公社对涉及民主权利的选举、新闻出版自由、言论自由、文化教育等领域也进行了完善，马克思评价说，这无疑对无产阶级展开民主政治提供了重要的法制保障和经验借鉴。

公社从制度上对公职代表进行了机制约束，一方面，在坚持普选产生代表基础上，公社赋予人民以监督和罢免的权利，另一方面，公社以工资的平等限制保证公职人员和劳动人民的平等地位，要求公社人员无闲职，无高薪，这一举措力从源头上遏制和消灭社会中存在的特权、官僚。为防止公职人员从思想上趋于权力的异化，公社尤为注重对于公仆意识的培养。马克思强调，在价值取向上，公职人员代表要始终坚持人民立场，明确权为民所赋、权为民所用。他以梯也尔为例反讽资产阶级从人民手中获得权力却滥用职权谋求私利的现象，指出，梯也尔"在多年的政治生涯中，从来没有办过一件哪怕是极微小的稍有实际好处的事情。梯也尔始终不忘的，只是对财富的贪得无厌和对财富生产者的憎恨"②。与梯也尔一样，资产阶级民主政治中的其他公职代表也不是以社会公仆而是以"社会主人"自居的，它造成资本主义的政治统治沦为受金钱和权势影响而进行利益争夺的战场。因此，为防止社会公仆变成社会的主人，教育和引导公职人员始终坚持人民本位是维护和巩固新型民主的必要举措。

公社从职责功能上将其组织打造成"廉洁政府"。所谓"廉洁政府"，最先是由资产阶级提出的，但资产阶级在实际的民主政治统治中却将政府铸造成了吮吸人民鲜血的"吸血鬼"。巴黎公社的民主政治完全摆脱了旧政府的机器性质，代之以真正的民主形式。首先，巴黎公社民主实现后，其首要措施即废除了代表旧政府机器的常备

---

① 李光灿、吕世伦：《马克思恩格斯法律思想史》，法律出版社1991年版，第518页。
② 《马克思恩格斯文集》第3卷，人民出版社2009年版，第138页。

军。其次，公社政府的性质是"生产者的自治政府"①。最后，公社职员的职责是充当"社会的勤务员"，而非高踞于政权之上的社会赘瘤。有效的民主监督也是维护和巩固新型民主的实际举措。马克思指出，公民政治参与不仅体现在公民实际地参与到国家经济、政治、文化等事务的管理中来，而且体现在公民自觉地对国家进行民主监督。有效的民主监督对防止国家权力的异化有重大意义：一是保证国家权力的公开化和透明化；二是对公社的勤务员形成激励措施，提高公职人员的办事效率；三是保证人民的权力掌握在人民自己手中，确保人民始终是国家的主人。

但是，马克思在此时未清晰阐明新型民主的现实有效性问题，这也与《法兰西内战》文本作为一个宣言式文本有重要关系。因此，在重读和研究巴黎公社新型民主时，应克服教条主义，实事求是地评价这一时期马克思的民主观。

第四节　人类学研究与氏族民主的新发现

马克思民主理论的思想史交织着一条对人类学研究的隐性线索，这一线索为打开和理解民主历史的奥秘提供了钥匙：通过颠倒黑格尔个体与共同体的关系开始到批判整个德意志意识形态，马克思发现了民主在处理个体和共同体关系时的基本意义；通过探索人的历史发展的三个阶段到具体分析资本主义社会中个人在虚假的国家共同体中的生存状态，马克思揭露了资本主义民主的虚假意识和制度缺陷，提出无产阶级民主理论；通过回溯氏族社会个体和共同体的真实关系，马克思发现了原始社会民主的原生形态，以史学考证和人类学话语方式论证了历史唯物主义民主理论的科学性和整体性。

---

① 《马克思恩格斯文集》第 3 卷，人民出版社 2009 年版，第 155 页。

一 马克思人类学研究的民主主题

一直以来,民主话语通常被等同于政治话语,民主生活被指认为"国家和社会二元分离"后的政治现象。在城邦和国家出现以前,民主是否存在,人们难以用政治术语和方法来解读,这造成人们在研究民主问题时通常规避史前社会(通常指阶级社会史出现以前的历史)或直接否定史前社会存在民主样态。20世纪70年代,随着学界对马克思《人类学笔记》的全面考证,劳伦斯·克拉德(Lawrence Krader)、西里尔·莱维特(Cyril Levitt)、莫里斯·布洛克(Maurice Bloch)等一大批学者逐渐意识到,马克思思想发展史中其实隐藏着一条人类学的研究视角。俞吾金教授则直接提出,马克思思想中包含一条"对前资本主义社会及人类学的研究"[①]。马克思氏族民主的发现和对氏族民主的解读正是基于人类学的研究范式和话语方式,从人类学视角阐释和解读民主是民主思想史上的重大创新。

结合马克思民主思想经典文本,马克思人类学话语范式的民主研究经历了三个阶段:

第一阶段是从颠倒黑格尔个体与共同体的关系开始到批判整个德意志意识形态阶段。其中,主要著作集中于《黑格尔法哲学批判》及其导言、《论犹太人问题》《1844年经济学哲学手稿》和《德意志意识形态》之中。

在《黑格尔法哲学批判》及其导言和《论犹太人问题》中,马克思把考察人类的本质和国家联系起来,提出"国家制度本身只表现为一种规定,即人民的自我规定"[②]。他批判黑格尔在认识个体与共同体问题上,颠倒了个人与国家的关系,以纯粹思辨的形式将个体演绎成思维的存在。对人类学的考察,黑格尔也从概念出发,着

[①] 俞吾金:《社会形态理论与中国发展道路》,《上海师范大学学报》(哲学社会科学版)2011年第2期。

[②] 《马克思恩格斯全集》第3卷,人民出版社2002年版,第39页。

重研究人的自然灵魂、情感灵魂和现实存在的灵魂。尽管黑格尔看到了社会发展中的现代性问题，但他依然将国家看成"绝对观念的最高体现"，认为国家是"地上的最高权力"①。马克思批判说，黑格尔看到了由国家构筑的政治大厦，却没有看到建立这一大厦的基础——市民社会。人类历史发展的过程是在实实在在的市民社会即现实的人的物质生产生活中的，而不在黑格尔描绘的"大厦之顶"。因为政治国家的出现仅是一定历史阶段的产物，"国家本身的抽象只是近代的特点"②。在《1844年经济学哲学手稿》中，马克思发现了人的生活在资本主义历史阶段的全面异化。他指出，资本主义制度虽在法律上标榜人享有社会政治生活的平等及劳动自由，但实际的情形却是，自由和民主只属于有产者阶级，无产者实际享有的是除了劳动力自由买卖之外的整个政治、经济等社会生活的不自由。对此，马克思试图"通过工业——尽管以异化的形式——形成的自然界"来说明"真正的、人类学的自然界"③，但由于缺乏经验性的人类学研究材料，只是在哲学思维中思索人类的历史。到了《德意志意识形态》时期，马克思开始通过对分工的考察，初步谈及所有制的产生和发展问题。他和恩格斯将人类社会所有制的发展形式依次设想为"部落所有制""古代公社所有制和国家所有制""封建的和等级的所有制"及"资产阶级所有制"，并在1849年的《雇佣劳动与资本》中，明确提出了"处于一定历史发展阶段上的社会"包括"古典古代社会、封建社会和资产阶级社会"④几个社会发展阶段。这一时期，马克思发现，人类社会的分工及所有制的出现是个人"特殊利益"和共同体"共同利益"之间产生分裂的重要例证，民主在处理个体和共同体的冲突时具有重要意义，现代国家的民主制正是在采取"这种与实际的单个利益和全体利益相脱离的独立形式，

---

① 李立纲：《马克思恩格斯人类学编年史》，云南民族出版社2009年版，第26页。
② 《马克思恩格斯全集》第1卷，人民出版社1956年版，第284页。
③ 《马克思恩格斯全集》第42卷，人民出版社1979年版，第128页。
④ 《马克思恩格斯文集》第1卷，人民出版社2009年版，第724页。

同时采取虚幻的共同体的形式"①。但马克思同时也强调，这种民主是建立在"由分工决定的阶级的基础"之上的，争取民主的斗争实质上是阶级斗争。

第二阶段是马克思从探索人的历史发展的三阶段到具体分析资本主义社会中个人的生存状态阶段。其中，《1857—1858年经济学手稿》、1859年《〈政治经济学批判〉序言》集中反映了这一思想。

在《1857—1858年经济学手稿》中，马克思依据人类发展和经济权力之间的关系，把人的历史划分为三个阶段。一是"人的依赖关系（起初完全是自然发生的），是最初的社会形式"②。在这一阶段，人们受到较为低下的生产力水平的限制，把历史联系建立在"以自然血缘关系和统治从属关系为基础的地方性联系"③基础之上，人本身不具有民主意识，只是突出表现为对自然的依赖，人性表现为自然性，而对于这一历史时期，共同体的组织形态是否具有民主特征，马克思还未明确阐述。二是"以物的依赖性为基础的人的独立性"阶段。马克思坦言，人类历史发展到这一阶段确实是有进步的，尽管在这一阶段人与人的关系演变成"以个人互相独立和漠不关心为前提的联系"，但是人的主体性意识得到凸显，单个人通过对物的占有"取得和证明了自己的社会权力"④。伴随着社会财富的聚集和资产阶级民主意识的觉醒，民主随着资本主义革命的胜利逐渐以政治制度的形式确立下来。但是资本主义的民主也仅是从形式上确立了人的自由、平等等价值观念。马克思结合对资本主义社会的政治经济学批判分析指出，在阶级对立简单化为资产阶级和无产阶级的资本主义社会中，无产阶级岌岌可危的生存状态实际证明了资本主义民主的虚假性和伪善性。三是"个人全面发展和他们共同的、社会的生产能力成为从属于他们的社会财富这一基础上的自

---

① 《马克思恩格斯文集》第1卷，人民出版社2009年版，第536页。
② 《马克思恩格斯文集》第8卷，人民出版社2009年版，第52页。
③ 《马克思恩格斯文集》第8卷，人民出版社2009年版，第56页。
④ 《马克思恩格斯文集》第8卷，人民出版社2009年版，第52页。

由个性"阶段。在马克思看来,人类历史发展的第三阶段是人摆脱资本等异己的外物控制的真正自由民主的阶段。就人的社会性本质看,单个的原子式的个人的孤立化只是历史过程的结果,人以社会性的生产条件为存在前提。在1859年《〈政治经济学批判〉序言》中,马克思还明确提出了伴随人的发展的三个阶段而发展起来的生产方式,即"亚细亚的、古希腊罗马的、封建的和现代资产阶级的生产方式"[①]。但由于史学资料匮乏,马克思并未对资本主义社会之前的生产方式进行过多描述。

第三阶段是马克思从研究前资本主义社会尤其是原始社会到发现氏族民主的新阶段。

19世纪60年代以后,学界对于前资本主义社会的研究有了重要进展。这对于面临"俄国难题"即"俄国农村公社能否跨越资本主义而直接走向共产主义"难题的马克思具有重要启发。马克思在吸收借鉴达尔文的《物种起源》、摩尔根的《古代社会》以及费尔爵士、约翰·拉伯克、亨利·萨姆纳·梅恩等其他历史学家的著作及思想基础上,对原始社会民主理论有了新发现,且其思想精粹被系统地记录在其晚年的思想笔记中。这些笔记主要指马克思对于柯瓦列夫斯基、梅恩、摩尔根、费尔爵士、拉伯克、菲尔等人类学家著作所注的笔记摘要,被学界称为"人类学笔记"或"古代社会史笔记"。马克思首先在阅读马·柯瓦列夫斯基《公社土地占有制》一书时,发现了原始社会中具有民主属性的氏族公社单位的存在,明确了在以部落形式存在社会组织单位之前有更为古老的社会组织形式,因而重新纠正了在《德意志意识形态》时期提出的"所有制的最初形式无论是在古典古代世界或中世纪,都是部落所有制"的提法。其次,马克思吸收借鉴了摩尔根对社会历史分期的划分、对氏族制度的研究及对家庭发展史的详细阐述,并在此基础上,在"财产观念的发展"一章节系统阐述了关于原始民主的演变历程,进一

[①] 《马克思恩格斯文集》第2卷,人民出版社2009年版,第592页。

步丰富和发展了摩尔根的研究。但马克思也发现，摩尔根在阐述原始社会民主形态时，存在对民主制度根基认识不清的现象，如对于生产力、家庭和社会制度关系的认识不清，对于生产工具的重要性认识存在某种误读现象。对梅恩的《古代法制史讲演录》一文，马克思肯定了梅恩看到了法律的"权威"，但马克思批判梅恩根本不了解氏族的地位，对于法的阐述也仅是抽象的、形而上学的。由于梅恩只是把原始氏族界定在父权制氏族，因此，他同伯拉克一样，未发现母系氏族的民主特质。

综合来看，马克思在以人类学研究范式探索民主问题时，是以现代社会为切入点，依据"从后思索""残片复原"等方法，从个体和共同体的关系出发回顾整个人类社会史。他用人类学话语方式阐明，民主是原始社会最基本的组织原则，民主原则的破坏逐渐招致了人们整个政治、精神、社会生活的异化。资本主义社会虽然促使人从专制主义的束缚中解放出来，在政治上实现了形式的民主、自由、平等，但却在经济社会领域束缚人以更沉重的锁链。这一阐述，从人类史实出发，进一步丰富和补充了历史唯物主义的民主观。

二 "人类学笔记"中的氏族民主思想

关于氏族民主的考察，马克思从两个前提性问题出发，一是氏族是否存在及其如何产生和演变，二是氏族与原始社会其他组织单位的关系，在厘清这一前提性问题上，马克思阐明了氏族社会组织具有民主特点的可能性。马克思指出，家庭关系的演变在原始社会组织形态形成和发展中具有关键性的意义，摩尔根关于"血缘家庭—普那路亚家庭—对偶制家庭—父权制家庭—专偶制家庭"的发展史研究表明了人类社会的组织形式经历了"原始共同体—家庭—氏族—胞族—部落"的历史演变，但二者并非一一对应的历史关系。在最古老的社会状态中，人们是"过着杂交的原始群的生活"。① 随着社会的群居和杂交，血缘家庭产生，血缘家庭是蒙昧中期不分直系旁系的互相通婚阶段。据人类学家考证，目前历史上还无相似实例。当家庭排除兄弟姊妹之间的婚姻关系即出现普那路亚家庭（群婚家族）时，氏族便产生了。

马克思以家庭关系或亲属关系的变化为线索，系统考察了原始社会的制度形式和所有制基础。在马克思看来，原始家庭关系的变化是人们从蒙昧时代走向文明时代的主要标志，社会制度的发展在这一时期也受其决定性的影响。首先，马克思通过分析史前时期的社会结构指出，生存技术和家庭关系决定了原始社会实行的是原始共产制，这一制度形式为具有平等、公正等价值理念的民主原则提供了公有制基础。这里所说的"生存技术"即原始社会的生产力，主要指能够实现狩猎或采集使用的工具，如"粗糙的武器、织物、家什、衣服、燧石制的、石制的和骨制的工具"等，"各种生存技术每隔一段时间就出现一次革新，它们对人类的生活状况必然产生很大的影响"②。"家庭关系"或"亲属关系"指的是原始社会的生产关系，它"不是观念的"，而是"物质的，用德语说是肉欲的"③。其次，马克思指出氏族社会的所有制形式是原始共产制，这是由氏族社会生产工具和人们的劳动形式决定的。一方面，氏族社会的生存资料如土地是归氏族所有的，如马·柯瓦列夫斯基《公社土地占有制》一书在记录枢密院的决定时所说的："任何氏族成员不仅不能指出公社的某一块土地归他所有，而且也不能指出某一块土地归他暂时使用。共同经济的产品收归公共仓库以满足整个公社的需要。"④ 这一现象能够在印度北部和西北部的某些地区找到。另一方面，氏族社会的劳动也具有社会性质，依赖于群居生

---

① 《马克思恩格斯全集》第 45 卷，人民出版社 1985 年版，第 337 页。
② [美] 摩尔根：《古代社会》（上册），杨东莼等译，商务印书馆 1977 年版，第 8 页。
③ 《马克思恩格斯全集》第 45 卷，人民出版社 1985 年版，第 503 页。
④ 《马克思恩格斯全集》第 45 卷，人民出版社 1985 年版，第 232 页。

活的自然属性决定了人们采取共同劳动的形式。最后，原始共产制决定了氏族社会的民主组织形式。马克思指出，在氏族社会中，个体是共同体中的平等一员，人们根据共同劳动获取生产资料及社会产品的权利，社会经济形式也是互助性质的，社会中没有具有强制力的法律，只存在非正式的首领或领袖人物，通过依靠知识能力或约定俗成的习惯具有一定的权威。民主组织形式正是在这一社会状态中潜在的，此时它不具有政治权力性质，没有私有财产等限制的约束。

为准确界定和明晰氏族社会存在民主的可能性，马克思进一步区分了氏族和其他社会组织单位的关系。依据摩尔根等人的人类学研究资料，马克思指出氏族是在家庭产生之后的社会组织单位，其前提条件是在家庭关系中同系宗亲从其他血亲中分离出来。与家庭不同，氏族产生之后，就逐渐成为社会组织的基本单位确定下来，成为社会制度中的一个历史阶段，但家庭是作为实际的物质关系存在的。这表明，人们在研究原始社会制度形式时，是将氏族作为某一社会单位进行研究的。部落是氏族和胞族扩大化后的历史阶段，就其社会制度形式看，原始部落在一定程度上也是自由的，它是氏族社会民主发展的最后阶段。基于"氏族这种组织单位本质上是民主的，所以由氏族组成的胞族，由胞族组成的部落，……他们都定居在一个共同的地域所组成的氏族社会，也必然是民主的"。[1] 但随着部落联盟中私有财产及贵族关系的出现，氏族社会的民主形式也逐渐被瓦解掉，被"虚假"和"伪善"吞噬了。

马克思指出，"公共财产"逐渐向"私有财产"的演变、社会权力向个人或贵族权力的演变造成了氏族民主的逐渐毁灭。经考证，氏族民主在氏族社会中经历了母系氏族民主、父系氏族民主、部落氏族民主的发展过程，在父权制氏族民主中，民主的基本原则就已经开始遭到了瓦解。这集体体现在三个方面：一是生产工具的改良和劳动形

---

[1]《马克思恩格斯全集》第45卷，人民出版社1985年版，第406页。

式的转变是氏族民主演变的重要诱因。马克思依据摩尔根对原始社会各种发明的阐述，指出原始社会生产工具经历了"火—弓箭—制陶术—畜养或灌溉—冶炼铁矿石（使用铁器）"的转变，这一转变促使人们从蒙昧走向文明。伴随生产工具的演变，人类的劳动形式也逐渐发生变化，到母系氏族后期，女子从事的劳动逐渐变成具有私人性质的劳动，男子从事的劳动对生产力发展更加具有推动意义。二是剩余产品和私有财产的出现。马克思指出，劳动性质的变化逐渐使血缘家庭中妻子的地位演变为男子的私有财产，"武器、衣物和装饰品"等也被称为个人财产，这造成"财产关系个体化的倾向"[1] 逐渐凸显。三是战争导致的社会主体地位的变化。由于禀赋差异，男子在战争中占据力量优势，男子的地位也逐渐显现。男女不平等现象也随之产生。四是社会人口的大量流动和杂居，它是推动权力扩大化的总要因素。马克思对此评价说，父权制家庭的出现在整个氏族社会中具有重大意义，"确切地说，就是出现了把共同经济分为更加互相隔绝的各个部分的实际必要性。这样，建立在公有制基础上的以血缘结合起来的公有制的氏族社会就被以地缘结合起来的从公有制向私有制过渡的农村公社所代替，这已是原始社会的最后阶段了"[2]。

  氏族民主的发现对于深化马克思民主理论研究具有重要意义。马克思发现了从人类学视角研究民主的新视域，填补了政治话语无法回答和确证原始社会是否存在民主的缺陷。马克思指明，氏族是具有民主色彩的生产单位，就其属性看，氏族社会无强制性机关或权力机构，是基于人民自我管理的社会组织，其管理主要依靠"自尊心、公正、刚强和勇敢"等社会习惯的约束或全体氏族成员的共同决议，是一种直接民主形式。但这种民主形式是建立在生产力极其低下的状态下的，局限于小范围或局部社会群体内部。马克思评

---

[1] 《马克思恩格斯全集》第45卷，人民出版社1985年版，第233页。
[2] 高崧、骆静兰、胡企林：《马克思人类学笔记研究论文集》，商务印书馆1988年版，第35页。

价说:"这种原始类型的合作生产或集体生产显然是单个人的力量太小的结果,而不是生产资料社会化的结果。"① 随着生产力的不断发展,氏族民主最终会被适用于发达生产力的高级形式所替代,发展成更高级的民主形式。马克思的这一研究同时促进了学界民主研究的新转向,一大批学者开始依据人类学话语模式对民主进行阐释和解读,极大地丰富了原始社会民主史的研究。

---

① 《马克思恩格斯文集》第3卷,人民出版社2009年版,第573—574页。

第 三 章

马克思研究民主问题的基本框架

从唯物辩证的基本方法出发，马克思将类概念的民主视为民主的一般意义，将作为国家制度的民主视为民主的特殊存在形式。"市民社会决定国家和法"是马克思民主理论的历史唯物主义基础，"现实的人、现实的人民"是马克思民主理论的主体向度。在马克思看来，"真正的民主制"是以"人类社会"为起点，以"人民主权"为主线，从政治解放走向人类解放的历史过程。

第一节 马克思阐述民主的三种解释模式

马克思在三种意义上阐释民主概念：首先，民主是"国家制度的类"[1]，即把民主看作一切国家制度的本质，是作为价值属性存在的类概念。其次，民主是"人民当权的"国家制度，是现代国家出现以后以制度形态存在的政治形式，属于历史范畴和政治上层建筑。其"要求一般说来是相同的，就是要求自由，人民的政权！"[2] 但性质、目标、策略、实现程度等在不同历史时期各有差别。最后，民

---

[1] 《马克思恩格斯全集》第3卷，人民出版社2002年版，第39页。
[2] 《马克思恩格斯全集》第5卷，人民出版社1958年版，第425页。

主是人民群众进行自我管理的社会自治形式,是脱离了政治性质的"生产者的自治政府"①。这三种解释模式也是马克思民主主体建构的三个层次,集中体现了马克思逻辑与历史的统一、抽象和具体的统一、普遍性和特殊性统一的民主辩证法。马克思也由此确认了民主合理性和人民主权,指明了人民在整个社会生活中的主体地位,进一步从社会政治批判维度丰富和发展了群众史观。

一 "类—种"逻辑的类概念民主

从"类"的解释原则出发考察民主,是当前马克思民主研究中被轻视的一环,这致使西方自由主义者长期以"普世价值"的虚假言说掌握民主话语的阐释权,并以此为基础宣扬资本主义政治制度,传播资本主义价值观。事实上,在马克思看来,民主的类概念集中体现为民主是"人民的自我规定"②,这一规定有其适用于现实生活的实际条件。即任何民主的实现都是基于现实世界的人的感性活动及其与感性世界建立的普遍的现实的联系,特定历史时期的民主形式是以"种"的形式存在的,具有历史的特殊性。资本主义民主只是适用于特殊历史阶段的政治形式,资产阶级宣扬的"普世价值"具有政治欺骗性和价值误导性。

按照马克思的理解,人的存在方式具有个体存在和集体存在两重属性,类是区别于个体的"种"的集体性存在。人的类存在决定了人类必然地结成社会,使人成为"社会的人"。民主的一般概念首先是作为人们类生活的价值原则存在的,以一定的组织形式为基础。在《黑格尔法哲学批判》中,马克思从阶级社会史以来的社会组织形式即国家制度出发,详细阐述了作为价值形态的类概念民主。马克思指出,民主的一般定义不是作为国家制度存在的,而是"国家制度的类",是一切国家制度的共同属性。国家制度是作为"种"

---

① 《马克思恩格斯文集》第3卷,人民出版社2009年版,第155页。
② 《马克思恩格斯全集》第3卷,人民出版社2002年版,第39页。

存在的民主制度形式。在任何历史时期，一切国家制度的形成都必然适应民主这一"固定不动的点"①，并以此来表现其实际管理公共事务和类生活的真实性和有效性。也正基于此，马克思在讨论各时期的社会制度时指出："它们有几分不民主，就有几分不真实。"②

民主的类属性与具体的国家制度的关系是"类"和"种"的关系，一方面，特定历史时期的国家制度既是作为民主的类，又是作为民主的"种"；另一方面，作为具体制度形式存在的民主是其他一切国家制度的最高形式。在民主制中，人们的类本质能够相较于其他一切国家制度得以更为真实地展现。但尽管作为类概念的民主是一切国家制度的抽象，这并不意味着民主制在不同历史阶段和社会背景下有共同的表现形式。为避免抽象地谈民主，马克思特别强调，任何类的抽象都有其现实社会的世俗基础，民主制是具体的和历史的，是"人民的特殊内容和人民的特殊存在形式"③，民主制的形式和内容根源于现实社会中人民的现实生活。

马克思从人的类本质出发进一步说明民主和人民的关系，并以此论证了民主的合法性。马克思认为，国家制度"本身只表现为一种规定"④，是人民自我管理的社会制度形式。它产生并形成于人们为解决和调和类生活中普遍利益和特殊利益的冲突而制定的组织制度和组织形式。在迄今为止的一切国家制度中，民主制集中体现了人民的自我规定性，这一属性决定了民主制"是人民的国家制度"⑤。这体现在三个方面：其一，人民在民主制中从法律规定和制度形式上确认了自己国家主权者的地位，人民享有一切平等、自由等政治权利。其二，人民在民主政治中通过参与政治过程确证了人自身的政治存在。如民主制规定，任何公职人员和人民代表都是通

---

① 《马克思恩格斯全集》第 3 卷，人民出版社 2002 年版，第 39 页。
② 《马克思恩格斯全集》第 3 卷，人民出版社 2002 年版，第 41 页。
③ 《马克思恩格斯全集》第 3 卷，人民出版社 2002 年版，第 41 页。
④ 《马克思恩格斯全集》第 3 卷，人民出版社 2002 年版，第 39 页。
⑤ 《马克思恩格斯全集》第 3 卷，人民出版社 2002 年版，第 39 页。

过普选制选举产生，为人民服务，受人民监督。其三，人民在整个民主政治过程中属于"决定性的环节"，民主制要求有一套能够保障公民利益，实现公民有效进行政治参与、协商并决策整个政治过程的程序或体制机制。马克思批判了黑格尔把国家制度的一般民主属性认定为"一般的个体性"的错误认识，指出国家主权归属于人民而非个人。黑格尔把君主看成整体政治过程的"绝对决定性的环节"①的做法，不仅未能正确认识人的社会性本质，反而造成国家制度的虚假性，迫使国家制度沦落为单个人的绝对的自由意志，"主权——国家的本质——在这里首先被设想为一种独立的存在物，被设想为被对象化的。不是说这种客观的方面表现为主权的自我体现，而是说主权不过是国家的各个主体的被对象化的精神"②。这既违背了国家制度建立的初衷，又根本否定了人的政治存在，从而使国家及人自身陷入精神的窠臼，使其整个政治理想陷入唯心史观。由此，马克思强调，民主之于国家制度，是抽象出的国家制度的共同属性，民主制之于人，是"作为特殊国家制度的社会化的人"。③ 这一阐释与从社会关系出发表达人的本质在现实性上是"一切社会关系的总和"④ 不同，它从社会制度层面用民主存在的合理性和合法性表达了人的类哲学。

然而就整个人类历史发展的过程看，马克思指出："国家制度在这里毕竟只是人民的一个定在环节。"⑤ 国家制度是特定历史时期人类历史发展的产物，是人们追求自由的产物，人们不能将其视为整个人类社会的永恒存在。当国家制度赖以存在的阶级和国家等条件消失之后，国家制度本身也将不复存在，民主的价值属性将重新依

---

① 《马克思恩格斯全集》第 3 卷，人民出版社 2002 年版，第 33 页。
② ［以］阿维纳瑞：《马克思的社会与政治思想》，张东辉译，知识产权出版社 2016 年版，第 17 页。
③ 《马克思恩格斯全集》第 3 卷，人民出版社 2002 年版，第 40 页。
④ 《马克思恩格斯文集》第 1 卷，人民出版社 2009 年版，第 501 页。
⑤ 《马克思恩格斯全集》第 3 卷，人民出版社 2002 年版，第 40 页。

附于掌握公共权力的社会组织形式,马克思将其设想为"真正的民主制"。在"真正的民主制"到来之前,处在阶级社会中的人的本质始终处于异化状态,即使是在民主制中,人的类本质也是与现实的社会生活和政治生活中分裂着的。马克思对此揭示说,在阶级社会的任何历史阶段,民主制的背后实际进行着阶级的斗争。因此,要实现"真正的民主制",唯有消除人和政治结构之间的这种异化状态,实现民主"形式的原则"和"内容的原则"的统一。只有这样,人才能真正确证为人,人的类本质才能重新复归于人自身。

当前,学界对类概念的民主的质疑集中反映在"普世价值"和"共同价值"的争论上,争论的焦点是如何正确看待民主的普遍性和特殊性。依据马克思关于民主"类"和"种"的阐释,"普世价值"和"共同价值"观念的提出,应该说,都是特定历史时期意识形态的产物,不同的是,"普世价值"将民主的类上升到"一切现存事物的唯一的裁判者"的高度,主张所谓"无情地铲除一切同永恒理性相矛盾的东西"[①],这根本割裂了作为"类"的价值所形成的世俗社会根源。马克思在《资本论》中揭露,资产阶级提出的"自由、民主、人权"有其现实的历史基础,以劳动力商品形成的商品交换领域是所谓"普世价值"的"真正伊甸园",资本主义社会的"庸俗的自由贸易论者用来判断资本和雇佣劳动的社会的那些观点、概念和标准就是从这个领域得出的"[②]。相反,"共同价值"虽是基于"类"和"种"的共性和差异性提出的,但"共同价值"主张的民主是承认历史、地域、国情差别的民主,它是以"互补性"而非"同一性"为目的的价值主张。这如同马克思在《黑格尔法哲学批判》中指出的:"类本身表现为一个存在物,对其他不适合自己的本质的存在物来说,它本身表现为一个特殊的种。"[③] "共同价值"亦

---

① 《马克思恩格斯文集》第9卷,人民出版社2009年版,第272页。
② 《马克思恩格斯文集》第5卷,人民出版社2009年版,第205页。
③ 《马克思恩格斯全集》第3卷,人民出版社2002年版,第40页。

然。在各国制度不同的条件下，"共同价值"的提出是基于各国都致力于发展完善制度体系的目标，而共同价值何以实现，又基于各个国家特殊的国家制度的设定和规划。

因此，类概念的民主实质是"人民的自我规定"，是人的本质的自我确证。在国家形态中，类概念的民主是对国家制度的抽象，是一切国家制度的本质，反映的是国家和人民的关系。囿于分工、阶级地位、经济利益等多重因素的限制，人民在国家形态的制度体系中不能真正享有民主的内容，国家制度仅是表现为部分人的"自我规定"。到了无国家、无阶级的社会，民主失去政治性质，真正实现内容和形式的同一，人民的主体性地位才得以真正确认，人摆脱异化状态，实现人之为人的本质。

二 "统治—服从"逻辑的认同性民主

马克思在《论犹太人问题》中指出："在政治国家真正形成的地方，人不仅在思想中，在意识中，而且在现实中，在生活中，都过着双重的生活——天国的生活和尘世的生活。"[1] 学界在研究马克思民主思想时，通常以此为据，普遍认为马克思民主理论的立脚点是政治国家和市民社会的分离，在二者分离中，"人民当权的"的政治主体无法实现，民主在市民社会中名存实亡。马克思在这一研究路线中，从分析社会关系和生产关系出发，揭示了现代国家民主制的实质。但这一研究路线被当代激进民主主义者拉克劳、墨菲指责为仅是立足于"生产关系"维度的民主研究，忽视了社会的主体认同。事实上，马克思民主理论还存在把政治国家和市民社会同时消除，最终消灭国家，将国家权力复归于社会的治理维度。在这一维度中，马克思以巴黎公社民主为例，指出，民主的实然存在形态是"统治—服从"逻辑下的认同性民主，它与国家制度的完善在一定程度上属于同一发展过程，人在不断完善的国家制度中得以确证自身

---

[1] 《马克思恩格斯全集》第3卷，人民出版社2002年版，第172页。

和他者，并建立起相互联合，最终走向"真正的民主制"。

"统治—服从"逻辑的认同性民主是人民对于民主国家的政治认同与服从。在马克思看来，认同性民主集中体现为民主主体身份认同、制度体系认同、民主个体对共同体的认同。首先，民主主体的身份认同指的是实行民主制的国家对人民主体的承认和确证。这一方面表现为人民不仅在整个政治国家中是主权者，人民有权参与管理国家的政治生活，另一方面，国家有相应的体制机制保证人民实际地参与到管理国家和社会事务中去。其次，制度体系认同是国家的制度体系能够基于"人民的自我规定"，尊重人民主体地位，体现人民意志，反映人民利益。最后，社会个体对于民主国家这一"虚幻的共同体"的认同。这不仅取决于国家本身是为人民服务的，而且得益于国家能够通过法治公正地解决人民和社会的冲突。"统治—服从"逻辑的认同是一种双向认同关系，它集中体现了人民与国家、社会三者之间的互动关系。无视三者的互动而孤立地将政治生活限定于政治国家和市民社会的分离，要么是将人民的地位束之高阁，要么将人民的主权流于虚幻。

资本主义国家基于其伪善的民主不能得到普遍的认同。对马克思来说，资产阶级的政治革命尽管将人民从封建社会的禁锢中解放出来，把管理国家事务的权力归还给人民，但资本主义国家的人民是十分狭隘的。不可否认，资产阶级的政治革命实现了"公民身份"的认同，人民在法律制度上实现了对主权者地位的认同，人民的主体意识也因此得到了提升。但这些认同最终是建立在对政治国家的期许上的。即资产阶级国家仅仅是口头宣布"天赋人权"，宣布人民在法律上一律平等、自由，人民有权掌握并管理国家事务。一旦人民回归资本主义国家的民主现实，回归到人民的社会生活，人民的主权者身份和地位的差别就存在了。对无产阶级来说，其管理国家的身份认同更是不由自主地幻灭了。这是因为，现代国家普遍的民主形式受其阶级属性和利益要求的影响有较大的虚假性和欺骗性。第一，人民在民主制中享受的一切政治权利形同虚设，实际掌握国家主权和有权管理国家事务的是把控财产的资产者。第二，遵循资本发展逻辑，资本主义国家以追求单个人或特殊阶级的利益为宗旨，在共同体中强调个体意识，利己主义精神，最终沦为统治阶级掌控权力、谋求私利的工具。第三，尽管资本主义国家对其民主制度体系进行了相关改革和完善，但其修补仅是局限在资产阶级的利益范围内，无产者的主体身份始终无法得到认同，资产阶级民主也只能是形式的民主。

普遍的政治认同出现在私有制消灭之后，它是一种双向互动的过程。马克思以巴黎公社民主为例，指出巴黎公社民主在公社组织、政党、公职人员、廉价政府等方面不仅确定了民主主体或社会成员对社会公共权力或政治权力的自愿信仰和服从，而且实现了公社对民主主体的自觉塑造和培育。它集中体现在：巴黎公社首先明确了无产阶级的政治主体地位。巴黎公社宣布："它实质上是工人阶级的政府"[1]，它使得"工人阶级作为唯一具有社会首创能力的阶级得到公开承认"[2]。这从国家性质上明确了公社民主是为无产阶级和广大劳动人民服务的政治形式，是代表多数人利益的政府，从鲜明的阶级立场上杜绝了意识形态的虚假性。其次，在巴黎公社民主中无产阶级政党始终是"工人的政党"，代表无产阶级和整个人类的利益。与资产阶级代表"从社会的公仆变成了社会的主人"不同，巴黎公社代表是"严格承担责任的勤务员"。[3] 马克思批判资产阶级民主政治中轮流执政的政党将"政治变成一种生意"，根本背离了人民利益，变成为特殊阶级谋求私利的工具。最后，公社废除了具有强制性政治职能的警察和常备军，并从工资上确保了工人阶级与公职人员的平等地位。这些措施根本保证了人民在公社民主中的主人翁地位，实现了人民在整个民主政治中的广泛政治参与。而且，从性质上看，公社民主的实质已经不是作为政治国家的国家制度存在了，

---

[1] 《马克思恩格斯文集》第3卷，人民出版社2009年版，第158页。
[2] 《马克思恩格斯文集》第3卷，人民出版社2009年版，第160页。
[3] 《马克思恩格斯文集》第3卷，人民出版社2009年版，第155页。

公社将民主仅是作为过渡到共产主义社会,实现真正的民主制的手段。公社不以维护政治统治为目的,而旨在创造消灭阶级政治的条件,即消除民主的政治性质,将公共权力复归于社会。

三 "自主—自治"逻辑的选择性民主

马克思认为,无论是从生产矛盾运动维度或从主体认同维度看,国家制度的民主最终都是要消亡的。生产力和生产关系的矛盾运动最终将消灭阶级对抗的存在条件,从而消灭民主制度存在的社会基础,国家制度的完善和优化最终还是取决于认同主体的自我选择,当"公共权力失去政治性质"时,国家及其制度体系也就无存在的必要,"人民群众获得社会解放的政治形式,这种政治形式代替了被人民群众的敌人用来压迫他们的假托的社会力量"[①]。马克思这一解释模式下的民主是人民群众进行自我管理的社会自治形式,是脱离了政治性质的人民自主管理的自治组织。

所谓自治,在马克思看来,是人在其历史的创造性活动中实现人自身,人民自己管理自己,自己实现自己的一种状态,它是"人民当权的"理想民主的存在形式。马克思把历史的事业看成人民群众的事业,从人和共同体的关系出发,认为人的历史发展有三个阶段。在人完全依赖于共同体的阶段,人们联合起来管理社会,是一种较朴素的自治形式。到人以物的依赖性为基础的人的独立性阶段,尽管人有了作为单个人存在的自由,但人也逐渐地物化于自己的历史创造中。随着私有制和国家的出现,人们的生产生活领域有了生产领域和占有领域的区分、劳动领域和管理领域的区分,劳动者不再是支配和管理劳动和劳动产品的主人,而成为异化劳动的产物,它在政治领域表现为不是人民决定国家,而是国家决定人民。资产阶级民主革命尽管将市民社会从政治国家中解放出来,但依然未能消灭劳动者的异化状态,反而以制度化的形式将劳动与占有的分离

---

① 《马克思恩格斯文集》第3卷,人民出版社2009年版,第195页。

固定下来。因此，人民要实现自我管理，在整个社会中实际掌握主权，唯有向私有制和整个国家制度"开火"和宣战，继而彻底消除劳动领域和管理领域的分离。由此实现的社会现实是，劳动者的历史主体地位得到确认，其自身成为"自己劳动的主人"。

马克思指出，巴黎公社代表了人民自治形式的发展方向。其一，公社不再以国家政治统治为目的，而是为废除作为压迫职能的国家机器，服务于生产者的自治政府。就公社的性质看，马克思强调，公社致力于实现的是"成为甚至最小村落的政治形式"[①]，这种政治形式旨在将权力交给人民，使人民能够充分地参与到社会管理和建设中来，并以适应于其村落的民主模式实现自我管理，即"用他们自己的政府机器去代替统治阶级的国家机器、政府机器"[②]。其二，从人类解放的视角看，公社是完成了社会解放的政治形式。在政治解放范围内建立起的假托于人民之上的社会力量，即"原为人民群众自己的力量，但被组织起来反对和打击他们"[③]的统治力量，在人民实现社会解放后重新归还给人民了，人们摆脱了政治生活和社会生活的二分，实现自主生活和自我管理的统一。其三，"公社一举而把所有的公职——军事、行政、政治的职务变成真正工人的职务使它们不再归一个受过训练的特殊阶层所私有"[④]，同时要求社会公职处在民众的监督之下。这一举措从根源上杜绝了将社会公权力恶变为私权力的现象，保证了工人阶级和广大人民群众的真正当家作主。其四，公社实现了劳动在经济上获得解放的形式，促使人们摆脱了资本和财产对其的社会束缚。有学者质疑，公社既然采取无产阶级专政的形式，也就免不了陷入暴力统治和强权政治。对此，马克思强调，人民自治形式不是由工人阶级立即推翻资产阶级政府实现的，无产阶级专政是人民自治必然要经历的历史阶段。但无产阶

[①] 《马克思恩格斯文集》第3卷，人民出版社2009年版，第155页。
[②] 《马克思恩格斯文集》第3卷，人民出版社2009年版，第207页。
[③] 《马克思恩格斯文集》第3卷，人民出版社2009年版，第195页。
[④] 《马克思恩格斯文集》第3卷，人民出版社2009年版，第197页。

级专政的性质已经不是原来意义上的国家了。在无产阶级的民主政治中，地方的、局部的社会自治已经出现。如恩格斯在《1891年社会民主党纲领草案批判》中指出："省、专区和市镇通过由普选权选出的官吏实行完全的自治。"① 因此，马克思把公社理解为一个交融了国家和自治的过渡形式，指出这是自治关系发展的必经阶段。

关于这一问题，马克思还批判了巴枯宁（Mikhail Alexandrovich Bakunin）的无政府主义。马克思指出，人民自治和无政府主义属于完全不同的概念，无政府主义者根本未认识到无产阶级专政的必要性。如巴枯宁主张，人民放弃政治行动展开自发暴动，本身就属于宗教式的"自我幻想"，因为历史实践已经证明，资产阶级的民主政治一经发现危及其统治的暴动，就会无情地将其镇压下去。工人阶级唯有联合起来，首先建立起无产阶级的专政，才能逐步过渡到人民完全自治的社会形式。而且，就政治权威和自治的关系看，二者也不是绝对对立的范畴。在无产阶级专政阶段，政治权威是建立在人们自愿地服从和认同基础上的，它既是保障人民实现自治的最高实现形式，也是保障人民免受敌对阶级反抗和压迫、民族侵略的重要手段。

共产主义社会是马克思设想的人民完全自治的社会形式，在这一时期，不仅"公共权力就失去政治性质"②，国家也将自行消亡。它建立在生产力高度发达的基础之上，人们摆脱了基本的物质需要的束缚，实现真正的自由、民主和联合。此时，共产主义社会的自治性质不是原始社会或中世纪朴素的、依附于共同体的自治的复活，而是建立在更高级的社会发展阶段上的，自愿联合起来的个人进行的"生产者联合体"的自治，"各个人在自己的联合中并通过这种联合获得自己的自由"③。

---

① 《马克思恩格斯全集》第22卷，人民出版社1965年版，第276页。
② 《马克思恩格斯文集》第2卷，人民出版社2009年版，第53页。
③ 《马克思恩格斯文集》第1卷，人民出版社2009年版，第571页。

第二节 马克思民主理论的历史唯物主义基础

马克思是从现实的人及其社会生活的基本事实出发认识民主的第一人。他批判以往的历史观"不是完全忽视了历史的这一现实基础,就是把它仅仅看成与历史进程没有任何联系的附带因素"[1]。马克思将民主的考察深入民主赖以存在的社会关系根源,在颠倒黑格尔市民社会和国家关系的基础上,提出了"市民社会决定国家和法"的历史唯物主义民主观。但马克思的"市民社会决定国家论"并非当前自由主义民主话语中阐释的,所谓马克思或贬低国家对市民社会中的控制和限制,主张从满足和实现市民社会中单个人的自由个性、私人利益等认识和考察民主制度,或强化国家政治统治,以集权和专制代替民主制。在马克思看来,民主最初是作为观念或社会管理体制存在的,以普遍的制度化形式存在的民主始于政治国家和市民社会的分离。作为观念的民主和作为政治制度的民主,都属于上层建筑的范畴,有其相适应的经济基础,市民社会中物质生产关系的总和构成民主制度和民主观念的存在论前提,生产力及生产关系的矛盾运动推动民主政治的变革。

一 "市民社会决定国家"是马克思民主理论的本体论基础

马克思将民主置于国家和社会的动态关系中加以考察,指出国家的产生及其与社会的分离和聚合为研究民主问题提供了重要线索。在无国家的社会中,民主是"自然长成的",受制于低下的生产力和简单的社会关系,阶级社会和政治国家产生以后,民主伴随政治国家与市民社会关系的同一到分离,经历了从观念、属性到普遍的制

---

[1] 《马克思恩格斯文集》第1卷,人民出版社2009年版,第545页。

度化过程。民主的这一变化不是由国家决定的,其发展程度和存在形式取决于社会生产关系和生产力发展水平。

首先,马克思从生产力和生产关系的高度认识和阐释民主。马克思指出,无论是观念的民主的生产抑或是作为国家制度的民主的产生,"最初是直接与人们的物质活动,与人们的物质交往,与现实生活的语言交织在一起的"。① 人们的物质生产关系是怎样的,人们的民主形式就怎样。在国家产生之前,人们之间的物质交往和社会生产活动依赖于氏族家庭,民主通过血缘关系和亲缘关系集中表现为氏族社会的组织原则。在国家和社会产生以后,人们的社会结构有了阶级的划分,生产关系集中表现为不同阶级之间的利益关系,民主开始发展为带有阶级性质的民主,占统治地位的阶级"由其财产状况产生的社会权力,每一次都在相应的国家形式中获得实践的观念的表现"②。马克思批判黑格尔从精神意识出发,把家庭、市民社会、国家都是看成是观念发展的几个阶段,提出国家是所谓"伦理观念的现实"③,陷入了唯心史观。他认为,黑格尔不了解,政治国家是依附于市民社会的,没有市民社会的"人为基础",政治国家也不复存在。如果单纯从观念出发认识和理解国家和民主制度,就会陷入"观念的内在想象活动",遮蔽民主的阶级性和现实性。从雅典和罗马时期的"财产划分等级"到封建国家中的"地产决定政治地位",财产对人们能否参与政治就有很大影响。到了近代,政治国家和市民社会二元分离后,这一现象更加明显。现代国家虽建立起代议民主制,赋予人们以普选权,但"财富是间接地但也是更可靠地运用它的权力的"④。有产者阶级依凭对社会财富的占有,一方面直接占据社会和国家的统治地位,另一方面通过收买、行贿等手段与政府结成同盟,扶植国家代理人。而对于广大无产者来说,生产

---

① 《马克思恩格斯文集》第 1 卷,人民出版社 2009 年版,第 524 页。
② 《马克思恩格斯文集》第 1 卷,人民出版社 2009 年版,第 542 页。
③ 《马克思恩格斯全集》第 3 卷,人民出版社 2002 年版,第 127 页。
④ 《马克思恩格斯文集》第 4 卷,人民出版社 2009 年版,第 192 页。

力对于他们而言已经变成了一种异己的私有制力量,对他们来说,自由只存在于现实的劳动力买卖。对此,马克思揭示说,现代民主制在政治国家范围内提出的普遍的"民主、自由、平等"等权利,从实质上说,只是资产阶级的权利,是财产占有关系在法律范围内的反映,只要生产资料私人占有的所有制形式得不到彻底改变,权利就绝不会超出资本主义的制度结构界限。这样,资本主义的民主制对无产者来说就始终是形式的和虚假的。无产者要获得真正的民主,必须使全体个人联合起来共同"占有现有的生产力总和,这不仅是为了实现他们的自主活动,而且从根本上说也是为了保证自己的生存"①。

其次,马克思从社会生活的经济事实出发,揭露国家的本质,指出政治国家是"从市民社会中得出的抽象"②,政治权力的根源在于市民社会中"那些决不依个人'意志'为转移的个人的物质生活"③。马克思指出,民主的本义是人民当权,抽象的政治国家何以替代人民掌握权力,一直是民主理论的争议议题。卢梭曾以"人民公意"和"契约关系"解释人民和国家的这种异化关系。黑格尔则直接把主权问题"赋予抽象东西",认为国王(君主意志)是"国家的真正的主权",将人民主权与国家主权独立起来。这些论断都局限于从道德、观念和政治领域寻求国家存在的合法性,而忽略了国家本质及构成国家的现实基础。事实上,在马克思看来,"个人的权力的基础就是他们的生活条件"④,以政治国家形式存在的抽象权力不是从来就有的,它是历史发展到近代的结果。在这一过程中,资产阶级的政治革命起到一定的作用。资产阶级的政治解放一方面促使人民主权通过现代国家的民主制确定下来,并以法律制度相辅认,另一方面将政治国家和市民社会二元分离开来,促使人民的生活与政治国家不再是同一的。这意味着政治国家本身"不再是市民的生

---

① 《马克思恩格斯文集》第1卷,人民出版社2009年版,第580—581页。
② 《马克思恩格斯全集》第3卷,人民出版社2002年版,第99页。
③ 《马克思恩格斯全集》第3卷,人民出版社1960年版,第377页。
④ 《马克思恩格斯全集》第3卷,人民出版社1960年版,第378页。

活"及其"活动的内容",而变得形式化和抽象化了。它造成普遍的政治权利并未真正实现,所谓"人民掌权的"的政治制度也不过是"同人民生活现实性的尘世存在相对立的人民生活普遍性的天国"①。马克思揭露说,造成现代民主制虚假性的根本原因在于市民社会中人们不平等的生产生活。其一,劳动和劳动资料占有和分配的不正义。在市民社会领域,人们的生产活动是异化了的社会劳动。劳动者的劳动不是自愿而是强迫性的劳动,由这种异化了的劳动创造的人与人的社会关系也直接同人相对立,除了自私自利的利己主义,无其他联系。人的本质在劳动中的异化造成普遍的人自身不能在政治领域中得到自我规定,除了能够购买劳动力和无偿占有剩余劳动的有产者阶级实际参与政治活动,无产者无实际政治权利。其二,社会地位及社会权利的不平等。市民社会的社会结构和社会地位取决于经济、财富和阶级对抗关系。基于资产阶级财富占有和分配方式是以生产资料私有制为前提,无产者始终处于被压迫的地位,资产阶级不仅在经济上独占权力,而且在政治上用现代民主制和法律"对自己的特殊利益"给予普遍的确认。

马克思从生产力和生产关系出发阐释国家和社会的这一论点,遭到部分学者的歪曲和误读。一种观点是将其歪曲成"唯经济决定论",以伯恩施坦(Eduard Bernstein)、巴尔特(Roland Barthes)等为代表;一种观点是片面理解政治国家和市民社会的分离,或悲观认为真正的民主制不可能存在,或鼓吹无政府主义。这些错误观点无疑都犯了形而上学的错误,未能整体、全面、辩证地认识马克思所阐述的民主与国家和社会的关系。

事实上,马克思还曾从国家的自主性出发,明确阐述了民主在政治国家和市民社会良性互动中能够发挥积极作用的观点。首先,马克思把国家制度视为"政治国家和非政治国家之间的协调"②,认

---

① 《马克思恩格斯全集》第3卷,人民出版社2002年版,第32页。
② 《马克思恩格斯全集》第1卷,人民出版社1956年版,第316页。

为民主制有效缓解了人民与国家、社会之间的矛盾和冲突。尽管，在现代国家中，人民的主体身份是通过人民代表实现的，代表和人民之间也存在着冲突，但民主制始终是一种人民有效参与国家的制度形式。只不过，在不同的国家，民主制的真实性各有不同。其次，马克思从国家作为公共利益和特殊利益矛盾的"调和者"出发指出，国家及其制度依靠其独立于社会之上的事实，实际地调和着现实社会中特殊利益和普遍利益的冲突，有效地制止了市民社会中由"利己主义""单一性、私人观点和特殊利益"[①]等产生的社会混乱。尽管统治阶级的目的在于维护其政治统治，但也从稳定社会环境出发为民主政治提供了有利条件。最后，国家本身具有镇压敌对势力和防止外来威胁的职能。马克思认同黑格尔阐述的关于人民主权和民族关系的论述，即"只有人民对外完全是独立的并组成自己的国家，才谈得上人民主权"[②]，指出，国家在保护领土完整、防止外来冲突上具有重要意义。除此之外，国家管理社会公共事务的职能也能够有效保障公民有序生活。尽管如此，马克思归根到底是反对和否定国家的。在阐述巴黎公社的主要目标时，马克思说到，公社要"从根源上杜绝把巨量国民产品浪费于供养国家这个魔怪"[③]。当公社权力完全掌握在联合起来的个人手中的时候，国家也就没有再存在的必要了。

由此，马克思确定了"市民社会决定国家和法"的历史唯物主义民主观，他一方面强调市民社会对于国家制度的制约作用，另一方面又补充了国家自主性对于民主政治的积极意义。

二 "现实的人、现实的人民"是马克思民主理论的主体向度

马克思指出："国家制度不仅自在地，不仅就其本质来说，而且

---

① 《马克思恩格斯全集》第3卷，人民出版社2002年版，第80页。
② 《马克思恩格斯全集》第3卷，人民出版社2002年版，第49页。
③ 《马克思恩格斯文集》第3卷，人民出版社2009年版，第198页。

就其存在、就其现实性来说，也在不断地被引回到自己的现实的基础、现实的人、现实的人民，并被设定为人民自己的作品。"① "现实的人、现实的人民"是马克思民主理论的主体向度，厘清这一问题，对人们理解"是人民决定国家还是国家制度决定人民""是单个人掌握国家权力，还是国家权力属于一切人民"等基本问题有重要意义。

在马克思看来，民主的主体是"现实的人、现实的人民"，指的是在现实生活中从事历史创造的人民大众。它有三种规定：其一，"现实的人"是"处在现实的、可以通过经验观察到的、在一定条件下进行的发展过程中的人"②。区别于以往历史家抽象地谈人民，或将历史的发展归功于神意的安排，如中世纪神学家将历史创造者认定为神、上帝，或将历史看成是精神的自我设定，如费希特以"自我设定自我和非我"③，黑格尔提出精神是世界的本原等，或从直观的、肉体的自然人谈人民，马克思强调，"现实的人"是活生生的人，是从事一切历史创造并"拥有这一切并且进行战斗"的人。其二，"现实的人"是处在一定历史条件下和处在一定社会关系中的人。在其"现实性"上，现实的人形成与自然，与社会，与他人之间的联系，并且把本质表现为"一切社会关系的总和"④。任何人离开了特定的社会存在环境和社会关系就没有了存在的意义。其三，"现实的人"是从事物质生产和精神生产、生命生产等活动的统一。在《德意志意识形态》中，马克思通过对分工的阐述揭示了人类从事历史的活动有物质活动和精神活动之分、享受与劳动之分，现实的人民不仅是物质生产活动的主体，而且是真正的精神生产者。

民主之于人民，是现实的人民在政治领域和精神领域的创造。作为一般的思想观念的民主，是感性活动中现实的人从事精神生产的直接产物，国家制度的民主是"人民的自我规定"在政治生

---

① 《马克思恩格斯全集》第3卷，人民出版社2002年版，第39—40页。
② 《马克思恩格斯文集》第1卷，人民出版社2009年版，第525页。
③ 卜祥记：《青年黑格尔派与马克思》，商务印书馆2015年版，第38页。
④ 《马克思恩格斯文集》第1卷，人民出版社2009年版，第505页。

活领域的集中体现。相较于人类生活的其他环节，国家制度的民主在整个人类历史的创造性活动中是最为困难的，其产生和形成依赖于现实的人的特殊社会生存环境。一方面，民主制是基于分工和社会合作发展起来的，它只有在人民的社会生活划分出物质生活、政治生活和精神生活之后才出现；另一方面，民主制只有在政治领域作为特殊的领域与市民社会领域相分离，即政治国家产生并获得相对独立性之后才出现。马克思批判黑格尔从"抽象人格"出发思考国家制度，将"国家主权"曲解为"国王意志"，陷入唯心史观。首先，黑格尔将国家主权寄托于抽象的个人即君王一人，认为君主是"本质的东西"，国家主权集中表现为君主一人的品格和意志。他将国家主权和人民主权对立起来，污蔑人民主权是"一种混乱思想""荒唐的观念"。马克思对此批驳道，黑格尔实际上是将单个的人与整体的人民割裂开来了，将人民和国家的关系本末倒置。基于人的社会性本质，任何单个的人离开社会联系、离开整体的人民就无法生存，君王之所以是君王，其本身也是基于其与人民的关系赋予的，而且就民主制的产生和发展看，它的任何一个环节实际上"都只是整体人民的环节"，它不属于单个人，属于现实的人民自我规定的作品。其次，黑格尔关于行政权、立法权的规定也根本颠倒了人民和国家的关系。黑格尔尽管看到了政治国家与市民社会二元分离的矛盾，主张从行政和立法建构国家制度，但黑格尔却提出，行政权是作为"政府的全权代表"同市民社会相对立的，"他们不属于'市民社会'，而是与'市民社会''对立'的"[①]。立法权也不归属于人民，而是国家制度的一部分。这种提法，直接将人民与立法对立起来，造成了人民与国家制度的冲突。马克思揭露道："冲突是简单明了的。立法权是组织普遍东西的权力。它是规定国家制度的权力。它高居于国家

[①] 《马克思恩格斯全集》第3卷，人民出版社2002年版，第63页。

制度之上"。① 但是在黑格尔这里，国家制度本身却拒斥了立法权，将立法权排除在规定自身之外了。

依凭唯物主义历史观，马克思发现，资产阶级的政治解放建立起的现代民主制，尽管鼓吹"天赋人权""人民主权"，但现代民主制并非真正为"现实的人民"服务。其一，资产阶级的民主制是以抽象的、孤立的、原子式的个人为现实基础的，人们若撇开抽象的政治生活，在尘世的市民生活中实际是受利己主义、资本逻辑主导和支配的。在市民社会中，人与人之间是冷冰冰的工具关系，就实际表现形态而言，他们都是资本增殖的"机器"和"工具"。生产资料私有制把人与资本紧密联系在一起，金钱和权势决定着人的经济地位和社会地位，表现在政治中，这集中体现为公民资格的选择。表面上，资产阶级的民主政治规定人人平等享有民主主权，但事实上，无产者根本无实际的公民政治参与资格。对此，马克思在《〈黑格尔法哲学批判〉导言》中，以德国的政治社会现实揭露："现代国家本身置现实的人于不顾，或者只凭虚构的方式满足整个的人。"② 其二，资产阶级民主制以宣扬"普遍的利益"掩盖特殊利益。政治国家的产生本身是调和现实社会中单个人的特殊利益和公共利益的矛盾出现的，但是现代民主制却以资产阶级的特殊利益取代了普遍利益，并通过"普遍的"国家制度的形式地公开实行开来。因而，这种"普遍的民主制"实际是虚伪的，在其虚假的形式下，真正展开的是统治阶级和被压迫阶级之间的斗争。

由此，马克思指出，资产阶级民主制是不彻底的民主制，其所谓的"现实的人"实质上仅是现实社会中占有社会资产的有产者阶级，而非社会中整体的人民。真正的民主制产生于政治权力不再作为一种压迫性的权力，而是摆脱政治性质，实际掌握在联合

---

① 《马克思恩格斯全集》第3卷，人民出版社2002年版，第70页。
② 《马克思恩格斯全集》第3卷，人民出版社2002年版，第207页。

起来的现实的个人手中，人类摆脱政治解放的局限性，完成人类解放。

三 "同更深刻、更完善和更自由的人民意识相适应的崭新的国家形式"是马克思民主理论的制度向度

马克思在反对封建等级代表制和资本主义代议制民主时，始终将追求与历史要求相适应、代表人民根本利益的政治制度作为其政治目标。在批判汉诺威国王废除1833年宪法使1819年宪法重新生效的事件时，马克思明确指出，真正的任务"既不是维护1833年的国家基本法，也不是退回到1819年的法律。它应该争取实现一种同更深刻、更完善和更自由的人民意识相适应的崭新的国家形式"①。马克思在不断探索中发现，这一"崭新的国家形式"的政治逻辑，是由无产阶级政党领导进行暴力革命建立无产阶级专政，以人民实际当权的建构人民主体性的国家权力关系，同时不断革命，消灭依附于阶级存在的一切社会关系。

民主共和国是无产阶级能够使用的"现成政治形式"②。作为一种国家形式，民主共和国可以被资产阶级运用，也可以被无产阶级借鉴，它的性质和意义根本取决于占统治地位的统治阶级给予它的实际内容。在《路易·波拿巴的雾月十八日》《哥达纲领批判》《1891年社会民主党纲领草案批判》等文中，马克思、恩格斯多次提到，想要斩断一切旧社会的封建关系羁绊，"民主共和国甚至是无产阶级专政的特殊形式"③。工人阶级在争取民主共和国中不放弃使用新闻出版、集会、结社等一切权利，但最根本的"革命权总是唯一的真正'历史权利'"④。无产阶级争取民主革命胜利不可能一蹴而就，资本主义生产方式是社会发展的一个

---

① 《马克思恩格斯全集》第1卷，人民出版社1995年版，第306页。
② 《马克思恩格斯全集》第39卷，人民出版社1974年版，第209页。
③ 《马克思恩格斯全集》第29卷，人民出版社2020年版，第289页。
④ 《马克思恩格斯选集》第4卷，人民出版社1995年版，第522页。

阶段，在新的更高级的生产关系还未成熟以前，取代资本主义的新社会即使探索到了其本身运动的内在规律，它"还是既不能跳过也不能用法令取消自然的发展阶段"①。对于无产阶级来说，重要的是创造消灭资本主义的条件。而无产阶级专政是资本主义社会向未来社会过渡的必经阶段，民主共和国则是无产阶级专政的一种特殊形式。

有学者质疑，无产阶级通过民主共和国走向未来社会与马克思提出的推翻资本主义的暴力革命的无产阶级专政、消灭国家等观点自相矛盾。对于这一问题，1891年，恩格斯在为《法兰西内战》写导言时写道："好吧，先生们，你们想知道无产阶级专政是什么样子吗？请看巴黎公社。这就是无产阶级专政。"② 经由社会革命建立无产阶级专政的巴黎公社所实行的民主是打碎旧的国家机器的社会共和国，巴黎公社的民主是建立在政治国家上的民主形式，是"一种在革命中建立的工人阶级的政治国家"③。这意味着即使在打碎旧的国家机器后也不能立刻进入更高级的共产主义社会。在现代国家存在的条件未消灭以前，"国家的最高形式，民主共和国，……它是无产阶级和资产阶级之间的最后决定性斗争只能在其中进行到底的国家形式"④。因此，就民主形式看，马克思、恩格斯所言及的民主是历史的辩证的民主。在国家存在时，民主制度形式通过具体的国家制度体现出来，呈现阶级性；在国家消灭以后，民主通过自由人的联合体呈现公共权力的行使和支配。

巴黎公社议行合一的政治体制体现了完整、深刻、自由的民主精神和制度原则。马克思分析，作为新型的民主的国家政权，巴黎公社根本区别于封建社会的旧制度和资本主义国家的三权分立。他

---

① 《马克思恩格斯全集》第42卷，人民出版社2016年版，第16页。
② 《马克思恩格斯全集》第29卷，人民出版社2020年版，第239页。
③ 参见柴尚金《巴黎公社的人民民主及当今镜鉴》，《当代世界与社会主义》2021年第2期。
④ 《马克思恩格斯全集》第28卷，人民出版社2018年版，第201页。

剖析了普鲁士的官僚等级制度和把公民分为两类即管理机构中积极的、自觉的公民和作为被管理者的消极的、不自觉的公民的原则，揭示了既存在于管理机体自身内部又存在于管理机体的官僚关系。他还指明巴黎公社通过新型的工人政府，在公职人员中实行普遍的低薪制，同时以人民实际掌握国家权力，实行全面的选举制等措施，有效防止了公社民主中官僚主义的滋生。公社设立公社委员会保证无产阶级国家真正体现并维护人民意志，政府的一切法令和重大事项需经公社委员讨论通过，再分别由下属委员会执行。这种议行合一的体制，克服了资本主义议会空谈的弊端，提高了国家机关的工作效率，奠定了真正的民主制度的基础。

在对理想的人民代表制的探索和追逐中，马克思十分重视政党的作用。他指明，无产阶级政党是代表整个革命运动方向的强有力的党，无产阶级政党的制度建设是推进新型民主政治发展的必然要求。在深入1848年欧洲革命、共产主义同盟的革命实践中，马克思和恩格斯等人开创了党的代表大会制度、党的委员会制度以及党的干部制度、党内民主集中、监督、批评与指挥等原则。他们明确指出，有必要定期召开党代会，即使"哪怕一年有一次发表自己意见的机会，一般说来也是重要的"。①

第三节　马克思民主理论的建构逻辑

马克思民主理论是批判性和建构性的统一。马克思围绕"自由个体如何共存"的核心议题，立足于现代政治批判和市民社会批判，以"人类社会"为逻辑起点，以人民主权为逻辑主线，提出了"真正的民主制"必须从政治解放走向人类解放的"建构性"民主观。

---

① 《马克思恩格斯全集》第38卷，人民出版社1972年版，第482页。

"自由个体如何共存"① 是近代以来西方思想家普遍关切的政治主题。在马克思以前,大多数思想家以承认市民社会存在合理性为前提论证个体的自由、平等和正义,其中不免遭遇个体存在与共同体的矛盾和冲突,在霍布斯和洛克那里表现为"自然人"和"理性人"的矛盾,在黑格尔那里表现为"特殊利益"和"普遍利益"的冲突。尽管有学者如霍布斯提出"利维坦"、卢梭提出"人民公意"、黑格尔主张"国家伦理"、亚当·斯密倡导"看不见的手"等,但都未能克服和超越市民社会自身的存在危机。马克思从批判和揭露资产阶级的政治解放限度和市民社会的存在根基谈起,提出,自由个体要实现真正的民主,必须以"人类社会"取代"市民社会",以实在的"人民主权"取代形式的"国家法权",将"政治解放"彻底推向"人类解放"。

一 从市民社会到人类社会是马克思建构民主的逻辑起点

据学者考证,"市民社会"概念最初是作为古代法学术语出现的,"用以和教会机构相区别"②,"市民"归属于城邦政治的公民,"社会"指称为公民集体的城邦。近代以来,"市民社会"被众多学者进行了多维解读,出现了政治社会语境、商业社会语境、世俗社会语境、私人生活语境等。黑格尔认为市民社会是"国家的有限性的领域"③,亚当·斯密主张祛除政治性质研究市民社会,通过塑造"商业社会"满足私人利益的追求实现社会自由个体的交往和生存。

马克思对市民社会的阐释区别于以往思想家,其基本语境有狭义和广义之分,"广义地说,是指社会发展各历史时期的经济制度,即决定政治制度和意识形态的物质关系总和;狭义地说,是指资产

---

① 尹树广:《马克思与现代政治》,《哲学研究》2015 年第 3 期。
② 宫敬才:《市民社会概念的起源、流变和社会历史基础》,《河北大学学报》(哲学社会科学版) 2009 年第 1 期。
③ 《马克思恩格斯全集》第 3 卷,人民出版社 2002 年版,第 10 页。

阶级社会的物质关系"[①]。遵循这两种解释模式，马克思一方面颠倒了黑格尔"国家决定市民社会和法"的论断，确立了"市民社会决定国家与法"的唯物史观，另一方面发现了资本主义社会的历史局限性，进而找到了建构"自由个体共同生存"的"自由人的联合体"。对何以能够以"资本主义市民社会"研究"市民社会"，马克思认为，资本主义社会是"市民社会"的典型社会形态，对资本主义市民社会的解剖为研究"市民社会"的整体特征提供了钥匙。本书主要在狭义上使用"市民社会"概念，即与资本主义政治社会相适应的、展现资本主义物质关系的经济基础领域。

民主与市民社会的关系表现出两重性，一方面，市民社会中商品经济的繁荣为民主提供了发展的条件，另一方面，市民生活的私利性和排他性致使民主不能真正得到实现和确认。就市民社会对民主的积极意义看，市民社会中商品经济提倡的自由个体、契约精神、社会自主等前提性条件为民主理念形成和民主政治确立提供了良性社会环境。市民社会中的人是作为自由个体、独立主体出现的，人们有独立的自由人格和自主选择权利。人的这种自由意识的觉醒从启蒙理性时期就显露出来。启蒙思想家洛克、卢梭、孟德斯鸠等人运用"自然法"论证人的理性，宣示"天赋人权"。洛克从理性出发思考自然状态，卢梭将"自主主动者的资格"作为人区别于被自然支配的动物，指出人的自由意识是人的天赋力量。就积极意义看，他们虽从前提预设思考自由、平等，但就内容而言，是内在地肯定人的自由意识和民主身份的。市民社会中的契约与合作关系也表现出民主从理性走向制度化或约束机制。从历史维度看，市民社会的发展与资本主义民主政治的形成具有同一性，契约精神与民主制存在一定关联。市民阶级力量的壮大对国家产生了更多的自由、民主方面的价值诉求，尤其是在经济领域中对自主权利寄予希冀。伴随资产阶级经济地位的提升，资产阶级的政治革命获得胜利，政治民

[①]《马克思恩格斯选集》第1卷，人民出版社2012年版，第868页。

主化得以在实践中确立，市民社会也得以从政治国家中解放出来。

但是，政治国家和市民社会的二元分离也造成了市民生活从此有了"天国"和"尘世"之分。黑格尔将这种分离看作一种矛盾，马克思对此赞赏说："这是他的著作中比较深刻的地方。"[①] 关于这一矛盾的解决策略，在马克思以前，有两种方案较为典型，一种是黑格尔的理性国家设计，一种是亚当·斯密提出的"看不见的手"理论。亚当·斯密认为，市民社会是基于商业分工和交换产生的"自然的自由的社会"，人们在市民社会的生存状态是以自由的市场主体身份出现的，就人类本性而言，"每个人生来首先和主要关心自己"[②]。基于平等、正义的民主原则，人们为追求自身的最大利益自愿地建立经济联系，"自发地形成沟通'私恶'和'公利'之间的桥梁"[③]。在这一自发过程中，起到决定性作用的是资本主义社会的经济形态，也即"看不见的手"。在亚当·斯密看来，市民社会的人尽管是基于自身利益进行活动的，但为了达到自身的目的，不得不"受着一只看不见的手的指导，去尽力达到一个并非他本意想要达到的目的"[④]。这样，私人生活和公共生活在资本主义社会的经济形态中就达到了统一。亚当·斯密还对民主制有所评价，尽管他并不完全主张民主制，但他提出，民主制有效约束了个人权力的膨胀，尤其是以卓越才能本领出现的领袖权力。就其思想本质看，亚当·斯密归根到底是为资本主义政治统治正名，为资本主义经济铺设道路。黑格尔的理性国家设计以绝对观念为理论基石，从构筑现代君主制国家出发，指出将国家作为"全权代表"进入市民社会

---

① 《马克思恩格斯全集》第 3 卷，人民出版社 2002 年版，第 94 页。

② [英] 亚当·斯密：《道德情操论》，蒋自强等译，商务印书馆 1997 年版，第 101—102 页。

③ 刘泽亮、曹志平：《哲学辑刊》第 1 辑，厦门大学出版社 2011 年版，第 147 页。

④ [英] 亚当·斯密：《国民财富的性质和原因的研究》（下卷），郭大力、王亚南译，商务印书馆 1974 年版，第 27 页。

领域，能够实现政治国家和市民社会的同一。黑格尔认为，国家与社会的同一体现为国家塑造市民社会，一方面，利用"选举同最高当局批准、任命相混合的方式"①，促使市民社会的成员成为国家官吏实现政治参与，进而达到"国家的普遍利益和法制"的目的；另一方面，以国家的制度、法律等的不断完善达到国家管理市民社会的目的。

马克思批判指出，亚当·斯密、黑格尔等人对自由个体生存空间的建构没有从根基上触动现代社会的内在危机。他们在考量政治国家和市民社会的二元矛盾时，都是以预设市民社会的合理性、承认市民社会成员的个体性、私利性为基础的，因而在阐述"天赋人权"的问题上，都认同自由、平等等普遍人权、财产权是合乎社会本性的。事实上，他们都仅是看到了市民社会的表象，未认识到市民社会有其内在限度和缺陷。其一，市民社会的基本细胞是原子式的个人，个体成员之间的关系是利己、排他的异化关系，这些社会关系的总和通过不同经济地位的阶级、私人等级表现出来。其二，市民社会的存在基础是生产资料的私有制，整个社会运行受资本逻辑的支配和控制，并通过生产性维度、权力维度和意识形态维度表现出来。在生产性维度，劳动者的劳动不由劳动者自己支配，受资产者为追求利益最大化的生产目标驱使，整个社会存在着私人生产的计划性和社会生产的无序性的矛盾。在权力维度，资产者享有和掌握市民社会的实际权力，普遍的民主、自由和人权仅存在于法律、制度的框架范围内，无产者受资本权力的奴役，其最终身份的确认只能是资产者追求剩余价值的工具。在意识形态维度，资产阶级掌握整个社会新闻、舆论等话语权，结社、集会、言论自由等权利沦落为资产阶级的特有权利。

马克思提出，真正的民主制是以消灭市民社会为前提的，其立脚点是"人类社会或社会的人类"。所谓"人类社会"，不是广义的

---

① 《马克思恩格斯全集》第3卷，人民出版社2002年版，第62页。

整个社会形态历史的统称，它是人们在摆脱了异化状态、消灭了以生产资料私有制为基础的未来社会形态，即"共产主义社会"。马克思分别在《黑格尔法哲学批判》《政治经济学批判》《资本论》及《哥达纲领批判》等著作中从不同层次阐释了"人类社会"的历史语境。首先，"人类社会"出现时，"政治国家消失了"①。资产阶级的政治国家是建立在市民社会基础之上的，市民社会决定政治国家和法，马克思将"政治国家消失"作为"人类社会"的历史语境，意在表明，市民社会也失去其得以存在的基础，即生产资料私有制一方面从国家制度上被废除，另一方面在历史的发展中被瓦解掉了，曾经以"人人互为手段而言，个人只为别人而存在，别人也只为他而存在。……把个人确定为资本家或工人"②的社会彻底消失了。其次，在《政治经济学批判（1857—1858年手稿）》中，马克思把"人类社会"的历史语境界定在整个社会形态发展到"社会的生产能力成为从属于他们的社会财富这一基础上的自由个性"阶段社会。在这一历史阶段，人们真正摆脱了商品、货币、资本等拜物教的束缚，脱离了世俗社会的异化状态，从自由、全面的社会关系中确证人的社会性本质。而后，在《资本论》中，马克思进一步阐明，"人类社会"相较于"市民社会"的历史进步根本在于，在"人类社会"中，人们的关系是普遍的自愿的联合和协作，社会将公共权力重新收回，由"联合起来的个人"共同占有。

由此，马克思从分析资本主义市民社会人的生存状态揭露市民社会本身的内在限度中，找到建构真正的民主制的逻辑起点——"人类社会"。

二 从形式法权到实质性人民主权是马克思建构民主的逻辑主线

主权的词源是"统治"，反映的是社会共同体中公共权力的性质

---

① 《马克思恩格斯全集》第3卷，人民出版社2002年版，第41页。
② 《马克思恩格斯文集》第1卷，人民出版社2009年版，第236页。

及其统治或管理关系。在现代国家产生以前,主权曾被赋予家庭血缘关系和神权意志,"继承制""君权神授"是集中体现。政治国家和市民社会二元分离后,民主国家作为独立的政治领域出现,主权本质上成为统治合法性和政治自主性的本源,主权在民成为现代国家的基本原则。在马克思看来,资本主义革命建立起民主制的现代国家,对民主建构及实践具有重大意义,但资本主义民主通过私有产权制度和法律将人民主权转化为形式法权,又导致了其形式民主的历史局限性。

马克思对资本主义法权关系的批判与批判德国古典哲学联系在一起。首先,马克思批判以施蒂纳(Ohann Kaspar Schmidt/Max Stirner)为代表的唯心主义者局限在观念领域进行争取权利的斗争,未认识到法权关系有其现实的物质根源。马克思指出,法的关系并不像以往意识形态家谈论的"以意志为基础的,而且是以脱离其现实基础的意志即自由意志为基础的"的自由关系,法同道德、宗教一样,没有自己的历史,是"一种反映着经济关系的意志关系"[①]。法的这种性质决定了在权力归属和权利的规定性问题上,"某人在法律上可以对某物享有权利,但实际上并不拥有某物"[②]。它表明,资产阶级民主国家尽管在法律上确定和保障了公民的政治权利,但在实际的享有中,民主政治权利实际取决于市民社会的经济关系性质。施蒂纳等人仅是宣扬为权利而战,根本未发现权利背后的意志关系。其次,资本主义法权关系代表和反映资产阶级的利益。基于市民社会中人的社会关系是原子个人之间的利益关系,资产阶级的生产资料所有制是私有制,资本主义民主权利的享有者只能是占有生产资料的私有者,对于无产阶级来说,资本主义的法本身是资产阶级的"护身符"。最后,资本主义尽管用法律确认人民代表的身份和地位,但其实质是巩固和维护资产阶级的阶级地位和阶级权力。马克思揭

[①] 《马克思恩格斯文集》第 5 卷,人民出版社 2009 年版,第 103 页。
[②] 《马克思恩格斯文集》第 1 卷,人民出版社 2009 年版,第 585 页。

露了黑格尔关于国家制度和立法权的悖论阐述，指出资产阶级虽然以"全权代表"标榜立法权的普遍性，但实际的法律权利将人民排除在外。他指出，立法主权是人民主权在民主政治中的集中体现，"立法权代表人民，代表类意志"①，就其性质属性和存在形式看，立法权是"规定国家制度的权力"②，是独立并高于国家制度存在的。但是，在黑格尔那里，立法权与国家制度的关系是颠倒了的，黑格尔把国家制度看作立法权之外的东西，立法权反而属于国家制度。由此，马克思指出，资本主义法权关系存在自我悖论，在政治领域它集中体现为资本主义的"人民主权"实际是形式的和虚幻的，它既未落实于民主制度的立法权，也未落实于政治国家中的行政权。

就经济根源看，资本主义法权关系的自我悖论集中体现在劳动力买卖上，一方面，资本主义社会劳动力的买卖实质是非正义的，另一方面，资本主义民主的存在本身却依赖于劳动力的买卖自由。这种二律背反，一是来自劳动力作为商品进行商品交换，二是来自资本家进行资本积聚和资本积累。马克思分析，资本主义的经济关系是以资本逻辑为根基的，劳动力买卖是资本逻辑展开的前提，劳动力作为商品出现在交换领域是由资本主义的生产方式决定的，生产资料的私有制决定无产者只能以出卖劳动力维持自己的生存，但由于资本家在购买劳动力的使用价值时，剩余劳动与必要劳动时间之间的界限本身并没有被商品交换原则明确规定，工人没有实际享受到等价的权利。在《1844年经济学哲学手稿》中，马克思以异化劳动的四个表现形式揭露了无产者的劳动在资本主义社会中的实际存在形态，指出在资本主义制度条件下，无产者的劳动实际是与其劳动资料相分离的，它造成劳动对于劳动者本身来说不仅是强制的，而且是不公平和非正义的。资本家不仅无偿占有剩余劳动的剩余价

---

① 《马克思恩格斯全集》第3卷，人民出版社2002年版，第73页。
② 《马克思恩格斯全集》第3卷，人民出版社2002年版，第70页。

值，不断将剩余价值积聚在自己手中，而且利用剩余价值扩大再生产以获取更大资本增殖。但"资本不是一种个人力量，而是一种社会力量"，资本本身需要"社会许多成员的共同活动，而且归根到底只有通过社会全体成员的共同活动，才能运动起来"①。资本家对劳动资料的无偿占有和生产社会化本身的社会性质决定了资本主义社会存在自我相悖的矛盾，资本家要克服和摆脱这种矛盾，唯有改变资产阶级占有社会财富的生产资料私有制，即消灭资本主义社会所有权的私有性质。马克思说道，认识到这一点，也就意味着敲响资本主义生产方式的"丧钟"了。

尽管如此，马克思依然强调，资产阶级人民主权的法治经验对民主政治构建具有一定借鉴意义。《哥达纲领批判》中，马克思指出，即使是在资本主义社会过渡到共产主义社会的第一阶段，"资产阶级法权"依然是存在的，它是寄生于国家的"赘瘤"。在共产主义社会的第一阶段，社会经济关系依然存在法权关系的形式上的民主和自由。"生产者的权利是同他们提供的劳动成比例的；平等就在于以同一尺度——劳动——来计量。"② 这种计量方式仅在形式上是公平和正义的。究其实质，以"劳动"为尺度并未在性别差别、家庭或社会关系、个人禀赋差异、能力等因素上做出具体区分，所以，按劳分配的社会形式依然存在内容上的不平等。因此，在这一阶段，以制度化和法律化的形式确认和保证人民主权不仅是必要的，而且是必需的。在马克思看来，立法权一方面是由人民掌握的，社会全体人民根据自己的原则确立国家制度，另一方面在国家范围内，人民有服从国家制度内法律权力的义务，这是以国家形式存在的社会共同体中国家制度和立法权的二元矛盾。正确认识和考察这一矛盾，需要坚持辩证的和发展的观点，即在动态中考察国家制度，明确现实存在的国家制度不是一成不变的，它始终是变化着的，"新的要求

---

① 《马克思恩格斯文集》第 2 卷，人民出版社 2009 年版，第 46 页。
② 《马克思恩格斯文集》第 3 卷，人民出版社 2009 年版，第 435 页。

逐渐产生，旧的东西瓦解等等，但是，要建立新的国家制度，总要经过一场真正的革命"①。

马克思在《资本论》中讨论了实质性人民主权的生成条件。他立足于"资本"，发现了从资本逻辑中生发出的权力逻辑所形成的社会阶级，即"雇佣工人、资本家、土地所有者成为社会三大阶级的成员"②，这些阶级主体的生成构成民主政治中统治阶级和被统治阶级的划分。马克思并未详细阐述这一观点，仅是在《1857—1858年经济学手稿》的导言中，粗略揭示过：在考察完资本主义社会形成的三个社会阶级后，进一步考察国家本身，把国家看成是由阶级斗争生成的最高形式的权力主体，明确"资产阶级社会在国家形式上的概括"③，从而进一步揭露资本主义国家的"生产的国家关系""世界市场和危机"等。恩格斯在为马克思的《1848年至1850年的法兰西阶级斗争》作导言时解释说，马克思实际看到了工人阶级利用国家争取实质性主权的社会方式，即工人阶级推翻资产阶级的政治统治，建立无产阶级专政，建设和改造新的社会关系实现真正的民主制。恩格斯指出，在劳动和劳动资料相分离的现代国家内，"革命权总是唯一的真正的'历史权利'"④，任何现代国家的建立都是以"革命权"这个人民权利为基础的。工人阶级要实现真正的当家作主，掌握实际的国家主权，唯有利用其真正的革命权利打碎资产阶级国家机器，建立起人民民主的专政形式。只有这样，形式民主才能向实质性民主转化，国家的主人才能实际从特殊利益集团扩大至整个劳动者阶级。

由此，马克思找到了一条从形式法权到实质性人民主权的逻辑进路。但马克思强调，即使是无产阶级国家，其实质性人民主权的民主建构，也是形式民主和实质民主的统一，"权利决不能超出社会

---

① 《马克思恩格斯全集》第3卷，人民出版社2002年版，第72页。
② 《马克思恩格斯文集》第7卷，人民出版社2009年版，第1002页。
③ 《马克思恩格斯文集》第8卷，人民出版社2009年版，第33页。
④ 《马克思恩格斯全集》第22卷，人民出版社1965年版，第608页。

的经济结构以及由经济结构制约的社会的文化发展"①。真正的民主制出现在共产主义的高级阶段,整个社会摆脱了"资产阶级法权"的狭隘束缚,人们真正实现其"自由自觉的劳动"。

三 从政治解放到人类解放是马克思建构民主的逻辑归宿

政治解放和人类解放是马克思民主理论建构的两条基本路线遵循,依据这两条路线,马克思提出民主存在的两种基本形态,一种是以阶级统治和国家形态存在的民主制,一种是以人类解放为存在形态的"真正的民主",政治解放实现的民主是局限在政治领域范围内的形式的民主,人类解放实现的民主是摆脱了政治性质和异化了的劳动关系的社会民主。在政治解放向人类解放的过渡和超越中,无产阶级民主是基本的国家制度形式,生产资料的社会所有制是其经济基础,选举、协商、法治、监督等是其可利用的基本手段和工具。

马克思谈及的政治解放主要指由资产阶级领导完成的政治解放,在《论犹太人问题》中,他对政治解放进行了明确的历史定位。就其历史性贡献而言,马克思肯定,资产阶级的政治革命这一历史运动铲除了封建专制主义,促使人们从封建关系的束缚中解放出来,人民不再是统治者的奴仆,而成为独立的、单个的人。在资产阶级通过政治革命建立起现代民主政治之后,资产阶级还一方面将信仰宗教宣布为个人的事情,另一方面将"国家事务提升为人民事务"②,重新赋予人"自由""民主""平等"等基本人权。这一举措,不仅唤醒了人们的政治精神,而且从国家制度和法律形式上建立起个人与国家的普遍联系,将每个独立的个人纳入到民主政治中来,使"公共事务"成为其自身的"普遍事务,政治职能成了他的普遍职能"③。但从其历史局限性看,政治解放造成了政治国家和市

---

① 《马克思恩格斯文集》第3卷,人民出版社2009年版,第435页。
② 《马克思恩格斯文集》第1卷,人民出版社2009年版,第44页。
③ 《马克思恩格斯文集》第1卷,人民出版社2009年版,第45页。

民社会的二元分离,最终导致了现代民主政治演变为形式的民主和实质的非正义。其根源在于,政治解放造成了"天国的生活"和"尘世的生活"的矛盾,导致人们的自由身份有了"公民身份"和"市民身份"之分,这种分离致使资本主义社会的民主具有虚假性,即"即使人还没有真正摆脱某种限制,国家也可以摆脱这种限制,即使人还不是自由人,国家也可以成为自由国家"①。尽管它宣布资本主义民主在制度上和法律上实现了全体公民都享有参与和管理政治生活的基本权利,但在实际的市民生活中,市民社会中利己的人的生产关系和社会关系重新定义了实际参与政治生活的民主主体。马克思揭露,资本主义民主政治实际是以资本主义的生产方式和私有制为基础的,生产资料的私有制从所有权上规定了资产阶级占有社会财富是符合"公平正义"的,它在市民社会中实际默认私有产权的合法性。资本主义民主政治的基本原则归根结底是从市民社会中产生的"实际需要"和"利己主义"原则,质言之,这种"实际需要和自私自利的神就是金钱"②。它表明,资产阶级的民主政治从实质上说是国家制度上的"形式主义",资本主义民主是虚假的、伪善的金钱民主,它标榜的"全人类的解放"实际上是不存在的,资产阶级真正解放的只是资产阶级自身。

为此,马克思提出建立真正的民主制的任务。马克思解释说,所谓人类解放,它是"推翻使人成为被侮辱、被奴役、被遗弃和被蔑视的东西的一切关系"③,实现人的社会本质的解放形式。在《1844年经济学哲学手稿》中,马克思称这是"完成了的共产主义",在《共产党宣言》中,马克思将这一历史任务概括为"消灭私有制"。综其论述,"人类解放"在内涵上有三重意蕴:其一,人类解放是消除现实的人的异化状态。按照马克思的理解,在获得政

---

① 《马克思恩格斯文集》第1卷,人民出版社2009年版,第28页。
② 《马克思恩格斯文集》第1卷,人民出版社2009年版,第52页。
③ 《马克思恩格斯文集》第1卷,人民出版社2009年版,第11页。

治解放的现代国家内，人与社会、人与人的关系是颠倒了的，它以物的依赖性为基础，直接颠倒为"货币关系"，这种货币关系使现代社会总体上陷入一种异化状态，劳动者对劳动产品的占有不是基于社会劳动，而是"必须先转化为交换价值的形式，转化为货币，并且个人通过这种物的形式才取得和证明自己的社会权力"①。它导致人不能统治人本身，而是通过资本抽象统治人，国家成为剥削人的最大"资本家"。因此，政治解放不是真正意义上的人的解放，它使人的社会关系在祛魅神学拜物教的同时又重新着上"货币拜物教"色彩。人类解放只有在消除资本对人的束缚后，不仅在思想上而且在现实中摆脱资本对人的抽象统治，才能真正将人的关系趋向于自己的现实基础。其二，人类解放是消除了市民社会和政治国家的分离状态，把抽象的国家复归于社会。人类解放的真正实现是在国家消亡后之后，马克思将此过程称为"国家向社会的复归"。在他看来，当政治国家消失，民主不再具有政治性质成为社会全民所有的社会制度形式，人们才真正地实现了对其自身生命、活动的占有，成为自己管理自己的主人。其三，人类解放是彻底消灭抽象的政治力量，"联合起来的个人"自觉组织起来构成"社会力量"，共同管理社会公共事务。马克思指出，国家消亡以后，社会的发展和进步主要依赖于联合起来相互协作的个人，这种联合不是建立在交换价值、货币基础上的，而是基于"共同占有和共同控制生产资料的基础上联合起来的个人所进行的自由交换"②，是从事自由活动的个人自由自觉的联合。

关于政治解放走向人类解放的实现形式探索，马克思指出，无产阶级争得民主是其现实出路，主要手段是用暴力革命消灭国家和阶级政治，目的是"创造一个消灭阶级和解救抵抗的联合体来代替旧的市民社会"，建立起"联合起来的个人"的社会自治。有学者

---

① 《马克思恩格斯文集》第8卷，人民出版社2009年版，第52页。
② 《马克思恩格斯文集》第8卷，人民出版社2009年版，第53页。

混淆资产阶级政治解放和人类解放的关系，认为从资本主义民主中也能够生发出人类解放的现实出路，如民主社会主义者肆意宣扬的福利国家制度，这根本误解了马克思人类解放的本意，从个别福利现象上掩盖了资本主义民主的虚伪性。按照马克思的原意，民主制的国家是人类解放前国家的最终表现形式，作为国家制度的民主最终是随着国家的消亡而消亡的，未来社会"真正的民主"是褪去政治性质的社会民主。就这一点来说，资本主义国家是以维护其虚伪的民主统治为基础的，无产阶级国家是以消灭政权为基础的，即无产阶级民主的建构起点是"人类社会"。而且，无产阶级民主之所以能够充当人类解放的手段，原因还在于，无产阶级自身的解放蕴藏整个人类的解放，"整个的人类奴役制就包含在工人对生产的关系中，而一切奴役关系只不过是这种关系的变形和后果罢了"[①]。工人阶级在资本主义社会中的绝对贫困化状态及其被资产阶级奴役、剥削的艰难生存环境决定了工人阶级能够代表社会中的绝大多数阶级展开争取民主斗争的暴力革命，资产阶级难以克服的生产社会化和生产资料私人占有的内部矛盾和周期性的经济危机也为无产阶级的民主革命提供了现实条件。无产阶级在打碎资产阶级国家机器后，国家制度、法、监管机构等依然是无产阶级民主的重要手段，无产阶级通过政治民主化、民主法治化维护和保障社会上较大多数人的利益，尽可能地在实际的生产生活中实现人民的实质性公平和正义。

有观点质疑马克思对人类解放的理想规划能够充分实现"真正的民主制"。该观点认为，马克思着重于从物质生产过程出发提出以"物质生产的极大丰富性"为基础的人类解放理论，有遮蔽人的主体性，将人类历史发展规律简单化为经济决定论之嫌，这一逻辑造成未来社会的民主不是真正建构起来了，而是在缺失主体性中消失了。从卢卡奇提出"阶级意识"、葛兰西提出"文化领导权"到哈贝马斯提出"主体间性"等，都旨在从这一缺失中重塑马克思的主体性。

[①] 《马克思恩格斯文集》第1卷，人民出版社2009年版，第167页。

但事实上，马克思在阐述"人类解放"中，作为主体的人并未消失，而是始终贯穿于其理论中。马克思基于物质生产过程的"人类解放"论述和人民主体即"真正的民主制"建构过程并不矛盾。就生产逻辑中的主体性而言，在马克思看来，劳动和资本逻辑能够充分展示人的主体性。首先，现实的个人是历史活动的出发点，任何生产劳动都离不开现实的人，无论是民主实践活动，还是从事民主价值追求的活动都源于现实的人民。其次，现实的物质生产过程是基于"社会地发展了的人的需要之间的关系"①而进行的，在资本主义社会，这一历史过程被颠倒为又"无酬劳动的占有以及这个无酬劳动和对象化劳动之比"②决定的剩余价值的生产。最后，在人类获得真正解放的共产主义社会，人们不仅能够在劳动中自由自主地进行选择性劳动，而且人们能够在劳动中确认人自身，"肯定自己的个人生命""肯定我的个性特点""感受个人的乐趣"③。这从共产主义社会中人的劳动意愿、劳动强度、"劳动时间"和"自由时间"等的变化中能够清晰地捕捉到。总的来说，人类解放促使人真正成为自己的主人，不仅在社会活动中，而且在社会关系中，真正建立起确证人之存在的自由人的联合体。

---

① 《马克思恩格斯文集》第 7 卷，人民出版社 2009 年版，第 287 页。
② 《马克思恩格斯文集》第 7 卷，人民出版社 2009 年版，第 287 页。
③ 参见《马克思恩格斯全集》第 42 卷，人民出版社 1979 年版，第 37 页。

第 四 章

马克思民主理论的多维度解读

尽管马克思对民主问题的阐述散见于其思想文本，但马克思民主理论有其内在的理论框架。从历史性维度看，马克思主要探讨了原始社会民主、资本主义社会民主和未来社会民主理论；从社会性维度看，马克思民主理论利用关系性思维方式将对于民主的考察置于人民在现实物质生活中形成的多样性社会关系；政治哲学向度的马克思民主理论主要回答历史唯物主义民主观与政治哲学的关系，明确唯物史观是马克思民主哲学的理论基础；政治经济学批判是马克思民主理论更深层次的社会存在论追问。

第一节 马克思民主理论的历史性维度

在马克思看来，民主是一个具体的历史发展过程，在不同历史时期，民主的内容和形式有所差异。聚焦民主在人类社会中是怎样产生和发展的，在不同历史阶段民主制度的形式有何异同，何为决定民主发展变化的社会基础等问题，马克思形成了原始民主理论、资本主义社会民主理论和未来社会民主理论。未来社会民主理论的探索经由两个阶段，即无产阶级革命与专政时期的民主和"真正的民主制"阶段。

一 原始社会的民主理论

针对"民主在人类社会中是怎样产生和发展"的问题,马克思原始民主理论通过考察原始社会中人与"自然""生存技术""家庭关系""共同体"等的关系,揭示了原始社会形态及其可能存在的氏族民主形式。

马克思指出,原始民主的形成和发展依赖于原始社会特定的社会土壤。首先,氏族的出现为社会制度提供了基本的社会组织基础。在氏族出现以前,人们无固定的社会组织和生活习俗,社会意识也不可避免地带有"动物性质"的痕迹。但随着生产力的发展,氏族社会的出现,作为管理组织的"氏族公社"和制度形式的"氏族议会"成为民主的重要载体。氏族制度作为一种社会管理方式,使人们的生活"一切都是有条有理的……大家都是平等、自由的,包括妇女在内"[①]。氏族议会则促使社会共同体的全体成员享有参会和选举、罢免氏族首领和酋长的权利成为现实。其次,血缘关系和亲族关系建立起的氏族成员生存的状态是愉悦的和令人满意的。在血缘和亲族关系中,氏族成员至多只有称谓、威望方面的区分,而无等级优越之差别。最后,原始共产制是原始民主得以存在的所有制基础。在马克思看来,氏族生活必然流行的是共产制。一是由于原始社会的生产方式是单一的,劳动者和劳动资料是不分离的。人类依附于自然进而依附于共同体是其基本生存方式。这决定了人只能在共同体中通过共同占有天然的生存资料进行共同的劳动和协作生产才能维持生存。二是基于适应血缘关系和亲族关系的需要。在原始共产制下,全体氏族成员生存和发展的意义都是以社会共同体为目的,单个人的利益依附于社会整体利益,人们能够在共同享有社会生存发展资料的基础上,共同参与并展开推动社会历史发展的活动。

原始民主在表现形式上虽是粗糙的,但在实际运行上却是充

[①] 《马克思恩格斯全集》第 28 卷,人民出版社 2018 年版,第 116 页。

分的。

就选举制度看，原始民主实行的是普选制和代议制相结合的选举形式。在氏族、胞族、部落及部落联盟等基本的原始社会组织单位出现以后，原始民主的运行机关主要分为三个层次性的议事会机构：氏族议事会、部落议事会和联盟议会。在氏族议事会中，人民参与社会管理活动的方式是全员参与、直接参与、全过程参与，主要指的是氏族社会内部的全部成年男女无性别或体力上的差别歧视，享有充分地参与和管理氏族事务的权利，包括：氏族所要讨论的一切问题的发言权、选举或是罢免氏族首领或酋长和酋帅的权利、"宽恕或报复杀害本氏族人的凶手，收养外人加入氏族"[1]、相互继承已故氏族成员的遗产等权利。在义务上，氏族成员需要遵守"不再氏族内通婚""互相援助、保护和代偿损害""为被杀害的同氏族人复仇"等义务。[2] 氏族议会的基本原则除了基本的自由、平等、博爱等民主价值观念外，有部分氏族决议还需要议会成员的一致通过，如易洛魁人的氏族议会。部落议会和联盟议会的民主选举形式是代议制，即议事会成员不是囊括全氏族或全部落的所有成员，而是由各氏族或各部落的酋长和酋帅组成。但是对于酋长和酋帅的选择，是从氏族内部全员参与选举产生的，酋长和酋帅除了享有如氏族成员享有的基本权利外，还包括组织、联络与各部落的联系、宣战和参与战斗的职责。此时，氏族成员和氏族首领或部落酋长之间不是统治和被统治的关系，而是彼此平等的氏族成员。但尽管原始社会民主不具有政治意义，非政治权力的领袖权威是存在着的。被氏族成员选举产生的氏族领袖或部落酋长在管理氏族和部落公共事务上具有一定的"非政治权力"，这种"权力"或来自社会的威望或来自其本身的知识、智慧和才能。

伴随父权制氏族的产生，原始民主的真实性和有效性有所减

---

[1]《马克思恩格斯全集》第45卷，人民出版社1985年版，第416页。
[2]《马克思恩格斯全集》第45卷，人民出版社1985年版，第411页。

弱。从晚年马克思的笔记摘录看，父系氏族民主的特征有两处重大变化，一是男女地位的不平等，这一变化是随着父系氏族男女在劳动和付出上的变化而产生的；二是民主开始受到财产的影响，这一演变是随着剩余产品和私有财产的出现而产生的。这种变化催促父权制民主形成了不同于母系氏族社会的民主特点：其一，父权制民主有明显的排他性。在父系氏族的议事会中，参与议会的成员限定在成年男子，氏族首领或酋长、酋帅也仅由有威望的成年男子承担。妇女没有民主参与的权利，随着父权制家族财产意识的增强，妻子首先沦为男子的私有财产。其二，父权制民主开始受到社会财产、地位的波动和影响。这时，自然形成的家庭关系逐渐不占据社会的主导地位，以财产为基础的经济关系开始萌芽并发生作用。

这一现象表明，同原始民主相适应的生产关系即以血缘为纽带的家庭关系已经与社会生产的发展越来越不适应。一方面，人口的交往随着大量的流动和杂居逐渐不以血缘家庭关系为纽带了，替代产生的是人们根据劳动分工的差别而产生的人与自然、社会及人与人之间的交往关系。另一方面，基于土地、财产的掠夺战争的日益频繁，政治集权式的压迫机构开始产生，非集权性的民主逐渐让位于集权式的政治形式。

马克思研究原始社会的方法对当前原始社会史研究具有重要意义。他通过经验、从后思索、残片复原的方式深度论证和诠释原始民主的形成、发展、变迁，旨在说明民主既符合人类生存的本真状态，又符合更高级的社会制度的发展要求。对于"纯粹经验的方法"，马克思早在《德意志意识形态》中就有阐述，他曾在批判以往德意志意识形态坚持唯心史观立场的基础上，提出唯物史观的现实前提可以用"纯粹经验的方法来确认"[①]。在对原始社会史的探讨中，马克思将对原始民主的研究建立在大量的人类学研究成果基础

---

① 《马克思恩格斯文集》第1卷，人民出版社2009年版，第519页。

之上，这从晚年马克思诸多的研究笔记摘录中可以得到证实。尽管有人类学家提出了实证经验的论证可能会存在片面研究的可能性，但马克思认为，至少原始民主在经验上是被证明确实是存在过的人类社会现象。马克思承认，在特定的历史时期内，"纯粹经验的方法"是有局限性的。为避免过度依赖"纯粹经验的方法"而发展成纯粹的"经验主义"，研究者一方面要尽可能地收集较为全面的历史资料，展开同一时期不同地域的比较研究，另一方面要防止历史研究上的虚无主义。关于"从后思索"，马克思提出，从现代资本主义社会的生产方式中"从后思索"以往社会是理解原始社会史的"一把钥匙"。现代资本主义社会是从原始社会、封建社会的解体中发展而来的，是生产关系发展的较为高级的形式，它与低级形式的社会发展具有一定的映射关系，"就像例如自然科学中的经验数据一样，——这些方程式将说明在这个制度以前存在的过去"①。因此，对于原始社会来说，对资本主义社会的生产关系进行逆向的演绎逻辑和推理，有助于认识和发现早期社会的经济结构。但这一逻辑推演也需要"经验"的事实材料来证明，它只能为历史研究和理论研究提供思维上的拓展思路和方法。经验性的事实材料还可以通过"残片复原"的方式进行收集和整理。

二 资本主义民主理论

马克思认为，在资本主义社会产生之前，民主在奴隶制社会和封建社会的社会样态是"不自由的民主制"。民主的形式和内容都是由国家统治阶级设定的，人们的生活是政治生活和社会生活的统一。资本主义民主相较于以往社会的进步意义，一是资本主义民主革命解放了封建专制束缚在人民身上的枷锁，实现了人身自由。资产阶级的政治解放实现了"市民社会的革命"，打破了"个体对国家整体的普遍关系"，社会不再是政治国家的组成部分。二是资产阶级民

---

① 《马克思恩格斯全集》第 30 卷，人民出版社 1995 年版，第 453 页。

主宣扬的"自由""平等""人权"等从思想观念上促进了人的解放尤其是无产阶级自我意识的觉醒,无产阶级在资产阶级民主和资本主义生产条件下,一方面通过接触先进的工业知识和管理经验掌握先进的生产力,另一方面或多或少地通过接受资产阶级的"教育因素"在理论上提升自己,这在很大程度上推动了无产阶级的解放运动。另外,资本主义民主建立起的现代社会的政治文明,从法律上赋予国家公民以身份认同与普遍的政治权利,在形式上扩大了人民参与政治活动的范围。但是,正基于资本主义民主的阶级性和生产资料私有制,资本主义民主仅具有"暂时的历史正当性",具有难以克服历史局限性。

马克思首先揭穿了资产阶级意识形态家们所虚构的"普世民主""永恒公平""绝对自由"等神话。他指出,资产阶级意识形态家在构筑国家的"大厦"时,蒲鲁东先生从法权关系中抽象出永恒公平思想、意图,用"永恒公平"观念阐释现代社会物质关系,拉萨尔脱离国家的历史性维度,将国家看成与"自然的和谐"一样的"绝对自由的国家",他们都是从抽象的价值规范观念出发为资本主义制度辩护,意图将意识形态转化为控制人民思想的社会力量。事实上,资本主义国家仅是以自己的形式宣告了同"出身、等级、文化程度、职业为非政治的差别……宣告人民的每一成员都是人民主权的平等享有者"[①]。在虚伪的"自由、平等、人权"等意识形态观念下,"私有财产、文化程度、职业差别"等实际创造着资本主义社会"人剥削人"的现实社会关系,资本主义的制度体系基于这些"差别"因素到处充斥着对民主的限制:

其一,资本主义的政府真正为那些在市民社会掌握生产资料和生活资料的特殊阶级服务。马克思认为,政治革命的完成促使市民社会从政治国家中解放出来,但却造成市民社会的等级差别。市民社会中的人异化为谋求个人私利的、利己主义的人,体现在政治领

[①] 《马克思恩格斯文集》第 1 卷,人民出版社 2009 年版,第 29—30 页。

域，是"现代国家制度的私人"①，人在政治制度中不再表现为自身，人的内容和本质被转化为市民社会中现实的私人。在市民社会中占据生产资料的资产者成为政治上实际获取普遍民主权利的所有者。马克思在《1848年至1850年的法兰西阶级斗争》中指出，资本主义政府、立法议会实际将"人民群众的政治权力降低为一种有名无实的权力，同时又能充分玩弄这种权力"②，它在形式上实现了全体公民的自由、平等，实质上是为占有整个社会财富的资产阶级服务。

其二，选举作为资本主义代议制的手段，是资产阶级的"金钱"贿选行为，其实质是"每隔几年决定一次究竟由统治阶级中的什么人在议会里镇压人民、压迫人民"③。马克思批判资产阶级在议员选举上做表面文章，指出资产阶级虽然将选举作为其政治统治的基础，但是资本主义的选举在实际实施过程中不是遵循法律规定的平等、自由的竞选原则，而是建立在"金钱特权"基础之上的。一是一定资本的资产者享有资本主义的选举权，二是候选人通过贿选影响政治选举。他以1859年英国查格罗斯特和威克菲尔德两个选区竞选代理人的选举活动为例，指出英国的竞选活动实际上就是赤裸裸的"贿赂"活动，"两位候选人都搞钱来收买选票，但是，两个人都尽力不让人知道这笔钱的用途"④。除却金钱和阶级利益上的交易，资本主义的选举不表现为其他关系。而且，从资本主义选举的结果来看，尽管资产阶级的统治权在选举过程中表现为不同利益集团之间的更替和流动，但其实质依然是维护和稳定资产阶级政治统治的和平行动。一旦选举有威胁资本主义政治统治的风险，资产阶级将立刻调整选举权或修改选票甚至取消选举权去维护其政治统治。恩格斯也强调，资产阶级的选举原则实际上是依循资产阶级的利益设定

---

① 《马克思恩格斯全集》第3卷，人民出版社2002年版，第102页。
② 《马克思恩格斯文集》第2卷，人民出版社2009年版，第115页。
③ 《列宁专题文集·论马克思主义》，人民出版社2009年版，第218页。
④ 《马克思恩格斯全集》第13卷，人民出版社1962年版，第586页。

规则，资本主义的法律是为资产阶级服务的，它以"富人和穷人不平等的前提下的平等"①为前提，把资本主义的实际权力变成资产阶级的独有财产。

其三，资本主义的政党制度也不过是"使资产阶级统治永存而轮班执政的两个旧政党的跷跷板游戏"②。资产阶级一方面是为缓解和制约不同利益集团造成的冲突，另一方面是为完善议会制度而生成。资本主义的政党制度从法律上规定了不同政党之间的关系、政党与政权的关系、政党与人民的关系，对于缓解政治冲突、巩固国家政权、扩大公民政治参与有重要作用。但是资本主义的政党政治具有强烈的竞争性、逐利性及倾向性，这些特性表露了资本主义政党政治的虚伪性。从逐利性看，资本主义的政党制度是以强大的财团为支撑的，并为争取本阶级的利益服务。尽管马克思、恩格斯时期没有明确阐述政党政治概念或理论，但马克思曾以英国的托利党为例批判资产阶级的政党是财团的操控者，用金钱操纵政治统治。1852年，针对《谷物法》被废一事，他指出，英国的托利党是"地租的狂热的拥护者"，他们的物质基础和实力来源是地租，通过掌握地租调控食物价格，掌握实际的政治权力。资本主义政党政治的倾向性集中表现为资产阶级各政党为争取选票对人民群众采取的欺骗性策略。为达到争夺政权的目的，资产阶级各政党在制定纲领和策略时常常具有虚假性，以欺骗选民获取选票。

其四，资本主义的分权制衡原则在实际运作中也导致人民主权形同虚设。马克思曾赞赏"立法权"所达到的革命意义，认为立法权至少在形式上完成了从国王立法到立法权代表人民的革命。在评价1831年德国黑森宪法和1844年的英格兰银行法时，马克思提到法律在一定程度上能够起到限制政府绝对权力的作用，司法机关对立法和行政机关有监督之责。但马克思并不认为依靠"三权分立"

---

① 《马克思恩格斯全集》第2卷，人民出版社1957年版，第648页。
② 《马克思恩格斯全集》第22卷，人民出版社1965年版，第383页。

就能从制度上确保人民主权。因为"国家本身是所有这些不合乎人性的起因而且国家本身就不合乎人性"①，资产阶级妄图从国家形式和这些法权概念中把"三种不道德的因素"结合起来形成一个合乎道德的社会制度模式，也只能是一种"自我安慰"。如美国的《1787年宪法》，总统和最高法院对国会立法权拥有否决权本身就是与议会掌握立法权相矛盾的。

从根本上说，资本主义的政治统治是被其"赖以生产和占有产品的基础本身"消灭掉的，资产阶级"首先生产的是它自身的掘墓人"② 即无产者，当资本主义社会的基本矛盾发展到难以调和的地步，"剥夺者就要被剥夺了"。

三 无产阶级专政与民主

马克思的无产阶级专政理论回应了国家机器（及政府）在民主制中发挥着何种作用。无产阶级要想争得民主，必须首先推翻资产阶级统治，建立无产阶级专政。无产阶级专政是民主运动发展的必然形式，共产党在无产阶级革命和专政中处于领导核心地位。

关于无产阶级专政这个"过渡阶段"如何界分，可通过马克思谈到的"无产阶级的革命专政"和"无产阶级专政"两个概念细微划分出马克思所言的无产阶级专政的两个阶段，一是无产阶级为争得民主上升为统治阶级的过渡时期，二是共产主义的第一阶段，即无产阶级向"无阶级社会"高级阶段的过渡时期。两个时期的国家性质转变一是从打碎资产阶级的国家过渡到无产阶级的政治国家阶段，二是无产阶级政治国家向无国家社会的转型阶段（本书姑且将"政治国家向无国家的转变"定义为"国家转型"）。无产阶级的民主也就此包括革命专政时期的民主和共产主义第一阶段的民主。马克思在《哥达纲领批判》中指出，人类社会在从资本主义走向共产

---

① 《马克思恩格斯全集》第3卷，人民出版社2002年版，第561页。
② 《马克思恩格斯文集》第2卷，人民出版社2009年版，第43页。

主义社会中,"无产阶级的革命专政"是其过渡阶段,然后随之提到"未来共产主义社会的国家制度"。尽管马克思对此并未做出解释,但他已经将革命专政的民主和未来社会的民主作分开表述。列宁在读到这一章节时对此作了精细划分。首先,列宁否认马克思提出的"未来社会国家制度"与"共产主义"说法相冲突,认为马克思本意指的是共产主义初级阶段还存在国家形式的"国家制度";其次,列宁指出,无产阶级的革命专政是国家的过渡时期,这一时期,无产阶级为镇压敌对阶级的反抗势力必须要有作为暴力工具的国家机器,到了共产主义阶段,国家是从开始消亡到逐渐消亡的,"已经不是原来意义上的国家。这就是巴黎公社类型的国家,它以人民自己的直接武装代替了脱离人民的军队和警察"[①]。这一时期的无产阶级专政的实质是为消灭造成事实不民主的各种生产关系和社会关系。

马克思指明,在共产主义的第一阶段,无产阶级专政既是国家的存在形式,也是国家消亡的物质准备阶段,这是无产阶级专政和民主在国家问题上的辩证法。在《法兰西内战》中,马克思阐述了无产阶级国家的这一转型思想。他指出,巴黎公社建立起来的政府是服务型政府,其国家性质也只是暂时具有政治性质。尽管国家在这一阶段还具有"政府统治人民的权威",但是这种权威已经不是"像在旧的政府机器里面那样使自己凌驾于现实社会之上了"[②]。这一时期,国家的主要职能是发挥社会管理职能,将社会的权力回交给人民。对于这一阶段具体要经历多长时间,马克思指出,无产阶级专政在"公共职能将失去其政治性质,而变为维护真正社会利益的简单的管理职能"[③] 的时候,它将自行消亡。由此,马克思强调,无产阶级专政的历史正当性也仅是在阶级对立存在的条件下存在的,当阶级消失时,无产阶级专政也将不复存在。

[①] 《列宁选集》第 3 卷,人民出版社 2012 年版,第 48 页。
[②] 《马克思恩格斯文集》第 3 卷,人民出版社 2009 年版,第 222 页。
[③] 《马克思恩格斯文集》第 3 卷,人民出版社 2009 年版,第 338 页。

为清晰说明无产阶级专政的性质，廓清无产阶级专政与专制主义、极权主义的区别，马克思从巴黎公社实行的各项措施中具体说明了无产阶级专政的民主性质。马克思提到，巴黎公社的民主实现以后，公社的首要措施就是打碎旧的国家机器，"铲除了常备军和警察这两支旧政府手中的物质力量"①，这一措施从实际行动上消除了国家作为压迫性机器的物质基础。就公社的政权性质看，公社实质上是由"工人或公认的工人阶级代表"②组成的为消灭一切阶级的政府。公社的政权组织形式是公社实行议行合一的委员会制度，工人代表或委员是由"普选"选出的，选民不仅有对公社公职人员的选举权，也同时被赋予随时罢免公社委员的权利。针对巴枯宁、布朗基（Louis-Auguste Blanqui）等人对公社依然是"国家机器"的指责，马克思和恩格斯回应，公社之所以仍旧以国家形式存在，根本原因在于社会化大生产和现实社会的生产关系尚未发展到足以消灭阶级的地步，国家作为阶级的附属物是无产阶级不得不"继承下来的一个祸害"。在这一历史阶段，人的发展还未完全摆脱对物的依赖性的限制。尽管传统的生产资料占有方式有所变化，生产者和生产资料相分离的不平等事实已经不复存在，资产阶级也逐渐失去了赖以存在的社会基础，但资产阶级法权依然存在。在无产阶级和广大人民群众等社会的绝大多数实现民主之后，政治上的国家依然要作为暴力机器对少数敌对阶级实行专政，公权力的存在也需要国家发挥治理效能，以防止权力放任和权力腐败。因此，在共产主义的第一阶段，无产阶级民主与资产阶级民主的根本区别，一是无产阶级民主不仅从数量上而且从举措上将人民的权力实际归还给人民，二是无产阶级专政的目的不在于阶级斗争和维持国家统治形式，而是为了消灭阶级和"粉碎阶级统治的凶恶机器"，以大力发展生产力和致力于人民的政府及国家的社会转型。

---

① 《马克思恩格斯文集》第 3 卷，人民出版社 2009 年版，第 155 页。
② 《马克思恩格斯文集》第 3 卷，人民出版社 2009 年版，第 154 页。

就共产党在无产阶级专政中的作用,马克思指出,无产者形成阶级并组织成政党是历史的结果。对无产者来说,共产党是其阶级代表的先锋队,共产党的先进性和革命性决定了共产党是无产阶级革命与专政的领导核心。首先,经过工人阶级内部的自发斗争,共产党排除了党内不坚定革命分子,成为"各国工人政党中最坚决的、始终起推动作用的部分"①。其次,共产党不提出任何同整个工人阶级利益不同的原则要求,代表的是无产阶级和广大劳动人民的根本利益。共产党杜绝在党内搞宗派主义和个人主义,要求所有党员依照党的纲领和党的章程办事。再次,共产党先进的理论主张能够为工人阶级的革命运动提供科学的理论指导。它坚持以科学的历史观为理论指南,将历史唯物主义和辩证唯物主义运用于指导工人革命和民主的建设和实践中。最后,马克思还提到共产党人的国际主义精神。他指明,共产党尽管是在不同的民族斗争和政党斗争中形成的,但共产党与各国无产阶级的基本目标和根本利益是一致的,共产党不仅不排斥各国工人阶级的联合,反而是主张全世界无产阶级联合起来,在"无产者不同的民族的斗争中,……坚持整个无产阶级共同的不分民族的利益"②。

马克思以巴黎公社民主为例,指出巴黎公社的民主形成的就是以坚持和维护共产党的集中统一领导和政治权威、普选制和代议制相结合,制度化的法律和理性的法治为依托,伴之以社会自治、人民监督的体制机制。首先,坚决维护政治权威和坚持共产党的集中统一领导是巴黎公社民主的核心要素,马克思指出,公社以无产阶级专政的形式存在必然需要政治权威。公社在争得民主建立无产阶级的政治统治之后,虽然打碎了旧的国家机器,作为国家暴力机关的常备军、警察等被铲除,但公社在维护国家统一、镇压敌对势力、创造新的生产关系等方面依然还需要政治权威,其根本

---

① 《马克思恩格斯文集》第4卷,人民出版社2009年版,第324页。
② 《马克思恩格斯文集》第2卷,人民出版社2009年版,第44页。

作用在于"铲除阶级赖以存在、因而也是阶级统治赖以存在的经济基础的杠杆"①。马克思强调，公社的政治权威不同于资本主义国家强制性的政治权力，它是民主和集中的辩证统一，并集中反映在共产党对未来社会民主政治建设的领导上。首先，共产党通过思想上的集中统一领导，调动整个社会一切"反对有产阶级联合力量"能够"尽量有组织地、尽量一致地和尽量独立地行动起来"②。其次，共产党通过组织上的集中统一领导，保证无产阶级顺利展开实际有效的革命行动，促使一切社会革命和建设力量集中到"同一个攻击点上"。

四 "真正的民主制"思想

马克思"真正的民主制"思想是共产主义社会高级阶段的社会理想，它是在"公共权力失去政治性质"历史语境下谈及的规范性概念，具有历史的必然性。

在《黑格尔法哲学批判》中，马克思曾明确提到"真正的民主制"概念，认为"在真正的民主制中政治国家就消失了"。③ 后来，马克思的语用习惯发生变化，"真正的民主制"逐渐被"共产主义""人类解放""自由人的联合体"等词置换和替代了，但这并不意味着马克思民主思想就此发生了"认识论的断裂"，而是被进一步丰富和发展了。因为马克思在阐述人类解放问题、共产主义社会问题时，对"政治国家消失"后的社会形态有诸多阐述，它们统一构成了理解"真正的民主制"的现实语境，这集中体现为：在"真正的民主制"中，政治国家实现了消亡和终结，公共权力失去其政治性质，并重新复归于社会。

"政治国家消失"是"真正的民主制"的现实语境遭到了学者的诸多质疑。伯尔基提出："如果超越了国家形式，超越了政治，超

---

① 《马克思恩格斯文集》第3卷，人民出版社2009年版，第158页。
② 《马克思恩格斯文集》第2卷，人民出版社2009年版，第189页。
③ 《马克思恩格斯全集》第3卷，人民出版社2002年版，第41页。

越了代表制，超越了一切与宪政联结的形式，那'民主'意味着什么"①？赫尔德也怀疑，马克思"政治的终结"这种设想有意"在全体公民中否定政治的合法性"②。凯尔森（Hans Kelsen）更是直言马克思所谈的"国家消亡"带有无政府主义色彩。③ 这些争论归结为一点，都关涉政治国家消失后的公共权力是否存在或何以存在及存在的合法性。

所谓公共权力，对马克思来说，是联合起来的个人共同掌握的管理社会共同体及其生活的权力。联合起来的个人之所以具有这种权力，决定性基础"就是他们的生活条件，这些条件是作为对许多个人共同的条件而发展起来的"④。个人的联合是基于人的社会性，人的社会性本质决定了人们必然过着公共的生活。在原始社会时期，人们的生活状态是联合起来的个人的共同生活，个人的生存以依存种群的生存为条件，公共权力属于群族中的每个人，马克思将这种自然的联合称为畜群意识的联合。但是在"社会分裂为阶级以后，居民的自动的武装组织已经成为不可能了"⑤ 的时候，公共权力便开始异化为特殊阶级谋求特定利益的工具，并且以"国家"这一虚幻的共同体表现出来。国家的设立，使得公共权力蜕变成"一种与全体固定成员相脱离的特殊的公共权力"⑥。在前资本主义社会的国家时期，这种蜕变是"完成了的异化"，马克思称为"不自由的民主制"⑦。它集中表现为政治国家和社会生活是直接同一的，国家权力完全浸

---

① ［美］罗伯特·伯尔基：《马克思主义的起源：马克思与西方传统》，伍庆、王文扬译，华东师范大学出版社 2007 年版，第 157 页。
② 牟宗艳：《"政治终结"进程中的民主——马克思的理想民主模式评析》，《当代世界与社会主义》2004 年第 2 期。
③ 参见［奥］汉斯·凯尔森《共产主义的法律理论》，王名扬译，中国法制出版社 2004 年版，第 50—51 页。
④ 《马克思恩格斯全集》第 3 卷，人民出版社 1960 年版，第 378 页。
⑤ 《马克思恩格斯文集》第 4 卷，人民出版社 2009 年版，第 190 页。
⑥ 《马克思恩格斯文集》第 4 卷，人民出版社 2009 年版，第 110 页。
⑦ 《马克思恩格斯全集》第 3 卷，人民出版社 2002 年版，第 42 页。

没在整个社会生活中，国家中社会成员的一切行动都带有普遍的政治意义，除了遵循严格的等级制度，社会成员无民主和自由可言。到了资本主义社会，市民社会和政治国家分离，但社会权力的异化程度并未消减，反而更加隐蔽化了。资本主义政治国家表面上通过法律制度宣布全体社会公民享有"自由、民主、人权"等一切权力，实质上却建立起少数资产者的民主政治。它表现为人们在资本主义社会中过着政治社会的生活和市民社会的生活，人们在政治国家中获得的"国家成员"的规定只是他们抽离于市民社会的抽象规定，在市民社会的现实生活中，他们的公民身份、民主、自由等权利并未"获得实现的规定"。实际上，囿于财产、经济地位、阶级利益等限制，大多数无产者和人民群众无实际掌握管理和参与到国家和社会事务的权力，民主及政治权力的归属只是在市民社会中占有社会资本的少数资产者。这说明，政治权力来源是市民社会，有产阶级掌握控制资本主义国家的权力也根本取决于其在市民社会的经济地位和社会地位。由此，马克思指出，政治国家的出现及其更替实质上"只是社会本身经历的现实变化的政治表现"。[1]

随着生产发展及阶级的消失，以国家形式存在的社会权力最终消亡。但国家机关作为"公共权力"的工具的消亡并不意味着整个社会公权力的消亡。马克思和恩格斯在《共产党宣言》中指出："当阶级差别在发展进程中已经消失而全部生产集中在联合起来的个人的手里的时候，公共权力就失去政治性质。"[2] 即公共权力不再以国家形式存在，重新复归于社会，重新由"联合起来的个人"共同占有。这意味着国家作为压迫机器的工具性质消失，并随着其管理职能逐渐复归于社会与社会本身融为一体，而逐渐自行消亡。

关于这一问题，马克思、恩格斯指出，共产主义社会一方面是实现了物质生产极大丰富的社会，整个社会生产将不再是资本

---

[1] 《马克思恩格斯全集》第17卷，人民出版社1963年版，第650页。
[2] 《马克思恩格斯文集》第2卷，人民出版社2009年版，第53页。

主义时期的"无政府状态",人类社会被"有计划的自觉的组织所代替"①。另一方面,共产主义社会是人们脱离被统治的命运,第一次成为自然界和"自己的社会结合的主人"的社会。在这一历史条件下,人们对社会发展规律认识水平极大提高,能够在尊重客观规律基础上进行社会劳动与协作。另外,共产主义社会中全体社会成员的整体素质、文明程度也得到极大提升,人们能够自觉地进行社会结合和协作,这对于社会自治和社会管理无疑起到非常积极的作用。

这样,马克思"真正的民主制"内涵在其现实语境中就得以凸显:(1)"真正的民主制"是人类历史发展到阶级、国家消亡后的共产主义高级阶段的社会制度形式。(2)"真正的民主制"是"政治国家"和"市民社会"解体之后、脱离了政治性质和私人性质的共产主义民主,它的立足点是"人类社会"或"社会化的人类"。(3)"真正的民主制"是"联合起来的个人"充分占有社会权力自觉地进行社会组织和管理的社会形式。

马克思强调,关于"真正的民主制"是在批判现实世界中得出的,人们只能在其所处的"时代条件下进行认识,而且这些条件达到什么程度"便只能"认识到什么程度"。这是研究未来社会的科学立场和基本方法。他批判卡贝、魏特琳(Wilhelm Christian Weitling)、温斯坦莱等空想社会主义者在探索未来社会发展道路时,无视现实社会的实际情形,执着于从头脑中展开具体社会制度的描绘,从而表现出陈腐的教条主义。就谈及未来社会是"共产主义社会"时,他也没有把"共产主义"当作固定不变的社会形态来看待,而是将其看成是历史的运动,是历史发展的可能性实现方式。恩格斯强调:"我们没有最终目标。我们是不断发展论者,我们不打算把什么最终规律强加给人类"。② 人们唯一能够做的,是使民主建构不断适应变化发展的新社会的要求。

---

① 《马克思恩格斯文集》第 3 卷,人民出版社 2009 年版,第 564 页。
② 《马克思恩格斯文集》第 4 卷,人民出版社 2009 年版,第 561 页。

第二节 马克思民主理论的社会性维度

从社会性维度出发研究民主，是突破主客体思维局限而采用关系性思维的研究方式。马克思利用这种思维方式将民主的考察置于人民在现实物质生活中形成的多样性社会关系，通过分析民主在社会政治生活中的价值功用，论证了民主的可欲性和可行性。马克思指出，在阶级社会，民主的社会性具有明显的阶级倾向，并突出表现为集中统治阶级意志的国家及国家制度。当阶级和国家逐渐消亡，民主政治性质消失时，民主的社会性才能真正体现整个人类社会的群众性，即当人不仅"认识到自身'固有的力量'是社会力量，并把这种力量组织起来因而不再把社会力量以政治力量的形式同自身分离的时候"[①]，真正的民主才能实现。

一 民主社会性的现实依据

马克思在谈到人与动物的差别时指出："对于动物来说，它对他物的关系不是作为关系存在的。"[②] "关系"只是就现实的人而谈的，人们基于社会实践建立起的社会关系是人的本质的凸显。这种关系既包含人之于自然界而先在的实体性关系，如出生时代、背景等，又包含人在交往活动中建立起的非实体性关系。这两种关系模式的存在决定了单纯通过关系者即主体或客体思维无法深刻认识人的本质。马克思解释说，人本身尽管首先直接地表现为"自然存在物"，但人的属性、人格并非取决于"它的胡子、它的血液、它的抽象的肉体，而是它的社会特质"[③]。人的社会特质表现为人在现实社会中

---

① 《马克思恩格斯文集》第 1 卷，人民出版社 2009 年版，第 46 页。
② 《马克思恩格斯文集》第 1 卷，人民出版社 2009 年版，第 533 页。
③ 《马克思恩格斯全集》第 3 卷，人民出版社 2002 年版，第 29 页。

建立起复杂的社会关系，与自然界，与他人建立起密不可分的关系。民主、国家、制度等都是人的这种复杂社会关系的产物，是"人的社会特质的存在方式和活动方式"。从构成人的本质的这种社会关系出发，民主是为处理社会关系冲突和构建全面社会关系而产生的，民主制是社会关系在政治中的制度化体现，其存在和发展都依赖于人们现实的物质生产和交往实践。

首先，人民群众物质生产实践的社会性决定民主的社会性。马克思批判费尔巴哈不了解实践活动的意义，将实践看作"犹太人的粗鄙的利己主义活动"。他指出，尽管费尔巴哈看到了人的活动和社会关系的重要性，但费尔巴哈却仅是从抽象的"类"出发研究人的本质，把人本质"理解为一种内在的、无声的、把许多个人纯粹自然地联系起来的普遍性"[1]。事实上，实践本身是人的存在方式，是社会关系的发源地。人们通过自由的劳动实践建立起全面多样的社会关系。追求民主就是人为提升其社会关系全面性、发展其本质特征的实践体现。一方面，民主内含人们对自由、平等的社会关系的价值追求，是具有代表公共性质的人的属性，另一方面，民主观念和民主制度对现实的人形成普遍化的社会关系起到促进作用。就作为国家制度形态的民主看，国家及其制度的产生源于社会历史现实中人的社会关系的冲突。基于国家本身是作为阶级的统治工具存在的，因此，国家制度的民主的首要目的是解决阶级关系的矛盾和冲突。但无论专制主义的民主还是政治解放后的民主，都是以阶级的社会性为前提的，统治阶级在实现其政治统治的同时"到处都是以执行某种社会职能为基础"的。相较于统治职能，国家的社会职能是国家及其制度存在的基础，"政治统治只有在它执行了它的这种社会职能时才能持续下去"[2]。这样，研究民主的本质就不得不从民主的社会性出发，深入市民社会中人们的物质生产生活中去了。

---

[1] 《马克思恩格斯文集》第 1 卷，人民出版社 2009 年版，第 505 页。
[2] 《马克思恩格斯文集》第 9 卷，人民出版社 2009 年版，第 187 页。

其次，现实的人的劳动实践的性质决定民主政治实践的性质。在马克思看来，民主制本身是社会关系的制度化形式，民主政治实践根本上是现实的人的社会实践的产物。从历史性状态看，民主政治实践是政治国家和市民社会分离后人们对异化了的社会关系进行调和的产物，从历时性状态看，民主政治实践是人的物质生产实践从经济领域到政治领域的扩大，其实质不过是人们对现实的政治关系的创造。基于这种政治关系是依托人的生产实践实现的，因而民主政治实践的性质从根本上取决于现实的人的劳动实践的性质。在《德意志意识形态》中，马克思对此原理作了较为系统的表达。马克思指出："统治阶级的思想在每一时代都是占统治地位的思想。这就是说，一个阶级是社会上占统治地位的物质力量，同时也是社会上占统治地位的精神力量。"[①] 依此认识逻辑，马克思揭露了资本主义民主的虚假性。马克思提出，基于资本主义社会生产者和生产资料的分离，资本主义民主的实质根本是占统治地位的阶级的民主，在市民社会中，表现为占有生产资料的资产者的民主。

最后，社会关系的平等化和人的全面发展的普遍化反映和体现着民主的提升与发展。马克思指出，现实的人的社会性属性决定着人只能在普遍的社会交往中确证其自身。人要生存和发展，获得其生命存在的意义，必须在社会交往实践中建立起全面的社会关系。全面的社会关系是人实现其自由而全面发展的基础。民主作为调和社会关系的制度化形式，随着社会关系的进步而获得其进一步充分发展的条件。从关系相关性看，二者是相辅相成的，现实的人的社会关系的发展，促进民主政治的发展，民主政治的完善促进现实的人的社会关系的完善。这不仅是因为"人是最名副其实的政治动物"，而且主要是因为，人的"政治动物"的性质是由"合群"属性决定的，它有且只有在社会中才能实现。马克思强调，普遍全面的社会关系决不是资本主义社会异化了的普遍的"物的关系"，资本

[①] 《马克思恩格斯文集》第1卷，人民出版社2009年版，第550页。

拜物教或商品拜物教体现的是现实社会中人与人之间的内在分裂，它突出表现为资本主义社会严重的阶级分化、贫富差别。资本主义社会中这种社会地位、社会关系的不平等决定着资本主义的政治制度从根本上说是非正义的，资本主义的民主是形式的民主。

二 民主的社会功能

基于民主的社会性根源于社会历史现实，现实的人的实践是通过丰富多样的劳动活动展现的，因而民主在现实性上，具有特殊的社会职能，它构成民主社会性的具体内容。依照马克思的观点，在革命历史时期，民主的社会性功能突出表现在民主是革命的策略和手段上，在政治统治和国家建设时期，民主的社会性通过国家的双重职能表现出来，一方面具有代表和维护统治阶级意志的功能，另一方面具有协调国家社会关系，进行社会管理的功能。

当前学界在讨论无产阶级争取民主的策略问题时，有将马克思误读为"唯暴力论者"的倾向。但马克思曾在同《世界报》记者的谈话中明确提过，工人阶级政治运动的方式并无完全固定的形式，"用什么方式来使其解决，应当由这个国家的工人阶级自己选择"[①]。在不同的历史时期，无产阶级有可能通过"暴力"和"和平"两种手段夺取资产阶级政权，建立无产阶级专政。马克思突出强调了暴力革命在无产阶级争得民主中的重大作用。1848年欧洲革命时期，工人阶级刚刚遭受资产阶级的"掠夺"（主要指资本的原始积累）和"剥削"（主要指新生的资产阶级革命政权对工人阶级的压迫），工人阶级与资产阶级的矛盾尖锐。尽管资产阶级在工业革命中不断改良大机器，但工人的生活状况却越来越差。这使马克思认识到，无论是基于历史逻辑抑或阶级斗争的发展逻辑，工人阶级推翻资产阶级的暴力革命都难以避免。一方面，资本主义社会的现实生产力和生产关系开始发展到产生破坏生产和交往的力量，这种破坏力量

---

① 《马克思恩格斯全集》第44卷，人民出版社1982年版，第690页。

突出表现为大机器生产和雇佣劳动（机器和货币）；另一方面，阶级的严重对立和激化的阶级斗争导致工人阶级及其他被压迫阶级开始形成"必须实行彻底革命的意识"并逐渐联合起来。

尽管马克思突出强调暴力革命的地位和作用，但马克思并不否认无产阶级通过和平手段争得民主的可能性。1852年，马克思在研究英国宪章派的政治活动时，高度评价了宪章派纲领中对于普选权的主张。他指出："在英国，普选权的实行是大陆上任何标有社会主义这一光荣称号的其他措施所不可比拟的重大社会主义措施。"[①] 英国的工人阶级有可能通过和平的议会手段在争取"普选权"中赢得政权。在英国，工人阶级基于在整个国家中占据普选权人口的多数而使其选举、投票等行为不至于成为虚设。对工人阶级来说，掌握普选权意味着掌握政治国家的实际政治权力。1872年9月，马克思在阿姆斯特丹群众大会上再次强调，工人阶级为争取解放的手段不仅仅是革命的手段，"有些国家，像美国、英国，——如果我对你们的制度有更好的了解，也许还可以加上荷兰，——工人可能用和平手段达到自己的目的"[②]。因此，对马克思来说，暴力和和平都是无产阶级为争得民主所进行的策略手段。马克思之所以突出暴力的重要性，是因为暴力是当时社会大多数国家无产阶级夺取政权必须展开的革命方式。无论实行哪一种方式，无产阶级争得民主的革命都不是随心所欲的。马克思指出，无产阶级革命是受现代社会主客观因素影响发展的结果，"使资产阶级生产方式必然消灭、从而也使资产阶级的政治统治必然颠覆的物质条件尚未在历史进程中、尚未在历史的'运动'中形成以前，即使无产阶级推翻了资产阶级的政治统治，它的胜利也只能是暂时的，只能是资产阶级革命本身的辅助因素。"[③] 无产阶级唯有立足于本国的特殊国情、民族传统、

---

① 《马克思恩格斯全集》第11卷，人民出版社1995年版，第411页。
② 《马克思恩格斯全集》第18卷，人民出版社1964年版，第179页。
③ 《马克思恩格斯全集》第4卷，人民出版社1958年版，第331—332页。

革命成熟条件等，在有可能通过民主方式争取革命胜利的地方实行和平手段，在必须进行暴力革命和武装斗争的时机毫不犹豫地运用暴力武器。

在政治统治和国家建设时期，民主的社会性功能通过议会制代表制、协商等形式具体展现出来。就统治功能看，民主作为国家制度和政权组织形式，旨在缓解市民社会和国家之间的紧张关系，但实质是统治阶级与被统治阶级进行社会阶级斗争的工具。马克思批判，国家作为"虚幻的共同体"形式，其本身是人类社会发展到"以物的依赖性为基础"阶段的产物。在这一历史时期，国家本质上是社会物质生活关系的反映，是政治实践从市民社会抽离出来的抽象的政治形式，市民社会的各阶级依靠国家形式进行着权力、利益的争夺和斗争。议会、选举、协商都成为各阶级进行政治斗争可利用的斗争形式。但是在资本主义政治体制内，资本主义的议会制、选举制实质上仅是有限的资产阶级的利用工具，无产阶级在资本主义民主政治中无实际话语权和参政权。首先，资产阶级将代表人民主权的民主偷换概念，置换为"被统治的人民"，故意混淆"程序民主"和"民主程序"，将民主的言说语境和实际实施局限在选举程序中，指认民主为实现各种政治安排而采用的方式方法。这造成的后果是，人民意志难以上升为国家意志，国家实际成为把控着民主程序的资产者的国家。其次，资本主义民主实践在现实社会政治生活中异化为权力和利益的争夺，资本成为民主在经济生活领域的物化形式，权力成为民主在政治生活领域的物化手段。资本拜物教和权力拜物教充斥资产阶级政府，成为指导和引领其民主政治的理论指南。马克思在《政治经济学批判（1857—1858年手稿）》中指出，在资本主义社会，人们的社会关系实际表现为"每个个人以物的形式占有社会权力"[1]，占有"物"的多少决定人们的经济地位和阶级身份。尽管资本主义制度标榜"自由""平等"等人权，但这不过是意图掩盖资本主义社会中

---

[1] 《马克思恩格斯文集》第8卷，人民出版社2009年版，第52页。

不平等的社会关系，马克思揭露，这些观念范畴是社会交往过程中生产交换的产物，"作为在法律的、政治的、社会的关系上发展了的东西，平等和自由不过是另一次方上的这种基础而已"。①

国家及其制度在社会现实中发挥的管理或治理功能，是民主社会性的突出表现，其主要解决的是复杂社会关系中一致性和多样性的矛盾。首先，民主的价值理性从理念上建构了自由、平等社会关系的基本准则。统治阶级在民主政治中将这些理念、原则运用于公民社会事务的治理。马克思总结巴黎公社革命经验时提出的"社会公仆观""民主监督思想"等都是民主价值合理性的理论展现。其次，民主发挥工具理性进行利益调节和社会资源整合。社会利益调节是为缓和基于社会关系复杂性和多样性造成的主观选择的不一致，社会资源整合是为集中全体社会人民的意志和力量构建更高级的社会基础。

三　民主社会性和阶级性的关系

民主的阶级性是人类历史发展到阶级社会的产物，在阶级社会，民主的阶级性影响民主的社会性，对不同国家、不同力量对比的阶级而言，民主的社会功用和实现程度有所不同。在资本主义社会，资产阶级民主受资本逻辑和权力逻辑的驱使，突出地表现出阶级性优先于社会性，社会管理功能服务于政治统治职能。到无产阶级专政时期，民主是新型民主和新型专政的统一，尽管其实质是无产阶级的民主，但民主的阶级性逐渐趋向于民主的社会性，除了保留对剥削阶级镇压的政治统治职能外，社会管理职能逐渐趋于首要地位。当阶级消失，民主的政治性质随着国家的消亡而逐渐消亡，民主便丧失其阶级性，实现社会共同体成员自己管理自己的社会治理形式。马克思指出，到那时，"人终于成为自己的社会结合的主人，从而也

---

① 《马克思恩格斯全集》第30卷，人民出版社1995年版，第199页。

就成为自然界的主人，成为自身的主人——自由的人"。①

当前，学界在研究民主问题时，有轻视阶级分析法的倾向。有西方学者认为，"阶级"的提法在当今社会已经过时了，尤其在西方民主政治中，无产阶级被吸纳进资本主义政治统治的队伍，通过选举、协商等方式获得了一定的民主话语权。但依据马克思关于民主阶级性的讨论，资本主义民主的一系列新变化并未改变资本主义政治统治的实质，变化的仅是资产阶级对无产阶级和广大劳动人民进行统治的策略和方式。马克思指出，民主的阶级性取决于人类社会现实的生产实践和由此产生的各种社会关系，在作为"虚幻共同体"存在的国家阶段，国家本身是现实物质生产关系的抽象，体现的是权力关系的政治化。若将真正的民主诉诸国家，其研究的意义实际上是从抽象的概念范畴中探讨现实的社会政治问题，这种研究方法终将陷入唯心史观的深渊。马克思批判黑格尔将民主的讨论局限于抽象的"国家"范畴，将"国家"看成"伦理观念的现实"。马克思强调，诚然，在人类历史的发展过程中，国家及国家制度确实是阶级社会不可避免的政治形式，阶级社会"需要一个剥削阶级的组织，以便维持它的外部的生产条件"②，但国家形式并非人类发展的最后形式。人在国家中不能真正确证人自身，它既受经济利益、阶级地位、法治体系的约束，又受由国家形式带来的权力争夺的影响。国家形式背后实际掩盖的是由阶级关系矛盾导致的阶级斗争。

无产阶级国家之所以能够逐渐消除民主阶级性和社会性的分立，根源在于无产阶级国家是正在消亡的国家。马克思以巴黎公社为例指出，巴黎公社时期公社实行的一系列措施表明了工人阶级的政府实际是为消灭国家而奋斗。无产阶级专政以国家形式存在单纯是因为无产阶级限于现实的物质生产条件和社会关系不得不继承"国家"这一祸害。它一方面是基于镇压剥削阶级和反抗侵略者的需要，另

---

① 《马克思恩格斯文集》第3卷，人民出版社2009年版，第566页。
② 《马克思恩格斯全集》第25卷，人民出版社2001年版，第409页。

一方面是作为公共性的中介机构完成管理社会事务和进行社会治理的功能。但一旦社会的历史现实发展到不再有阶级对立的时候，国家的存在条件就不复存在了，国家也将面临消亡。当阶级和国家消亡后，民主的社会性就完全集中于管理社会关系平等的全体社会成员的公共事务中去了。马克思以选举制度为例，指出，当阶级和国家消失，选举本身不再具有政治统治职能的时候，"（1）政府职能便不再存在了；（2）一般职能的分配便具有了事务性质并且不会产生任何统治；（3）选举将完全丧失它目前的政治性质。"①

由此，马克思从民主的社会性维度论证了民主的现实合理性，这一研究方法弥补了以往历史唯心主义的缺陷，将政治范畴的"民主"抽象落实到社会历史现实，从现实的物质生产实践中找到了民主实践的根基。马克思对于民主社会性所表现出的价值理性和工具理性的分析，至今仍具有重要指导作用，对于当前社会民主政治建设充分发挥民主功能具有重要借鉴意义。

第三节　马克思民主理论的政治哲学维度

民主问题是政治哲学的核心问题。马克思民主理论以历史唯物主义为理论基石，论证了民主是基于社会历史现实的产物，现实的生产关系是民主形式和制度的经济基础，生产关系中所有制关系的性质决定民主的性质。马克思的这种民主研究路径遭到西方意识形态神话学的质疑，政治哲学的历史唯物主义阐释被污蔑为唯经济决定论、实证论、人道主义缺失论或历史预设论。随着当前对于马克思主义政治哲学研究的深入，厘清马克思历史唯物主义的民主观及其政治哲学意蕴，对于积极构建当代马克思主义政治哲学具有现实针对性和迫切性。

---

① 《马克思恩格斯文集》第3卷，人民出版社2009年版，第406页。

一 民主形式和制度取决于社会经济基础

历史唯物主义在政治哲学中遇到的主要障碍是唯心史观。在马克思以前，近代西方民主哲学家就通过神话学、契约论等唯心主义学说论证民主的现实合理性。以洛克为代表的自由主义者[①]以自由、理性为基点，通过自然法、契约论等观念论证了民主取代专制的正当性和必然性。他们把民主看成超阶级的，认为民主制是保证个人自由和个人权利优先的重要基础。其基本理论主张一是将人民同意作为民主制的基本原则；二是将私人财产权看成民主制得以维护和发展的关键。卢梭也从"自然状态"的观念论出发论证民主，但他未承认私有产权是民主发展的基础。卢梭主张将人民主权作为民主制的基本原则，认为人民掌握主权并非基于同意让渡权力给国家，而是人民要么直接参与政治，要么"每个结合者及其自身的一切权利全部都转让给整个的集体"[②]，即人民将权利让渡给代表人民"公共意志"的国家，通过法律并集中体现为人民掌握"立法权"管理和统治国家。洛克与卢梭的这两种论证反映了现代民主的两种基本形式：代议民主和直接民主，二人也因此受到了来自代议民主和直接民主批评者的指责。代议民主的批评者认为，选民代表在代表特殊利益和社会整体利益上存在冲突，而且有选民代表存在向官僚主义转化的风险。直接民主批评者则直言，全民参与民主政治在现代国家中不具备现实性，并存在招致"多数暴政"的危险。黑格尔从唯心史观考察社会制度更加明显，他用抽象的法权概念分析国家制度，认为国家制度是法权领域的范畴。在他看来，国家制度的核心

[①] 关于西方民主的典型传统，学界较为认同的是以洛克为代表的自由主义传统和以卢梭为代表共和主义传统两种界分（参见哈贝马斯《包容他者》《在事实与规范之间》），具体叫法不一。黑格尔较早讨论这两种传统，并将二者划分为"功利主义、原子式的社会工程"和"经由实现共同意志达成的绝对的自由"。参见 Charles Taylor, *Hegel and Modern Society*, Cambridge: Cambridge University Press, 1999。

[②] ［法］卢梭：《社会契约论》，何兆武译，商务印书馆1980年版，第23页。

价值是自由，而"自由赖以获得定在的真正的和恰当的基础是意志和意志之间的关系"①。因而，民主制对黑格尔来说，实际上是体现人民"特殊意志"的政体形式，把多数人的"特殊意志"纳入到国家体系中来，容易造成法律效力的缺失，最终导致人民的专制或"无法无天"。② 总的来说，唯心主义的民主观缺陷，一是用"自由""平等"等"神圣观念"阐述民主，将论证民主的根基立足于抽象范畴之中；二是以先验预设将民主的论证逻辑陷于抽象思辨。

马克思对现代民主的思考区别于以往思想家的研究旨趣，他在颠倒政治国家和市民社会关系的基础上，摒弃"自然法""契约论""自然状态"等唯心主义前提预设，从人类社会发展的物质性生产劳动和客观的生产关系出发，指出现代民主制是人类社会发展到一定历史阶段的产物。在商品经济快速发展、资产阶级迅速壮大的历史背景下，现代民主制具有历史必然性。首先，生产力的发展、工业革命的相继展开促使"以前那种封建的或行会的工业经营方式已经不能满足随着新市场的出现而增加的需求了"③。适应新的社会化大生产的生产关系的产生促使以往封建社会的各种关系开始解体，以商品交换和自由经济存在的生产方式逐渐形成。新发展起来的商品经济内在地蕴含着民主诉求，不仅"平等""自由"等价值"在以交换价值为基础的交换中受到尊重，而且交换价值的交换是一切平等和自由的生产的、现实的基础"④。其次，资产阶级在新的生产条件下由最初"零星的自由劳动者"逐渐发展壮大起来，他们要求推翻旧的社会制度，代之以与资本主义的市场竞争相适应的政治。这旨在打破传统社会政治国家束缚市民社会发展的局面，为自由经济

---

① ［美］艾伦·伍德：《黑格尔的伦理思想》，黄涛译，知识产权出版社2016年版，第121页。

② 参见吕世伦、谷春德《西方政治法律思想史》，西安交通大学出版社2016年版，第303页。

③ 《马克思恩格斯文集》第2卷，人民出版社2009年版，第32页。

④ 《马克思恩格斯全集》第30卷，人民出版社1995年版，第199页。

的市民社会注入更多的自主性和活力。马克思指出，尽管在原始社会，氏族民主最先不是凸显为生产关系而是基于血缘关系和家庭关系产生的，但是原始社会民主的存在和发展依然适用于人类社会生产力和生产关系相适应的基本规律。在原始社会条件下，基于生产力水平极其低下，以血缘家庭为依附的氏族民主适应了人类社会的生产方式和生存状态。

由此，马克思指出："任何时候，我们总是要在生产条件的所有者同直接生产者的直接关系——这种关系的任何当时的形式必然总是同劳动方式和劳动社会生产力的一定的发展阶段相适应——当中，为整个社会结构，从而也为主权关系和依附关系的政治形式，总之，为任何当时的独特的国家形式，发现最隐蔽的秘密，发现隐藏着的基础。"[1] 在任何历史时期，民主的形式和制度都有与其适应的经济基础，通过深入社会历史现实考察民主存在的社会经济基础，既是研究民主哲学的理论始基，也是研究整个社会政治哲学的前提基础。它要求人们在认识和分析民主时，一方面要做到深入历史之维中探索民主产生的根基，另一方面要充分了解现实社会的生产发展状况，以结合现实的社会条件分析影响民主发展变化的现实因素。

二　所有制决定民主的性质

马克思认为，所有制与所有权有严格差别，所有制非抽象的法权概念，它是现实社会中物质生产过程的直接形式，体现的是生产资料及其产品的占有、分配等关系。其本质是物质利益关系或经济利益关系的外在表现，反映着现实社会中人与人之间的财产权利关系。民主和所有制有所关联，所有制是生产关系的基础，对民主有决定作用。

按照马克思的解释，物质生产是人类存在和发展的基础，物质

---

[1]《马克思恩格斯文集》第7卷，人民出版社2009年版，第894页。

生产资料的存在形式决定和反映着人的存在形式，人通过物质生产性劳动创造物质生产资料，并通过对这些生产资料的占有，形成支配、使用和处理"物"的意志性关系，这种意志性关系表现在政治社会领域就是以财产条件为基础的各种权力关系。所有制作为"个人在劳动材料、劳动工具和劳动产品方面的相互关系"①，体现了人（们）以何种形式占有、分配物质生产资料及其产品。人们在现实社会中对生产资料的占有、使用和分配权力影响并决定国家制度、法等整个上层建筑。作为制度的民主和作为观念的民主都取决于这一现实的物质生产关系以及由此关系产生的各种社会关系。法律上层建筑，也不过是这些现实物质关系和经济关系在政治社会的反映。马克思强调说，把生产资料的所有制看作现实的、活生生的，是历史唯物主义的基本观点，从一定意义上说，所有制的发展和演变实际展现的是现实社会生产的基本过程，因为"不论生产的社会的形式如何，劳动者和生产资料始终是生产的因素。……凡要进行生产，它们就必须结合起来"②。

在现实社会中，所有制是公有还是私有对于国家制度有重要意义。黑格尔在阐述其理性国家观时曾涉及这一问题。黑格尔认为，国家及其制度不仅与私有制是不冲突的，而且"国家主张建立私有制"③。作为伦理现实的国家承认私有制维护了市民社会中个体或单个人的特殊利益。而且，对黑格尔来说，从市民社会的私有制出发，也能反向证明现代政治制度的合理性。他把市民社会作为国家伦理现实发展的一个阶段，指出国家在经历了家庭、市民社会之后，最终完成其"伦理实体性"，政治制度就是连接起市民社会中特殊利益和国家"普遍性"意志的桥梁或中间环节。马克思对黑格尔的论点持批判态度。在马克思看来，黑格尔尽管未承认民主制，但其理论

---

① 《马克思恩格斯文集》第 1 卷，人民出版社 2009 年版，第 521 页。
② 《马克思恩格斯文集》第 6 卷，人民出版社 2009 年版，第 44 页。
③ ［德］黑格尔：《法哲学原理》，杨东柱、易建军、王哲编译，北京出版社 2012 年版，第 25 页。

实际上是以承认国家与私有制相契合为前提的，这显然是为资产阶级的经济基础和国家制度作辩护。事实上，基于资本主义的生产资料所有制是私有制，私有制充斥于资本主义生产的全过程，因而资本主义民主的实质是资产者的民主制。马克思指出，生产资料私有制是建立在人剥削人的基础之上的，它与社会化大生产之间存在不可克服的矛盾。首先，生产资料私有制将生产资料与生产者相分离，造成生产资料和产品的社会所有变成个人所有，是与社会化的大生产背离的。就生产本身而言，生产力越发展，生产越具有社会性，纺纱机、蒸汽机、大机器生产的每次更新，都需要成百上千或成千上万的人聚集在一起进行协作，社会生产越是"从一系列的个人行动变成了一系列的社会行动"，生产资料及其产品就越加成为"社会的产品"[1]。其次，生产资料的私有制是抑制或阻碍社会化大生产的。恩格斯曾在《社会主义从空想到科学的发展》中指出："资产阶级要是不把这些有限的生产资料从个人的生产资料变为社会的，即只能由一批人共同使用的生产资料，就不能把它们变成强大的生产力。"[2] 一方面，生产资料私有制抑制了劳动者的劳动积极性，将社会生产的劳动异化为仅是无产者的劳动，资产阶级成为无偿占有剩余价值的剥削资本家。另一方面，生产资料私有制造成社会权力的异化，资本成为权力的物化形式，掌握和控制着资本主义社会的生产过程和政治发展过程。资本主义国家成为资本主义社会最大的"资本家"，资本主义的政治制度成为维系资产者展开权力掠夺的有效工具。

对此，马克思提出消灭私有制、重建未来社会所有制的任务。就其相关思想文本看，马克思和恩格斯对于未来社会所有制形式的探索，先后提出了"集体所有制""集体占有制""重建个人所有制"等观点，其中马克思的论述集中在未来社会的"重新建立

---

[1] 《马克思恩格斯文集》第9卷，人民出版社2009年版，第285页。
[2] 《马克思恩格斯全集》第25卷，人民出版社2001年版，第397页。

个人所有制"问题上。学界对此有多种解读，主要争论围绕"个人所有制"的研究方法、内容构成、性质界定。在研究方法上，存在一个"要不要遵循恩格斯对马克思'重建个人所有制'的解释"的问题。恩格斯在《反杜林论》中把马克思关于"个人所有制"的提法与"社会所有制"分开进行解读，认为"社会所有制涉及土地和其他生产资料，个人所有制涉及产品，也就是涉及消费品"。① 有学者依凭这一论据，将"个人所有制"理解为"消费层面的个人所有制"，并以此为基础对"个人所有制"理论写出大量文章。② 但单凭恩格斯的解读容易使人陷入教条主义的研究误区。马克思指明，"重新建立个人所有制"包含生产资料的所有制和消费资料的所有制两个层面，其中起决定性作用的是生产资料所有制的性质，生产资料所有制不仅决定了消费资料的分配性质，而且决定了整个社会的公平和正义，它是社会主义民主的物质基础。这是基于重新建立起来的"个人所有制"改变了整个人类社会的生存状态而谈的。就劳动和劳动条件的存在状态看，"个人所有制"是从决定生产关系的经济关系出发，以否定和消除资本主义社会"孤立的单个人的所有制"即私有制为前提的，它彻底改变了劳动和劳动资料相分离的状态，改变了"以个人自己劳动为基础的分散的私有制……少数掠夺者剥夺人民群众"③ 的社会状况，建立起劳动和劳动条件相统一的社会所有制形式。

三 政治民主形式和阶级统治内容存在复杂的矛盾运动

民主的阶级性是马克思民主观高度重视的问题。有学者从马克

---

① 《马克思恩格斯文集》第9卷，人民出版社2009年版，第138页。
② 参见王成稼《三论"重建个人所有制"逐步实现"共同富裕"——复卫兴华教授的第二次批评与指正》，《河北经贸大学学报》2010年第1期；王成稼《按马克思的原意解读"个人所有制"的内涵——复卫兴华教授的第二次批评与指正》，《当代经济研究》2010年第4期；王成稼《按马克思的原意理解马克思"重建个人所有制"的理论观点——复卫兴华教授的第三次批评与提问》，《河北经贸大学学报》2010年第5期。
③ 《马克思恩格斯文集》第5卷，人民出版社2009年版，第874页。

思否认阶级、意图消灭阶级政治出发，污蔑马克思仅是在"政治消亡"领域或"无政治社会"语境中讨论民主构建问题，其思想无实质的政治哲学。他们以政治哲学中的"平等""正义"等研究范畴在马克思哲学话语中实际被批判为由，指责马克思在"政治之外"预设"无正义"的民主制。雅克·朗西埃直言，马克思主义只是在"关于政治假相的科学真理的持续宣称之中游走。"① 这根本误解了马克思的政治哲学。事实上，在马克思看来，阶级性是民主在阶级社会的特殊属性，要从阶级性出发考虑民主政治哲学的唯物史观基础。民主是一个动态的、发展着的过程，在阶级社会，阶级统治的政治形式和统治内容之间存在复杂的矛盾运动，二者虽是辩证统一的，但并非绝对的简单对应关系，而是具有复杂性和多样性。

马克思指出，政治统治的内容反映和体现阶级性质，历史上各个国家的阶级统治都是服务于特定统治阶级的，但这并不意味着阶级性质决定政治统治的形式。就剥削阶级和被剥削阶级的划分标准看，奴隶制社会、封建社会以及资本主义社会都是为剥削阶级服务的，但三种社会形态明显有不同的政治形式。奴隶制国家和封建国家是以专制为统治形式的，而资本主义国家在获得政治解放之后，实行起代议制民主制。即使是统治形式相同的国家，受阶级属性的影响，民主形式和民主内容也各不相同。在现代国家范围内，资本主义民主和无产阶级民主在形式和内容上相差甚远。资本主义国家主张以宪政、一府两院、两党制等政治形式展开民主政治，旨在维护资产阶级政治统治。关于无产阶级的政治形式，马克思、恩格斯曾设想采用民主共和制，但他们明确指出，这并不是无产阶级专政的唯一政治形式。对于巴黎公社时期关于无产阶级民主的经验总结，他们也仅是明确了巴黎公社民主的性质，而未说明无产阶级专政的

---

① [法] 雅克·朗西埃：《歧义：政治与哲学》，刘纪蕙等译，西北大学出版社2015年版，第121页。

具体政治形式。

因此,"社会的政治结构决不是紧跟着社会经济生活条件的这种剧烈的变革立即发生相应的改变"①。当新旧政治变革时,新的统治内容能够在一定程度上利用旧的政治形式存在和发展,旧的政治形式也得以延续。马克思指出,资产阶级社会赖以生存的生产关系就是在封建社会的胎胞里形成的,资本主义生产关系在生产出自私自利的政治统治者的同时,也生产出自己的"掘墓人"——无产阶级。

四　社会民主高于政治民主

马克思所谈及的社会民主是与"人类解放"和"社会革命"相联系的概念。在马克思看来,基于政治革命的不彻底性,政治民主不是人类解放的最终形式,人类的解放只有通过政治民主走向社会民主才有可能。

马克思认为,人类的解放程度与民主的发展程度是正相关的,民主是反映人类社会生产生活自由状态的主要因素,基于民主的历史性、社会性和实践性,在不同历史时期的民主状态下能够认识和把握人类解放的历史发展程度。反之亦然。在原始社会,人们对自然界的认识处于茫然无知的状态,人类的发展完全依附于外在的社会条件。基于血缘关系建立起的家庭以及由此扩大产生的氏族,是通过彼此之间的相互协作达到生存的目的。这一时期,民主的状态完全是自发的,无强制性因素,恩格斯称它是一种"自然产生的民主制"。到了奴隶制和封建社会,人类自身的发展受阶级统治束缚,民主被专制主义所取代,发展为一种"不自由的民主制",此时,政治和社会是同一的,政治统治的内容延展至整个社会领域。资产阶级的政治革命完成了人的政治解放,市民社会从政治国家中抽离出来,实现与政治国家的分离。民主作为国家制度形态的民主成为政治国家的主要政治形式。马克思称赞说,资本主义在完成政

---

① 《马克思恩格斯文集》第9卷,人民出版社2009年版,第110页。

治解放后使人终能摆脱依附在封建关系上的各种人身束缚，实现了人身自由。这一政治的革命宣告了"人民所排斥的那种国家制度即专制权力所依靠的旧社会的解体"①，是人类社会的进步形式。但在进一步分析资本主义的政治实践和社会制度时，马克思发现，资本主义社会所实现的政治民主仅是局部的、资产阶级范围内的民主形式，资产阶级的政治革命也仅完成了"市民社会的革命"。在资本主义社会条件下，基于资本主义的政治国家和市民社会相互分离，资本主义的民主制度和民主实践存在"惊人的矛盾"。首先，资本主义的民主尽管在政治和法律上宣告全体公民享有平等的社会权利，但政治民主的理论和原则却被市民社会的原则所取代。马克思揭露，在资本主义的社会现实生活中，"自由这一人权一旦同政治生活发生冲突，就不再是权利，而在理论上，政治生活只是人权、个人权利的保证，因此，它一旦同自己的目的即同这些人权发生矛盾，就必定被抛弃"。② 在市民社会中，民主的理想原则实际被商品交易原则所替代，商品拜物教、资本拜物教充斥于资本主义社会所谓"原子式个人"中，人与人之间的关系被冷冰冰的金钱关系和权力关系所替代。其次，资本主义的政治民主以私有财产为基础，从性质上归属于占有社会财富的有产者的民主。马克思解释说，资本主义在政治统治范围内，虽然从法律上宣布了财产的平等占有权，但这一法律制度是以承认私有制为前提基础的。人们的政治关系实际上依附于现实的经济关系。资本主义国家不仅默认生产资料私有制的合理性和合法性，而且还"任凭私有财产、文化程度、职业按其固有的方式发挥作用"③。因此，资本主义的政治民主仅是形式上的民主。

马克思和恩格斯提出，社会民主是政治民主的历史趋向和唯一

---

① 《马克思恩格斯全集》第1卷，人民出版社1956年版，第441页。
② 《马克思恩格斯文集》第1卷，人民出版社2009年版，第43页。
③ 《马克思恩格斯全集》第1卷，人民出版社1956年版，第427页。

出路。无产阶级和广大劳动人民要获得实质性民主，必须进行社会革命，推翻资产阶级的政治统治。社会革命致力于摆脱私有制，以实现更高级的社会形态和社会民主。社会革命的这一过程是伴随着阶级和国家的消亡而展开的，国家消亡的条件也是社会民主得以实现的社会条件。一是消灭旧式的分工，将社会分工建立在自主、自愿的社会协作之上，以实行社会自治发展社会民主。二是消灭阶级和私有制从而消灭国家赖以生成的社会基础。三是大力发展社会主义生产力，创造与社会民主相适应的生产力发展条件。关于无产阶级民主的性质和功能，马克思以巴黎公社民主为例阐释说，尽管公社的本质是"工人阶级的政府"，但公社实际上是以消灭阶级和国家为主要任务的，公社提出的"社会共和国"口号，也不过是为了"表示希望建立一种不仅应该消灭阶级统治的君主制形式，而且应该消灭阶级统治本身的共和国的模糊意向"[①]。因此，对马克思和恩格斯而言，社会民主是比政治民主更高级的民主形态。

第四节　马克思民主理论的政治经济学向度

马克思认为，单纯从政治异化和国家消亡的语境中谈民主，只能是停留在"副本"的抽象批判。劳动作为政治经济学的初始范畴，是理解政治哲学的钥匙，在深刻认识国家与社会关系基础上，将政治异化的批判上升为劳动异化的批判，是对马克思民主理论更深层次的社会存在论的追问。

劳动与人的关系，是人与自然界、人类社会及与他人实践联系起来的纽带，在现实社会生活中，它对人类生存和发展具有始源性意义。人通过劳动"创造对象世界，改造无机界，证明自己是有意

[①]《马克思恩格斯全集》第17卷，人民出版社1963年版，第358页。

识的类存在物"①。在制度或所有制产生以前，人的劳动和劳动条件是直接同一的，人的生命表现就是自由自觉的劳动，劳动是人"生活的乐趣"②。关于劳动的客观条件，无论是先于人存在的自然资源，抑或由劳动创造的改变自然资源的产物，都是由人们共同所有的，是人们相互依赖得以生存的条件。此时劳动的社会性集中体现在劳动生产、消费的共同性上，即使是出现了简单的劳动产品的交换，也不是基于交换价值，而是基于人的生存发展的需要。这种自由劳动的平等地位使得人们在整个社会的生存状态也是自由、民主、平等的。它同时也证明，"生产的共同性一开始就使产品成为共同的、一般的产品"③。私有制产生之后，劳动和劳动条件的分离成为形式民主出现的主要根源。资产阶级的政治革命虽然是反对封建等级、特权的民主革命，但资本主义的政治统治却用资产阶级的特权代替了封建社会的特权。马克思从资本主义生产的社会性谈起，指明资本家无偿占有无产者的剩余劳动是资本主义虚伪民主在经济领域的集中表现。劳动者不仅与其自身的劳动、劳动产品相异化，而且由异化劳动创造的人与自身、人与他人之间的关系也是异化的。

马克思指出，资本主义生产和社会劳动不是确证人的自由，而是扮演"刽子手"和"牧师"的角色。

首先，在资本主义社会，物的私有化使人产生对物的贪欲和占有欲。马克思承认，资本主义生产具有一定的民主原则，集中表现为以商品交换价值为基础的契约原则和法治原则。契约原则保证从事商品交换的主体是主动、自愿的主体，被交换的商品客体是等价、实在的客体；法治原则保证普遍物质交往中正当的秩序和自由竞争。但是契约原则和法治原则都是以尊重"私有财产不可侵犯"为前提的，由物的私有化制度引起的人的贪欲和占有欲

---

① 《马克思恩格斯文集》第 1 卷，人民出版社 2009 年版，第 162 页。
② 《马克思恩格斯全集》第 42 卷，人民出版社 1979 年版，第 38 页。
③ 《马克思恩格斯文集》第 8 卷，人民出版社 2009 年版，第 66 页。

同商品经济中的民主原则存在内在的冲突和分裂。一方面，人的社会关系从形式上表现为一种物，人与他人彼此之间的普遍交往是通过交换物的欲望和实际物的交易关系为前提的，"人之间除了赤裸裸的利害关系，除了冷酷无情的'现金交易'，就再也没有任何别的联系了"①。另一方面，人对物的贪欲和致富欲望驱使市场主体产生违背契约的可能。为了实现对财富的追求或将其使用价值转化为"一般财富"（货币），商品生产有可能出现偷工减料、虚假宣传等非正义行为，它导致市场经济中等价交换和民主原则的破坏，造成市场经济事实的不平等。这种万恶的贪欲和致富欲望实际反映的是资本主义社会人与人的现实的物质关系和社会关系，因为"人们的想象、思维、精神交往在这里还是人们物质行动的直接产物"②，它表现在真实的资本主义生产过程中，是"以思想观念的形式表现出来的资产阶级物质立场"③。

其次，资本主义社会的异化劳动造成"物的权力"对人的统治和控制。劳动，从其性质说，是人的本质的表现和确证，人通过劳动获得必要的物质生活和生产资料，建立起与自然、社会和他人的普遍性交往。自由自主的劳动权意味着人有权使用、管理、支配自己的劳动所得。但是在资本主义的异化劳动条件下，人有权决定于自身的民主逻辑却被物化逻辑统治了。其一，劳动者丧失了劳动的自主性，成为为资产阶级"被迫劳动的工具"。其二，劳动产品异化为劳动者的对立面，劳动产品与劳动者不仅相分离而且相排斥。其三，劳动者的本质及其由劳动建立的各种社会关系难以得到确证。对无产者来说，劳动在资本主义条件下已经不再是属于自己的自由权利，而是作为资本家的权力存在。劳动者与他人建立起的社会关系也是畸形的，它不像资产阶级鼓吹的"资本主义社会每个人都是独立、自由的个体"，实际的情

---

① 《马克思恩格斯文集》第 2 卷，人民出版社 2009 年版，第 34 页。
② 《马克思恩格斯文集》第 1 卷，人民出版社 2009 年版，第 524 页。
③ 张斌：《西方民主政治制度的普世幻象》，《当代世界与社会主义》2017 年第 6 期。

形是,"利益把市民社会的成员联合起来"①,由异化的劳动关系建立起剥削和被剥削的关系。

最后,资本主义社会的雇佣劳动造成资本主义社会的实质不民主。马克思批判,尽管资本主义标榜劳动力的买卖出于自由,但其根本不在乎劳动者同其劳动资料的分离。马克思揭示,资本主义不仅不可能解除这种不正义,反而是以这种分离为生存基础的。劳动力进行买卖充当了生产剩余价值的工具,是资本家获取资本进行价值增殖的唯一途径。而且,就资本家与劳动力的买卖过程看,资本主义民主也在市民社会中表现出了事实的不正义。一是资本家支付给工人的工资只是表现为"劳动力的价值和价格"②,对于工资之外的剩余劳动却被资本家掩盖了。二是资本家在雇佣或使用劳动力的过程中,想尽办法尽可能地压榨和剥削劳动者以获取价值增殖。这导致出卖劳动力的无产者在资本主义社会不仅谈不上"独立性和个性",而且基本的生存条件也难以保障。马克思讽刺地说,资本家和无产者谈民主和人权,无非是想要无产者为其进行更盈余的劳动,使无产阶级出卖自身劳动力并一无所有。因此,"平等地剥削劳动力,是资本的首要的人权"③。对于资产阶级在雇佣劳动中实行的缩短工人工作时间、改善工人劳动环境、劳动条件等所谓"社会福利",马克思指出,这不过是资产阶级缓和由"生产资料和劳动者相分离"造成的社会矛盾的办法,其本质依然是为维护资本主义统治而实施的改革措施。但资本主义制度框架内的修补和改良根本不能克服资本主义危机。马克思指明,在资本主义社会,生产社会化、大工业发展都是依靠劳动发展起来的,但由于资本主义规定了生产资料的所有权是私人占有,这就决定了生产社会化和生产资料私人占有的社会矛盾始终是存在的。对资产阶级来说,资本和劳动的分

---

① 《马克思恩格斯文集》第1卷,人民出版社2009年版,第322页。
② 《马克思恩格斯文集》第5卷,人民出版社2009年版,第621页。
③ 《马克思恩格斯文集》第5卷,人民出版社2009年版,第338页。

裂是其发展的基础,"为了有可能压迫一个阶级,就必须保证这个阶级至少有能够勉强维持它的奴隶般的生存的条件"①。

由此,马克思说明,资本主义民主一方面通过异化劳动否定人本质,另一方面通过雇佣劳动从资本生产和资本扩大化上完成对人的自我否定。这与在"人的依赖关系"发展到"以物的依赖性为基础的人的独立性"阶段,人对"物"的依赖需要以公平合理的物的占有行为为实质性民主的根基根本相背离。但"生产者的政治统治不能与他们永久不变的社会奴隶地位并存"②。资本主义生产资料私人占有和生产社会化的矛盾促使资本主义始终处于周期性的经济危机之中,资产阶级尽管在其制度框架内对此进行了修补和完善,但根本不能摆脱这种由资本主义内在矛盾造成的冲突和缺陷。

为此,马克思主张劳动解放,消除现代社会中异化了的劳动关系,达到"真正的民主制"。马克思认为,阶级对立和差别的消失和国家的消亡建立在劳动解放的基础之上,人们实现"自由自觉的劳动"是"真正的民主制"建立的社会前提。基于"任何解放都是使人的世界即各种关系回归于人自身"③,劳动的解放旨在将真实的人与自然界、人与社会、人与他人的关系复归于人自身。这集中表现在:其一,劳动"本身成了生活的第一需要"④,人不再被迫地、强制地,而是出于自愿进行劳动;其二,劳动本身成为人"享受"的活动,人在劳动中不再感觉到"不自在"⑤,而是享受到自由和舒畅;其三,劳动和劳动条件重新实现同一,由"联合起来的个人"共同占有社会生产和生活资料,人们基于社会联合和协作进行自由的联合的行动。马克思以巴黎公社实行的民主措施为例,称赞巴黎

---

① 《马克思恩格斯文集》第 2 卷,人民出版社 2009 年版,第 43 页。
② 《马克思恩格斯文集》第 3 卷,人民出版社 2009 年版,第 158 页。
③ 《马克思恩格斯文集》第 1 卷,人民出版社 2009 年版,第 46 页。
④ 《马克思恩格斯文集》第 3 卷,人民出版社 2009 年版,第 435 页。
⑤ 《马克思恩格斯文集》第 1 卷,人民出版社 2009 年版,第 159 页。

公社民主是"是终于发现的可以使劳动在经济上获得解放的政治形式"①。在这种形式下，巴黎公社不仅使"阶级斗争能够以最合理、最人道的方式经历它的几个不同阶段"②，而且能够充分调动工人和广大人民群众的积极性，通过人民群众自觉自愿地劳动创造促使人类得以解放的现实条件，从而为实现"真正的民主制"奠定基础。

汉娜·阿伦特在研究马克思思想及其传统时，对劳动解放问题提出质疑。她认为，马克思提出的劳动解放存在内部思想的矛盾和对立，即马克思一方面说明人们在未来社会中能够自由自觉地进行劳动，但另一方面却又"要求在未来社会实现劳动对立面上的'闲暇'"。③ 对于这一质疑，考察劳动解放的时间维度和价值维度就可以解决。就时间维度看，"闲暇"本身是劳动解放的一个重要尺度。劳动的解放促进闲暇时间的增加，人能够在充足的休闲时间中安排自身的活动，如展开教育提高个人素养和禀赋、进行业余爱好的拓展和学习、参与社会公益、建立其他公共性的社会关系等。这些休闲活动能够在促进人们全面发展的同时彻底消除分工强加给人的社会差异，以及由人的社会差异导致的社会不平等、不公正现象。马克思探讨必然王国走向自由王国的路径时，也明确说道："工作日的缩短是根本条件。"④ 就价值维度看，劳动解放的根本价值诉求在于自由，这也是马克思民主思想的价值追求。马克思提出，实现人类自由个性解放的同时也要实现劳动解放，并把劳动解放认定为实现人类解放的必要条件，认为二者是彼此统一的关系。但劳动和自由的统一，"决不是说，劳动不过是一种娱乐，一种消遣……真正自由的劳动，例如作曲，同时也是非常严肃，极其紧张的事情"⑤。这

---

① 《马克思恩格斯文集》第3卷，人民出版社2009年版，第158页。
② 《马克思恩格斯文集》第3卷，人民出版社2009年版，第198页。
③ 李佃来：《阿伦特对马克思政治哲学的四个根本性误解》，《学术月刊》2018年第8期。
④ 《马克思恩格斯文集》第7卷，人民出版社2009年版，第929页。
⑤ 《马克思恩格斯文集》第8卷，人民出版社2009年版，第174页。

样，劳动的自由就与劳动的社会性结合起来，自由和闲暇时间并不意味着脱离社会联系，它是建立在社会性和科学性基础之上的。

  当前，人工智能的发展为劳动解放提供了有利条件，它标志着科学技术在很大程度上能够促使人从劳动的束缚中解放出来。在人工智能的使用和影响下，人们能够有更多的休闲时间从事教育、培训等其他活动。人与人之间的交往跨越地域、语言等限制，地域与地域之间、国与国之间建立起的区域性的联合逐渐增多，团结和协作在区域性的联盟和各种共同体中得到一定范围的实现。这说明，科学技术的发展在推促人实现自由自觉的劳动本质上有重要意义，它为"消灭私有制"建立起联合起来的个人之间的共同协作提供了重要动力。

第 五 章

"民主批评的批评"：马克思民主理论的四重辩护

本章对马克思民主观的辩护是从人民性立场出发的，以澄清学界对马克思"多数原则"误解为起点，指明马克思运用"多数原则"的现实语境和合理限度。在此基础上，重点剖析反马克思思潮中，社会民主主义、无政府主义对人类解放道路的曲解，政治虚无主义对人民主体作用的虚无，明确马克思民主观与各种错误政治思潮的根本区别。

第一节 澄清对马克思民主观中"多数原则"的误解

民主是"多数人的统治"一直以来饱受质疑。基于马克思在其民主理论中明确阐述民主是"人民的统治"，无产阶级是为"绝大多数"人民的利益谋求解放的运动，民主批评家对马克思强调的"多数"原则的批评之声也不绝于耳，其批判论点主要涉及人民何以拥有权力、人民拥有权力该如何安排和实现，以及它必须通过哪些措施得到保证等问题。勒庞、奥尔特加等人称社会中的绝大多数属于"乌合之众"，托克维尔（Alexis-Charles-Henri Clérel de Tocqueville)怀疑"多数人的统治容易引发多数人暴政的危险",萨托利、罗尔斯等人认为在民主中强调多数难以实现对少数人利益的保护。尽管这些观点从学术争鸣上丰富了民主理论,但究其实质,这些质疑和批评都有着特定思想内涵、政治价值倾向和意识形态色彩,根本目的是消解马克思主义民主理论,用资产阶级民主话语掌握意识形态主导权。近年来,国内学者在研究民主理论时,不禁出现用西方话语模式解释社会主义民主的现象,对马克思民主理论造成一定误解,事实上,"乌合之众""多数人的暴政"等分析在当代中国民主政治中根本缺乏解释力,马克思的民主理论有其"多数原则"的合法性证成和合理推行理路,澄清这一原则对当前深化马克思民主理论研究和社会主义民主实践具有重要意义。

一 "多数原则"的问题分析

多数原则由来已久。古希腊时期,希罗多德、亚里士多德等人就以"多数人的统治"界定和规范民主,认为"统治者是大多数群众,并且能够照顾到城邦的公共利益"[①] 是一种适合社会特定形态的政体形式。此时"多数"并不仅仅在于人数,而是集中体现和反映特定社会阶级的规范性概念。近代以来,"人民主权"重新确立,民主作为国家制度存在后,多数原则开始作为一种行动原则出现在民主程序中。与"人民主权"从应然状态解释"权力归属"问题相比,"多数原则"成为解决和回应"权力如何行使"的手段和方式。这一变化跟随近代民主概念的演变而产生。塞缪尔·亨廷顿指出:"理论家越来越注重在民主的概念之间做出区分,一种是理性主义的、乌托邦的和理想主义的民主概念,另一种是经验的、描述的、制度的和程序的民主概念。"[②] 多数原则就是伴随民主向程序民主这

[①] [古希腊]亚里士多德:《政治学》,高书文译,江西教育出版社2014年版,第110页。

[②] [美]塞缪尔·亨廷顿:《第三波:20世纪晚期民主化浪潮》,刘军宁译,上海三联书店1998年版,第5页。

一概念的转移，日渐成为"一个摆脱了质量特征的数量标准"① 的，作为程序民主的核心原则被理论家解释和利用，民主批评者对"多数原则"的批评也在较大程度上以程序民主为基石。

（一）多数原则可能引发多数人的暴政或多数专制危险

继洛克、卢梭等人从"人民主权"出发正面阐述多数原则的积极意义后，比马克思大十多岁的托克维尔在19世纪30年代提出民主的"多数原则"有人民暴政或人民专制的危险。托克维尔认为，在现代国家中，多数原则的无限权威容易使国家陷入名义上的民主，它是一种"坏而危险的东西"，无论是授予人民多数还是个人，"都是给暴政播下了种子"。民主政府由于缺乏反对多数控制的措施，多数人的统治有可能导致多数专制，"民主政府的本质在于多数对政府的统治是绝对的……谁也对抗不了多数"②。托克维尔分析，在民主革命胜利之后，人民对于多数人的统治有种道义上的理想期待，他们总体期望，多数人联合起来的才智优越于个人，多数人进行统治更容易实现全体人民的平等和自由，其后果是多数统治被赋予"权力的代表"和"真理的化身"，从而掌握"不可抗拒的力量"③。除此，统治者还惯用与专制统治不同的手段和策略在精神上奴役人民。托克维尔指出，在民主政治中，统治者善于用"严明的、温和的和平稳的奴役办法"奴役人民，这种精神的奴役是潜移默化的。由于人民在民主国家内享受的权利和好处比其他任何时期都要多，所以人们本身是接受并趋向于这些好处的，托克维尔将国民的这种心态称为奴性。他谈到，在民主政治中，国民的奴性突出地表现为"巴结"现象，这种"巴结"思想是一种"诱引他人堕落的权力"，它

---

① ［美］乔万尼·萨托利：《民主新论：当代论争》（上），冯克利、阎克文译，上海人民出版社2015年版，第211页。
② ［法］阿历克西·德·托克维尔：《论美国的民主》（上），董果良译，商务印书馆1989年版，第310页。
③ ［法］阿历克西·德·托克维尔：《论美国的民主》（上），董果良译，商务印书馆1989年版，第318页。

不仅在现实生活中败坏了国民素质,而且是造成统治者滥用权力、以权谋私等腐败现象的重要原因。托克维尔直言,民主政治中的个人主义无非也助长了这种现象。而且,在民主革命胜利后,个人主义的滋长要比其他时期更为强烈。这造成民主政治的运行不是基于多数人为社会全体服务的政治,而嬗变成统治者"多数"维护其统治的"多数人的专制"。为此,托克维尔以美国的民主为例,提出了解决和防范"多数人的暴政"的办法。客观上,通过法治约束建立起对多数权利的平衡和限制,给予公民言论、结社、出版自由的权利,实行如美国乡村式的高度自治;主观上,在民主社会中提倡公共精神、自由、平等、法治等价值观念。

约翰·密尔丰富了托克维尔的观点。他也从多数原则中权威的不受控性出发,指出多数原则可能引发"多数暴虐",这种隐患"比许多种类的政治压迫还可怕,因为它虽不常以极端性的刑罚为后盾,却使人们有更少的逃避办法,这是由于它透入生活细节更深得多,由于它奴役到灵魂本身"。[①] 约翰·密尔认为,"多数暴虐"不仅在政府、社会中可能出现,而且在情感、舆论中也会存在。他提出,运用法律确认人的自由权利和通过宪法进行权力制约能够在一定程度上防止"多数暴虐"。

综合二者观点,两人对"多数原则"的批判多是从"绝对多数"出发,立足于程序民主,批评民主程序中的"少数服从多数"原则,或主张美国式民主,或主张宪政,基本立场都是以维护资本主义自由精神和阶级统治为出发点,为巩固和发展资本主义的民主统治服务。

(二) 多数原则缺乏对少数人的利益保护

萨托利从少数人的利益保护问题出发指责多数原则。在他看来,少数人在民主政治中是处于关键性地位的,尽管相对于多数,其地位是被统治、被支配的,但就民主形成和发展的过程而言"(1) 民主

[①] [英] 约翰·密尔:《论自由》,许宝骙译,商务印书馆1959年版,第4页。

产生许多少数派，而不是一个单一的少数。（2）民主不允许泛泛而指的统治，只允许领导一次所包含的严格意义上的统治。"① 所以，从多数原则的逻辑中实际上无法引申出"多数人的统治"。他认同托克维尔和约翰·密尔对"多数原则"的担忧，认为多数原则最大的危险是一种"社会顺从"的危险。统治者要克服这种危险，必须正确处理国家、社会和个人的关系，即注重从"关键少数"出发，解决好民主社会中社会少数的利益实现问题，为"关键少数"争取合法化的社会空间，通过"关键少数"监督和约束"多数"，保证民主程序的平等、正义。加拿大学者金里卡（Will Kymlicka）也曾就少数人的利益保护质疑多数原则，但他主要从文化认同视角谈起。在论述"多数"与"少数"的关系上，他指出，为保证"多数原则"不危及少数人的权利或利益，应该对少数人的利益保护进行必要的限度设定。博登海默（Edgar Bodenheimer）也批评民主政治采取的"多数原则"在一定程度上造成了多数人掌握无限权力的现象。他认为，多数原则仅是寄希望于统治者或领导者的自律和奉献精神，没有在如何限制权力上做出说明，这导致在现实的民主实践中，"除了多数的智慧和自律以外，他没有提供任何预防主权者滥用无限权力的措施，也没有提供任何保护自然法的措施"。② 当代美国著名政治哲学家罗尔斯也提出，强调"多数"使"许多人享受较大利益"难以确保"能绰绰有余地补偿强加于少数人的牺牲"。③ 罗尔斯提出，要真正实现社会"少数"权利和利益的最大补给，首先要强调个体权利的优先性。

（三）简单多数原则中的"投票悖论"

法国启蒙主义者孔多塞（Condorcet）曾就"少数服从多数"投

---

① ［美］乔万尼·萨托利：《民主新论：当代论争》（上卷），冯克利、阎克文译，上海人民出版社2015年版，第202页。

② ［美］埃德加·博登海默：《法理学：法律哲学与法律方法》，邓正来译，中国政法大学出版社1999年版，第61页。

③ ［美］约翰·罗尔斯：《正义论》，何怀宏、何包钢译，中国社会科学出版社1988年版，第4页。

票原则进行辩论,指出在简单多数票决中存在明显的"投票悖论",即依据多数票进行集体选择或决策,容易受到情感、个人偏好、社会关系、他人意志等诸多因素的影响从而影响投票结果或决策过程。如在多数投票过程中,可能会存在互投赞成票、以钱拉票、人情票等现象。罗伯特·达尔也指出,多数人的民主在集体讨论和决策中面临"多数规则的局限性、偏好一致的困难性、偏好强度的差异性和政治目标的多元性等难题"。① 这一现象在资本主义民主中表现得非常明显。资本主义民主将"多数原则"简单化为选民投票,在投票过程中将人民公意简单化为人民同意。这集中表现为资本主义的选举权受到私有产权的限制。这种财产限制导致社会中不占有社会财富的"大多数"在事实上无选举投票的资格。它表明,资产阶级的选举过程不是基于由社会全体人民选举出的选民的意愿,而是取决于实际有资格进行民主政治参与的资产者的"多数"的意愿。

(四)群众多数与"乌合之众"

勒庞对"多数原则"的批评聚焦于民主主体即占社会大多数的人民群众。在勒庞看来,"多数原则"容易产生"乌合之众"。所谓"乌合之众",是在一定条件下,丧失个人独立个性,受群体思想控制和支配的社会群体。这些群体一般在行动中表现出明显的非理性,他们"不善于推理,却甚于采取行动"②,在聚集成群的过程中,容易被群体的行为所感染和左右。在多数原则的权威中,这些群体的选择和决策容易随波逐流,趋向于群体中的多数意见和多数权威。因此,勒庞怀疑,作为普通品质的社会群体难以胜任高智力的工作。

回溯19世纪中期的历史,不难发现,勒庞对群众作"乌合之

---

① 马德普:《人民同意与人民主权——西方近代以来两种民主理论传统的区别、困境与误读》,《政治学研究》2017年第5期。

② [法]古斯塔夫·勒庞:《乌合之众——大众心理研究》,冯克利译,中央编译出版社2000年版,第4页。

众"的解释与其生活的时代相关,当时法国巴黎正处于"六月起义"的惨烈革命中,勒庞将这次革命称为"群众作为刽子手的行动"①。就积极意义看,勒庞对多数群体的质疑触及了关于"社会服从和过度服从、趣味单一、群众的反叛、大众文化、受别人支配的自我、群众运动、人的自我异化、官僚化过程、逃避自由投向领袖的怀抱,以及无意识在社会行为中的作用"②等社会问题,对人们重新思考和研究民主有一定启发,但就其消极意义而言,勒庞从心理学出发研究社会群众及群体中的个人,把群众的现实生活束之高阁,实质上陷入了唯心史观。

二 群众史观和"多数原则"的合法性证成

马克思文本中未有明确阐述"多数原则"的论述,其思想散见于马克思对社会绝大多数人民和劳动群众生存状态、社会地位、历史命运等的揭示,以及为争取人民主权而确立的无产阶级革命运动的论述中。在马克思看来,多数一是指推动历史发展进步、占据社会绝大多数的人们,即人民群众;二是指在实际的民主政治参与中,代表社会绝大多数人民利益的人。

承认人民群众的历史主体地位是唯物史观同以往历史观的根本差别,马克思遵循这一原理确立了民主主体的"人民性",指出人民群众是历史的主人。首先,人民群众在社会历史中占据物质生产资料的创造者地位,人民群众的"劳动"属性是历史主体身份的第一确认。尽管民主是社会政治领域内的活动,但依然建立于人民群众创造的物质生产资料基础之上。其次,人民群众在社会历史中占据精神财富的创造者地位。根据唯物史观的观点,任何精神思想活动或政治观念等都是在一定的社会经济条件下形成的,社会分工尽管

---

① [法]古斯塔夫·勒庞:《乌合之众——大众心理研究》,冯克利译,中央编译出版社2000年版,第13页。
② [法]古斯塔夫·勒庞:《乌合之众——大众心理研究》,冯克利译,中央编译出版社2000年版,第3页。

将社会财富分为物质的劳动和精神的劳动，但从事这些历史活动的始终是社会中绝大多数的人民群众，只不过，观念、精神财富同劳动人民的联系被一定的"中介"或"中间环节"消解了。最后，在社会历史的变革中，人民群众还扮演了革命主体的重要角色。人民群众的这一历史主体地位决定了人类社会真正的主人是占社会绝大多数的群众，坚持人民主权，保证社会和国家权力掌握在人民手中是社会历史的发展要求，也是尊重社会发展规律的集中体现。

从人的本质看，人是社会存在物，人的社会性本质决定人无法脱离社会群体而存在，单个人的动机和行动同社会群体有紧密联系。马克思批判以往哲学家将抽象的个人作为考察社会政治现象和政治生活的起点，指出单个人的存在和确证是通过"采取共同的、同他人一起完成的生命"[①] 表现出来的，人在社会实践活动中与他人建立联系，形成个人与集体、个人与社会之间的关系，人在各种社会关系中展开自身的社会化过程。人在社会化过程中受各种社会关系的限制和制约，单个人不能离开社会群体，无视社会发展规律孤立地行使自己的意志。在《恩格斯在致约瑟夫·布洛赫》一文中，恩格斯曾提出力的平行四边形理论，认为历史发展的结果不是由单个人创造的，而是通过"许多单个的意志的相互冲突中产生出来的，而其中每一个意志，又是由于许多特殊的生活条件，才成为它所成为的那样"。[②] 恩格斯直言，马克思考察任何历史现象，始终是贯穿着这一理论的。

为避免这一理论陷入空谈，马克思和恩格斯通过具体分析社会关系中具有决定性的利益关系，详细阐述了个人与集体、个人与社会的相互关系。他们认为，社会分工产生了个人利益或特殊利益与社会群体共同利益的区分，二者始终是存在斗争的。尽管在表面上，

[①] 《马克思恩格斯文集》第1卷，人民出版社2009年版，第188页。
[②] 《马克思恩格斯文集》第10卷，人民出版社2009年版，第592页。

共同利益是作为"普遍的东西"存在的，但在现实的社会关系中，共同利益对于个人来说，"仍旧是一种特殊的独特的'普遍利益'"①。这导致不同特殊利益之间的实际斗争是始终存在的。政治国家就是为解决个人利益与实际的阶级利益矛盾产生的，它通过某种"虚幻的'普遍利益'"对现实社会中个人与社会之间的斗争进行干涉。而民主国家中"多数原则"的合法性，通过对特殊利益和共同利益进行矛盾分析也是能够充分证明的。马克思揭露，在现代国家中，社会共同利益实际上是趋向于单个人的私人利益的，在商品交换尤其是劳动力产品的交换过程中，个人原则和社会原则在资本逻辑中具有同一性，它集中表现为"私人利益本身已经是社会所决定的利益，而且只有在社会所设定的条件下并使用社会所提供的手段，才能达到"。② 也即是说，特殊利益的获得是通过社会手段实现的，"多数原则"是体现社会原则的特殊手段。但马克思也强调，在资本逻辑的驱使下，由于资本主义社会中的"社会利益"实际上表现为"普遍为攫取剩余价值的私人利益"，因而资本主义民主政治中的多数，实际上是虚假"普遍利益"形式背后的有限的资产阶级多数。

相对于资产阶级，无产阶级在争得民主中实际代表的是社会大多数人的利益，无产阶级的解放本身蕴含着人类解放。从社会历史发展的矛盾运动看，无产阶级在整个社会生产过程中占主导地位，无产阶级的解放代表着与社会先进生产力不相适应的旧的生产关系的集体，无产阶级的革命运动致力于推翻一切旧制度，其根本目的是消灭阶级、消灭私有制，从而最终消灭人类社会最后的不平等和非正义。在《〈黑格尔法哲学批判〉导言》中，马克思说道："无产阶级宣告迄今为止的世界制度的解体，只不过是揭示自己本身的存在的秘密，因为它就是这个世界制度的实际解体。"③ 相较于其他阶

---

① 《马克思恩格斯文集》第 1 卷，人民出版社 2009 年版，第 537 页。
② 《马克思恩格斯文集》第 8 卷，人民出版社 2009 年版，第 50 页。
③ 《马克思恩格斯文集》第 1 卷，人民出版社 2009 年版，第 17 页。

级，无产阶级的优势在于，无产阶级自身创造着实现人类解放的条件，这突出地表现为，无产阶级有将个人的行动联合起来的可能性和现实性。一方面，基于无产阶级在革命运动中的战斗性、革命性最强，能够自觉地加入争取民主的斗争中。另一方面，无产阶级具备先进的理论指导和政党组织，他们"胜过其余无产阶级群众的地方在于他们了解无产阶级运动的条件、进程和一般结果"[①]。无产阶级争取民主，实现政治统治的革命运动实际上就是社会绝大多数人实现自己管理自己，从被统治阶级翻身做主人的社会运动。马克思以巴黎公社为例，指出，在无产阶级民主政治中，人民真正成为国家的主人。这里的"人民"尽管是将少数敌对阶级排除在外的，但相较于资本主义民主而言，工人阶级真正掌握了社会主权，并为消灭国家和阶级的目标而展开实际的行动。

三 马克思"多数原则"的本质内涵和推行路径

马克思从规范意义和经验层面上规定了"多数原则"的基本内涵，规范层面的"多数"首先体现为人民主权，经验层面的"多数"表现为在实际的民主程序中实行"少数服从多数"，同时保护少数的原则。马克思认为，"多数原则"是由特定历史时期"社会的经济结构以及由经济结构制约的社会的文化发展"[②]决定的，在民主国家中，人民主权在实际民主程序中异化为多数人的主权，这是人的发展处在以物的依赖性为基础的阶段决定的。"多数"和"少数"不是在量的变化上的指认，而是代表鲜明的阶级立场。尽管西方学者提出的防止"多数人的暴政"举措对社会主义民主建构具有一定借鉴意义，但基于资产阶级立场和资本主义社会经济、政治基础的"多数暴政"理论在社会主义民主政治中毫无解释力。

首先，马克思民主话语中的"多数"不是简单化的量的多数，

[①] 《马克思恩格斯文集》第2卷，人民出版社2009年版，第44页。
[②] 《马克思恩格斯文集》第3卷，人民出版社2009年版，第435页。

而是基于阶级立场。考茨基曾将"多数原则"简单理解为数量上的变化，认为只要工人阶级在民主社会中占据多数，就可以通过投票选举而不是流血斗争的方式取得政权。这一观点根本误解了马克思关于"多数原则"的鲜明立场。在《共产党宣言》中，马克思明确指出："过去的一切运动都是少数人的，或者为少数人谋利益的运动。无产阶级的运动是绝大多数人的，为绝大多数人谋利益的独立的运动。"[1] 无产阶级在争得民主，实现社会绝大多数成为社会的主人后也是存在鲜明阶级立场的，这一立场在阶级和国家彻底消灭之前始终是存在的。在制度和法律上，无产阶级民主规定"国家一切权力属于人民"。同时明确指出了"人民"的确定性内涵和外延。如巴黎公社规定，公社的人民是整个生产者阶级，包括工人阶级、农民、小资产阶级、"甚至巴黎中等阶级的大多数，即店主、手工业者和商人——唯富有的资本家除外"[2]。除此之外，公社还具有国际性质，它致力于实现劳动解放和人类解放，将整个人类社会的工人阶级联合起来。从这一意义上讲，如果说资本主义社会是将"多数原则"趋向于代表"私人利益"的"个人原则"，那么，无产阶级民主则是将"多数原则"趋向于"社会原则"。

其次，要严格区分民主制与"少数服从多数"原则。在马克思民主话语中，"少数服从多数"是民主程序中可遵循的基本原则，它是现代国家限于地域、人口等因素，以具备一定选民资格的群体参与民主政治的现象，突出体现在选举制中。马克思承认，在实际的民主政治程序中，多数实际拥有共同体中的政治权力和人民主权规定的"权力所有者属于全体人民"之间确实是存在着矛盾的，这是由阶级社会的生产关系和社会关系决定的。只要阶级还存在，人的存在和发展是以"虚幻的共同体"——国家存在着，人民主权异化为一定的阶级主权就始终是存在的。无产阶级民主通过暴力和专政

---

[1]《马克思恩格斯文集》第2卷，人民出版社2009年版，第42页。
[2]《马克思恩格斯文集》第3卷，人民出版社2009年版，第160页。

形式镇压资产阶级和敌对势力的反抗不仅是必要的，而且是存在于从资本主义社会向共产主义社会过渡的整个时期。但无产阶级民主的最终目的是消灭作为统治工具和暴力机器的国家，"对人们使用暴力，使一个人服从另一个人、使一部分居民服从另一部分居民的任何必要"① 最终将随着国家的消亡而不复存在。

再次，马克思阐述的"多数原则"与民主集中制紧密相连，既强调集中基础上的民主，又强调民主基础上的集中，这有效杜绝了"多数人暴政"隐忧中的无限权威。1850年，在加注马克思笔记的《共产主义者同盟章程》中，民主集中制思想初见端倪。该章程规定了"同盟分为支部、区部、中央委员会和代表大会"②，并明确指出了吸收同盟成员的条件。对代表大会和中央委员会的性质和职权，章程指出，前者是由工人代表选举产生组成的立法机关，后者是保障工人广泛权利和执行权力的执行机关，二者是民主和集中统一的充分体现。章程还赋予代表大会的选民以监督权和罢免权，指出"选举人可以随时罢免他们"③。1864年，马克思在《协会临时章程》中具体阐述了中央委员会和全协会代表大会的基本职能及其相互关系，指出："国际总委员会活动的成效又在很大程度上取决于它是同少数全国性的工人协会中心还是同许多小而分散的地方性团体联系。"④ 他和恩格斯强调，民主与集中是对立统一的，一方面，任何组织采取的集中办法，都是在民主基础上的集中；另一方面，民主也不是无限制的、绝对的民主。在制度和章程规定下，民主主体、民主程序步骤、民主决策方式等都遵循着一定的要求和限制。

最后，马克思阐明，无产阶级民主遵循的"多数原则"建立在生产资料的社会所有制基础之上，它基于整个社会生产条件的公平和正义。这是无产阶级民主与资本主义民主的根本差别，它决定了

---

① 《列宁专题文集·论马克思主义》，人民出版社2009年版，第253页。
② 《马克思恩格斯全集》第10卷，人民出版社1998年版，第745页。
③ 《马克思恩格斯全集》第10卷，人民出版社1998年版，第745页。
④ 《马克思恩格斯文集》第3卷，人民出版社2009年版，第228页。

西方学者立足于生产资料私有制的"多数人暴政"批判根本不适用于社会主义社会。资产阶级民主之所以是形式的民主是因为其从生产关系上确认了生产资料的私有权。而就巴黎公社民主而言，公社的存在基础是生产资料归社会所有的公有制，这保证了公社成员对于社会生产资料的占有是基于生产公平和正义的。马克思指出，公社是要"消灭那种将多数人的劳动变为少数人的财富的阶级所有制。……把现在主要用做奴役和剥削劳动的手段的生产资料，即土地和资本完全变成自由的和联合的劳动的工具，从而使个人所有制成为现实"。[①] 生产正义是社会正义的基础，生产正义决定了公社成员在从事社会生产过程中，其交换、分配等也是正义的。但就正义的本质而言，在无产阶级专政阶段，人民享有的正义依旧是形式正义和实质正义的统一。正义作为抽象的概念范畴，本身就是与现实社会存在的非正义相对立存在的，其存在土壤是现实社会中"资产阶级法权"，即在阶级存在条件下，基于暴力和服从的国家还未完全消失，人们在现实的生活中依然存在事实上的非正义。公社民主尽管推翻了资产阶级统治，建立起社会大多数人的民主政治，但在社会经济和文化发展水平尚未发展到能消灭阶级和国家的阶段，"资产阶级法权"是始终存在的。

第二节 驳马克思是"社会民主主义者"的虚假命题

马克思在其科学理论的创立过程中面临着形形色色的社会思潮，社会民主主义是马克思在 19 世纪中期面临的主要政治思潮，它与科学社会主义的关系经历了一个由靠拢到背离、最后直接分道扬镳的过程。马克思尽管在特定历史时期肯定过社会民主主义的积极意义，

[①] 《马克思恩格斯文集》第 3 卷，人民出版社 2009 年版，第 158 页。

但他从未自称是"社会民主主义者"。马克思围绕人类解放的道路问题、国家理论、党的建设等问题同社会民主主义展开批判和斗争,从研究方法、理论基础、价值属性上揭露和阐明了社会民主主义实质是代表小资产阶级立场的错误政治思潮。马克思对社会民主主义的批判,在当时时代背景下对澄清科学社会主义的民主理论、消解社会民主主义在工人阶级中的负面影响具有重要意义,在当前理论研究中,对辩驳和回应污蔑马克思是"社会民主主义者""社会民主主义是科学社会主义"的错误观点具有现实价值。

一 19 世纪社会民主主义的发展与演变

19 世纪的社会民主主义有特殊的历史语境,与当前的社会民主主义及其变种民主社会主义有重要差别。从词源学考察,该词出现并在马克思文本中集中使用始于 1848 年欧洲革命时期,最初是指称带有民主主义色彩的小资产阶级者,而后又吸纳了丢掉了"革命光芒"的无产者。马克思和恩格斯明确表示拒绝用"社会民主主义"指称其思想理论,而只承认自己是"共产主义者"。在他们看来,"社会民主主义"一词具有投机性和模糊性,较多使用于为追求私利而用"普遍的民主愿望"掩饰自身利益的机会主义者。在法国,一般指所谓"专门人才""学者、律师、医生等等"或"他们的野心家、他们的议员、将军、银行家"[①],集中在以赖德律-洛兰(Alexandre-Auguste Ledru)、弗洛孔(Ferdinand Flocon)等人为代表的小资产阶级民主主义者和以路易·勃朗为首的小资产阶级社会主义者中。在德国,其构成成分复杂,不仅包含"居住在城市里的绝大多数农民、小工业品商贩和手工业师傅",而且还包括"农民以及尚未得到独立的城市无产阶级支持的农村无产阶级"[②]。具有投机性质的拉萨尔派也通常自称是"社会民主主义者"。他们和"共产主义者"

---

① 《马克思恩格斯文集》第 2 卷,人民出版社 2009 年版,第 107 页。
② 《马克思恩格斯文集》第 2 卷,人民出版社 2009 年版,第 191 页。

的根本区别在于，社会民主派自产生之初，就具有明显的小资产阶级改良色彩，他们对革命发展过程及其手段的认识，或否定无产阶级专政，或极力推行民主改革和社会改良，是与科学社会主义相背离的错误政治思潮。

在1848—1850年欧洲资产阶级革命与反革命期间，社会民主主义者曾受到马克思和恩格斯的理论指导，有呈现出向革命的无产阶级靠拢的趋势。1848年六月事变之后，小资产阶级就曾主动向革命的工人阶级接近并联合起来。马克思在《路易·波拿巴的雾月十八日》中将"小资产阶级和工人的联合"直接称为"所谓的社会民主派"①。马克思分析，社会民主主义者之所以能够向共产主义者靠拢，一方面，他们和共产主义者一样，都被资产阶级共和国视为"敌人"，同属于被压迫和剥削的对象，另一方面，他们"在许多方面都和无产者有共同的利益"②，如小资产阶级的阶级利益在金融资产阶级那里难以得到满足并受到亏待，同时被逐渐排挤到议会之外，工人阶级和广大人民群众则毫无议会权利可言。同时，社会民主主义"反对资产阶级专政，要求改造社会，要把民主共和机构保存起来作为他们运动的工具，团结在作为决定性革命力量的无产阶级周围"③的理论主张也在某种程度上与科学社会主义的基本目标是有相通之处的，这为二者实现联合提供了可能。而且就当时无产阶级尚未发展成熟的现实状况看，无产阶级需要联合一切可以联合的力量对抗资本主义。但这并不意味着，社会民主主义是坚定的革命主义者，马克思指出，社会民主主义的软弱性和妥协性决定了其对革命无产阶级的最终背离。他们像1848年的德国自由资产者对人民扮演的"叛徒"角色一样，是具有"双面性"的阶级。

在《1848年至1850年的法兰西阶级斗争》中，马克思坦露了

---

① 《马克思恩格斯文集》第2卷，人民出版社2009年版，第500页。
② 《马克思恩格斯文集》第1卷，人民出版社2009年版，第691页。
③ 《马克思恩格斯全集》第10卷，人民出版社1998年版，第218页。

当时的实际情形。他在直接参与政治革命实践中发现,社会民主主义者并未与无产阶级建立起真正的联合。小资产阶级仅是将无产阶级当作自己的附属物,一旦其自身"站稳脚跟",就想着"把这个麻烦的伙伴抛弃"[①]。社会民主主义代表的山岳党人在同资产阶级共和派确立起"联盟"后,曾同他们"一起在4月16日搞过反对无产阶级的阴谋,同这些人一起在六月事变时攻打过无产阶级"[②]。但社会民主派不知,一旦失去无产阶级作为自己的坚定依靠力量,他们就很快被资产阶级共和派一脚踢开。事实确也如此,在资产阶级共和派取得六月斗争的胜利后,就把民主主义共和派直接抛弃了,他们被迫成为"三色旗派"[③]的仆从,而只能假借资产阶级共和主义的名义获得生存。对此,马克思和恩格斯在《共产主义者同盟中央委员会告同盟书》中提出了革命无产阶级在处理和社会民主派关系问题上的三种模式:(1)在社会民主派保持一定优势的时期内,严厉拒绝为迎合社会民主主义者而自降身位附和资产阶级民主派的"合唱队"。(2)在反资产阶级革命的取得胜利的斗争中,应努力使"革命的热潮不致在刚刚胜利后又被压制下去"[④],不断进行革命,准备进行无产阶级争得民主的新的革命。(3)工人阶级随着自身队伍的壮大要及时武装和联合起来,建立起同资产阶级及反动党派相抗衡的革命政府或组织。

19世纪60年代以后,社会民主主义受蒲鲁东主义、拉萨尔主义等改良主义的影响趋于明显,与科学社会主义的背离日渐加剧。首先,路易·勃朗的"工厂社会主义"明显背离了马克思提到的"国家工场"原意。路易·勃朗是法国社会主义运动的领袖,他把资本

---

① 《马克思恩格斯文集》第2卷,人民出版社2009年版,第495页。
② 《马克思恩格斯文集》第2卷,人民出版社2009年版,第106页。
③ "三色旗派"指法国温和的资产阶级共和派,又被称为"纯粹的共和派",由工业资产阶级和一部分自由主义者知识分子构成,主要代表资产阶级利益。参见马克思《1848年至1850年的法兰西阶级斗争》,人民出版社2018年版,第148页。
④ 《马克思恩格斯文集》第2卷,人民出版社2009年版,第194页。

主义制度的缺陷归结于自由社会的竞争，认为是竞争导致了资本主义社会的一切剥削和不合理现象，为消灭竞争，他提出"工厂社会主义"方案，寄希望于民主国家合理协调竞争与劳动，主张依靠国家贷款建立起平等劳资关系，工人通过合法的议会斗争取普选权。这一提法实际上与马克思的民主主张大相径庭。在马克思看来，工人阶级要想获得真正平等的权利，仅是依靠议会斗争、示威游行是不够的，六月失败的教训表明，工人除了斗争，没有其他"选择的余地"。其次是蒲鲁东的"第三种社会形式"。蒲鲁东的社会主义主张带有无政府主义色彩，他不满意资本主义国家的政治结构，主张通过"第三种模式"即建立"互助社会"的形式达到社会的公平正义。蒲鲁东还认为，劳动和资本的矛盾以及由此产生的剥削根源在于商品交换和流通中产生的信贷资本和利息，工人在政治领域进行斗争实际是无意义的，罢工和政治暴动只会使劳动条件更加恶化，使工人更加贫困化。他以维护小资产阶级的利益为基本立场，提出"无息信贷""人民银行"等概念，主张通过契约制度建立一个绝对公平和自由的无政府社会。马克思对此评价说，蒲鲁东"想把生息资本看做资本的主要形式，想把信贷制度的特殊应用，利息的表面上的废除，变为社会改造的基础，这就完全是小市民的幻想了"。[①]再次，工联主义的"阶级和谐论"也表现出社会民主主义者对科学社会主义的背离。工联主义是在英国宪政运动衰落后日渐成形的派别，以阶级调和、和平争取工人权利和劳动福利为理论主张，但在真实的工人运动中，工联主义实际上发挥着维护资本主义统治、抹杀阶级斗争的作用。马克思讽刺说，这些表面上自称是"社会主义"的改革者，实际上都是"社会主义的空谈家"[②]。

到了19世纪80后期，社会民主主义内部出现了以伯恩施坦为代表的，意图修正马克思主义的民主主义者。他们从阶级矛盾的调

---

① 《马克思恩格斯文集》第3卷，人民出版社2009年版，第22页。
② 《马克思恩格斯全集》第10卷，人民出版社2009年版，第154页。

和论出发，提出工人阶级有可能通过和平方式争得民主，在理论路线上完全背离了科学社会主义，实质是否定马克思主义，宣扬"马克思主义过时论"。自此，社会民主主义朝着为资本主义服务的方向发展了。

二 马克思同社会民主主义的斗争

基于科学社会主义与社会民主主义两种民主观的对立，马克思同社会民主主义及其变种进行了坚决的斗争。

在人类解放的道路选择问题上，马克思同社会民主主义中的改良主义进行了斗争。马克思并不否认改良在工人解放中的进步意义，但马克思明确反对改良主义。在《新莱茵报》中的诸多文章中，马克思提到，社会民主派恐惧革命，他们对待革命的态度是消极的，在反封建革命的过程中，他们跟随资产阶级的队伍随声附和革命，在反资产阶级革命中，他们摇摆不定。到19世纪60年代以后，社会民主派更是直接跟随拉萨尔主义、蒲鲁东主义等改良主义派别转向改良政策的"解放"道路上去了。就社会民主派具体的改良政策和要求看，一是社会民主主义者主张通过国家赋税改革，让大资产阶级或大土地所有者承担更多的赋税以减少国家对小资产阶级者和农民的压榨；二是主张通过国家信贷的方式消除资本剥削，工人、小资产阶级和农民群众从国家获得信贷是摆脱资本压榨和剥削的有效方式。除此之外，为避免资本积聚和集中，有民主主义者提议限制或取消"继承权"。巴枯宁对此有明确表述。巴枯宁把继承权认作是造成资本主义制度不民主和非正义的根源，认为废除继承权是人们实现财产平等的第一步。但是他只是从法律意义上的抽象权利谈及私有财产制度，未根本认识到资本主义私有制存在的经济原因；三是主张通过合法的议会斗争谋求更多民主政治权利。他们把"争取普选权"作为工人解放的主要任务，直接贬低其他一切经济或政治形式的斗争。马克思说，这是1848年欧洲革命以来，"全欧洲大陆上流行着一种特殊的病症，即议会迷，染有这种病症的人就变成幻想世界的俘虏，失去一切理智，失去一切记忆，失去对外界世俗事物的一切理解"。① 就其根本目的看，社会民主主义者并不是为了社会整体利益而致力于变革当前社会，他们要求对资本主义现代社会的种种改良旨在改变他们自己的社会现状以使自身获得更优越的社会地位和更舒适的生活。在以"为工人和农民争取更多利益"为名头的斗争中，他们只不过是想"或多或少经过掩饰的施舍来笼络工人，用暂时使工人生活大体过得去的方法来摧毁工人的革命力量"②。

在对待资本主义制度问题上，马克思同社会民主主义进行了"是保存还是消灭资产阶级制度的斗争"。早在1850年，在废除封建制度问题上，马克思就批判社会民主主义者未认识到私有制的罪恶根源。当时，社会民主主义的代表小资产者主张"将封建地产交给农民作为他们自由支配的财产"，马克思讽刺说，这无异于使农民重新退回到封建社会的剥削处境，其根本目的无非是想要"继续保存农村无产阶级并造就一个农民小资产阶级"③，为维护其小资产阶级的私有产权利益服务。1867年，马克思主义者在洛桑代表大会④上同宣扬"小资产阶级私有制"的蒲鲁东主义者进行了激烈的斗争，严厉指责和批判了他们所主张的"土地归农民，贷款给产业工人"的谬论。1868年的布鲁塞尔大会通过集体决议直接通过了生产资料公有制，打击蒲鲁东主义。马克思指出，资本主义制度的存在基础是私有制，消灭私有制是无产阶级和广大人民群众获得解放的根本途径，小资产阶级企图保留私有制暴露了其根本目的不过是为本阶级服务。

在国家理论方面，马克思同社会民主主义者就无产阶级专政进行了坚决的斗争。马克思指出，社会民主派忌惮政治革命，希望在

---

① 《马克思恩格斯文集》第2卷，人民出版社2009年版，第536页。
② 《马克思恩格斯文集》第2卷，人民出版社2009年版，第192页。
③ 《马克思恩格斯文集》第2卷，人民出版社2009年版，第196页。
④ 指1867年的欧洲工人代表大会。

满足自身利益要求后立刻结束革命，未曾考虑工人及其他同盟者的利益。因而，在争取民主、实现"社会主义"的手段上，社会民主主义者认识不到夺得政权的重要性，他们寄希望于资本主义的民主国家，想要从简单的国家信贷、合作社、限制继承权等措施上克服资本的剥削，实际上是陷入了一种空想的社会主义，马克思将其称为"小资产阶级的社会主义"，即"幻想借助小小的花招和巨大的感伤情怀来消除阶级的革命斗争及其必要性……把现代社会理想化，描绘出一幅没有阴暗面的现代社会的图画"①。科学社会主义则不同，科学社会主义规定，共产主义者的根本任务是消灭阶级和国家，最终实现社会所有制。

除此之外，马克思和恩格斯等人还同社会民主主义主张的建立超阶级的党、全民党的错误观点进行了斗争。恩格斯直言，"社会民主党"一词的提法就存在不合理性，因为"对于政治上的最终目的是消除整个国家因而也消除民主的党来说，这个词还是不确切的"②。民主作为一种国家制度最终是要消亡的。1879年，在《给奥·倍倍尔、威·李卜克内西、威·白拉克等人的通告信》中，马克思和恩格斯抨击卡·赫希柏格、爱·伯恩施坦和卡·奥·施拉姆等人，将社会民主党理解成"'一切富有真正仁爱精神的人'的全面的党"③，蓄意抹杀党的阶级性。他们批判道，这些先生提出的所谓"必须抛弃无产者粗野的热情，在有教养的资产者领导下'养成良好的趣味'和'学会良好的风度'"④ 实质上是想要改变党的性质，变工人阶级的党为资产者的党。在1890年的《共产党宣言》序言中，他还解释，之所以取名为"共产党宣言"是因为社会主义并不是历史发展的最终阶段，无产阶级的革命理想是消灭私有制、消灭国家进入无阶级的共产主义阶段。但这并不意味着，在任何历史

---

① 《马克思恩格斯文集》第2卷，人民出版社2009年版，第166页。
② 《马克思恩格斯文集》第4卷，人民出版社2009年版，第449页。
③ 《马克思恩格斯文集》第3卷，人民出版社2009年版，第479页。
④ 《马克思恩格斯文集》第3卷，人民出版社2009年版，第479页。

时期，对党的认识和评价都是超阶级的。所谓"超阶级的"只不过是路易·勃朗、拉萨尔等人为掩盖其阶级利益而采取的投机主义说法。

三 马克思对社会民主主义的批判

马克思对社会民主主义的批判遵循科学社会主义的辩证逻辑和社会革命逻辑。在他看来，社会民主主义为争取经济民主、劳动自由、社会福利的实践斗争突破了政治民主的狭隘视野，在一定程度上将民主理论的构建拓展至社会、经济领域，取得了一定成效和经验，这为社会民主实践提供了一定借鉴。但由于社会民主主义者将唯心史观作为理论基石，坚持形而上学的研究方法，仅是从资本主义社会的表面政治社会现象分析资本主义的弊端，未深入到资本主义社会矛盾的根源，未明晰现象和本质、目的和手段、历史规律性和主体选择性之间的辩证关系，最终导致其改造社会的民主方案发生变种，陷入"个别学究的思想活动"和"可怜的空想"。

马克思首先承认，19世纪中期的社会民主主义在其民主理论及实践的构建上具有一定的历史进步性。就社会民主派为争取普选权、限制工作日、提高工人工资等斗争看，虽然它只是暂时起到减缓工人贫困的作用，但却也是十分必要的。因为就当时整个社会的发展状况而言，法国、德国等国家的大工业是在资本主义社会的基础上建立起来的，资本主义的发展有着巨大的生命和潜力。工人阶级的力量相对弱小，未完全成熟并团结起来，争取普选权的斗争虽不成熟，但也起到一定的积极作用："它一下子就把剥削阶级所有集团提到国家高层，从而揭去他们骗人的假面具"[①]，让无产阶级明确资本主义共和国所谓的普遍的人权实际上只是针对有产者而言的，实质是资产阶级的共和国。"限制工作日"的斗争得到了实际的效果。1864年，马克思在《国际工人成立宣言》中谈到《十小时工作日法

[①] 《马克思恩格斯文集》第2卷，人民出版社2009年版，第99页。

案》时赞赏说，这项法案的通过是"一个重大的实际的成功，而且是一个原则的胜利；资产阶级政治经济学第一次在工人阶级政治经济学面前公开投降了"①。对于蒲鲁东、路易·勃朗等人在经济领域内提出的具体建议，马克思也称赞了他们欲把政治民主扩展至经济、社会民主的新视野。如蒲鲁东主义者从经济领域提出的消灭非劳动所得和剥削、注重商品交换和流通中的公平和正义，拉萨尔派从产品分配视角对社会民主的思考等。但遗憾的是，基于他们始终坚持从抽象的唯心史观出发探讨社会民主，最终陷入了"永恒公平论""庸俗经济论"的深渊。

其次，马克思批判社会民主主义者仅是从抽象理性、法权概念出发寻求民主的真谛，把对民主的研究始终立足于"头脑"或"天上"，未真正撕破蒙在资本主义民主头上的"神秘面纱"。他指出，社会民主主义者被资产阶级共和国宣扬的"平等""博爱""人权"等溢美之言"熏得头昏眼花"。他们不是从现实的人的劳动活动中探索人的解放的条件，而用从抽象的人道主义分析"普选权""博爱"等空泛概念。在致恩格斯的诸多信件中，马克思多次提到路易·勃朗、朗道夫等人善于用"博爱"的空话讲述资本主义共和国的精神，并赋予"普选权"以近乎崇拜式的魔力，蒲鲁东则是从立法权、限制继承权等法权范围内争取公平正义的斗争，而不把它们当作资本主义社会特定经济关系的产物和反映。但事实上，任何"博爱"的鬼话都只是在"资产阶级利益还和无产阶级利益友爱共处的时候"②，脱离阶级立场谈这些抽象概念，只会陷入空谈。马克思揭露，资本主义共和国所谓的"博爱"，只不过是拿来欺骗被统治者的谎话，其真正的含义不过是资产阶级为追求资本而进行的战争，即"劳动和资本间的战争"③。为了使得资产阶级能够顺利地购买劳动力和榨取剩余

---

① 《马克思恩格斯文集》第3卷，人民出版社2009年版，第12页。
② 《马克思恩格斯文集》第2卷，人民出版社2009年版，第102页。
③ 《马克思恩格斯文集》第2卷，人民出版社2009年版，第102页。

价值，他们披着"理性""人道"的外衣统治世界。社会民主派不仅没有拨开资产阶级共和国头上的这层迷雾，反而幻想依靠和平手段获得民主，为"平等""博爱"证词，实际上是当了资产阶级的帮凶。马克思评价他们说，小资产阶级民主主义者看到的只是"议会的亡灵们在它头上的云端里发生争斗"，他们实际上是"借议会内的起义达到自己的伟大目的：粉碎资产阶级的势力，而又不让无产阶级有行动自由，或只是让它在远景中出现；利用无产阶级，但是不让它构成危险"。①

最后，马克思批判社会民主主义采用片面研究法将分析资本主义社会矛盾的研究停滞在各种事物现象的表面，根本割裂了现象和本质、目的和手段、历史规律性和主体选择性之间的辩证关系。

马克思指出，小资产阶级民主主义者未从资本主义社会的各种矛盾现象深入揭示资本主义矛盾的本质、根源。1848年，马克思在研究法国小资产阶级民主党派机关报《改革报》后，专门写了《巴黎"改革报"论法国状况》一文，批评了《改革报》在分析资本主义制度问题上的不彻底性和表面化。他指责《改革报》虽然看到了资产阶级和无产阶级的对立，但是却将这种对立以及由这种对立产生的各种祸害归结为"思想和道德"所引起的混乱，归结为人的"良心"上去了。这意味着，小资产阶级民主派不仅不承认资本主义的现实弊端，而且还蓄意掩盖资本主义社会的现实状况，在表面上，他们看似对资本主义社会进行了抨击，但实则用"'爱国的'情感和漂亮话做鸦片来麻醉自己"②，为资本主义制度辩护，意图把资本主义社会难以克服的矛盾说成可供改造的东西。对此，马克思提问，思想领域的混乱又是由什么引起的呢？社会民主派把资本主义祸害的产生根源转移到"良心"上，根本未认识到造成这一祸害形成的

---

① 《马克思恩格斯文集》第2卷，人民出版社2009年版，第141页。
② 《马克思恩格斯全集》第5卷，人民出版社1958年版，第534页。

根源。实际的情形应该是，思想或道德的混乱是"从社会关系中产生的"，而产生这种社会关系的根源就在于资本主义社会现实的经济基础和物质生活条件。由此，马克思通过分析革命现实问题进一步明确了历史唯物主义关于研究社会政治现象的方法，即"一切社会变迁和政治变革的终极原因，不应当到人们的头脑中，到人们对永恒的真理和正义的日益增进的认识中去寻找，而应当到生产方式和交换方式的变更中去寻找；不应当到有关时代的哲学中去寻找，而应当到有关时代的经济中去寻找"。①

基于对资本主义制度本质及弊端的肤浅理解，社会民主主义者在对改造现实社会问题的探讨上也仅是给出了"止痛剂"似的药方，而未真正"祛除病根"。马克思在批评工联主义时说道，小资产阶级民主主义者注定失败的原因是，它们只注重议会式的斗争，而无实际的革命行动。共产主义者与民主主义者根本不同，共产主义者明白，单纯依靠议会斗争、合法权的争夺或经济上互助、建立合作社根本不能真正改变工人和劳苦群众的命运，革命的根本是消灭雇佣劳动、消灭私有制。就历史发展的必然性而言，"雇佣劳动，也像奴隶劳动和农奴劳动一样，只是一种暂时的和低级的形式，它注定要让位于带着兴奋愉快心情自愿进行的联合劳动"②。

在关于民主的手段和目的、民主国家消亡的必然性问题上，社会民主主义者不承认无产阶级专政，希望赶紧结束革命，并鼓吹工人放弃革命和夺权。巴枯宁主义者甚至提出，现代社会的一切罪恶都根源于国家，民主制度的国家也难以幸免。尽管他组织建立了"社会主义民主同盟"，但并不主张通过民主制度实现社会正义和平等。巴枯宁的思想一定程度上沿袭了蒲鲁东，马克思曾对此批判说，这是庸俗的小资产阶级主张，他们在畏惧革命的同时，"轻视一切集中的、社会的、因而也是可以通过政治手段（例如，从法律上缩短

---

① 《马克思恩格斯文集》第9卷，人民出版社2009年版，第284页。
② 《马克思恩格斯文集》第3卷，人民出版社2009年版，第12—13页。

工作日）来实现的运动"①。事实上，工人阶级要获得解放，争得民主、实现无产阶级专政是基本途径。从经济基础看，民主制是商品经济阶段适应经济基础的上层建筑形式，从内在价值看，民主是人类社会共同利益的价值追求。但从资产阶级的民主走向无产阶级的民主并不是人类社会发展的最后选择，对于共产主义者来说，问题在于消灭阶级、消灭私有制。只不过，在这一目标未达到之前，在阶级对抗依然存在的前提下，制度化的民主是人类社会发展的过渡时期和必经阶段。

因此，社会民主主义者虽在特定历史时期曾作为共产主义者的同路人存在过，但社会民主主义者与共产主义者有根本差别。马克思作为坚定的"共产主义者"，不仅同社会民主主义及其变种进行过坚决斗争，而且在其文本中明确指出了社会民主主义的理论缺陷，对捍卫和宣传科学社会主义、指导整个工人运动无疑起到了重要的历史作用。

第三节 无政府主义民主观批判

马克思民主观与无政府主义有明显差别。马克思对无政府主义民主观的批判围绕无政府主义的思想发展经历了三个阶段，从19世纪初接触施蒂纳的无政府个人主义阶段到中期驳斥蒲鲁东的改良无政府主义阶段，以至后期批判巴枯宁彻底的无政府主义阶段。他就打碎国家机器问题、无产阶级专政问题、"真正的民主"等问题同无政府主义展开彻底清算，在批判施蒂纳、决裂蒲鲁东、抨击巴枯宁的过程中，揭示了无政府主义民主理论的唯心主义窠臼、形而上学基础和虚假政治诉求。

---

① 《马克思恩格斯文集》第10卷，人民出版社2009年版，第243页。

一　马克思民主理论与无政府主义民主观的三次碰撞

马克思在其民主思想发展过程中,同无政府主义经历了三次相遇,一是19世纪初期首先遭遇的施蒂纳的无政府个人主义;二是19世纪中期蒲鲁东的改良无政府主义(有学者将其民主观称"半无政府主义民主理论"①);三是19世纪中后期巴枯宁彻底、激进的无政府主义。

施蒂纳主张无政府的个人主义民主观,他在《个人及其财产》《唯一者及其所有物》等文章明确阐述了这一观点。在施蒂纳看来,真正的民主不需要国家,它是基于个人自由意志的实现而实现的。对他来说,只要存在国家或者约束个人意志的军队、法律等,个人意志就会受到"颠倒"的威胁,"即我的意志的特定的表现,会成为我的统治者"②。为此,他主张从利己主义出发,消灭国家,实现自由的个人意志。但施蒂纳把国家和所有制分离开来,一方面提倡消灭国家,另一方面又主张在保留私有制和实现个人绝对的自由基础上追求精神上的民主。这造成施蒂纳的无政府主义观本身就带有二律背反性的特点。在人类何以走向民主社会的方案设想上,施蒂纳希望通过建立"利己主义者联盟",展开思想的暴动,实现每个人的绝对自由。马克思批判说,施蒂纳主张的利己主义联盟实际是站在小资产阶级的立场上为了实现财产独占权而建立起来的联合,实质是"自我一致的利己主义者的纯粹的行为"③,因为每个人对于涉及自己权力及其财产的东西,都竭力将其攫为己有,其实际的政治诉求是将小资产阶级演变为"真正的资产者"。

蒲鲁东主张改良式的无政府主义民主观。所谓"改良",是指

---

① 参见辛向阳《19世纪西方民主理论论析》,山东人民出版社2013年版,第208页。
② 参见[俄]格奥尔基·瓦连廷诺维奇·普列汉诺夫《无政府主义和社会主义》,王荫庭译,生活·读书·新知三联书店1980年版,第31页。
③ 《马克思恩格斯全集》第3卷,人民出版社1960年版,第444页。

蒲鲁东从社会出发而非个人出发，阐述了与施蒂纳不同思想旨趣的民主主张。他运用社会结构分析法将社会划分为社会结构和政治结构，并认为政治结构是束缚人类自由民主的根源，因为政治结构"多半具有专横的、反动的和剥削的性质"①。他把国家和政府同宗教相类比，指出："最好的政府形式和最完善的宗教一样（如果就这些词的字面意思说），是一个矛盾的观念。"② 资本主义的政治统治证明了国家本身就是虚假性的存在，资本主义的民主并未实现人的平等、自由、人权，相反，资本主义民主却把私有权作为一项制度确立下来。但事实上，资本主义的财产就是"盗窃"。因此，国家、政治制度、法律等一切政治力量都应取消，真正的民主使社会回归到无政府的状态。具体而言：一是消灭具有统治性质和剥削性质的政治力量，如国家政权、政党等。二是从工团主义出发，鼓励工人从事劳动，依靠劳动摆脱权力束缚，获得解放。为促使工人能够在劳动中有效地增加经济力量，蒲鲁东主张取消工业中的管理和约束，一切以工人为中心。恩格斯对此评价说，蒲鲁东也是站在小资产者的立场，害怕大工业，厌恶工业革命，他代表小资产者表达"把全部现代工业、蒸汽机、纺纱机以及其他一切坏东西统统抛弃"③ 的期望，企图以此逃避生产力的发展和进步对其生存空间造成的威胁。三是通过建立起"互助式"的社会，即人与人之间通过相互帮助、相互协作、相互担保达到绝对公平、自由、民主的状态。马克思揭露，"商品不只是当做商品来交换，而是当做资本的产品来交换"④，蒲鲁东畅想的互帮互助、相互交换的状态实际是小资产者田园诗般的空想。

---

① ［俄］格奥尔基·瓦连廷诺维奇·普列汉诺夫《无政府主义和社会主义》，王荫庭译，生活·读书·新知三联书店1980年版，第43页。
② ［俄］格奥尔基·瓦连廷诺维奇·普列汉诺夫《无政府主义和社会主义》，王荫庭译，生活·读书·新知三联书店1980年版，第40页。
③ 《马克思恩格斯文集》第3卷，人民出版社2009年版，第259页。
④ 《马克思恩格斯文集》第7卷，人民出版社2009年版，第196页。

尽管如此，蒲鲁东的无政府主义主张在当时历史条件下还是引起了较大的反响，作为敌对马克思的错误思潮迅速传播开来。马克思为清算蒲鲁东的思想关系，消除蒲鲁东无政府主义对工人阶级的影响，不得不展开与蒲鲁东的尖锐论战。

巴枯宁在批判国家政治制度问题上更为激进，他主张无政府主义的极端民主观。在他看来，国家是为特定阶层服务的，"是对人类的最可恨、最无耻、最彻底的否定"①，国家的存在必然导致压迫和不自由，即使是民主制度，也难逃"奴役和压制"。人们只有消灭一切国家进入到无政府状态才能获得纯粹自由的人性。因此，无产阶级应该放弃政治活动，以此来消除人们受奴役和压迫的局面。为此，他炮制了一条通过社会革命即"自发地暴动"消灭国家的道路，认为革命能够起到破坏国家的最大作用，并提出"破坏的欲望也就是创造的欲望"。② 1868年前后，马克思对巴枯宁的无政府主义民主观进行了系统的批判，他指出，巴枯宁要求工人放弃对于自身政治活动的"政治冷淡主义"实质是一种反动策略，企图以宗教式的说教让工人放弃对于自身权利的争夺以维护本阶级的利益，他对工人专政的嘲讽也暴露了他对无产阶级专政的无知。如果说工人在争得民主之后就不再是工人，它同资本家"当了市镇委员会的委员就不再是资本家"③的谬论有何区别。巴枯宁的"社会革命"观，仅是将革命的理解停留在"破坏层面"，也未认识到理论指导对于革命的意义，是从自发意义的层面理解社会革命。但事实上，革命的意义对于人类历史发展的作用不仅在于破坏而且更在于进化，巴枯宁的"社会革命"是带有软弱性和妥协性的"小打小闹"。巴枯宁主张的在公社建立之后实行财产的集体所有和平均分配的想法，也是带有

---

① [俄] 米哈伊尔·亚历山大罗维奇·巴枯宁：《巴枯宁言论》，中央编译局编译，生活·读书·新知三联书店1978年版，第111页。
② [俄] 米哈伊尔·亚历山大罗维奇·巴枯宁：《巴枯宁言论》，中央编译局编译，生活·读书·新知三联书店1978年版，第3页。
③ 《马克思恩格斯文集》第3卷，人民出版社2009年版，第407页。

小资产阶级的狭隘利己主义立场的，因为巴枯宁强调，财产公有不影响个人对自由和对私有财产的占有。由此，马克思强调，巴枯宁主义实质上是小资产阶级的个人主义。

二　马克思的民主理论与无政府主义的理论分歧

从历史唯物主义与无政府主义的比较看，马克思的民主理论与无政府主义民主观的思想分歧集中在是否打碎国家机器、无产阶级专政、"真正的民主"等基本问题上。

在国家问题上，二者对立即对于消灭国家还是掌握国家存有论争，争论的实质实际上是无产阶级专政问题。马克思坦言，他不否认国家的最终消亡，但他批判无政府主义在对待消灭国家问题上的激进态度。他指出，无政府主义者认为自国家产生之日起，就是一切剥削与奴役、不平等、非正义罪恶的根源，并主张立即消灭国家进入到无政府状态。但事实上，国家的产生和发展是历史发展到特定阶段的产物，在消灭国家的现实条件未成熟之前，国家机器不仅不会消失反而会在较长一段时间内履行特定的职能作用。无产阶级专政的国家是人类社会向无国家社会过渡的必经阶段，其存在和发展具有历史必然性，一方面，无产阶级专政是资本主义社会向共产主义社会的革命转变时期，这一时期的民主政治是多数人的民主和少数人的专政。另一方面，无产阶级专政的目的是实现无国家无阶级的社会状态创造物质基础和社会条件。

对何为"真正的民主"问题，马克思批判无政府主义纠结于"一切自下而上才是真正的民主观"，否定"自上而下"的民主，从而使民主理论陷入形而上学的困境。在他看来，无政府主义者不了解唯物辩证法的意义，将真正的民主看作"一切自下而上"的民主，未找到现实社会中实际制约民主实现的经济条件和社会根源。巴枯宁曾明确表示他们追求的无政府状态是建立"工人群众自下而上的自由组织"，并鼓吹说："建立自己的革命组织时将自下而上地，从地方到中央地以自由原则作为根据，而不是自上而下地，从中央到地方以自由原则作为根据,……以任何权威为榜样。"① 即利用偷换概念的方式将阶级对立描述为人们在具体争取权利时所表露的显性状态,实际上掩盖和抹杀了工人阶级和资产阶级之间的尖锐对立。这一观点实际凸显了巴枯宁等小资产阶级的软弱性和妥协性。巴枯宁非此即彼地争论民主是"自上而下"或"自下而上",仅是在现有的国家制度和阶级条件下认识实现民主的具体方法,根本未触及民主的本质和真正制约民主的"要害"。马克思指出,劳动力的分工才是造成"自上而下"或"自下而上"的社会局面的根本原因。在资本主义社会中,分工和私有制实际上是同义语,只有消灭传统意义上的分工即消灭私有制,无国家、无阶级状态的民主才会实现。马克思还揭露,巴枯宁在强调"自下而上的民主观"时,并非想要消灭"自上而下"的权威,在现实的无政府主义的斗争中,巴枯宁实际上强调的是"盲目地、无条件地服从来自上面一个匿名的、不可知的委员会的命令"②。

关于对民主革命及其领导者的认识问题,马克思也与无政府主义者有根本差别。马克思指出,无政府主义者对革命的认识是从思想观念而非现实出发的,他们认为人民真正的自由民主革命是自发的,是基于人们主观意识的自由本能,因而他们把革命的本质定义为"破坏的欲望",把革命的主体寄希望于"农民或全民的理想",把革命的策略建立在"自发暴动"或"直接行动"上。但事实上,破坏仅是革命的现象,革命的本质是解放生产力,是对旧的生产关系的解放,对新的生产关系的更新,无政府主义者"根本不懂得什么是社会革命,只知道这方面的政治词句"③,也根本未认识到经济条件对于社会革命的意义,仅是从自由意志、精神出发,企图建立起无政府主义状态的公民社会。而在马克思看来,社会革命是变革

---

① 周积泉:《无政府主义思想批判》,福建人民出版社1984年版,第92页。
② 《马克思恩格斯全集》第18卷,人民出版社1964年版,第483页。
③ 《马克思恩格斯文集》第3卷,人民出版社2009年版,第404页。

社会关系的暴力行动，它只有在物质生产关系发展到与现实的生产力不相适应的地步时才会爆发。马克思还批判说，无政府主义未认识到工人阶级是先进生产力的代表，无政府主义的全民理想，"在目前的意义上是幻想"。①

三 马克思批判无政府主义的基本理路

马克思运用辩证思维、历史思维、价值思维揭示了无政府主义民主理论的虚假性。他认为，无政府主义以思辨的理性化寙臼在唯心主义的理论根基上构建民主无疑是苍白无力的，其政治诉求着眼于小资产阶级的价值追求，是在生产力发展的特定历史时期产生的错误政治思潮。

首先，马克思揭露了无政府主义民主观的唯心主义、形而上学特质。马克思指出，无论是施蒂纳的个人主义民主、蒲鲁东的"互助式"民主，还是巴枯宁的自由意志的极端民主，都是建立在唯心主义的抽象人性论基础之上的，施蒂纳通过"我＋我＋我＋等等"构建"社会的乌托邦"，实际是"唯心主义思辨的自杀"②。蒲鲁东虽看到了社会和人之间的紧密关系，从社会出发阐释自由民主社会的可能性，但却从人类理性和人的主观意志上理解社会，认为"社会理性乃上帝绝对理性的化身，绝对理性不会犯错，引起社会问题的各种原因其实都可以归结为经济问题，只要纠正经济中的矛盾，'自由社会'就可以永存"③。巴枯宁将国家制度形式都看作统治者的"野心"，把"全民选举人民代表和国家统治者的普选权"作为民主的理想实际也是脱离现实的孤立的抽象的空想。对此，马克思批判说，就理论基础看，无政府主义者都犯了唯心

---

① 《马克思恩格斯文集》第3卷，人民出版社2009年版，第406页。
② ［俄］格奥尔基·瓦连廷诺维奇·普列汉诺夫《无政府主义和社会主义》，王荫庭译，生活·读书·新知三联书店1980年版，第35页。
③ 梁冰洋：《马克思对无政府主义的批判》，《中国社会科学报》2019年8月29日第6版。

主义的错误，他们将政治和社会割裂开来，脱离人们现实的物质生活思考问题。在具体方法上他们坚持形而上学的方法论指导，执着于政治现实的表面现象而难以深入到现象背后的本质，从而只能片面地揭露和考察国家政治的实质；他们执着于运用一刀切的分析法看待一切民主制度，从而无法正确认识民主的一般性和特殊性的关系，将无产阶级民主与资产阶级民主混为一谈。这种研究方法实际上是对"民主的胡说，政治的瞎扯！"[①] 无论是作为政治上层建筑的民主制度，抑或作为观念形态的民主原则、民主理想，都应当从社会的经济现实中去寻找。

其次，马克思揭露了无政府主义民主观的政治欺骗性，指明了其产生和发展的社会历史根源。在马克思看来，无政府主义的民主观虽标榜消灭国家、消灭阶级，但其理论诉求实质上代表小资产阶级的特殊利益。他们一方面痛恨大资产阶级在国家制度内对他们的奴役和压制，另一方面忌惮无产阶级引发真正的社会革命对本阶级造成的危险，因此，他们的行动往往落后于他们的理论，只能从精神的虚幻幻想中表达对现实社会的不满，这种软弱性和妥协性造成了无政府主义的两种阶级弱点，一种是对于工业革命和先进生产力发展的惧怕，另一种是对真实的政治革命的阻拦。马克思指出，无政府主义的这种民主观是作为特定历史阶段的社会思潮出现的，它的产生具有一定的历史渊源。作为一种社会意识，无政府主义是在资本主义社会生产迅速发展的上升期出现的。在这一时期，以手工业者为代表的小资产阶级受到现代化大机器生产的排斥，其生存条件逐渐被迅速攫取资本的大资产阶级吞噬掉了，在资本主义社会化大生产条件下，小生产者的命运如若不能聚集资本，只能是逐渐沦落到无产阶级的队伍中去。由此，小资产阶级对于资本主义的民主政治是排斥并痛恨的，现实生活的窘迫造成他们形成政治冷淡主义，寄希望于无政府的状态。马克思无情地揭露，小资产阶级没有认识

---

① 《马克思恩格斯文集》第 3 卷，人民出版社 2009 年版，第 406 页。

到，放弃政治活动根本不能实现真正的自由平等，而"自发暴动"或"直接革命"也只是空想，资产阶级一旦发现受压迫阶级的反抗必然实行残酷的镇压。受奴役的各阶级只有联合起来展开推翻资产阶级的革命，把国家机器掌握在自己手中，才能逐渐获得自由，实现真正的民主。

第四节 警惕马克思民主研究中的政治虚无主义

政治虚无主义是当代的主要反马克思政治思潮。马克思民主研究中的政治虚无主义倾向一是源于对马克思民主理论中"阶级革命""消灭民主和国家"等主张的片面理解，二是源于"马克思过时论""经济决定论""意识形态终结论"等的影响。其表现形式主要有对民主的主体虚无、过程虚无和价值虚无，真实面目为动摇人民性立场、削弱党的领导、扰乱政治程序、污染政治生态等。马克思民主理论不仅不是政治虚无主义，而且马克思民主话语中自身就包含着应对和克服政治虚无主义的理论资源。

一 关于马克思民主研究的若干政治虚无主义论点

政治虚无主义是一种缺乏明确政治信仰，否认党的领导的合法性、仇视现行一切国家制度和法的必要性的政治思潮。当前马克思民主研究的政治虚无主义论点，首先，主张重释政治主体，认为马克思民主理论中的阶级主体话语在历史发展中已经过时；其次，主张解构或重建政治秩序，认为马克思设想的政治形式或无产阶级专政已不再适用；最后，主张重新进行价值评估，认为人类解放的目标失去了现实合理性。

（一）人民主体虚无化

人民主体虚无化是政治虚无主义虚无马克思民主观的主要表现，

它集中体现在：一方面，阶级退隐、革命过时成为后马克思主义主要话语，阶级作为政治主体面临认识困境；另一方面，资本逻辑中的生产语境导致人民主体被商品交换、剩余价值生产等话语遮蔽和消解了。另外，部分理论家基于思想和观念重建主体概念，将现实的人民主体在形而上学的考量中也虚无和瓦解了。

马克思在阐述民主政治时，是以阶级分析和历史分析为基本方法的。在他看来，"人民"概念是一个历史性概念，在不同时期有不同的范围和界限。在阶级社会，人民主体实际上是占统治地位的阶级主体。然而，有学者在研究现代民主政治时，却主张抛弃阶级分析方法，认为阶级作为分析工具在当代社会已经不适用了。如克朗普顿（Rosemary Crompton）曾直言："'阶级'的观念在当代社会却已经失去了作为一种核心话语或政治组织原则的重要性。"① 乌尔里希·贝克（Urich Beck）提出："阶级社会将在一个个体化的雇员社会边暗淡下去。"② 这在否定阶级概念的同时"虚无"了阶级主体作为政治主体的社会现实，对马克思阶级理论作了"过时论"理解。当代激进民主主义者拉克劳、墨菲的领导权概念就是在解构阶级、主张重新认识无产阶级地位的基础上提出来的。拉克劳、墨菲消解无产阶级在社会主义革命和建设中的中心地位，主张多元民主理论。在他们看来，无产阶级作为政治主体的必然性是不合理的，在实际的政治语境中，只有各主体之间有平等的话语立场才能实现不断的重组和联合，因此，政治斗争的关键在于多元主体掌握领导权。

从资本逻辑和权力逻辑出发阐释民主是学界对马克思民主观的普遍解读。在这一解释模式下，民主是由社会经济基础决定的政治上层建筑，其存在和发展根本取决于社会领域尤其是生产领域的生产关系。基于资本主义社会以生产资料私有制为基础，资本主义民

---

① ［英］罗丝玛丽·克朗普顿：《阶级与分层》，陈光金译，复旦大学出版社2011年版，第5页。
② ［德］乌尔里希·贝克：《风险社会》，何博闻译，译林出版社2004年版，第122页。

主集中表现为由私有产权关系决定的政治关系，对民主主体的考察也由法律上规定的人民主体置换成私有产权关系下的资本家。无产阶级由于在社会生产中不占有任何财产，只能出卖劳动力，成为资本家实现资本增殖的工具和一无所有的劳动者。有学者提出，仅在这一叙事逻辑下，人民主体实际上是被遮蔽和虚无化的，生产越是发展，工人越是付出劳动，其历史主体的地位就越难以实现。还有学者认为，资本逻辑的现代性虚无是将"人们在虚无主义的蒙蔽之下，把资本逻辑的结构化运作看作'自然的'体系，像研究自然规律一样地研究社会规律并遵循这种规律，然后转向微观的研究活动，因而失去批判的兴趣和能力"①。

激进左翼思想家拉康（Jacques Lacan）、齐泽克（Slavoj Zizek）、巴迪欧（Alain Badiou）、朗西埃（Jacques Rancière）等人力求重建主体概念。在他们纯粹的理想主体建构中，现实的人民主体被彻底虚无和瓦解了。如拉康在阐述主体问题时提出了"实在界"的概念，认为"真正主体只存在于实在界，实在界的主体必然抵制象征化"。② 齐泽克吸收笛卡尔的观点，从"我思"出发，认为"主体不是一种物质，而是由纯粹的否定性所构成的'空'"。③ 巴迪欧尽管认识到了实践对人的意义，从"事件"出发阐述主体，认为政治主体是从政治事件中产生的，并对事件保持忠诚。但他强调，在当代民主国家中，政党是可被废除的东西，无党派并不说明政治活动是无组织的。这种观点虚无了政党在民主政治中的领导作用。

（二）政治过程虚无化

政治虚无主义对政治过程虚无存在两个层次，一是认为国家是

---

① 张有奎：《虚无主义的终结与人的解放——基于马克思主义实践逻辑的考察》，《南京大学学报》（哲学·人文科学·社会科学版）2015年第3期。

② 周治健：《"历史终结"时代政治主体的形塑——精神分析视野下欧洲"激进左翼"的方案》，《上海交通大学学报》（哲学社会科学版）2017年第6期。

③ 哈兹米格·科西彦、孙海洋：《朗西埃、巴迪欧、齐泽克论政治主体的形塑——图绘当今激进左翼政治哲学的主体规划》，《国外理论动态》2016年第3期。

无必要的，任何政治权威和制度约束都是不合理的；二是虽承认国家，但在政治行为中不断凸显对政治原则的虚无、排斥国家干预、简化民主程序，否定马克思强调的社会公有制。

就否定一切政治权威和任何形式的国家政权而言，政治虚无主义和无政府主义类同，其观点突出表现为否认国家，否认一切政治制度。有人以马克思主张"消灭阶级和国家"为由污蔑马克思是无政府主义者。俄国思想家克鲁泡特金（Pyotr Alexeyevich Kropotkin）是典型的无政府主义者，他攻击马克思主张建立的无产阶级专政是极权主义的表现，认为社会现象有其自身发展的规律，即"互助"。克鲁泡特金的"互助"学说与蒲鲁东基于社会契约和等价交换建立起的"互助主义"不同，他认为，"互助"是基于人性使然，是人类社会的原始状态，人能够通过社会各团体的"互助"代替国家建立起建立自由的社会。但是他不懂得，在阶级社会，无产阶级和广大人民群众要实现民主，只有通过暴力革命建立无产阶级专政才是可能的。这种以阶级调和为由的民主话语模式，其最终后果只能是使无产阶级的政治理想走向虚无。

有西方理论家从政治原则、政治行为、政治体制上对国家制度进行选择性虚无，集中否定和污蔑社会主义民主和社会主义公有制。哈耶克在《通往奴役之路》一书中，将公有制说成是专制主义的起源，污蔑马克思是极权主义者。他攻击马克思对社会主义民主的建构，认为以公有制为基础，实际上是"国家垄断财产，那么，就必然会出现极权主义"[1]。他还否定采取国家干预社会经济的办法，认为国家"制度由一个集体主义信条支配时，民主不可避免地将自行毁灭"[2]。在政党政治合法性问题上，政治虚无主义者刻意否认党的领导。尽管巴迪欧不是政治虚无主义者，但他质疑，新的历史时期

---

[1] 参见［英］佩里·安德森《新左翼、自由主义与社会主义》，载李陀等主编《视界》第四辑，河北教育出版社2001年版，第97页。

[2] 褚当阳:《后马克思主义民主政治规划的张力与困境》，《社会科学战线》2014年第5期。

不同于19世纪和20世纪的革命时期,"政党—国家"方案可能不适于现代国家。他提出通过"政治过程的思想规训"建立新政治,主张一种超越政党建制的"一种大众纪律"。① 如果说,马克思的政党政治是从现实社会的经济关系和阶级关系中生发出的历史必然性,那么,巴迪欧以"大众纪律"探讨新政治,不外乎是把政治基础拿掉,从观念和思维框架中探讨新政治出路。

（三）政治信仰虚无化

德国哲学家尼采曾以"最高价值的自我贬黜"宣告"虚无主义的来临"。② 他指出,当人类识破现实世界的"无意义状态",对以往崇尚的各种"理想主义"变得厌倦时,世界便走向虚无。这表现在政治上,一是政治态度上的冷淡主义,即缺乏积极的民主政治参与情绪,公民对整个民主政治积极性不高、参与意识不强,不关心政治。二是摒弃鲜明的人民性立场,在物欲横流、个人享乐中迷失自我。三是无坚定的理想信念和政治信仰,认为消灭阶级达到共产主义社会的理想既不现实也不具有合理性,主张放弃人类解放目标,存在党性虚无和信仰虚无等。

马克斯·韦伯在批判和思考"价值重估"后,提出"价值中立"。韦伯认为,价值纷争实际上是争夺话语权的表现,在现实社会政治生活中,无论是知识分子,还是普通人,都不具有占有更多话语权的正当性和合法性。因为,"只要我们忠实于自己"就难以避免展开"服务于关于自我和事实间关系的知识思考"。③ 合理性的价值选择理应是"价值中立",用客观事实本身进行批判和解释事实本身。韦伯提出的"价值中立"蕴含形式合理性的追求,研究者在这

---

① 范春燕:《"真理程序"和"减法政治":试析巴迪欧的左翼激进哲学》,《理论探讨》2017年第4期。

② [德]弗里德里希·威廉·尼采:《权利意志》（上卷）,吴崇庆译,台海出版社2016年版,第1页。

③ [德]马克斯·韦伯:《学术与政治:韦伯的两篇演说》,冯克利译,生活·读书·新知三联书店2013年版,第45页。

种形式中有可能单纯追求"形式合理性",而忽视"实质合理性",这种危险极易导致人们在进行价值判断时陷入价值虚无。

还有政治虚无主义者将马克思提出的人类解放视为虚无主义的集中体现,污蔑马克思提出的共产主义和人类解放是"认同感性世界无意义"的表现。马歇尔·伯曼(Marshall Berman)由此还明确提出了"共产主义的虚无主义"概念,指责"马克思的共产主义会将被解放的自我投入到没有任何限制的巨大的未知的人类空间中去"[①]。

因此,这些虚无论者实际上是将马克思的民主理想视为虚无主义的变种加以阐释和歪曲了。他们既不清楚在阶级社会中无产阶级政治统治对于现实社会劳动人民的实际意义,也根本不了解马克思人类解放的民主理想的深远意义。

二 政治虚无主义的实质及危害

政治虚无主义以排斥党的领导、反对现代社会的一切政治权威为其理论主张,实质上是一种错误政治思潮。

从观念上看,政治虚无主义实质上是政治信仰的现代性精神危机。现代性是从启蒙理性开始确立起来的,它打破了"宗教信仰"的神话,唤醒了人的主体意识,使信仰世俗化,并通过资产阶级的政治解放确立起人的主体性权威即政治统治。政治信仰是反映在政治生活中人们对理想社会政治制度及政治价值的目标追求,它一方面表现出人对其生存世界政治关系的合法性认同以及由此建立的规范自己政治行为的价值准则,另一方面表现出由"无集体意识"形成的意识形态对信仰群体政治行为的约束,具有凝聚、控制、教育、引导和感召等功能。马克斯·韦伯将政治信仰作为对国家或政党统治合法性的重要论证,指出单纯从物质利益阐释统治合法性是不足

[①] [美]马歇尔·伯曼:《一切坚固的东西都烟消云散了:现代性体验》,徐大建、张辑译,商务印书馆2003年版,第147页。

为据的，合法性还建基于理性和政治信仰。从这一意义上讲，政治信仰的危机实质上也是国家的认同危机。政治虚无主义虚无政治信仰，主张放弃共产主义，根本目的是消解人们对社会主义国家政治合法性的认同，造就社会主义国家意识形态的精神危机。就立论基础讲，他们从抽象的观念论出发，认为政治信仰作为"概念的假定方式"难以起到推动社会发展的目的，犯了唯心史观的错误。即政治虚无主义者仅是将政治信仰看作一种虚假的意识形态，未认识到政治信仰作为一种意识形态，是社会存在的反映，同时，这一反映在政治领域内具有其自身发展的相对独立性。这导致政治虚无主义者难以从社会政治现实出发研究政治信仰，而只是单纯地将信仰归结为与国家同时存在的"话语霸权"或"思维暴力"。就现实根源看，政治虚无主义生发于市民社会中的个人主义，实际上为利己主义作辩护，他们不承认信仰群体之间的社会关系，以否认人的社会性本质反对政治社会中的集体主义或社群主义。如同马克思针对政治冷淡主义所指出的："目的是要捍卫资产阶级的自由——他们的唯一保障。"[1] 因此，政治虚无主义的实际目的并非虚无全部政治，而是为资本主义政治的社会基础进行辩护。

在基本立场上，政治虚无主义脱离了党和人民，具有危及党的领导地位和执政基础的现实危险。政治虚无主义时常打着"人民"的幌子，在实际政治行为中贯彻投机主义，即在表面上坚持人民主体原则，热衷于为人民争取利益，在实际政治行动中却完全以自身利益得失为标准选择政治立场。政治虚无主义者脱离人类历史发展的现实阶段，不认同现代政治的合法性，错误地主张人民应该用政治冷漠或政治冷淡排斥党的领导，反对一切政治权威。他们不懂得国家、政党和法在现阶段存在的必要性和合理性，认为所谓"一切政治权威都不具有合法性"。其政治后果是扰乱政治秩序，引发人民思想上的混乱，从而削弱人民对党和国家的政治认同和政治信服力，

---

[1] 《马克思恩格斯文集》第3卷，人民出版社2009年版，第344页。

冲击党的执政根基。马克思曾在批评空想社会主义者、以巴枯宁为代表的无政府主义者不了解社会革命和无产阶级专政时，提到过政治冷淡主义。在马克思看来，政治冷淡主义是"为了阻碍工人阶级摆脱他们的那种所谓低贱的社会地位"①，其实质不过是阻止工人阶级参与政治过程的手段。政治冷淡主义者一方面鼓吹政治无用论，另一方面依靠政治上层建筑的国家制度、法律、监狱等和本阶级的意识形态实际掌控着在他们看来这样一群"没有自身反思的一般群众"②。

在思维方法上，政治虚无主义犯了形而上学的错误，割裂了人民和国家、民主和专政、政治现实和政治理想的关系。政治虚无主义者或主张国家是非必需的，或质疑国家存在的合理性，根源在于不了解国家是人类历史发展到一定阶段的产物，以虚幻的共同体即国家及其制度形式是人摆脱以物的依赖性的必经阶段。他们之所以污蔑共产主义的政治信仰、把民主理想视为思想上的"乌托邦"，根本原因在于他们混淆了民主现实和民主理想的关系。他们一味排斥政治权威，认识不到现代政治的合理性和未来社会的可能性，缺乏从整体上观察人类社会的历史大视野。事实上，共产主义民主是人们对理想民主应然状态的追求，现实社会中民主制度是建立在阶级和作为暴力机器的国家基础之上的，具有特定的历史局限性，二者不免与理想存在矛盾和冲突，而且，在理想民主的实现条件未达到之前，这种矛盾关系始终存在。因此，承认二者之间的客观矛盾性是理解现代民主政治一切政治现象的前提和基础。基于人类历史发展到现代国家阶段的历史现实，民主和专政同时存在不仅是必要的，而且是合理的。在现阶段，现代民主国家的民主范围只能是占统治地位的阶级，对被统治阶级实行专政是保证民主顺利实现的必要条

---

① 《马克思恩格斯文集》第 3 卷，人民出版社 2009 年版，第 344 页。
② ［德］黑格尔：《精神现象学》（下卷），贺麟、王玖兴译，江西教育出版社 2014 年版，第 272 页。

件。统治阶级和被统治阶级既是相互独立的,也是相互依存的,没有被统治阶级,统治阶级也将不复存在,到了那时,民主将失去阶级性质,成为联合起来的个人共同享有的民主。

总之,政治虚无主义的反马克思倾向旨在消解马克思主义,否定社会主义制度和社会主义政治。作为立足于以"个人本位"为精神的市民社会,政治虚无主义的理论诉求和政治倾向实际上是资本主义的意识形态及其政治制度。

三 历史唯物主义民主语境的政治虚无主义克服

在马克思看来,对于政治虚无主义的克服不仅是精神层面的问题,而且是个经验或物质层面的问题。人们一方面要洞察到国家的自主性和精神的相对独立性,明确国家及其政治制度存在的必要性和合理性,另一方面要辩证对待政治国家的历史局限性,从实践的逻辑中寻找终结政治虚无主义的现实路径。

首先,马克思关于"国家是虚假的共同体"的论断是解释政治虚无主义产生的重要资源。马克思认为,人的社会性决定了个体的存在是以共同体存在为基础的,国家之于个人,是个人赖以存在的共同体形式。当社会出现分工、阶级和私有制之后,国家就产生了。但就国家的性质看,马克思提出,国家是一种"虚假的共同体"。在国家中,个人不表现为独立性和个性,"个人自由只是对那些在统治阶级范围内发展的个人来说是存在的,他们之所以有个人自由,只是因为他们是这一阶级的个人"[1]。即使是通过资产阶级革命确立民主制度的国家,也不过是"虚幻的形式",在"普遍利益"的掩盖下,资本主义民主国家实际上进行的是资产阶级与无产阶级及广大劳动者的斗争。政治虚无主义对国家合理性的虚无在一定程度上也是基于国家的这一压迫性质。但事实上,马克思也明确表明,国家形式的共同体是人类社会发展的必经阶段和必然产物。马克思批判

---

[1] 《马克思恩格斯文集》第1卷,人民出版社2009年版,第571页。

以往思想家仅是从观念、理性等精神领域思考国家，未真正找到国家的存在论基础。实际的情形是，国家是社会经济发展的产物，是在现实的人的感性活动中生发出的与特定历史阶段的生产关系相适应的政治形式。

其次，马克思对国家自主性和精神相对独立性的强调回应了政治虚无主义在对待国家问题和政治信仰问题上的错误观点。政治虚无主义话语放大了政治制度和政治信仰在社会进步中的消极意义，忽视了国家的自主性和政治信仰作为精神力量的积极意义。马克思指出，国家在生产力和生产关系的矛盾制约中具有自主性。这种自主性在市民社会和政治国家分离后表现得更为明显，一是作为"与实际的单个利益和全体利益相脱离的独立形式"[①]，缓和阶级冲突，调和由"特殊利益和公共利益"引发的矛盾；二是由占统治地位的阶级发挥政治职能，对内负责管理政治、经济、文化等各种国家事务，对外防止外来入侵，建立与他国的合作和联系，同时，在整个政治统治中发挥镇压职能，主要镇压敌对势力的反抗和威胁。其相对自主性主要来源于政治社会的发展与经济社会的发展具有不完全同步性。政治虚无主义之所以不承认国家在社会发展中的重要作用，主要原因就在于，忽视和否认了到国家的这种自主性。有学者质疑马克思对国家自主性认识是否具有合理性。列菲弗尔（Henri Lefebvre）认为，马克思一方面强调国家是独立于各阶级之上的产物，另一方面又强调国家职能是由占统治地位的阶级掌控并实行的，所以其话语中存在阐释上的"自我悖论"。实际上，马克思所谈的"国家自主性"是"相对自主性"，就阶级性质而言，国家始终是统治阶级的暴力工具，即使是居于"各阶级之上"管理社会和国家，也始终具有为统治阶级服务的政治倾向。精神的相对独立性是针对政治信仰而言的，它能够清晰阐明政治信仰的精神力量。在马克思看来，观念、意识都是物质的产物，政治信仰作为特定历史阶段的意

[①] 《马克思恩格斯文集》第 1 卷，人民出版社 2009 年版，第 536 页。

识形态，同政治上层建筑的国家一样，具有相对独立性，适应于物质生产方式的意识形态对社会发展具有促进作用，反之，则具有阻碍作用。政治信仰只要适应于特定的经济基础，且为群众所掌握，就能够变成巨大的积极力量。

最后，马克思提出的"消灭阶级和国家"的共产主义革命是彻底根除和消灭政治虚无主义的现实路径。马克思认为，国家作为"虚幻的共同体"形式，不是人类解放的最后形式，国家最终会随着阶级的消亡而消亡。在《共产党宣言》《法兰西内战》《哥达纲领批判》等文章中，马克思探讨了消灭资本主义国家后的未来社会形式，提出以公社为单位的社会性组织和"自由人的联合体"两种模式。相较于国家，公社是消灭了"纯属压迫性质"的新政权，是将国家的"合理职能则从僭越和凌驾于社会之上的当局那里夺取过来，归还给社会的承担责任的勤务员"①的政权形式。就性质而言，公社是"工人阶级的政府"②，公社的实现首先通过无产阶级的暴力革命和无产阶级专政，它是未来社会第一阶段的社会形式。"自由人的联合体"是未来社会最高阶段的社会形式设想，它完全摆脱了政治性质的纠缠，消灭了阶级和国家。政治虚无主义者既不了解马克思阐述的无产阶级专政和革命的必要性，又不了解未来社会消除政治性质的真正含义，他们含糊地将马克思提出的"消灭国家"口号挪移过来，污蔑马克思是政治虚无主义者、无政府主义者，以期歪曲和否定马克思主义。马克思在《政治冷淡主义》中批判道，那些主张脱离政治"在自由、自治、无政府状态的名义下"谈论自由、民主的科学博士是一种"唯心主义幻想"者，因为任何争取自由的斗争都"必须从现代社会中索取"③。实践的逻辑是克服和终结政治虚无主义的方式，"这个解放的头脑是哲学，它的心脏是无产阶级"④。

---

① 《马克思恩格斯文集》第 3 卷，人民出版社 2009 年版，第 156 页。
② 《马克思恩格斯文集》第 3 卷，人民出版社 2009 年版，第 158 页。
③ 《马克思恩格斯文集》第 3 卷，人民出版社 2009 年版，第 341 页。
④ 《马克思恩格斯文集》第 1 卷，人民出版社 2009 年版，第 18 页。

第六章

马克思民主理论的当代建构

就解决当前西方国家民主制度的认同危机看，马克思民主观的理论视野、辩证方法和价值诉求依然在场，就发展和完善社会主义初级阶段的民主制度看，马克思谈及的共产主义第一阶段的规范性原则仍然适用。只不过，与以往历史境遇所不同的是，当前马克思民主理论的建构面临着新的时代话语，不能"直接拿来"把握和回应当代中国社会政治现实的具体问题。因此，中国特色社会主义民主理论的当代建构不仅要"照着讲"，而且要"接着讲"。在把握中国社会民主化的特殊条件和特殊道路基础上，中国特色社会主义的民主政治建设一是要进一步回应社会主义市场经济条件下民主制度的规范性基础，二是要进一步探索推进制度优化、程序合理、法律完善的体制机制，用治理效能和法治规约构建"人的美好生活"，落实全过程人民民主。

第一节 马克思民主理论的历史地位及其贡献

恩格斯指出："在马克思的理论研究中……对特定时代的一定制

度、占有方式、社会阶级产生的历史正当性的探讨占着首要地位。"① 这直接确证了民主问题在马克思理论研究中的核心地位。从整个马克思主义理论看,马克思民主理论是关涉人类解放的政治主题,马克思围绕人民民主探求人类解放实现的政治条件,为研究人类文明提供了一个科学的理论视角。

一 马克思民主理论实现了民主思想史上的伟大革命

马克思第一次将对于民主问题的考察置于唯物史观的基础之上,揭示了民主的产生、发展与演变有其相应的经济基础,特别是受经济基础中占统治地位的生产资料所有制形式所决定。这不仅实现了民主哲学史的伟大革命,而且将对民主的认识深入到历史深处,开创了民主研究的新阶段。

首先,马克思从"市民社会决定国家与法"的基础上认识民主,清算了以往思想家民主研究的"本末倒置"观点。在马克思之前,人们研究民主的现实基础多数是从观念上谈论人民当权的,如卢梭从人民公意,黑格尔言及君王意志,但马克思指出,"个人的权力的基础就是他们的生活条件"②,人们的物质生产关系及其交往从根本上决定了民主的存在样态。古希腊奴隶制民主制虽然是公民大会式的直接民主,但由于其经济基础是生产资料奴隶主阶级占有制,因而古希腊奴隶制民主制不仅在实质上,而且在形式上都是以广泛的社会不平等为基础的,其基本特征就是在享有公民权的公民集体中实行民主,剥夺其他社会成员的民主权利,并对被统治阶级即奴隶阶级实施专政;近代以来,资产阶级的代议制民主是在反抗封建专制制度的斗争中形成的,是资本主义商品经济发展的结果,其经济基础是生产资料资本家私人占有制。资本主义代议制民主彻底否定了封建等级制和宗法制对人的束缚,进入到"以物的依赖性为基础

---

① 《马克思恩格斯全集》第 21 卷,人民出版社 1965 年版,第 557 页。
② 《马克思恩格斯全集》第 3 卷,人民出版社 1960 年版,第 378 页。

的人的独立性"的发展阶段，从人格的意义上承认公民的自由与平等，从法律上确认了公民平等享有的政治权利和自由权利。但资本主义代议制民主所实现的公民的自由与平等归根到底是法律上的、形式上的自由与平等。而非事实上的、实质上的自由与平等。因而，资本主义代议制民主实现的最终只能是形式上的民主而非实质上的民主。社会主义民主政治建立在生产资料公有制占主体地位的经济基础之上，因而社会主义社会的基本制度能够为社会主义民主政治提供广泛的社会平等，这就决定了社会主义民主政治在其发展中不仅在形式上，更在实质上实现"人民的统治"或"人民当家作主"。从这个意义上说，社会主义民主是最具人民性、广泛性的实质性民主，是人类民主政治所能达到的最高发展阶段。

其次，马克思依据"现实的人"考察民主主体的存在条件，为激活实质性民主提供依据。从主体向度看，马克思民主理论关注的核心问题主要围绕人的本质及其解放而展开。在马克思看来，民主是人民的自我规定，是人民在积极实现自己本质的过程中的制度构造。人作为社会存在物，是历史发展的起点，不是民主制决定人民，而是人民创造民主制。人民对民主的勾勒和向往以实现自由自觉的发展为前提，民主制国家着重回应国家权力的终极归属和具体行使问题，即"谁来做主"及"如何做主"的问题。"主权在民"是对民主研究中"谁来做主"的直接回应。尽管其并非马克思的首创，但马克思开创了与卢梭从人民公意强调绝对的人民主权、贡斯当主张个人自由、基佐主张的理性主权、托克维尔主张的自由主义民主等有根本差别的民主框架。马克思说，人民当权是以"现实的个人"为逻辑起点的。现实的个人在其"现实性"上形成与自然，与社会，与他人之间的联系和关系，其本质表现为"一切社会关系的总和"。现实的个体之间的感性交往表现出来的现实需要、矛盾冲突、价值追求决定了民主的实际存在样态。民主制国家只有从人的现实需要和客观生产中建设民主，才能落实实质性民主。民主制之于现实的人、现实的人民，是作为"整体人民的环节"存在的，民主不属于单个人或少数人，民主的真正实现以人民根本利益的一致性为前提。这表明，在民族国家范围内，对人民"如何当家作主"的问题，必须从人民的现实生活出发真正回到人民本意，以实际解决人民的现实需要显现民主国家的确定性和实在性。资本主义国家将人民二重化，一方面将人民抽象为政治国家的"公民、法人"，另一方面人民实际上是"市民社会的成员""利己的、独立的个体"。这割裂了"人的生活和国家生活的直接同一"，造成民主制对现实社会的人的抽象。由此，我国坚持以人民为中心，从"现实的个人"出发建塑民主，是基于历史前提、实践指向和理论价值的正确选择。

最后，马克思找到了人民当权的实际立足点"人类社会"。马克思指出，真正的民主超脱于政治之外，是人完成自身解放，实现自由而全面发展的社会阶段，在这一阶段，政治国家消失，"社会的生产能力成为从属于他们的社会财富这一基础上的自由个性"[1]，劳动真正从生产上获得解放。这种以超越政治的民主展望未来社会的方式开创了公共权力研究脱离政治性质的先河，指明了真正的民主存在的社会基础。马克思通过研究发现，市民社会无力支撑人的自由自觉的生产发展。市民社会的世俗基础是与普遍的民主相背离的，它不仅未解决公共权力中个体与类之间的斗争，反而是建立在人剥削人的基础上实现的，资本主义的政治国家以生产资料私有制默认了这种分离，"政治国家的成员……从抽象的私法的本质中，从抽象的私有财产中获得自己的无依赖性"[2]。就此，马克思提出，要实现真正的民主，前提是"联合起来的个人"充分占有社会权力自觉地进行社会组织和管理。马克思将此称为"人类社会"或"社会化的人类"。这在一定意义上表明，人民通过民主制建立自由人的联合体，才是马克思的终极关怀和价值取向。社会主义民主依循马克思民主观，主张人民至上、坚持以人民为中心，以生产资料公有

---

[1] 《马克思恩格斯文集》第8卷，人民出版社2009年版，第52页。
[2] 《马克思恩格斯全集》第3卷，人民出版社2002年版，第133页。

制确定人们全面生产关系的始基,找到了一条从政治民主走向社会民主,最终实现人类解放的现实道路。

二 马克思民主理论奠定了马克思主义民主理论的研究基石

列宁曾指出:"马克思主义在理论上的胜利,逼得它的敌人装扮成马克思主义者。"① 形形色色的民主主义者冠以"马克思主义者"的名义,抹黑了真正的马克思主义民主理论。因此,厘清马克思和马克思主义的民主理论之间的关系是正确判别形形色色的民主派别的前提。

从源与流的关系看,马克思民主理论是马克思主义民主理论的源头活水。马克思民主概念的证成为正确认识民主及其历史必然性提供法宝。马克思立足民主生成的历史语境,指明民主作为"类概念的民主"、作为"国家制度的民主"及作为"'自主—自治'的民主"三种解释模式,建构了与西方思想家迥然有别的民主概念体系。恩格斯基于马克思对民主概念的分析,进一步指出民主是历史地产生的,分析国家制度的民主要以阶级分析法和历史分析法为策略原则。西方民主思想史在概念范畴上将民主定为政治方法、选民的选举意愿、普世化的价值观念,实则与马克思主义存在天壤之别。民主是历史的,在阶级社会带有阶级性,这决定了马克思主义者研究民主要坚持辩证、发展的观点,单纯引证马克思的只言片语进行论述只能是"不可救药的书呆子"。② 恩格斯曾在致左尔格的信中批评了以德国移民为主的北美社会主义工人党,他指出:"德国人一点不懂得把他们的理论变成推动美国群众的杠杆;他们大部分连自己也不懂得这种理论,而用学理主义和教条主义的态度去对待它,认为只要把它背得烂熟,就足以满足一切需要。"③ 但事实上,马克思主

---

① 《列宁专题文集·论马克思主义》,人民出版社 2009 年版,第 63 页。
② 《列宁全集》第 3 卷,人民出版社 2013 年版,第 13 页。
③ 《马克思恩格斯选集》第 4 卷,人民出版社 2012 年版,第 583 页。

义是随着时代不断发展着的，真正的马克思主义者必须以当时当地的历史条件为转移。

马克思民主理论为马克思主义民主理论的发展奠定科学基础，马克思主义民主理论是马克思民主理论的丰富和发展。恩格斯是马克思民主学说的第一发展人。在《家庭、私有制和国家的起源》中，恩格斯详细阐述了民主制的存在基础和发展条件。他以抨击资本主义民主的虚伪性为基础，指出资本主义的民主共和国实则是财富的民主共和国。在美国直接表现为收买官吏，在法国则显现为政府同交易所结合。要想真正实现人民当权，无产阶级必须取得国家政权，"并且首先把生产资料变为国家财产"[1]。有学者以恩格斯晚年关于肯定德国社会民主党人争取普选权斗争的只言片语为由，抨击恩格斯晚年放弃了无产阶级革命原则，走上了社会民主主义者的道路，但事实上，恩格斯不但主张无产阶级有且只有通过无产阶级革命获得民主，而且进一步指出无产阶级的阶级斗争是历史发展的强大动力。列宁深刻赞赏恩格斯对无产阶级历史地位和生活状态的深入分析，指明恩格斯对资本主义民主制度下无产阶级状况的解析是对资本主义历史的最好描述。列宁通过总结俄国十月革命和国家建设的经验得出，无产阶级和贫苦农民实现革命民主专政是实现民主的唯一出路。针对俄国国内出现的"反革命论""不断革命论""害怕革命论"等错误观点，列宁提出了"无产阶级和农民的民主专政"、团结贫苦大众和小资产阶级进行民主革命的主张，以毛泽东同志为核心的中国共产党带领中国人民在中国民主革命中进一步将其发展成了统一战线理论。中国共产党在坚持马克思列宁主义的民主思想基础上，依据中国国情实际，将马克思主义进一步中国化，形成了中国特色社会主义的民主理论。中国特色社会主义民主以马克思主义的立场、观点和方法为指导，根植中华优秀传统文化，生发于本国土壤，是根

---

[1]《马克思恩格斯选集》第3卷，人民出版社2012年版，第812页。

本区别于西方民主政治的新道路。

三 马克思民主理论夯实了新型人类政治文明的理论根基

习近平同志指出:"马克思的思想理论源于那个时代又超越了那个时代,既是那个时代精神的精华又是整个人类精神的精华。"① 作为为实现人类解放争取自由全面发展的科学理论,马克思民主思想坚持在全面的生产关系中发展民主,奠定了人类政治文明的深厚基础,坚持人民实际当权,还原了人类政治文明的真正价值,坚持历史的、阶级的分析方法、坚持共产党领导的策略原则、坚持民主与专政的统一,为人类认识真正的民主,为人民认识世界、改造世界提供了强大精神力量。

首先,现实的生产力与生产关系的矛盾运动奠定了民主政治的社会经济基础。依据马克思对民主现实基础的讨论,现代人类政治文明的发展必须以坚持人类现存的物质生产为基础。"个人在劳动材料、劳动工具和劳动产品方面的相互关系"②,是人(们)占有形式、分配方式的直接体现,决定着整个国家的经济关系、法的关系和政治上层建筑。各国要实现民主政治的顺利进行和良性发展,必须坚持以现实的生产力和生产关系的矛盾运动为前提。资本主义民主社会化大生产和生产资料私有制之间的内在矛盾危机困囿了资本主义民主政治的发展空间,资本主义国家每隔几年就爆发的经济危机以现实证实着,人类政治文明的发展只有脱离囿困于自身发展的生产条件,即束缚于自身发展的社会现实力量,才能实现真正的民主。社会主义民主坚持以公有制为主体奠定社会主义政治文明的深厚基础,在马克思主义科学理论指导下,用历史唯物主义的方法展开社会主义民主政治建设,有助于将社会主义民主政治发展问题深入整个人类社会生活的基础,以实际的现实问题不断调整民主政治

---

① 《十九大以来重要文献选编》(上),中央文献出版社2019年版,第423页。
② 《马克思恩格斯文集》第1卷,人民出版社2009年版,第521页。

建设中不适应生产力发展的关系和因素，以全面深化政治体制改革不断适应经济基础，为社会主义生产力的发展创造解放和发展生产力和释放社会活力的条件。

其次，承认人民实际当权的历史主体地位，还原了人类政治文明的真正价值，为落实实质性民主提供理论指引。马克思从群众史观出发，指明人民群众在社会历史中占据着物质生产资料的创造者地位，人民群众是历史的主人，人民创造国家及国家制度在根本上为人民民主的发展创造条件，尊重了人类社会发展的规律，将民主政治的建设发展深入到历史发展的主体维度，找到了推动人类解放的现实物质力量。对马克思来说，现代国家的必要性也是基于人的发展要求存在的，任何表现为国家形式的关系都是现实的社会化的人的关系，民主的实质问题是人民主权问题，人民在国家（共同体）中的实质性地位决定了人的"本质"或"人格"的最高实现。因此，保证人民能够真正当家作主是社会主义民主的本质所在，也是社会主义民主政治发展的必然要求。基于此，社会主义民主政治是为人民服务的，社会主义民主的本质是人民当家作主，在现实的民主政治实践中，社会主义民主坚持以人民为中心，将发展人民当家作主制度体系和完善社会民主政治实践结合起来，既注重民主运行的手段，又强调实行民主的目的，始终把坚持"以人民为中心"作为最高原则，坚持"一切为了群众，一切依靠群众，从群众中来，到群众中去的群众路线"[1]，用民主的办法将群众路线切实贯彻到政治领域，实现了内容与形式、真理与价值、理论与实践的统一。

最后，共产党人"为绝大多数人谋利益"的历史使命为推进人类政治文明建设提供了坚实的领导核心。马克思指明，在现代国家范围内，政党是作为代表阶级利益、凝聚阶级共识、整合社会力量的组织存在的。政党和群众利益一致是政党职能得以有效发挥的前

---

[1] 中共中央宣传部：《习近平总书记系列重要讲话读本》，人民出版社2016年版，第283页。

提，也是实质性民主得以实行的基础。资本主义政党，是服务于资本主义政治统治的工具，尽管资本主义政党在党派称号上宣布自己是"人民党""社会工党""天主教民主党"，但脱下标榜为民服务的外衣，资本主义政党在民主政治中却是"每隔几年决定一次究竟由统治阶级中的什么人在议会里镇压人民、压迫人民"[1]的工具。无产阶级政党相较于资本主义政党是在革命过程中建设发展起来的，是工人阶级的先锋战士，其先进性一方面表现为共产党人是"各国工人政党中最坚决的、始终起推动作用的部分"[2]，在各个历史阶段都真正代表人民的利益。另一方面体现为共产党人具有马克思主义这一科学先进的理论支撑。共产党的这一特性使其能够从行动上凝聚人民共识，组织人民群众参与政治革命和民主运动。中国共产党具有集中力量办大事的优势，中国共产党坚持党性和人民性相统一，在社会主义民主政治中发挥着领导核心作用。在祛魅和揭露西方政党输出的"普世民主""民主灯塔"幻象下，中国共产党除弊西方政党政治的制度痼疾和恶性竞争，走出了一条坚持共产党执政，各民主党派参政议政的新型政党制度，不仅以贯彻"长期共存、互相监督、肝胆相照、荣辱与共"的方针发挥中国共产党和各党派团结合作的独特优势，而且在国际上积极推进国际关系民主化，"本着对人类前途命运高度负责的态度，担当起引领推动人类民主事业发展的责任，以人为本，开放包容，求同存异，相互尊重"[3]，构建起人类政治文明的新形态。

习近平指出："我们走的是一条中国特色社会主义政治发展道路。"[4] 中国民主的广泛性、真实性、高质量集中体现在党和国家集中力量办大事的制度优势和治理优势上。中国式民主的成功实践表明，中国能够走出一条区别于西方民主范式的兼具文明特性和文化

---

[1] 《列宁专题文集·论马克思主义》，人民出版社2009年版，第218页。
[2] 《马克思恩格斯文集》第2卷，人民出版社2009年版，第44页。
[3] 国务院新闻办公室：《中国的民主》，中国政府网，2021年12月4日。
[4] 习近平：《中国的民主是一种全过程民主》，新华网，2019年11月3日。

多样性的社会主义民主政治发展道路。新时代，中国化时代化的马克思主义民主理论的建构要解释和宣传好中国的民主特色，阐明中国特色社会主义民主的治理效能和独特优势。这既是回应和解决现代社会民主问题的理论自觉和方法论自觉，也是构建中国特色社会主义民主话语权的需要。

第二节　马克思民主理论的当代性何以可能

马克思民主理论是理想性和现实性的统一、批判性和建构性的统一。其当代性一是对研究和阐释现代西方国家的民主发展困境依然具有话语权和鲜活生命力，二是该理论内含当代各国推进民主政治建设的规范性话语。

一　现代国家民主制度的认同危机

现代西方国家普遍实行代议制民主形式，它最初形成于资产阶级完成政治革命后建立起的资本主义民主政治，后来约瑟夫·熊彼特重新界定"民主"概念，罗伯特·达尔、萨托利等人在自由主义框架内给予佐证，马克斯·韦伯、李普塞特等人赋予其合法性，逐渐演变成一套以竞争性选举为核心的占据西方主流地位的程序民主范式。

在20世纪以前，自由和民主还是一对相互排斥的概念，精英主义者对"人民的统治""人民的代表"的民主是持否定态度的，他们怀疑人民的多数在参与国家政治中会遏制自由，多数本身就是"乌合之众"。在熊彼特一改民主定义是"为达到政治——立法和行政的——决定而作出的某种形式的制度安排"[①]之后，西方民主开

[①] [美]约瑟夫·熊彼特：《资本主义、社会主义与民主》，吴良健译，商务印书馆1999年版，第359页。

始与精英主义勾连起来。熊彼特将判定国家制度是否民主的标准量化为"人民选票",认为民主是选民通过选举产生国家及政府的"决定者"。这一定义将"人民的统治"偷换成"被统治的人民",实际上背离了人民主权。达尔基于"理想的民主"和"现实的民主"的二分,提出把民主程序和民主价值区分开来,进一步为程序民主做辩护。尽管达尔看到了程序民主中现实存在的权力的功利化、排他性等困境,但主张依靠政治和社会的权力制衡、公民意识等改善民主,未深入社会政治现实研究程序民主的危机本质。萨托利也将民主看成"被统治的"民主,认为"选举不制定政策;选举只决定由谁来制定政策"①。这一备受推崇的程序民主模式在经韦伯、李普塞特合法性论证之后于20世纪七八十年代左右彻底定型。在美苏冷战结束后,1989年,弗朗西斯·福山曾一度赞美自由主义民主制度已经成为"人类意识形态发展的终点"了,是"人类最后一种统治形式"。1991年的苏联解体更是助长了西方自由主义者在世界范围内构建资本主义民主的美梦。

第三波民主化浪潮证明,西方自由主义民主存在现实困境。美国民主研究组织"自由之家"的统计数据显示,"从1974年到2011年,世界上民主国家(地区)的数量增长了43个,但这种民主国家(地区)数量的增长却与民主质量的下降相伴而行,民主化没有像预期得那样,与大众利益的扩张和国家(地区)的有效治理呈现出稳定的相关性"②。2008年和2018年的金融危机更是证实,即使是老牌的民主国家也未幸免于自由主义民主的实践困局。即民主成了选票民主,选民投票选举不是为了参与民主政治,而是基于选举代表本阶级的利益集团。民主成了金钱竞选行为,竞选者为了拉票,贿赂等不正当行为"层出不穷"。选票同时"绑架"了政党,党派之

---

① [美]乔万尼·萨托利:《民主新论:当代论争》(上),冯克利、阎克文译,上海人民出版社2015年版,第175页。
② 张飞岸:《自由民主的范式确立与范式危机》,《当代世界与社会主义》2019年第2期。

争不断，代表不同利益、不同立场的政党之间为争取选票，恶意中伤彼此。政党恶斗、对立冲突循环不止，这不仅殃及选民利益，还严重影响到社会秩序稳定，引发社会分裂。选票选主导致议会或政府成为各利益集团、各党派之间进行权力角逐的"竞技场"，当选者不专注于解决人民面临的各种社会问题，更加关注权力角逐和政治分肥。选民财产资格的限制将无产者长期排除在政治之外，资本主义民主政治成了资产者的竞选游戏。

西方早期马克思主义代表卢卡奇在晚年看到自由主义民主的遭遇后，一改早年对资本主义民主的期盼，通过政治和经济的关系揭露了资本主义制度的实质不民主。在《民主化进程》一书中，他指出："资产阶级民主的决定性原则是把人分为公众生活的公民和私人生活的资产者，前者有普遍政治权利，后者是特殊和不平等的经济利益的表现"[①]，在私人生活的市民社会领域，人与人的关系被物化成了商品关系。卢卡奇认识到，要改变资本主义的社会政治现实，靠物化了的商品经济和虚伪的民主政治都是不可能的，要深入人的现实社会活动。尽管他看到了实践的作用，但在构筑新的民主制度的方案上，却将这种实践活动的起点立足于无产阶级的阶级意识，认为无产阶级争得民主的根本在于无产阶级自身的阶级意识觉醒。葛兰西在此基础上进一步提出无产阶级要争取文化领导权。

激进多元民主主义者拉克劳、墨菲将西方民主的认同危机看成主体身份的认同危机。在他们看来，无论是经典马克思主义者强调的阶级身份认同，抑或资本主义民主制度内的主体中心化，都是基于单向度从属关系的阶级认同，它排除了偶然的和多元主体之间的认同崇拜，只关注阶级内部主体身份的一致性，但事实上，遵循偶然性逻辑，这种认同关系其实是对政治行为主体的消解，公民在民主中得不到身份认同。拉克劳和墨菲批评卢卡奇、葛兰西等早期西方马克思主义者只强调无产阶级的阶级意识，未超越单纯在阶级内

---

① 杜章智等：《卢卡奇自传》，社会科学文献出版社1986年版，第291页。

部寻求政治认同的局限性。为此，他们主张克服单向度的阶级认同维度，争取多元社会主体参与民主政治。拉克劳、墨菲曾提出"共同善"，即在尊重社会的对抗性矛盾基础上形成的多元主体之间的合作。"共同善"的价值目标是建构多元社会主体身份认同的前提和基础。遵循这一原则，拉克劳还批评了主张"正当优先于善"的罗尔斯和寄希望于审议民主的哈贝马斯。

罗尔斯作为自由主义的拥护者，在为资本主义制度辩护时，提出正义原则较善观念具有优先性。在《政治自由主义》一书中，他将此观点进一步发展为"公民政治身份的优先性"。在罗尔斯看来，公民基于持有自我的整全观和接受公共政治的政治正义观在社会政治生活中有两重身份，一种是政治维度的公民身份，一种是道德维度的"非公共身份"，这两种身份在政治行动中的存在导致人们追求正义的优先性。社群主义者桑德尔（Michael J. Sandel）、麦金泰尔（Alasdair Chalmers MacIntyre）等人批评罗尔斯忽视了自我选择和善观念目的之间的冲突，他一方面指责罗尔斯所言的正当是基于康德语言范式中的"先验自我"，即人自有的理性和自主性，另一方面批判罗尔斯强调"自我优先于目的，目的由我确认"[①]。即使罗尔斯承认自我和善观念之间存在冲突，提出通过培育"合理的公民"，促使自我及时更新观念，"优先采用政治价值"等，但过于理想化了。桑德尔指出，自我和共同体之间的相互联系和社会活动导致自我不能及时从自身的"过往观念"中抽离。墨菲指责罗尔斯过于强调道德维度，认为罗尔斯在谈论人的情感、承诺时只是将人看成平等、合作的道德人。

哈贝马斯看到了在资本主义民主中投票竞选造成的政治博弈，并通过分析资本主义社会的两种民主传统——自由主义和共和主义传统，提出了治理现代西方民主发展困境的"协商民主"方案。协商民主不直接强调公民的政治身份，而是从"去主体化""主体间

[①] 陈雅文：《论罗尔斯的公民观》，《道德与文明》2019年第6期。

性"出发强调"互为主体性"。一方面，公民通过理性的广泛协商达成共识，另一方面，国家或政府通过法律建制为公民提供平等协商的权利、渠道和条件。墨菲批判哈贝马斯提出的协商民主过于理性化、纯粹化，福柯（Michel Foucault）将其协商民主理论称为"交往的乌托邦"，二人都认为哈贝马斯未考虑到现实社会公民之间的差异性。

当代新马克思主义理论家艾丽斯·M.杨（Iris Marion Young）深入研究了政治参与存在差异性的根源。她认为，经济地位和社会结构的不平等造成处于弱势地位的劳动群体、少数民族、女性等大多被排斥在民主政治之外。为解决代表的被边缘化现象，必须强化群体的代表权。一是要加强代表的流动性；二是要关注造成代表社会共识分裂的经济及社会动因，以差异性团结理念寻求政治合意；三是依靠不同利益集团的党团进行协商，以政党政治推进民主政治。艾丽斯·M.杨批评协商论者过分注重"共同的善"或"社会共识"而忽视了社会差异对民主共识造成的破坏和分裂。实际上，社会差异并不仅存于代表不同阶级的利益集团，普遍的社会成员所持有的不同意见都会阻碍政治社会的协商与合作。

英国学者杰米·萨斯坎德（Jamie Susskind）注意到当今社会算法的力量也对民主政治产生了影响。他将互联网时代的民主与传统自由主义民主相比较，指明当前公民政治参与正遭受来自系统、数据、人工智能的干扰和威胁。"民主进程的某些方面，比如竞选和协商，已经被数字技术不可逆转地改变了。"[1] 在比较了协商民主、直接民主、维基民主、数据民主及人工智能民主的差异后，萨斯坎德提出，人工智能民主具备实现新型政治变革的可能性，人工智能民主能够利用信息和通信技术推进公众政治参与，改善传统代表投票的途径、以闪电般的速度对政府进行监督和问询，为实现社会平等、

---

[1] ［英］杰米·萨斯坎德：《算法的力量：人类如何共同生存》，李大白译，北京日报出版社2022年版，第170页。

分配正义等提供算法支持。但这也意味着，算法、数据本身也是一种权力，如果人们不能真正理解人工智能民主的社会基础，也很难逃脱算法权力的奴役。

总的来说，西方学者对民主问题的探讨是囿于理性主义困境的，无论卢卡奇的阶级意识，拉克劳、墨菲的多元主体认同，或是哈贝马斯的话语民主和程序协商等，较多批评者认同，他们未考虑和强调其理想的民主方案能否在社会现实中付诸实践，在审视和思考民主发展困境问题上，更多的是批判，而非现实建构，即未真正做到破立并举，未找到破解现代西方国家民主实践困局的现实方案。

二　马克思民主理论与现代民主政治的实际关联

马克思从不把社会批判视为纯粹的理论工作或认识世界的终点，在马克思的理论视野中，从事一切批判的目的在于改变世界。关于民主理论的研究，马克思注重从资本主义国家中人们的社会生活和政治生活出发，把对资本主义民主的批判深入到现实的生产关系。对实质性民主的建构性，马克思也将其建基于能够消灭资本主义生产基础的社会条件之上，将其视为走向"真正的民主"的历史过程。这一研究范式在当前民主理论研究中依然具有较强的话语优势，既回应了西方学者陷入理性化窠臼的原因，又深刻揭露了西方国家民主化困境的根源，这为我们全面深刻地认识当前西方民主缺陷、建构具有我国特色的民主制度提供了理论指南。但是，相较于马克思当时的历史语境，中国特色社会主义民主是个新事物，如何用马克思民主话语阐释社会主义民主及其面临的生产条件——社会主义市场经济，或者说，如何在马克思阐明的历史唯物主义民主理论指导下，明确与市场经济发展本身相适应的政治条件，是当前我国丰富和发展历史唯物主义民主理论的重要任务。

依据历史唯物主义民主理论的基本观点，自由主义民主产生困境的原因，一是未从现实生产生活的人出发，把公民身份抽象化、同质化。民主制是为解决政治生活的冲突出现的，现实的人、人民通过自我管理把社会冲突控制在秩序的范围之内，当国家作为独立并高踞于社会之上的产物出现时，人民自己管理自己的权力从掌握和管理国家这一历史产物中显现出来。但对西方自由主义者来说，抽象的人性论是其建构民主的出发点。这一理论离开人的社会现实生活和实践活动考察人，把人看成超历史、超阶级的脱离了社会联系的人。在抽象人性论的指导下，资产阶级的民主政治不顾人在现实生活中的实际生存状况，把"人类本性"看成是恒定不变的、抽象化的某个概念性的东西，或鼓吹人的意志自由、个性，或将人类理性无限放大，肯定人们享乐、追求欲望的个人主义行为。资本主义民主在这一理论的庇护下，以追求所谓"普世价值""全人类目标"为由，为其阶级统治披上"全人类"外衣。这一做法导致的后果是，在政治生活中享有各项政治权利的不是每个"现实的、活生生的人"，具有真实的公民身份的不过是占统治地位的阶级。

二是不顾生产条件和生产者相分离的经济事实，把政治民主金钱化、权力化。马克思强调，生产资料的私有制是资本主义民主产生的所有制基础，它决定了资产阶级实际占有资本主义社会的社会财富，资本主义民主不仅不想改变这一不平等的社会现实，反而将其制度化，法律化。资产阶级借助于国家这一暴力机器将财产权的排他性转化为公民权的排他性，进而将无产者和广大人民群众排斥在资本主义民主之外。这一历史现实反映了资本主义民主是基于财产非正义现实基础上的实质不民主，也是解释当前自由主义民主之所以陷入金钱交易、资本博弈困局的根本原因。然而，在当前西方学者的论述中，财产和民主的关系还是含糊不清。罗尔斯在阐述其产权民主思想时，尽管从财富分配、福利制度等方面一定程度上揭露了资本主义民主的非正义现象，但依然没有认识到要从彻底消灭生产资料私有制上改变实质不民主的状况。反而，罗尔斯提出，将生产资料私人占有权普遍化，从抽象的权力概念出发解决资本主义民主的发展困境，这无疑也是陷入了唯心主义的窠臼。

三是限制政府或国家与市民社会的互动，将民主政治形式化、空虚化。政治国家和市民社会的二元分离矛盾是现代民主国家普遍面临的现实发展困境，它造成"国家不在市民社会之内，而在市民社会之外，它只是通过自己的'全权代表'，那些受权在这些领域内部'照管国家'的人们来同市民社会接触"①，为形式的民主提供了可能。资产阶级无视政治国家和市民社会的这一二元矛盾，在考量国家或政府与市民社会的关系上，一直都在宣扬市场独立、国家只能扮演守夜人的角色，在经历数次经济危机后，尽管资产阶级提出国家干预经济等措施，但始终都奉行适合自由主义经济的"彻底私有化""完全市场化"和"绝对自由化"主张。就其本质看，资产阶级实际上是以回避市民社会和政治国家的二元分离为契机，将形式的民主普遍化。资产阶级不过问市民社会中财产归属问题引起的等级差别、贫富分化等社会矛盾，而将其看成市民社会中的私人问题，只是专注于阶级利益、权利分割等问题，从而将其民主政治"真空化"。从这一意义上讲，资产阶级民主最终只能演变成各利益集团、各党派权力争夺、利益分割的"竞技场"。

因此，马克思对资本主义民主的批判话语在当代依然具有适用性，它相较于自由主义民主理论或当代西方马克思主义民主论者对资本主义民主的批判更有高度、更为彻底。

除了批判性维度，马克思民主话语中还包含现代社会进行民主建构的规范性话语，马克思关于巴黎公社民主的论述，对当前推进社会主义民主建设提供了一定的思想资源，它是马克思民主理论的现实性话语。但是这一维度常被学界众多学者所忽视。传统解读马克思民主理论的基本思路多认为，马克思对现代国家建立以来的民主构建都是批判的，只有消灭国家、消灭民主的政治性质，才能真正建构民主，尽管马克思在总结巴黎公社经验时期，阐释过无产阶级专政的民主，但也是基于社会所有制、工人在经济上获得解放等前提。就此逻辑，有学者质疑，当前实行社会主义市场经济的

---

① 《马克思恩格斯全集》第3卷，人民出版社2002年版，第63页。

中国是否具备马克思谈及的实现实质性民主的可能性，或者说，社会市场经济与社会主义民主政治的关系成为马克思民主理论当代性的解释限度。这一限度为当前马克思主义理论工作者提出了挑战和任务。

三 马克思民主理论当代性呈现的三个环节：文本互动、交流互鉴、守正创新

马克思主义是一个开放的、在实践中不断创新发展的学说，它提供的是原理和方法上的导引，而非固定的、一成不变的教条。当代中国马克思主义民主理论的建构不能拘泥于教条体制的研究范式，一是要坚持"文本互动"，在深化研究马克思民主思想文本中，以马克思主义基本原理和方法为理论指南指导当前社会主义的民主政治建设；二是要坚持"交流互鉴"，展开与中华民族优秀民主传统、西方民主理论的对话，在交融交锋中吸收借鉴，构建"中国特色"；三是要坚持"守正创新"，丰富和发展马克思主义民主理论以服务好新时代的民主政治建设主题。

我国马克思主义理论的文本学研究是随着"回到马克思""走进马克思""接近马克思"等口号的兴起发展起来的，"文本"二字借鉴了西方解释学话语，既依赖于文献考证又更加注重思想（史）的研究。马克思民主理论的当代建构强调"文本互动"，旨在强调自觉实现马克思民主思想与当代民主实践的关联性结合，这种结合是在考虑了异质性和历史复杂性基础上的结合，结合历史情境、文本语境和实践关联性，用马克思民主理论和方法指导社会政治现实问题，同时以现实社会实践推动理论创新，构建适应新时代发展要求的民主话语体系。从认识论角度看，这是一个从理论到实践，再从实践上升到新的理论的过程，从实践维度看，它是一个"文本现实化"和"现实文本化"的过程。

中国社会民主化的过程就是一个将马克思主义民主思想结合中国社会现实不断推进"文本现实化"的过程。就当前社会主义市场

经济及社会政治现实看，马克思民主思想中内含建设社会主义市场经济的思想依据。首先，市场经济和民主政治的辩证关系确证了社会主义市场经济和社会主义民主政治有机结合的可能性。在马克思看来，经济和政治是相辅相成的，经济是政治的基础，政治是经济的集中体现，经济的稳定发展为政治提供动力和保障，完善的政治对经济发展具有促进作用。尽管民主政治和市场经济没有直接联系，但是市场经济提倡的平等、自由、民主价值原则催生了政治统治中民主制的出现。其次，市场经济的现实基础要求社会主义民主政治依然保留"资产阶级法权"。西方学者常以马克思批判人权、正义等为由，否定马克思对现代社会民主政治建设具有建构意义，这根本曲解了马克思的原意。对马克思来说，其研究和批判资本主义社会的意义在于"揭示现代社会的经济运动规律，——它还是既不能跳过也不能用法令取消自然的发展阶段"①。现代社会的基本经济形式是市场经济，市场经济的存在要求与之相适应的平等、自由、人权等基本法则，这是适应社会主义初级阶段经济结构及由其决定的政治上层建筑的必然要求。社会主义民主政治不可避免地要存在形式上的"资产阶级法权"。它与资本主义民主都是形式的民主，但社会主义民主具有更大优越性。它从所有制形式上改变了资本主义的私有制度，建立起社会主义的公有制。社会主义民主虽不得不在其初级阶段承认和接受"资产阶级法权"，但它始终将其看成历史性的原则，随着民主政治性质的消失即阶级和国家的消亡，资产阶级法权自然不复存在。

"交流互鉴"是理论创新的中介环节。在马克思民主理论的当代建构中强调"交流互鉴"，旨在强调马克思民主思想与中西民主思想的交流、争鸣、碰撞和融合，从而为构建中国特色社会主义民主理论奠定基础。

首先，加强中西民主理论的思想对话。自由主义民主理论作为

---

① 《马克思恩格斯全集》第44卷，人民出版社2001年版，第10页。

一种为资本主义市场经济辩护的理论，在现代社会中有一定的历史土壤和社会基础。自由主义民主强调的在商品交换中注重平等、自由，重视个人权利，保障个人利益等主张在一定程度上适应了当今社会市场经济的发展要求，但由于自由主义民主严重负载着资本主义的制度输出和意识形态渗透，对社会主义国家的民主政治建设又造成一定威胁。因此，在当前社会条件下，加强马克思主义与自由主义民主的对话，有助于破解自由主义的理论迷思，从思想交锋上论证马克思民主理论的真理性和先进性。而且，由于当前我国正处于社会主义市场经济建设的转型期和发展期，加强二者的交流对话有助于我国在坚定马克思主义民主理论真理性和先进性的同时，合理借鉴自由主义民主的积极因素，构建适应中国特色社会主义市场经济的当代中国民主理论。

其次，加强马克思主义民主理论与中华优秀传统文化的对话。中华优秀传统文化中包含诸多"以民为本""顺应民意""主权在民"等民主性因素。上古时代《尚书》中就曾提道"天视自我民视，天听自我民听"（《尚书·泰誓》）[1]、"民惟邦本，本固邦宁"（《尚书·五子之歌》）[2] 等注重民意、讲究民权的思想。《老子》中谈到"圣人无常心，以百姓心为心"、《管子·牧民》所云的"政之所兴，在顺民心。政之所废，在逆民心"[3] 等为政在民思想。除此，"天下为公""中庸之道"等也包含民主建设的方法论。基于中华民族优秀民主传统的这些规范性主张本身具有本土化优势，且与中国民众的日常思维和内在意识具有天然的亲和性和一致性，这使得它在当代中国民主理论建构中发挥着特殊作用。但需注意的是，这些

---

[1] 人民日报海外版"学习小组"：《平天下：中国古典治理智慧》，人民出版社2015年版，第233页。

[2] 人民日报海外版"学习小组"：《平天下：中国古典治理智慧》，人民出版社2015年版，第105页。

[3] 人民日报海外版"学习小组"：《平天下：中国古典治理智慧》，人民出版社2015年版，第109页。

作用的发挥并非单凭与马克思主义和当代中国民主理论直接对话就能实现的,二者交流融合的关键就在于进行立足于当今社会现实的文化创新。对此,习近平总书记强调,要在辩证取舍、合理继承中华优秀传统文化的同时,"实现中华文化的创造性转化和创新性发展"[①]。

最后,在"守正创新"中加强对于马克思主义的创新性研究。"守正创新"是根据时代发展要求进一步将马克思主义民主理论中国化、时代化、大众化的过程。"守正"是指要保持马克思民主理论的本真性和科学性。基于当前社会各种思潮涌动的大背景,马克思民主理论与其他民主思想的交锋免不了受到各种"杂音""杂质"的冲击。为"正本清源",马克思主义理论工作者要坚守马克思主义立场,坚持用历史唯物主义的思维方法研究和阐释当前社会问题。"创新"是指在坚持马克思民主理论基础上进一步深化和阐释马克思主义,根据当前中国市场化转型的社会现实,提出解决新时代发展问题的基本理路,建设具有当代中国特色的马克思主义民主理论。

第三节　异质性社会的民主发展问题

马克思曾以社会对生产资料的统一占有、直接的社会劳动和有计划的社会生产等前提条件阐述了未来共产主义社会制度的所有制基础,但在这一社会形式到来之前,人类始终处于以商品交换关系为基础的发展阶段,马克思称"以物的依赖性为基础的人的独立性"[②] 阶段。在这一阶段,整个社会充斥着个人或特殊利益追逐、多元价值观、商品资本交易。有学者质疑,在这样一个多元社会中,"建立和维持稳定的民主政府也许是困难的"[③]。萨托利认为,以维

---

① 习近平:《在文艺工作座谈会上的讲话》,人民出版社 2015 年版,第 26 页。
② 《马克思恩格斯文集》第 8 卷,人民出版社 2009 年版,第 52 页。
③ [美] 利普哈特:《多元社会中的民主:一项比较研究》,刘伟译,上海人民出版社 2012 年版,第 1 页。

护个人利益和尊重多样化为基础的民主在现代社会才是可能的。后现代主义者利奥塔也认为,现代民主政治的合法性基础排斥了差异性和异质性,而"这种排斥恰恰是走向极权和恐怖的第一步"①。这些观点对现代民主政治产生了消极影响,削弱了人们对当前民主政治的信心。

其实,对多元、异质性社会的民主发展何以可能,马克思事实上已经在分析资本主义民主关系中进行了回应。

依照马克思的理解,在现代国家范围内,民主是一种政治生活,民主政治正是在追求个人自由与平等,承认多元差异基础上,为缓和个人与社会、国家的紧张关系形成发展起来的。现代民主制适应异质性社会的经济基础,其基本的政治逻辑是:人们在普遍的社会物质变换和商品交换关系中形成全面的社会关系,并以此确认人的主体性本质以及人自身的发展逻辑,但基于发达的商品生产是以资本为灵魂的,人的主体性关系被异化为"物与物的关系",人失去了作为自身主人的资格,"形成商品的人"和物结合起来成为资本生产和剥削的一个过程。民主制是从市民社会中抽象出来的"人的自由产物",人通过自主地创造国家制度重新将自己变为国家的主人,把"国家变成客体化的人"②,并在制度体系、法律约束、社会保障等职能中合理利用资本和限制资本以达到再塑人的存在方式的可能。但由于阶级对立和阶级地位的不平等,占统治地位的阶级和被统治的阶级始终是冲突的,政党就作为代表阶级利益、凝聚阶级共识、整合社会力量的组织而存在。作为连接国家和社会、人民的中介和桥梁,政党和群众利益一致,真正和群众结合是政党有效发挥作用的前提,也是实质性民主的基础。

---

① 石德金、刘卓红:《"异识"的政治:对利奥塔政治哲学思想的一种解读》,《现代哲学》2010年第1期。

② 《马克思恩格斯全集》第3卷,人民出版社2002年版,第40页。

一 资本逻辑下社会关系的普遍化和异化

以往，人们在研究马克思市民社会的民主时，通常注重从生产劳动出发探索真正的民主的可能性，基于这一认识逻辑，人们得出，劳动在现代社会中是异化了的，人们在异化劳动中无法实现真正的民主，由此否定马克思对现代社会的民主建构。但在马克思的民主理论框架中，生产劳动只是人的生存发展的基础性条件，"自由王国只是在必要性和外在目的规定要做的劳动终止的地方才开始"①。马克思关于现代社会的民主建构是从在生产劳动基础上的交往实践出发的。对马克思来说，无论是作为制度的民主抑或是作为生活方式的民主都是在人的交往实践及其形成的社会关系中形成的，而由于人的交往关系的普遍化和全面性是通过现代社会发达的商品经济达到的，这决定了以商品交换关系为基础的市场社会是人类社会发展不可逾越的历史阶段，它对人的生存和发展具有积极性意义。只不过，在资本主义社会，由于生产者和生产资料分离的经济事实，人们之间形成的普遍的社会关系变成了由物的占有关系为基础的利益关系，在扩大化了的商品交换关系中，表现为对资本（抽象物即货币）的占有。它导致在资本主义社会中，不是人统治资本，而是资本统治了人。

马克思指出，在商品交换社会中，人们的社会关系是通过直接或间接的物物关系建立起来的，"这样的发展阶段是历史上完全不同的经济的社会形态所共有的"②。最开始，商品交换的基本形式"是 x 量商品 A = y 量商品 B。直接的产品交换形式是 x 量使用物品 A = y 量使用物品 B"③，即它是一种偶然的、非固定化、无规则的交换。普遍化的商品生产过程或社会产品"大部分采取商品形式"是在资

---

① 《马克思恩格斯文集》第 7 卷，人民出版社 2009 年版，第 928 页。
② 《马克思恩格斯文集》第 5 卷，人民出版社 2009 年版，第 198 页。
③ 《马克思恩格斯文集》第 5 卷，人民出版社 2009 年版，第 106 页。

本主义生产方式产生之后出现的，资本主义生产本身就是"发达的商品生产"。资本主义生产方式"在产生出个人同自己和同别人相异化的普遍性同时，也产生出个人关系和个人能力的普遍性和全面性"①。因为，当生产者或产品所有者在从事商品交换活动时，也必然产生与他人的交往联系，随着商品交易行为的增多，交往关系也不断扩大，人的社会联系和关系也日渐密切，只不过这一关系是通过"物"与"物"的关系表现出来的。具体地说，一是发达的生产力和一般财富的增长促使人们克服自然的局限性，人们通过物质生产和精神生产的普遍交换，建立起同他人、同社会之间的社会物质关系、思想文化关系等；二是商品交换行为的顺利展开促使人与人之间建立起必要的平等、自由的社会关系。人在商品交换行为中作为需求者或被需求者具有参与生产、交换、消费等过程的自主权；三是世界市场的形成使人摆脱狭隘的地域、语言、民族等限制，人们通过交往的扩大化建立起日益丰富和全面的社会联系。

但是，资本主义社会生产者和生产资料彻底分离的私有制却将这种在商品交换中形成的普遍化的社会关系全面异化了。人自身在资本主义生产关系中得不到确认，异化为"商品的人"，金钱成为"一切事物的普遍的、独立自在的价值……它剥夺了整个世界——人类世界和自然界——固有的价值……这种异己的本质统治了人，而人则向它顶礼膜拜"②。其一，资本主义社会产生的社会关系是冰冷的利益关系，任何人之间"除了冷酷无情的'现金交易'，就再也没有任何别的联系了"③。其二，资本主义社会中的人"把自己夸耀原子"④，都力主自己是"原子的个人"，不过是为追求个人私欲，奉行个人主义。实际的情形是，每个人都基于其欲望的满足而同他人建立起必要的联系。其三，资本主义社会生产中形成的所谓自由、

---

① 《马克思恩格斯文集》第8卷，人民出版社2009年版，第56页。
② 《马克思恩格斯全集》第3卷，人民出版社2002年版，第194页。
③ 《马克思恩格斯文集》第2卷，人民出版社2009年版，第34页。
④ 《马克思恩格斯文集》第1卷，人民出版社2009年版，第321页。

平等的商品交换关系不过是虚幻的利益关系，就具有自主性的交易者而言，他们也仅是作为"活的等价物"存在于商品交换中的。其四，资本吞噬和排斥"工人"，工人或无产者在资本逻辑下被迫降低为"商品"，成为资本家追求资本增殖的工具和玩物。马克思揭露说，资本主义社会资本的这种"贪婪""吃人"属性最终会造成资本主义社会生产社会化和私人占有生产资料的冲突，表现在阶级上是无产阶级和资产阶级的冲突。当这些社会冲突最终瓦解了资本主义社会赖以生存的所有制基础，资本主义的政治统治也就被无产阶级推翻了。

马克思在《哥达纲领批判》中提出，当旧的生产关系的"经济、道德、和精神"等方面的痕迹消除之前，商品交换的这些"弊病"是始终存在的。依循这一前提，马克思进一步提出调节和处理这一时期商品交换的基本原则，即以劳动的尺度来计量生产者的权利，即"一种形式的一定量劳动同另一种形式的同量劳动相交换"①。马克思强调，他所言的劳动尺度的平等权利按照原则依然未超越资本主义社会的限度，因为这些原则本身"仍然是资产阶级权利"。只不过，在生产资料公有制为基础的社会，这些价值原则只是保障历史合理向前发展的基本原则，这些原则的实现是通过生产资料的社会所有实现的。马克思的这些观点无疑为推进当代中国社会民主化提供了规范性话语和逻辑遵循。

当前，中国在民主化进程中选择社会主义市场经济，适应了商品交换及资本逻辑的历史性，社会主义市场经济以生产资料公有制保证中国特色社会主义民主是实质性民主。首先，生产资料的公有制保证了劳动者对劳动资料的公共占有，从所有制基础上克服了资本主义社会财富尤其是财产占有的不正义，人们能够通过公正合理的生产资料占有关系建构自由、平等的社会关系；其次，按劳分配既尊重了生产资料公有制条件下不同劳动者之间利益的差异性和异

---

① 《马克思恩格斯文集》第 3 卷，人民出版社 2009 年版，第 434 页。

质性，又以劳动及其贡献、要素的尺度对劳动者进行权利或消费品的分配，从适应市场经济的竞争性出发调动劳动者的积极性和主动性。

二 国家逻辑中人民主体性的重塑

在考察完资本主义社会资本、生产、劳动等关系后，马克思对社会分工和商品交换重新进行分析得出研究"人民主体"的主线，即从阶级分析出发沿着"阶级—国家（阶级生成的最高主体）—生产的国家关系"路线，探索实质性民主的可能性。在马克思看来，民主制是从市民社会中抽象出来的"人的自由产物"，人通过自主地创造国家制度，把"国家变成客体化的人"，发挥国家建设、社会治理、实现社会现代化、稳定社会秩序等自主性和公共职能，以此达到人自身重新成为国家和社会的主人。但就国家的产生和暴力机器的本质来看，民主制国家不能够实现真正的民主，具有政治性质的民主制本身只是向真正民主的过渡阶段，"一到有可能谈自由的时候，国家本身就不再存在了"[①]，"现代国家制度"的根基也就消亡了。

就人的发展逻辑看，国家是遵循服务于人的政治逻辑出现的。当人的交往关系随着分工的扩大产生个人利益和社会利益的矛盾时，国家就作为调节和缓和这一矛盾的虚幻的共同体形式存在了。国家制度的"本来面目"是人追求自由的产物，是人民主体性在政治生活领域的凸显。但由于在阶级社会，人民是以不同的阶级身份存在的，人们之间的利益斗争突出地表现为阶级斗争，国家从本质上表现为一个阶级对另一个阶级的统治，国家制度中君主政体或民主政体等的斗争从根本上也不过是不同的社会阶级之间的斗争。民主制国家的出现是通过资本主义的政治革命完成的，资产阶级的政治解放一方面将国家从市民社会中抽离出来，促使其上升为独立的政治

[①] 《列宁选集》第3卷，人民出版社2012年版，第602页。

国家，另一方面，建立起人民对于国家的统治，并通过国家的各种职能表现人自身的存在形式和活动方式。政治国家和市民社会的分离导致人们在现代社会中具有两重身份，一是作为"市民社会的成员"，二是作为"国家的公民或法人"。在此基础上，人民的现实生活也就此展现为"尘世的"和"天国的"两种生活。民主制就作为人们"尘世生活"和"天国的生活"的中间环节，将国家和社会协调起来。

马克思分析，国家制度就其存在本质和现实性来说，它总是自在地"不断地被引回到自己的现实的基础、现实的人、现实的人民"[①]。他批判黑格尔颠倒了现实的人与国家制度的关系，把人看成"主体化的国家"，从而陷入了将国家作为伦理实体的唯心主义误区。在马克思看来，在民主制中，现实的人民掌握国家主权，人民是"国家各种职能和权力的承担者"，国家制度反映并表现为人民的"社会特质的存在方式"[②]。尽管市民社会的成员是以孤立的个人、利己主义的单个成员存在的，但国家为了实现市民社会的个人利益就不得不从公共利益出发，即按照人们的"社会特质"考察他们。马克思赞赏称，在现代民主制中人民掌握了立法权，这促使人民主体能够通过对法律体系的制定和完善实现人在政治生活的自主性。但基于市民社会阶级利益的特殊性，马克思揭露，占统治地位的阶级才具有真正掌握国家各项权力的实际资格。这一事实在资本主义民主政治中表现突出。资产阶级尽管通过政治解放较早地建立起民主政治，但基于其经济基础是生产资料的私人占有制，因而资产阶级民主只是从人格的意义上承认公民的自由与平等，从抽象的法律上确认公民平等享有的政治权利和自由权利。在现实的市民生活中，占有社会财产的资产者实际掌控和操作民主政治。这造成资产阶级民主最终只能流于形式上的民主。

[①] 《马克思恩格斯全集》第 3 卷，人民出版社 2002 年版，第 40 页。
[②] 《马克思恩格斯全集》第 3 卷，人民出版社 2002 年版，第 29 页。

真正的民主制需要从"天国"回归"尘世",国家权力实现向社会的复归。马克思认为,在国家消失之前,要实现国家权力向社会的"同一",需要国家利用其职能充分发挥其"潜在自主性"。国家真正代表人民意志管理人民的各项事务,主要进行"由一切社会的性质产生的各种公共事务"[①],如关涉人民生存和发展的经济、文化、教育、卫生、生态等各项公共事业。同时为维护国家安全和社会稳定,保障现实社会人权,发挥同被统治阶级相对立的"特殊职能",即控制和镇压被统治阶级危及人民利益和国家安全稳定的反动活动。

社会主义民主政治遵循历史原则和人民性原则,根本区别于资产阶级的形式民主。就我国社会民主政治看,历史原则集中体现为我国社会民主政治始终将共产主义作为社会民主化的政治理想和根本目标,将其自身民主化过程看成为"真正的民主制"奠定基础的历史过程。人民性原则集中体现社会民主化进程具有国家意志和人民意志的高度契合性,旨在发挥创造人民"全面的能力的体系"的功能,具体表现在:其一,我国基本民主政治制度建立在生产资料公有制占主导地位和主体地位的经济基础之上,决定了社会主义民主政治在其发展中不仅在形式上,更在实质上可以实现"人民的统治"或"人民当家作主"。其二,我国社会主义民主制度体系既具有完整的制度程序,又具有完整的参与实践,前者是指以人民代表大会为核心的一整套制度体系,后者是指人民群众参与国家事务管理和公共事务决策的各种政治实践活动,其中特别是指以广泛多层制度化协商民主为基本形式的民主参与实践,这决定了我国民主政治建设能够真正实现"实质性民主"。

三 政党逻辑和人民共识

一直以来,西方民主话语范式中存在一个关于政党与民主关系

[①] 《马克思恩格斯文集》第7卷,人民出版社2009年版,第431页。

的认识误区,即从政党功能的角度阐述政党制度的理论根据,将政党制度认为是为推动民主发展而设定的工具。这种解释脱离国家具体国情和阶级立场阐释政党,一味强调政党是民主选举的工具和结果,多党之间"为获得大众选民的选票彼此之间定期展开竞争"①。其造成的直接后果是将判定国家是否民主的标准单一化为"能否容忍多个政党的存在"②,因而实为资本主义民主进行辩护,在政党制度建构上输出"多党制"。依据马克思主义政党理论及当前社会民主政治实践,西方民主和政党逻辑并不具有普世性,且有遮掩和虚化政党立场和阶级利益之嫌。

政党政治的实际历史发展历程遵循国家和社会的发展逻辑,与现代民主政治具有契合性。一方面,政党是介于国家和社会之间的政治力量,另一方面,政党是协调国家权力和人民权利关系的政治组织。社会阶级属性和价值取向差异导致不同国家之间性质不同的政党政治,资产阶级的政党是代表占人口少数的资产阶级特殊利益的党,以维护资本主义的政治统治为根本目标,无产阶级政党代表占人口多数的无产阶级和广大劳动人民群众的普遍利益,它以消灭国家和现实的政治统治为目标,将政党和政党政治都看作特定历史发展阶段的特有产物。

政党是现代化过程的产物,但其产生和发展不是单纯遵循于政治国家或市民社会的单个发展逻辑,它同现代国家制度一样,本身是"政治国家和非政治国家的相互适应"③。从社会层面看,政党产生于工业现代化、社会自主化、利益多元化的经济现实,这些经济事实构成了政党存在的阶级基础。从国家层面看,政党产生于政治合法化和民主化的社会现实,政党存在的正当性一是作为顺应现代

---

① [英]艾伦·韦尔:《政党与政党制度》,谢峰译,北京大学出版社2011年版,第112页。

② [美]莱斯利·里普森:《政治学的重大问题:政治学导论》,刘晓等译,华夏出版社2001年版,第209页。

③ 《马克思恩格斯全集》第3卷,人民出版社2002年版,第41页。

国家民主制度的安排，二是作为"阶级组织的先锋队"存在。

资产阶级政党和无产阶级政党的形成有明显差别。资产阶级政党作为一股正当性力量大多是在被资本主义国家"制度化"安排之后，即政党角色从社会宗派属性向统治阶级属性转型。基于这一角色转换，萨托利直言，政党"从宗派到政党、从负责任的政府到反应型的政府"① 的转型是政党存在的合法性依据。这实际说明了资产阶级政党从成立起就是为资本主义政治统治服务的工具。相反，无产阶级政党非现代国家制度的安排，它是在无产阶级同资产阶级的政治革命斗争中发展起来的，具有历史的先进性和真实的人民性。根据《共产党宣言》中的阐释，无产阶级的先进性一方面表现为共产党人是"各国工人政党中最坚决的、始终起推动作用的部分"②，在各个历史阶段真正代表人民的利益。另外体现为共产党人具有马克思主义这一科学先进理论的支撑。共产党的这一特性能够从行动上凝聚人民共识，组织人民群众参与政治革命和民主运动。

另外，对马克思而言，共产党是使命型和领导型政党。在革命阶段，共产党的使命是带领工人阶级和广大人民群众推翻资产阶级政治统治，建立无产阶级专政，争得民主；在革命之后，共产党的主要使命是在大力发展生产力的同时，将一切生产条件掌握在无产阶级手中。其中，首要的是实行铲除资本主义私有制和"对所有权和资产阶级生产关系实行强制性的干涉"③，以此保证民主的真实性。马克思提出了掌权的无产阶级进行民主政治的具体措施，它对当代社会主义民主政治建设依然具有重要意义。其一，没收地产所有权、废除继承权、私有产权以及把银行、信贷掌握在国家手中。其二，强化工农业、运输业等，大力发展生产力，为实现"真正的民主制"奠定基础。其三，加强文化教育等，主张在政治生活、经

---

① [美] 乔万尼·萨托利：《政党与政党体制》，王明进译，商务印书馆2006年版，第56页。
② 《马克思恩格斯文集》第2卷，人民出版社2009年版，第44页。
③ 《马克思恩格斯文集》第2卷，人民出版社2009年版，第52页。

济生活和文化生活的结合中丰富人民民主生活，将政治民主扩展至社会民主。共产党人的根本使命则是带领无产阶级和广大劳动人民消灭阶级及阶级统治本身的存在条件，通过进行"反对一切现存的社会制度和政治制度的革命运动"，达到社会的自治和人民的自我管理。

共产党人之所以能够组织并领导人民群众，凝聚人民共识，其根源在于共产党人与工人阶级和广大劳动人民群众的密切关系，共产党始终坚持党性和人民性的统一。首先，就理论基础看，共产党坚持群众史观，承认并尊重人民群众的历史创造者地位。关于历史的创造者，在马克思之前就有诸多讨论。欧洲中世纪，神学家把历史的发展归功于神意的安排，认为历史的创造者是神、是上帝。维科《新科学》的产生，虽唤醒了人类的历史主体意识，但将考量历史的产生和发展过程建立在观念基础之上，认为"最高理性"支配和决定历史发展。19世纪空想社会主义者对劳动群众寄予同情和关怀，却未能将劳苦群众贫困的原因深究到"物质生产"。总的来说，在马克思以前，人民群众不受到重视，历史学家和思想家对人民的考察也仅限于唯心史观或英雄史观。

马克思把唯物论和辩证法相结合，从社会存在出发研究人类历史及其发展过程，创立了唯物史观，并以此为方法，科学确立了历史、群众等基本范畴，阐明了社会发展的历史辩证法。在马克思看来，人民群众从事的物质性生产活动是创造和推动历史发展的物质性前提，在这一物质实践基础上，伴随人民群众交往实践、精神财富等的创造，人类历史产生出政治领域、文化领域，没有人民群众，也根本无任何政党政治、民主政治可言。其次，就功能属性看，共产党作为连接政治国家和非政治国家的桥梁，兼具工具和价值两重属性。在工具属性方面，共产党注重从制度建设出发保证人民普遍的政治权利，在价值属性方面，共产党始终坚持以人民为中心，全心全意践行"为人民服务"的宗旨。总的来说，共产党与人民群众是相辅相成的鱼水关系、血肉关系。工人阶级和广大劳动人民群众是共产党的源头活水，共产党作为工人阶级和人民群众的有组织的力量在国家的政治生活中占据领导地位，脱离无产阶级和广大劳动人民群众，无产阶级政党必然会异化为特殊的利益集团。

但基于阶级统治和政治统治之间存在张力关系，无产阶级政党有存在脱离其阶级基础、群众基础而异化为特殊利益集团的危险。1878年，马克思在《论东方问题》中回忆说，工人阶级有可能为追求自身特殊利益而沦为资本家的追随者。他以当时爆发了经济危机的英国为例，指出："由于1848年开始的腐败时期，英国工人阶级渐渐地、越来越深地陷入精神堕落，最后，简直成了伟大的自由党即他们自己的奴役者——资本家的尾巴。"① 工人阶级的堕落、无产阶级政党的腐败会引发民主政治的一系列困境，一是加深私人利益和公共利益的严重冲突导致的选民和代表之间的困境，造成代表性断裂难题扩散至党内；二是政党政治执行能力萎缩，难以实现对国家和社会之间的互动调节；三是政党执政合理性和代表合法性缺失，政党自身面临蜕化变质的危险。因此，为防止政党自我异化，无产阶级政党必须把从严治党作为加强党的建设基本任务。对于中国共产党来说，一方面，要始终坚持群众观点和群众路线，将其作为共产党执政的思想资源和政治资源。另一方面，要健全人民对党的监督体制、党内监察机制等，通过各种民主渠道加强人民群众对党的监督，把反腐倡廉提高到维护党的执政合法性的高度来认识。

第四节　当代中国马克思主义民主理论的建构

尽管马克思民主话语中蕴含了从"市场（社会）—国家—政党"三维结构中建构现代社会民主理论的规范性话语，但马克思现

---

① 《马克思恩格斯全集》第25卷，人民出版社2001年版，第155页。

代社会民主理论的核心问题域依然是在"对资本主义民主批判""无产阶级为争得民主进行革命",用列宁和毛泽东的话说,主要特点就是进行"阶级斗争"。① 这一方面源于马克思所处的历史时代是资本主义时代,无产阶级尚未赢得民主和专政,另一方面是马克思当时的历史语境是革命与斗争。然而,当今中国马克思主义民主理论面临的是"和平与发展"新的时代主题,历史境遇及实践场域也有了新的变化,这要求其理论建构要根据社会政治现实对马克思主义民主理论进行新诠释。一是立足于当今中国社会民主化的特殊条件和特殊道路,在守正创新中进行话语转换,以契合新时代话语要求;二是在坚持马克思主义基本原理、立场、观点指导下,以人民对美好政治生活的向往为着力点,建构满足人民美好需要的人民当家作主制度;三是处理好理想性与现实性、共性与个性、继承性与创新性的辩证关系;四是发挥制度优势、法治保障、体制改革等提升民主政治有效性;五是发挥党在社会主义民主政治建设中的独特优势和关键作用。

一 当代中国马克思主义民主理论的建构逻辑

建构当代中国马克思主义民主理论的过程,也是将经典马克思主义民主理论与当代中国社会政治现实相结合,实现马克思主义民主理论中国化的过程。在这一过程中,中国社会民主化是理论建构的主要来源和动力。基于中国社会民主化是"植根于中华文化沃土、反映中国人民意愿、适应中国和时代发展进步要求"的政治实践,因而当代中国马克思主义民主理论的建构能够从分析中国社会民主化的国情适应性、时代要求、中华优秀传统文化的民主基因的话语转换中得以阐释和充分说明。

---

① 列宁曾将马克思主义关于阶级社会的指导性线索阐述为"阶级斗争"。参见《列宁选集》第 2 卷,人民出版社 2012 年版,第 426 页。毛泽东也曾以"造反有理"阐述马克思主义的阶级斗争。参见任平、陈忠《当代视野中的马克思主义哲学》,人民出版社 2010 年版,第 715 页。

(一) 话语转换：当代中国社会民主化的特殊条件和特殊道路

1. 中国社会民主化的国情适应性

中国社会民主化具有国情适应性，它经历了从外生催动和内生选择民主到走中国特色社会主义政治发展道路的过程。

回顾历史，中国民主政治的选择和建构就是在启蒙与现代化的倒逼下展开的，一是通过西方民主与科学的思想启蒙完成封建主义的祛魅，在"问题与主义"的斗争中依据国情最终选择马克思主义；二是通过党领导的政治革命完成从传统国家向现代国家的社会转型，在国家现代化的发展要求中进一步展开社会革命，建立社会主义民主制度，确立为社会主义现代化建设服务的政治发展道路。

新文化运动和五四运动是中国人民开始自觉选择民主并独立进行民主运动的起点，其积极意义在于一方面拨开了封建主义笼罩在人民头上的迷雾，启发人们追求民主自由、独立解放，另一方面鼓舞人民追求民主政治，做国家的主人。由于五四启蒙的民主主题是以"独立的国家主权"为核心的，这使得先进的中国人在最开始进行民主选择时就与西方启蒙理性张扬的个人主义、自由主义不同，带有民族的特殊性。它表明，自由主义民主观自传入之日起，就无可依附的载体和存在根基，尽管资产阶级自由化思想、宪政思潮也在一定程度上给人们带来消极影响，但所谓君主立宪或宪政共和政体已经被清末新政、维新运动、辛亥革命等证明是行不通的。随着十月革命的成功和马克思主义的传入，中国人民最终选择了与中国具体实际相适应的马克思主义。

就中国社会民主化的实际过程看，中国共产党人将其与反帝反封建的政治革命和国家现代化并行推进。中国共产党带领中国人民进行了争取国家主权独立和实现政治现代化的革命。在此过程中，中国革命的实际斗争是分为"民主主义和社会主义"两个步骤的革命，其中，第一步不是一般的民主主义革命，而是"中国式的、特殊的、新式的民主主义"①，这一特点是由中国半殖民地半封建社会的性质决定的，它要求中国首先成为拥有独立主权的社会，进而才能进行社会主义的民主革命。民主理论的建构由此形成了具有中国特点的新民主主义革命理论和社会主义民主理论。中华人民共和国的成立标志着"中国从几千年封建专制政治向人民民主的伟大飞跃"②。在中国进入社会主义现代化建设时期后，中国马克思主义民主话语也随现代化建设逐渐从"革命话语"转换为"建设话语"。不过，真正意义上的"建设话语"转变是在改革开放新时期才开始的。改革开放后，社会主义民主政治重新步入正轨，朝制度化、法治化、规范化发展，在经历自我建构、自我调适后逐渐形成了具有中国特色的社会主义民主。这主要表现为：一是十一届三中全会重新恢复社会主义民主制度的活力，并提出了党内生活的民主化，以党内民主促进人民民主；二是确立社会主义市场经济为社会主义民主政治的经济基础，摆脱高度集权的政治模式对市场的束缚，以更加尊重维护人民权利和个人权益为基础发展社会主义民主政治；三是在从宪法和法律上将社会主义民主政治列为现代化建设的目标，在党的十五大上明确提出了依法治国、建设法治国家的重要任务，促使社会主义民主政治朝法治化发展；四是及时总结中国特色社会主义民主政治的发展规律，并在党的十六大上首次确认为"党的领导、人民当家作主和依法治国的有机统一"；五是党的十七大提出"中国特色社会主义政治发展道路"，进一步总结社会主义民主政治发展规律，为中国社会民主化提供理论指导和道路遵循；六是丰富和发展社会主义民主制度形式，将协商民主作为中国特色社会主义民主发展的新路向。

  总的来说，中国社会民主化遵循服务于国家现代化的发展逻辑，

---

① 《毛泽东选集》第 2 卷，人民出版社 1991 年版，第 666 页。
② 习近平：《决胜全面建成小康社会 夺取新时代中国特色社会主义伟大胜利——在中国共产党第十九次全国代表大会上的报告》，人民出版社 2017 年版，第 14 页。

立足于现代化的发展实际，走出了一条适合中国国情的民主发展道路，在中国特色社会主义进入了新时代后，社会主义民主政治的发展模式也愈加清晰，制度优越性愈加明显，它不仅打破了西方国家一直宣扬的西式民主范式，而且为世界其他国家加强民主建设提供了重要参考和借鉴。

2. 中国社会民主化的时代要求

面对全球化深入发展的时代境遇，新时代的中国特色社会主义民主理论建构面临发展空间从物理空间向社会化空间转换，话语内容、言说方式、传播环境新变化，国际各种社会思潮的冲击。社会主义民主政治建设也迎来了完善和发展人民当家作主制度体系，变制度优势为治理效能，推进国家治理体系和治理能力现代化的现实任务。

从国际环境看，当前西方民主话语范式泛滥，西方国家在民主化进程中掌握民主话语霸权，主张单线式民主发展逻辑，推崇"单一化"民主价值理念和评价标准，如程序民主要求的"三权分立""多党制""宪政"等，这致使各民族国家在进行符合本国特色的民主建构时不仅遭受种种猜忌和质疑，而且面临陷入西方"话语陷阱"的危险。同时，伴随经济全球化、政治一体化的深入发展，人们之间的交往空间日趋扩大、各种社会思潮交织，影响和冲击着中国社会民主话语权的建构和民主化发展。自由主义民主观以放大市场经济的市场化、自由化、利益化为前提，迎合和主张人追求个人私利，无限制进行自由竞争，以使得资本逻辑顺利运行于社会化各个空间。民主社会主义高扬"阶级、革命过时论"，主张单纯通过合法议会实现社会的公平和正义。但事实上，马克思、恩格斯早在19世纪就已经明确断言，对于资本主义国家来说，"不管它的形式如何，本质上都是资本主义的机器，资本家的国家，理想的总资本家"[1]。

---

[1] 《马克思恩格斯文集》第9卷，人民出版社2009年版，第295页。

在国内，在市场化转型过程中，自由主义、虚无主义等错误思潮乘虚而入，在一定程度上消解了马克思主义民主话语的构建。新自由主义、历史虚无主义虽自视为一种适应社会发展的社会思潮，但本质都是意图歪曲和否定中国特色社会主义制度、党的领导和政治发展道路的反社会主义政治思潮。为构建中国特色社会主义民主话语权和阐释权，当代中国马克思主义民主理论的构建有必要直面这些思潮，在思想交锋中揭批这些社会思潮的本质，以巩固和坚守主流民主话语权。

现代化建设和改革开放发展新特点也使得当前中国社会民主化的主要任务转化为"加强社会主义民主制度建设，为国家治理体系和治理能力现代化服务"。习近平指出："相比过去，新时代改革开放具有许多新的内涵和特点，其中很重要的一点就是制度建设分量更重，……对改革的系统性、整体性、协同性要求更强，相应地建章立制、构建体系的任务更重。"① 而当前的中国特色社会主义民主建设，一是面临进一步健全和完善人民当家作主制度体系的重要任务，将制度优势充分发挥出来，以实现和落实实质性民主；二是面临将制度优势转化为治理效能的任务，通过党的领导，有效整合人民意愿，确保人民实际掌握国家主权。

3. 中华优秀传统文化传统的民主基因

中华优秀传统文化中有丰富的民主性因素，是中国特色社会主义民主的自信之源，但这一思想资源从根本上说，与当今中国特色社会主义民主有本质差别，因此，它不是"拿来就用"，而要经历"创造性转化和创新性发展"的话语转换过程。

首先，中华优秀传统文化中的"家国天下、民为邦本、为政以民"的治国思维能够为当前社会主义民主政治建设提供合理性因素。民本主义在当前思想文化传承中争议颇大，主要质疑是中国传统民本思想是从属于封建统治阶级的思想，"是中国古代统治思想的重要

---

① 《习近平谈治国理政》第 3 卷，外文出版社 2020 年版，第 112 页。

组成部分"①。统治阶级的"民本论"根本区别于当前社会主张的"以民为本",它一不承认人民的历史创造者地位,认为"唯上智与下愚不移"(《论语·阳货》),二不承认人民在国家中的主权者地位,认为"上之性,就学而愈明;下之性,畏威而寡罪;是故上者可教,而下者可制也"②。故而难以与当前人民当家作主的政治制度相契合,既不利于保障个人权利,也不利于形成现代公民意识。中国特色社会主义新时代,社会主义民主政治建设要想守古人之规矩,开自己之生面,必须对其进行"创造性转化和创新性发展"。③ 就转化途径和创新路径看,其一,依靠话语转换以适应新时代民主政治发展要求。"以人民为中心"的民主话语就突出体现了对传统民本思想的超越,其"发展为了人民"既继承了民本思想中的"民贵君轻"思想,又摒弃了古代政治统治为君而畏民的民本思想。"发展依靠人民"则突出了"水能载舟亦能覆舟"的人民群众力量,而摒弃了"圣王之制""庶人不议"的专制主义。"发展成果由人民共享"从事实性正义出发超越了传统政治思维的抽象的民本观。其二,从"治国之道"而非"治人之术"出发汲取中华优秀传统文化的民本思想。有学者提出中华优秀传统文化的"治体论"或"政道论"思想④,主张挖掘和汲取传统政治思想中的治国理论而弃其"驭民之术"为现代国家治理体系和治理能力现代化提供合理借鉴。如儒家主张的"为政以德",老子提出的"圣人无心,以百姓心为心"(《道德经》),《墨子·尚贤上》所言的"举公义,辟私怨"⑤ 等从德治、公平、正义、民本出发治国的思想都是当前治理国家的重要政治资源。

---

① 张分田:《民本思想与中国古代统治思想》(上),南开大学出版社 2009 年版,第 1 页。
② 李长之:《韩愈传》,东方出版社 2010 年版,第 140 页。
③ 《十八大以来重要文献选编》(中),中央文献出版社 2016 年版,第 136 页。
④ 任锋:《治体论的思想传统与现代启示》,《政治学研究》2019 年第 5 期。
⑤ 程少华:《崇正义》,人民出版社 2016 年版,第 38 页。

其次，中华优秀传统文化中的"和合"文化对当前社会主义民主政治建设大有裨益。一方面，和合文化中主张的和谐、平等和正义及包容理念对当前异质性社会民主建设有重要意义。《礼记·中庸》中就有记载说："万物并育而不相害，道并行而不相悖"①，《论语·子路》中言："君子和而不同，小人同而不和"②，强调世界上的任何事物之间都是相互平等、并行不悖的，人与人之间应该求同存异，相互包容。另一方面，"和合"文化中带有的朴素辩证法思想，与当前我国社会主义民主政治建设坚持的马克思主义唯物辩证法具有一定契合性。《国语·郑语》中谈道："夫和实生物，同则不继。"③ 这强调异质、差异，主张包容也是在社会治理和国家治理中达成有效共识的重要举措。除此之外，"兼容并蓄""协和万邦"等也深刻描绘了家国之间、国与国之间的求同存异之道。这些理念对于当前加强社会主义现代化建设和民主政治建设具有重要意义。

习近平强调，新时代，中国特色社会主义的建设和改革不是任何旧模式的翻版，社会主义民主政治也是在立足于中国国情、孕育于文化土壤、适应于时代要求基础上发展起来的具有中国特色的社会主义民主形式，中国马克思主义民主理论必须坚持在国情实际中，在中国特有的民主化过程中逐渐丰富和发展。

（二）价值定位：建构满足人民对美好生活需要的人民当家作主制度

当代中国马克思主义民主理论的价值本位是"以人民为中心"，坚持从人民性出发，建构满足人民对美好生活需要的人民当家作主制度是新时代民主话语的工具性表达。

马克思从"劳动""社会关系""需要"三个层面阐述人的本质，指出人在社会发展过程中实现人自身的自我确认是通过"自由

---

① 钱逊：《〈论语〉讲义》，人民出版社2012年版，第19页。
② 罗安宪：《论语》，人民出版社2017年版，第95页。
③ 陈战国：《先秦儒学史》，人民出版社2012年版，第46页。

自觉的劳动""自由而全面的社会关系"以及"现实的人的需要的满足"实现的,在此过程中,劳动、需要和社会关系之间是有机统一的。马克思和恩格斯曾在《德意志意识形态》中明确说明"地质、水文等等条件。人体。需要和劳动"是"哲学的和真正的解放"的条件。① 在他们看来,现实的个人进行劳动最初是满足其物质生存发展的需要,确认其自身的自然关系和社会关系。随后,随着劳动、需要及需要工具的增长和提升,人同社会,与他人建立起不同的社会关系和联系。由于人的需要的满足、劳动的实现、社会关系的建立并不总是一帆风顺的,因而,人们为了缓和冲突,处理好人与自然,与社会,与他人的关系,必须建立起一定的社会规则和秩序。社会制度是人们将社会中规定的或赖以形成的成文或不成文的习惯、规范不断制度化的过程,它随人民生活需要和现实状况的改变而不断做出改变和完善。

古代封建制度以森严的等级秩序和专制主义为基础,其理论前提是禁欲主义的神学观。在此政体下,人民从属于君主制,人身自由依附于政治统治,被宗教伦理和封建等级所宰制,无任何自由个性可言,人民生活是被权欲支配的专制的、奴性的、政治与社会相统一的生活。资产阶级政治解放建立起现代民主制,确立起追求"民主、自由、人权"的现代社会制度,但基于私有制的放逐和承认,人民从奴性文明陷入钱欲文明。资本主义民主制度以虚无的历史观、抽象的人性自私论和社会契约论为理论基础,将人权和公民权相分离,把现实的人民彻底排除在政治和历史之外。首先,资产阶级民主所谈的不是现实的、具体的人,而是基于抽象人性概念中的人。较多学者基于人性本善或人性本恶预设提出现代国家和民主政治存在的契约论基础,如霍布斯的"自利的人"、卢梭的"人生而平等"等假说。其次,资本主义民主强调"天赋人权",主张个人主义,不顾个人在自然禀赋、经济事实、

---

① 《马克思恩格斯文集》第1卷,人民出版社2009年版,第527页。

教育修养、社会地位等方面的偶在性差别在政治法律范围内宣布并承认"自由、平等和正义",在市民社会领域不顾狭隘的经济斗争鼓励人追求绝对的权利和自由,以满足个人的物质欲望、享受欲和赢利欲。马克思对此批判说,资本主义社会的人们实际上过着"双重的生活——天国的生活和尘世的生活。前一种是政治共同体中的生活,在这个共同体中,人把自己看作社会存在物;后一种是市民社会中的生活,在这个社会中,人作为私人进行活动,把他人看作工具,把自己也降为工具,并成为异己力量的玩物"。①

社会主义民主本质是人民当家作主的实质性民主。其一,社会主义民主坚持人民主体地位,始终将人民群众是历史的创造者作为民主政治实践的理论基础。其二,社会主义民主从所有制形式上实行生产资料公有制,以求在财产正义和生产正义源头上保持民主的公平性。其三,社会主义民主坚持以"劳动为本,共创共享"②。区别于资本主义民主将物质生产生活看作市民社会的私人议题,社会主义民主坚持从人民的现实生活出发,构建社会制度和社会秩序。其四,在社会主义民主范围内,"人民通过选举、投票行使权利和人民内部各方面在重大决策之前进行充分协商"③ 是人民进行广泛政治参与的主要形式。前者的制度化形式是指以我国人民代表大会为核心的一整套制度体系,后者是指以广泛多层制度化协商民主为基本形式的民主制度,二者相辅相成,相得益彰,集中凸显了中国特色社会主义民主的独特优势。

因此,中国特色社会主义民主理论的建构要始终坚持"以人民为中心"的逻辑主线,以回应和满足人民对美好政治生活的向往,深入研究当今社会政治现实,形成一套具有指导性和建设性的理论

---

① 《马克思恩格斯全集》第3卷,人民出版社2002年版,第172—173页。
② 项久雨:《新时代美好生活的样态变革及价值引领》,《中国社会科学》2019年第11期。
③ 《十八大以来重要文献选编》(中),中央文献出版社2016年版,第74页。

体系，为推进新时代民主政治建设提供理论指导和价值引领。首先，明确民主制的建设和发展是人民的事业，人民既是国家制度的确立者，也是维护和完善国家制度的建设者，人民代表即"一切国家机关工作人员"都"始终要把人民放在心中最高的位置，始终全心全意为人民服务，始终为人民利益和幸福而努力工作"①。其次，总结中国社会民主化进程的历史经验和基本规律，阐明适应新时代中国特色社会主义民主政治发展的经济基础、文化基础和社会基础，明确社会主义市场经济与社会主义民主政治相结合能够发挥中国特色社会主义的巨大优势，中华优秀传统文化内含当前社会主义民主政治建设的重要资源。再次，在制度化建设和完整政治参与实践中探索制度优势转化为制度效能的有效路径，以激发民主活力，人民创造力。最后，坚持群众观点和群众路线，从群众智慧中探索优化制度建设的方法和措施。

（三）方法遵循：处理好理想性与现实性、共性与个性、继承与创新的辩证关系

1. 处理好理想性与现实性的关系

马克思民主理论具有理想性和现实性双重维度，社会主义民主政治建设就是从理想性走向现实性的过程。但基于社会主义社会现实的生产力发展水平还远未达到马克思谈及的"真正的民主制"条件，故而建设理想的民主还是一个漫长的过程。因此，当代中国社会马克思主义民主理论的建构需要正确认识和处理民主理想和民主现实的关系，在理想性的马克思民主理论的指导下，重点研究和阐明当前中国社会政治现实，依据国情实际构建具有现实指向性的新时代中国特色社会主义民主理论。

理想性的马克思民主理论为当前中国民主政治建设提供了规范性话语和理想民主构建的方法论指引。按照马克思对未来社会民主

---

① 习近平：《在第十三届全国人民代表大会第一次会议上的讲话》，人民出版社2018年版，第2页。

的设想和阶段划分,理想民主在未来社会的发展分为两个阶段,一是具有政治性质的共产主义第一阶段的民主制度,二是"公共权力失去政治性质"的"真正的民主制"阶段。在共产主义的第一阶段,由于"在经济、道德和精神方面都还带着它脱胎出来的那个旧社会的痕迹"[1],因而第一阶段的民主建设还具有一定的政治性和阶级性,带有同资本主义民主相类似的一些特征,这使得共产主义第一阶段的民主能够从资本主义民主政治中得到一定启发和借鉴。如基于地域和人口限制所必须实行的代议制,以"国家政权"为核心的民主政治阶段所必须发挥的政治统治职能和社会管理职能,以及依靠警察、监狱等暴力机关对被统治阶级的专政。但是,与资本主义民主不同的是,共产主义第一阶段的民主代表工人阶级和广大劳动人民的阶级利益,在数量和阶级立场上比资产阶级民主更具有广泛性和真实性,它把这种带有政治性和阶级性的民主制只看作一个历史过程,其生产力的提高、政治制度的完善和健全,以及民主政治参与的扩大都是为"真正的民主制奠定基础"的过渡形式。马克思民主理论的现实维度是对资本主义民主的认识和批判,它将资本主义制度的实质不民主深入到生产资料私有制的基础,在当前社会依然是有原则高度的理论批判,尽管资本主义民主现实发生了一些新变化,但依然未超越马克思民主理论的批判维度。因此,用经典马克思主义民主理论揭露当代政治困局和民主困境依然具有重大的现实意义。

当代中国社会马克思主义民主理论的建构需要立足于当前中国的社会政治现实。从中国的实际情况看,中国社会民主化的进程正处于并将长期处于社会主义初级阶段。尽管中国特色社会主义进入了新时代,但我国"仍处于并将长期处于社会主义初级阶段的基本国情没有变"[2]。聚焦于当前我国社会的主要矛盾,尽管阶级之间的

---

[1] 《马克思恩格斯文集》第3卷,人民出版社2009年版,第434页。
[2] 《十八大以来重要文献选编》(上),中央文献出版社2014年版,第12页。

绝对对抗已经消失，但人民之间的内部矛盾依然存在，"中国特色社会主义进入新时代，我国社会主要矛盾已经转化为人民日益增长的美好生活需要和不平衡不充分的发展之间的矛盾"①。新矛盾的转化要求当代我国马克思主义民主理论的构建需要立足于人民的实际生活实践，清醒认识人民对美好政治生活的追求，以强烈的问题意识和实践意识对国家政治现实性问题进行解答和回应，在此基础上构建具有现代解释力和引领力的中国特色社会主义政治哲学。

2. 处理好共性与个性的关系

马克思曾就国家制度的共性谈民主，指出民主是一切国家制度的根本属性，但是不同的国家在不同的历史时期有不同的民主样态、形式和实现程度。任何国家的政治制度总是立足于这个国家的特定历史传统、文化土壤和经济、政治条件存在的，"从资本主义向共产主义过渡，当然不能不产生非常丰富和多样的政治形式"②。当代中国特色社会主义民主理论的建构必须正确认识和处理好共性与个性的关系，在合理吸收、借鉴西方国家民主思想资源的基础上，立足于中国实际分析中国政治现实。

从各国民主政治发展的共性看，经济全球化、政治一体化是世界各国民主政治面临的共同历史境遇，这决定了任何国家的政治文明建设首先要尊重人类政治文明发展的一般规律。一是尊重和遵守人类社会发展的共同性指导原则，为实现共同发展、互利共赢提供良好的政治环境和安全保障，如共同致力于生产力发展、经济质量提高、政治精神文明等。二是在文明交往中实现政治互鉴，学习和借鉴他国优秀政治实践和民主方案，在对话和交流中汲取人类政治文明的优秀思想资源。但是各国在吸收世界文明成果的同时，要注重本国政治发展道路的特殊性。任何民主形式和民主方案都产生并

---

① 习近平：《决胜全面建成小康社会 夺取新时代中国特色社会主义伟大胜利——在中国共产党第十九次全国代表大会上的报告》，人民出版社2017年版，第11页。

② 《列宁选集》第3卷，人民出版社2012年版，第140页。

形成于一定的土壤，因此民主理论的构建不能忽视国情实际而抽象地谈民主适用性，所谓"好民主"都是基于本国的社会条件，由本国的政治、经济、文化发展状况决定的，并随其发展而不断发展和完善的。

因此，当代中国马克思主义民主理论的构建需要在坚持共性与个性对立统一中，思考当前中国社会政治发展的特殊性问题。首先，辩证地看待西方民主的实践经验，明确西式民主尽管在公民政治参与形式、法治建设等方面对中国具有借鉴意义，但是西式民主宣扬"普世价值"旨在加强资产阶级意识形态的渗透。其次，构建具有中国特色、中国风格、中国气派的社会主义民主话语体系。2016年，习近平总书记在哲学社会科学工作座谈会上指出，中国社会哲学科学的话语体系本应是中国最具有发言权，但是"实际上我国哲学社会科学在国际上的声音还比较小，还处于有理说不出、说了传不开的境地"，为破解这一困境，中国特色社会主义民主理论的构建要面向中国问题、中国特点，及时提炼"标识性概念"，体现中国原创性和时代性。

3. 处理好继承与创新的关系

建构当代中国马克思主义民主理论需要处理好继承与创新的关系，既合理吸收以往民主遗产的优秀思想资源，又时刻立足于现实社会政治生活，对社会政治现实进行价值追问和实然判断。中国马克思主义民主理论的优秀思想资源，一是马克思主义基本原理、观点和方法，"这是中国特色哲学社会科学的主体内容，也是中国特色哲学社会科学发展的最大增量"[1]；二是中华优秀传统文化，这构成中国特色社会主义民主理论的文化之基和自信之源；三是西方国家民主实践的优秀成果，这是当代中国马克思主义民主理论建构得以对话、交锋的动力之源。

习近平同志指出，对待这些优秀思想资源，我们要始终坚持

---

[1] 《习近平谈治国理政》第2卷，外文出版社2017年版，第339页。

"不忘本来、吸收外来、面向未来"。① 首先，坚持逻辑与历史相统一的基本原则，明确民主理论的建构离不开民主化的实践，中国特色社会主义民主理论是中国人民在民主化进程中的历史选择。其次，坚持用发展的观点看问题。就当前中国社会民主化的现实看，社会主义民主政治建设还有亟待解决和回应的民主发展问题，就人民对美好政治生活的追求看，当前社会主义民主政治的发展与人民对美好政治生活的新期待还不完全适应，公民政治参与的体制机制、规范、程序、法治建设等都存在不充分、不完善的地方，人民代表何以充分地代表人民，广大人民群众何以积极有效地参与政治生活，发挥创造力和活力，都是当代中国社会马克思主义民主理论亟待研究和回答的问题。因此，针对社会民主政治面临的新情况和新问题，中国特色社会主义民主理论的当代建构必须树立起忧患意识和问题意识，在解答和回应新时代社会发展的新问题中坚持和发展马克思主义，实现实践基础上的知识创新、理论创新和方法创新。

（四）国家治理与政治谋划：良法善治是提升社会主义民主政治有效性的可行路径

现代社会民主政治的发展逻辑与国家建设逻辑相统一，从推进国家治理体系和治理能力现代化建设出发构建中国特色社会主义民主理论是对国家政治发展逻辑的基本遵循。"国家治理体系和治理能力是一个国家制度和制度执行能力的集中体现"②，是检验一个国家民主政治是否真实有效的重要标准。从国家治理体系和治理能力出发研究和阐释中国特色社会主义民主政治，就是注重发挥国家的功能和效用，发挥中国特色社会主义制度的优势有效治理国家，变制度优势为治理效能。

在西方思想界，关于现代社会的治理话语常常掩盖国家的功能和作用，遵循"国家退场"或"消解国家逻辑"的原则。早在启蒙

---

① 《习近平谈治国理政》第 2 卷，外文出版社 2017 年版，第 339 页。
② 《习近平谈治国理政》，外文出版社 2014 年版，第 91 页。

时期，英国思想家洛克就通过自然法的前提预设，提出"分权制衡"的思想。洛克认为，人们基于冲突和战争订立契约组成共同体并建立政治国家，并不是让渡全部社会权力，而只是让渡"实施自然法"的权利。他为此提出分权原则，主张以分权限制政府权力。孟德斯鸠以此思想为基础，进一步提出"三权分立"，主张通过"权力制约权力"保障个人自由，防止政府滥用职权。卢梭从思考主权的归属问题出发，认为人民而非议会机构掌握立法权，但基于国家行政区域的烦琐，"大量的超额负担，都在不断地消耗着臣民"①，容易造成官僚化、机械化。遵循这一认识逻辑，西方思想界关于治理理论的探讨出现了把国家排除在治理之外的"国家退场"现象，从亚当·斯密"看不见的手"到逐渐系统且成体系的"有限政府理论"，国家治理逻辑处于被消解或被忽视的地位，尽管随着经济危机的频繁爆发，资产阶级国家开始注重宏观调控，但其新自由主义的主流意识形态依然宣扬"国家充当守夜人"。对于社会民主化，资本主义国家虽然在国家层面强调民主制度和人民主权，但在现实社会层面，国家及其制度存在于虚幻的彼岸，实质性的民主仅存在于资本主义社会的各种利益集团和社会财团手中。弗朗西斯·福山面对"国家消退"现象造成的民主困境，也一改以往对"意识形态终结"的吹捧，提出："软弱无能国家或失败国家已成为当今世界许多严重问题（从贫困、艾滋病、毒品到恐怖主义）的根源。"②

按照马克思对资本逻辑的批判，资本主义的市场逻辑和资产阶级对剩余价值的追逐必然造成"社会分工的无政府状态"，导致"国家的退隐"。尽管现代社会的民主化进程是随着政治国家的革命开始的，但资本主义的社会民主化是遵循资本逻辑展开的，国家制度实际不表现为人民的自我规定，现实的人的发展进步与国家建设

---

① [法]卢梭：《社会契约论》，何兆武译，商务印书馆1980年版，第63页。
② [美]弗朗西斯·福山：《国家构建：21世纪的国家治理和世界秩序》，黄胜强、许明原译，中国社会科学出版社2007年版，第1页。

相脱离。然而，马克思在研究人的发展的阶段时曾指明，人的发展必然会经历以物的依赖性为基础的虚伪的国家共同体阶段，在这一阶段，人们掌握国家、进行国家政治建设是为了使其自身实现独立个性。因而，国家阶段的民主政治建设最终要落实到人的发展与国家建设、社会和谐进步的有机统一之中。

新中国70年的国家建设在历经"建构—改革—治理现代化"的发展演变中，有力促进了中国特色社会主义民主的形成和发展。早在新中国成立前夕召开的党的七届二中全会上，毛泽东就提出新中国的国体性质是"无产阶级领导的以工农联盟为基础的人民民主专政"[1]。新中国成立后，我国逐渐确立起人民代表大会制度的政权组织形式。1954年，新中国第一部宪法通过后，我国社会主义民主制度以法律形式固定下来，人民代表大会也在实际政治建设中开始发挥作用。为避免西方国家仅在政治领域宣告人民主权的虚伪性，中国共产党在带领人民当家作主过程中，及时进行社会经济建设，以发挥国家的政治职能和社会管理职能，实际保障人民的各项权利和利益。毛泽东对此还特别强调，从无产阶级掌握国家政权起，其根本任务就是改善人民生产生活，促进人民全面发展。1978年后，我国实行改革开放，确立起社会主义市场经济的新体制，民主建设也随之进行"党和国家领导制度"等各项社会制度的改革。这场改革着眼于解决人民生活的现实矛盾和物质生产的需要，协调国家和社会的关系，厘清诸如政企关系、党群关系等，以强化人民主权，明确社会公权力边界、党和政府的权力规约问题，为推进社会主义现代化建设服务。在经济、政治、文化等体制改革进程中，党和国家不断总结历史经验和教训，逐渐认识到"党的领导、人民当家作主和依法治国有机统一"的社会主义政治建设规律，并在此基础上提出"全面深化改革""全面从严治党""全面依法治国"和"全面建成小康社会"的战略目

---

[1] 《毛泽东选集》第4卷，人民出版社1991年版，第1436页。

标。中国特色社会主义新时代，国家建设深入到"以国家治理推进和实现社会主义全面现代化"阶段，社会主义民主政治和国家现代化走向融合，并有机统一起来，在国家治理和政治谋划中走向民主法治化、制度效能化。良法善治成为人民当家作主的重要保障。

就"法"的本质看，它从属于政治上层建筑，是国家"大厦"的一部分，在国家发展逻辑中进行法治建设能有效接轨民主政治文明。因此，良法善治是提升民主政治有效性的可行性路径。社会主义的"法"与资本主义的"法"根本不同，在阶级属性上，社会主义的"法"代表的是无产阶级和广大劳动人民群众的意志，为广大人民群众服务，资本主义的"法"代表资产阶级的利益。这一阶级性质决定了社会主义的"法"在价值本位上是服务于历史创造者的人民群众，而资本主义的法律制度仅是为保障作为统治阶级的资产阶级的利益。社会主义的"法"以生产资料公有制为基础，以劳动资料的公平占有和财产正义保证上层建筑中"法"的公平正义，资本主义的"法"反而以承认私有产权和劳动资料的私有占有为前提。在中国社会法治化的进程中，社会主义法治建设又形成了集党的领导、人民主体本位、制度体系保证于一体的中国特色社会主义法治道路。2011年1月，全国人大常委会委员长吴邦国在"形成中国特色社会主义法律体系座谈会"上明确宣布："一个立足我国国情和实际、适应改革开放和社会主义现代化建设需要、集中体现党和人民意志的……中国特色社会主义法律体系已经形成。"[①] 这为党依法执政，带领人民进行社会主义民主政治建设提供了重要法律遵循。为提升法治建设服务于民主政治的有效性，保障人民当家作主，党的十八大将"科学立法、严格执法、公正司法、全民守法"作为新时代中国特色社会主义全面依法治国的"新十六字方针"，进一步规范了中国特色社会主义法治体系，集中体现了合目的性和合规律性。

---

① 《十七大以来重要文献选编》（下），中央文献出版社2013年版，第295页。

中国特色社会主义新时代，加强社会主义民主和法治的统一，一是要在社会主义法治建设中保证人民主体地位，确保立法权始终掌握在人民手中，法律制度是人民的自我规定。二是把全面依法治国作为中国特色社会主义民主政治建设的基本方略，促进民主的法治化。三是坚持道德建设，以道德的规约促进人民遵守"内心的法律"。四是树立法治思维和法治理念。党和国家引导人们把对法律的尊重和敬畏转化为思维方式和行为方式，并以领导模范作用带动人民在社会主义民主政治建设中形成用法、守法、护法的习惯。

因此，中国特色社会主义民主政治的建设实际是与现代国家的建设发展相统一的，良法善治适应了当前"国家治理体系和治理能力现代化"的发展逻辑。当代中国马克思主义民主理论的建构要宣传和阐释好中国特色，有必要解释和阐明中国特色社会主义民主的这一独特优势。

（五）政党主导：发挥党在社会主义民主政治建设中的独特优势和关键作用

在当代中国马克思主义民主话语中，中国共产党是"两个先锋队"，多党合作和政治协商的基本政党关系和制度体系丰富了人民当家作主的具体形式。中国共产党在中国社会民主化过程中发挥着领导核心作用。坚持中国共产党的领导，是社会主义民主政治建设的独特优势。新时代，中国马克思主义民主理论的当代建构要坚持加强和改善党的领导和社会主义民主政治建设的统一，一是充分认识维护党的领导权威的重要性；二是坚持民主集中制原则，厘清党的领导的权力边界及规约问题；三是处理好党内民主和人民民主的关系；四是创新发展党的生命线——"群众路线"的新时代话语体系。

与西方国家先有民主后有政党政治不同，中国的社会主义民主政治是在共产党的领导下建立和发展起来的。孙中山先生尽管较早认识到政党的力量，但国民党的演变最终脱离了以孙中山为首的革命先驱曾经设想的"人民的党"，堕入到财团、大资产阶级、旧军阀的老路中去了。

中国共产党是历史和人民的选择，党所具有的代表中华民族和中国人民的"两个先锋队"性质，是中国共产党得以在社会民主化过程中起领导核心作用的基石。"两个先锋队"理论是马克思主义中国化的典范，它超越了马克思主义对一般性无产阶级政党的表述，使中国共产党摆脱了单一的阶级性政党性质，发展为具有民族性和人民性特质的党。对"人民"的具体内涵，党的章程也给予了明确规定。但基于人民是个历史概念，因而在不同时期人民的概念特有所指。在中国特色社会主义新时代，人民主要指"全体社会主义劳动者、社会主义事业的建设者、拥护社会主义的爱国者、拥护祖国统一和致力于中华民族伟大复兴的爱国者"[①]。中国共产党形成了与西方政党制度不同的政治形式，即多党合作和政治协商的新型政党制度。新型政党制度坚持党性和人民性的统一，公开宣布党始终代表和实现最广大人民根本利益。关于对其他民主党派或无党派人士的态度，中国共产党除弊西方政党之间恶性竞争、绝对对立的党际关系，坚持共产党执政，各民主党派参政议政的"领导—合作"关系，以"长期共存、互相监督、肝胆相照、荣辱与共"的方针发挥中国共产党和各党派团结合作的独特优势。

中国共产党对中国社会民主化的领导核心作用，一是统揽社会主义建设全局，保障人民主权；二是代表人民权益，保证社会公平正义；三是积聚社会力量，凝聚社会共识。中国共产党在社会主义建设中统领全局，协调各方的根本着力点就是"支持和保证人民实现当家作主"[②]，即维护人民主权，保障人民始终是国家和社会真正的主人。这既是党在社会主义建设和发展道路中立足全局性的谋划，也是党领导人民建设国家的根本目的。在此过程中，中国共产党依据社会主要矛盾的转化适时调整战略重点，制定战略发展目标，都旨在满足人民对美好生活的向往，在满足人民需求、回应和解决人

[①] 《中国共产党章程》，人民出版社2017年版，第8页。
[②] 《习近平谈治国理政》第2卷，外文出版社2017年版，第18页。

民关切的利益问题中为人民实现自由而全面的发展创造条件。中国共产党为人民办事的过程也是凝聚人心、积聚社会力量、激发人民创造力的过程。历史的事业是人民群众的事业，没有人民群众的参与和支持任何事业都不可能成功。因此，中国共产党的领导核心突出体现在团结和带领中国人民沿着社会主义事业的正确方向不断前进，为社会主义现代化建设不断奋斗的过程中。

新时代，中国马克思主义民主理论的当代建构要正确认识和处理好加强和改善党的领导和社会主义民主政治建设的关系，发挥民主集中制的重要作用，在充分认识党内民主和人民民主关系的基础上，创新阐释党的领导和人民群众的关系，丰富和发展中国特色社会主义民主话语体系。

首先，充分认识维护党的领导权威的重要性。党的领导权威内含尊重党的领袖的权威和党的制度、组织、纪律等的权威。群众需要领袖权威，领袖作为善于组织运动和领导运动的代表，在捕捉历史契机、发起历史任务、组织和领导社会革命等方面具有较高预见性，能够起到引领和指导人民群众的作用，"没有权威，就不可能有任何的一致行动"[1]，只有党中央有权威，党才能凝聚社会共识，将人民团结起来，为共产主义事业服务。基于共产党的先锋队性质及共产党在整个社会运动和理论探索上的先进性和优越性，在社会主义民主政治建设中，人民群众既要注重向党中央看齐，维护党的领袖权威，还要同党的路线、方针、政策达到思想和行动上的统一。党的制度、组织、纪律的权威是就全体党员而言的，全体党员遵守党的制度、维护党的纪律，既是职责又是义务。中国共产党要永葆先进性和纯洁性，发挥战斗堡垒作用，必须树立严格的纪律权威，建立起持久有效的体制机制。

其次，坚持民主集中制原则。民主集中制既是党的组织制度，也是协调党和国家、人民关系的基本原则。"民主"体现了党对人民

---

[1] 《马克思恩格斯文集》第10卷，人民出版社2009年版，第372页。

意志和人民利益的遵循，"集中"体现了党的领导权力的行使，前者是后者的制约因素，无民主的集中属于极权。在社会主义民主政治建设过程中，为防止党的权力过分集中，越过民主制约的边界，要始终坚持从严治党，以加强党内廉政建设、严肃党内生活，落实社会各界对党的监督、建立监察制度体系等，实现对党的规约和治理。

再次，处理好党内民主和人民民主的关系。基于我国社会主义民主政治是在党的领导中建立起来的，党在社会主义民主建设中具有先锋队作用，以党内民主促进人民民主是当前社会主义民主政治建设的比较优势。就中国特色社会主义新时代的实际情形看，当前，人民群众的民主意识逐渐提升，人民要求实行平等、正义的美好政治生活愿望明显增强，这向党和国家提出了更高的要求。为实现好人民当家作主，中国共产党要进一步提升执政能力，充分调动广大党员的积极性，在与各民主党派和无党派人士的对话、协商、合作中，积极吸收人民群众的智慧和意见，为致力于充分实现人民民主，探索拓宽公民政治参与的渠道。

最后，创新和发展"群众路线"的时代话语体系。群众路线是中国共产党在中国社会民主化过程中形成的独具中国特色的发展路线。中国共产党在坚持人民主体地位的基础上，充分认识到党和人民群众是血浓于水的血肉关系、鱼水关系。无产阶级政党及其领袖都是从人民群众中成长起来的，其领导智慧、权力、威信等都是人民赋予的，责任、使命、担当也都围绕人民利益制定和确立，人民群众是党的执政之基，没有人民群众的支持和拥护，党就会失去生命力和发展力。因此，中国马克思主义民主理论的当代建构要注重对新时代群众路线的创新阐释，在历史经验和历史实践的丰富发展中，总结反映群众智慧、代表群众利益、激发群众创造力的新观点和新方法，为新时代党更好地带领人民走当家作主道路提供理论指导和方法遵循。一方面，党要站稳群众立场，始终以人民性为基本原则，另一方面，开展群众教育实践，在走进群众、深入群众中发现群众智慧。另外，善于从发现问题和解决问题中总结群众喜闻乐见的方式方法，以时代问题为导向，创新发展群众路线的新形态。

因此，当代中国马克思主义民主理论的构建，必须坚持党的领导的独特优势，在党统筹各方、协调兼顾的基础上，"立足中国、借鉴国外、挖掘历史、把握当代，关怀人类，面向未来"①，依据历史唯物主义基本原理、立场、观点和方法，着力回应和解答人民当家作主所面临的各种现实难题，在社会主义民主政治实践基础上形成中国特色社会主义民主理论的话语创新和理论创新，体现中国风格和中国气派。

二 当代中国马克思主义民主理论的现实化及其发展

理论的现实化是理论由可能转化为现实的实践样态，其赋予理论以真实意义。当代中国马克思主义民主理论的现实化集中体现为全过程人民民主，它赋予民主以实质性。中国共产党依循马克思主义基本原理和方法，从实际出发创新发展全过程人民民主，不断现实化着人类社会的政治发展过程。

（一）全过程人民民主是人类政治文明的新形态

从中国社会民主化的历史逻辑和实践逻辑来看，全过程人民民主是中国共产党带领中国人民逐渐实现当家作主的过程，伴随中国实现了从站起来、富起来到强起来的伟大飞跃，全过程人民民主革新了民主主体、丰富了民主形式、重构了民主理念，健全了人民当家作主的制度体系，展现出新时代中国特色社会主义政治文明的历史风貌。

首先，全过程人民民主革新民主主体的实在性基础。在政治共同体即国家形式中，人民范畴具有阶级性和历史性。承认人民是历史的、具体的是人民能够真正当家作主的前提基础。资本主义国家将人民视为抽象的存在，虽赋予人民以各种权利，但实际参与政治

---

① 《习近平谈治国理政》第 2 卷，外文出版社 2017 年版，第 338 页。

生活的主体却是资产阶级少数人。资本主义政治制度塑造出政治生活中抽象的个体、作为法权概念的公民以及狭隘的民族，将现实的人民主体彻底解构。马克思洞悉，资本主义社会人民作为政治本体的虚伪性实际是与资本主义根深蒂固的制度基础相联系的。生产资料私人占有的内在矛盾使资本主义的国家同人民相异化，人民实际过着"天国的生活"和"尘世的生活"。天国的生活废除人们的出身、等级、职业、文化程度等差别，赋予人民以平等、自由、民主权利，使人民成为作为法权概念的公民；尘世的生活通过私有制重新将财产多寡、经济地位等人身差别固定化。资产阶级因实际占有着私有财产而在国家政治生活中掌控着实际权力。党派纷争、轮流执政的政党制度使得人民在资本主义政党政治中仅被视同"选票"，有财团背景支持的人拥有实际选举权。资本主义政党既是利益集结的财团，也是财团的操控者。就此，缺乏政治共识的资本主义国家在国际社会中也不是作为包容的民主主义者出现的，而是作为狭隘的民族与其他各国建立对抗性利益关系。

全过程人民民主实现了人民的真正出场。全过程人民民主坚持以公有制为主体，确保了人民政治生活和社会生活的统一。马克思指出，完成政治解放的国家并没有真正地使人民获得解放，人民在现代国家中是虚构的共同体的成员，在现代政治中仅具有想象的主权和资格。人民获得主权不是基于离了人的生存条件的"偶然存在形式"，而是依托于"现实的社会形式"。生产资料归全体人民共同所有保障了人民劳动和劳动资料的统一，为人民实际占有主权和行使权利奠定了物质基础。全过程人民民主坚持中国共产党的集中统一领导，确保了国家意志与人民意志的辩证统一。在马克思看来，尽管现代民主制国家是代表人民意志，作为"客体化的人"存在的，但人民范畴在特定时期内历史的阶级特性决定了国家作为"阶级生成的最高主体"的现实意义。为保障国家意志与人民意志的统一，占统治地位的阶级要始终维护最广大人民的根本利益。中国共产党作为无产阶级的先锋战士，在建党之初就明确表明了自己的阶级立场是代表"整个无产阶级共同的不分民族的利益"①。在缔造和建设国家过程中,中国共产党将人民幸福和国家复兴放在首位,始终坚持以人民为中心确立人民民主专政、健全人民当家作主制度体系,在尊重人民利益最大公约数、汇聚人民统一战线、形成人民最大同心圆基础上真正实现人民意志和国家意志的聚合统一。人民自此不仅作为一种政治力量而且作为社会主体力量在历史中充分发挥作用。

其次,全过程人民民主健全实质性民主的内容与形式。马克思在拟就"现代国家"的写作计划时就曾指出,"立宪的代议制国家""民主的代议制国家""选举权"② 是现代国家民主政治的基本形式。但受代表、议会、选举等特殊形式限制,代议制与国家、人民之间始终存在张力。资产阶级为维护政治统治,视代议制为"获得选票"的制度安排,进一步加深了代表与人民的矛盾。20世纪80年代后,西方学术界大兴协商民主理论研究,意求弥补代议民主的不足或超越既有政治形式,但因囿困于抽象的资本批判,未深入到导致公共权力异化的生产资料私有制基础。不同于资本主义民主始终处于"实践与理论处于极端矛盾的状态",全过程人民民主突破传统代议民主范式,依靠人民代表大会制度、多党合作制度、基层群众自治等重要形式,将民主制度化、程序化、规范化,协商民主实践化,丰富了现代国家民主政治的内容和形式。选举民主与协商民主的有机统一是全过程人民民主的特有表现形式,选举民主作为我国人民代表大会制度的重要内容和政治基础,是全过程人民民主的基础性制度性安排。协商民主是一种行之有效的民主形式、民主方式和民主手段,是中国社会主义民主政治的特有形式和独特优势。全过程人民民主坚持选举民主与协商民主的有机统一,有效避免了单一代议民主制落入异化陷阱的风险,

---

① 《马克思恩格斯选集》第1卷,人民出版社2012年版,第413页。
② 《马克思恩格斯全集》第42卷,人民出版社1979年版,第238页。

人民能够通过制度化的民主政治实践真正参与到管理或治理国家、政治、经济生活的事务中来，在探索中国特色社会主义民主政治过程中找到全社会意愿和要求的最大公约数。因此，习近平总书记指出，全过程人民民主"实现了过程民主和成果民主、程序民主和实质民主、直接民主和间接民主、人民民主和国家意志相统一，是全链条、全方位、全覆盖的民主，是最广泛、最真实、最管用的社会主义民主"。[1]

最后，全过程人民民主创新民主评价的价值规范与标准。就民主的好坏讲，学界就"民主是个好东西"这一命题一直争论不休。有学者用反证法对这一命题提出疑问："如果'民主是个好东西'，为什么'民主'出现在某个历史阶段，而不是其他历史阶段？为什么'民主'出现在某些国家或地区，而不是其他国家和地区？"[2] 还有学者从政治文明形式入手，指出不能将民主政治看成政治文明的唯一形式，民主和专制都是国家文明在不同阶段的存在方式。基于西方国家率先建立民主制国家，有些学者照搬西方民主的研究方法来看待中国的民主，对全过程人民民主造成了一定的污名和歪曲。如有学者从西方工业文明等历史前提下思考中国民主，认为中国民主产生和发展的前提条件是经济发展，还有学者单纯依据"礼法、行政、司法三权是否相互独立"歪曲中国近些年的政治体制改革成效式微。事实上，就中国民主生成的历史土壤看，中国式民主相较于西方民主有不同的历史境遇：（1）中华优秀传统文化中有深厚的民本思想；（2）经历了半殖民地半封建社会的中国对民主建国有强烈的渴望；（3）社会主义500年，特别是20世纪末社会主义运动的深刻反思；（4）马克思主义的民主理论和国家学说的坚持和发展。因此，照抄照搬西方民主研究方法研究和评价中国民主，其结果不是对中国式民主造成歪曲和误解，就是否认

---

[1] 《习近平谈治国理政》第4卷，外文出版社2022年版，第260—261页。
[2] 王绍光：《民主四讲》，生活·读书·新知三联书店2008年版，第2页。

中国式民主的实际进程。习近平总书记强调："衡量一个社会制度是否科学、是否先进,主要看是否符合国情、是否有效管用、是否得到人民拥护。"[1] 中国特色社会主义民主是根植于中国大地生长起来的民主模式,带有"中国特色"的特殊性,认识和评价中国的民主要以中国社会民主化的发展道路和制度模式为基础。其一,立足衡量公民民主权利的"四个看"标准。习近平总书记指出,一个国家是不是真民主,"要看人民有没有投票权,更要看人民有没有广泛参与权;要看人民在选举过程中得到了什么口头许诺,更要看选举后这些承诺实现了多少;要看制度和法律规定了什么样的政治程序和政治规则,更要看这些制度和法律是不是真正得到了执行;要看权力运行规则和程序是否民主,更要看权力是否真正受到人民监督和制约"[2]。其二,立足评价民主切实有效的"八个能否"。即"人民是否享有民主权利,要看人民是否在选举时有投票的权利,也要看人民在日常政治生活中是否有持续参与的权利;要看人民有没有进行民主选举的权利,也要看人民有没有进行民主决策、民主管理、民主监督的权利。社会主义民主不仅需要完整的制度程序,而且需要完整的参与实践"[3]。全过程人民民主的真谛就在于从制度设计、民主实践中始终确保人民的实际民主权利得到实现。人民代表大会制度不仅在数量上明确表示代表民主主体的最大化,涉及各行业、各领域,而且在质量上确保人民群众的意志实现,在进行民主选举、决策、监督和管理等过程中充分保障人民群众能够发声、发言。协商民主制度体系与人民代表大会制度互为补充,相辅相成,从时间和空间上进一步延展人民民主的内容。除此之外,全过程人民民主还通过完善政党制度、基层群众自治制度和民族区域自治制度分层次分众化引导人民有序参与政治。

---

[1] 《论坚持人民当家作主》,中央文献出版社2021年版,第277页。
[2] 《习近平谈治国理政》第4卷,外文出版社2022年版,第259页。
[3] 中共中央文献研究室:《习近平关于社会主义政治建设论述摘编》,中央文献出版社2017年版,第64页。

总的来说，全过程人民民主是当代中国马克思主义民主理论的现实化发展。中国共产党坚持以人民为中心，依据中国国情实际在探索中国民主政治发展道路过程中找到了一条适合中国民主社会化的特色社会主义政治发展道路。

(二) 全过程人民民主的实践样态及运行

制度化是组织和程序获得价值观和稳定性的一个过程，全过程人民民主依托人民代表大会制度、协商民主、政党制度等将人民当家作主全链条、全覆盖、全方位贯穿于社会主义国家现代化建设进程。在程序上，全过程人民民主从民主选举、民主协商、民主决策、民主管理、民主监督等全链条保证全过程人民民主的完整性，同时以政治民主化、经济民主化、文化民主化、党内民主化等将民主贯彻到社会发展各空间。

人民代表大会制度是我国人民掌握和运行权力的根本制度。尽管受人口、疆域等历史限制，现代民主制多以代议制为基础，但人民代表大会制度与西方代议制有根本差别。西方代议制经由实践变化，逐渐演变为精英民主模式。从以密尔为代表"代议制政府"理论到熊彼特主张的"精英民主"，"人民当权的"实际被悬搁甚至消解，流幻于形式化的选举权，民主变成"选主"，国家成了特殊利益群体的身份象征和代言。马克思曾明确说："选举的性质并不取决于这个名称，而是取决于经济基础，取决于选民之间的经济联系。"[①]人民代表大会制度一方面以制度的形式保证占人口绝大多数的劳动人民在政治生活中的重要地位，另一方面将代表权利落实到从事全面生产的现实的个人。人大代表由选举产生并接受选民的监督，人民掌握人大代表的罢免权。在性质归属上，人大代表也非职业的，是不同生产岗位、生产关系的代表者，他们与广大人民群众有着天然的、密切的联系，能够切实履行职责，代表人民意志。

社会主义协商民主是人民广泛参与政治生活的独特形式。西方

---

① 《马克思恩格斯选集》第 3 卷，人民出版社 2012 年版，第 340 页。

学者较早地研究协商民主理论，但对于协商民主存在的可能性依然质疑颇多。有学者认为，协商民主具有浓厚的乌托邦色彩，过于理想化，它要求有较高政治素质的公民和较为完善的政治制度，复杂社会中的公民难以进行有效的协商。桑德斯和扬就曾提到，协商民主具有精英主义倾向，在协商制度中强势和弱势群体存在着不平等。但事实上，协商民主在我国具有肥沃的社会土壤。新民主主义革命时期，党的二大提出并通过的"联合国内一切革命党派来组织民主联合战线、共商具体办法"① 是协商民主的雏形。抗战时期，党带领人民创造确立的"三三制"也集中表现为协商民主。我国人民主权的确立也是在协商建国的基础上形成并发展起来的，改革开放后，协商民主在经济、社会、生态等各领域都铺陈开来，地方立法机构、行政机构决策过程中的协商、座谈会、听证会等，基层治理中的"民主恳谈会"、居民论坛、乡村论坛等为协商民主现实化提供了实践样态和基础。党的十八大以来，党围绕着全面深化改革的总体目标提出了"健全社会主义协商民主制度""发挥社会主义协商民主重要作用"等一系列新要求新部署，我国的协商民主步入了制度化、规范化、程序化发展的新阶段。党的二十大报告明确指出要进一步完善协商民主体系，"健全各种制度化协商平台，推进协商民主广泛多层制度化发展"②。

新型政党制度创造性地建构起合作性政党关系，建立起集结最广泛人民的统一战线。马克思曾明确提出，统一战线是无产阶级获得民主的必要手段。"只要英国工人阶级对爱尔兰的政策还没有和统治阶级的政策一刀两断以前……他们必然要和统治阶级结成反对爱

---

① 参见中共中央党史研究室编《中国共产党历史》第 1 卷（1921—1949），中共党史出版社 2002 年版，第 81 页。

② 习近平：《高举中国特色社会主义伟大旗帜　为全面建设社会主义现代化国家而团结奋斗——在中国共产党第二十次全国代表大会上的报告》，人民出版社 2022 年版，第 38 页。

尔兰的统一战线。"① 无产阶级政党作为无产阶级先锋战士的党，具有担负领导责任的历史使命和优势。中国共产党创造性地提出要在坚持党的领导下展开统一战线和多党合作，既是对马克思主义的基本遵循，也是对马克思主义的运用和发展。新型政党制度在主体结构上以中国共产党为领导核心，各民主党派、知识分子、社会各阶层代表人士等在党的领导下共同参与国家事务和国家重要方针的制定和执行，形成"一体多元"的政党政治结构。同时，新型政党制度以稳定性常态化的人民政治协商会议为载体，切实发挥政治协商、参政议政、民主监督等职能。这一区别于西方两党或多党竞争的政党政治的新型政党制度，一方面避免了传统社会主义政党制度的高度集权和权力的僵化垄断。另一方面促成了集中领导和广泛民主的有机统一，各政党、民主党派在团结合作中肝胆相照、荣辱与共，共同为社会主义现代化建设添砖筑瓦。

民族区域自治制度是我国确保各民族平等行使民主权利的独特制度安排，是人民自治的特殊形式表现。马克思、恩格斯曾谈及，无产阶级专政后将出现自主自治的民主形式，但这一人民自治的社会民主形式不是自然地历史地出现的，必须通过无产阶级专政建立自治组织可能存在的社会基础。无产阶级专政的国家在实际意义上与资本主义国家迥然有别。就性质看，无产阶级专政的民主国家是交融了政治上层建筑和自治组织的过渡形式，列宁后来称为"半国家"，即无产阶级建立国家的根本目的是消灭国家，创造新的自由自觉的自治组织。但需要注意的是，尽管无产阶级专政是为了消灭私有制、消灭国家，但无产阶级的民主政治并不意味着绝对的自治。在民主制国家存在范围内，自治始终是与权威相联系的，权威是保障人民免受敌对阶级反抗和压迫、民族侵略的重要保障，地方在行使自治权的同时，要与国家权威保持有机统一。对此，习近平总书记指出，我国民族区域自治制度，是建立在"两个结合"基础上的。

---

① 《马克思恩格斯选集》第4卷，人民出版社2012年版，第481页。

"一是坚持统一和自治相结合。团结统一是国家最高利益，是各族人民共同利益，是实行民族区域自治的前提和基础。……二是坚持民族因素和区域因素相结合。"① 即既要保证国家法律和政令的有效实施，又要保证民族自治地方行使自治权，支持和帮助民族地区发挥自身优势加快发展；既要保障少数民族合法权益，也要维护少数民族聚居地方民族关系的和谐稳定，促进各民族团结奋斗、共同发展。因此，民族区域自治既是有效化解民族矛盾，保障民族自主权利的独特安排，也是保障国家统一、领土完整和社会安定的实然举措。

基层群众自治制度是人民进行自我管理、自我服务、自我教育、自我监督的直接民主形式，相较于人民代表大会制度、多党合作制度，其覆盖面广、受众体多，与人民群众联系密切。党在基层群众自治中占据领导核心地位，在全面推进基层群众有序政治参与的同时，中国共产党及时总结基层自治实践经验，并将成熟的经验上升到理论，表现出集中力量办大事的政治优势。基层群众自治还是党走深走实群众观点和群众路线的重要载体，在直面人民群众的现实矛盾和问题中，党真正急人民之所急，解人民之所需，从而更好地提升治国理政的能力和水平。当前，我国在落实基层群众自治制度中，还存在利益协调机制不完善、诉求表达机制不规范、权益保障机制不到位等现实困境，这要求新时代基层群众自治实践必须以丰富基层自治实现形式为基础，探索适合基层治理的多元化民主形式，建立健全基层群众自治切实可行的运行机制。

信访制度是保障人民真正能够实现当家作主的一种"权力救济手段"，是社会主义民主政治的辅助性民主制度形式。信访主体通过写信、上访等途径表达利益诉求，检举不法事实，实现参与民主政治、监督国家政府的目的。我国自1951年颁布《关于处理人民来信和接待人民工作的决定》起，就逐渐将信访制度提上民主政治建设全局的正式日程。在不断将信访制度现实化过程中，我国信访工作

---

① 《习近平谈治国理政》第2卷，外文出版社2017年版，第300页。

逐渐形成了一套统一领导、部门协调、统筹兼顾、标本兼治、各负其责、齐抓共管的工作格局，呈现出民主治理的有效性，并集中体现为信访制度的建立和运行有助于深化执政党执掌政权和政府实现治理的政治合法性，有助于强化社会成员对于党和政府这一公共权力主体的政治认同，有助于强化政治体制机制运行和方针政策的实施效度。信息化时代，我国信访工作进一步呈现数字化、智库化、智能化，以互联网为载体，建立起了网下办理、网上流转的群众信访事项办理程序，这对切实提高信访工作效率，维护社会政治稳定和秩序，化解社会冲突和矛盾，消除社会风险和危机，进一步密切党和政府与人民群众的血肉联系具有重大意义。

(三) 以全过程人民民主开辟中国式现代化新境界

党的二十大报告强调："人民民主是社会主义的生命，是全面建设社会主义现代化国家的应有之义。"① 现代国家政治文明的标志就是以民主制的确立为起点的。民主发展与现代化彼此互动、相融共生，民主既是现代化的目标，也是现代化的手段，中国特色社会主义民主道路的独特探索使中国跳出了"其兴也勃焉，其亡也忽焉"的历史周期率，全过程人民民主更是中国人民对新型政治文明的现代追寻。实践证明，没有民主就没有现代化。新时代，以全过程人民民主推进社会主义现代化建设，有助于开辟中国式现代化新境界，彰显中国式民主的独特优势和强大生命力。

首先，全过程人民民主为中国式现代化提供政治支撑。全过程人民民主是中国式现代化政治文明的崭新样态，是中国共产党在带领人民推进社会主义现代化进程中形成的独特的民主制度模式，集中体现中国共产党领导的中国式现代化的独特民主观。2021年，《中国的民主》白皮书指出，"中国的现代化，没有走西方老路，而

---

① 习近平：《高举中国特色社会主义伟大旗帜　为全面建设社会主义现代化国家而团结奋斗——在中国共产党第二十次全国代表大会上的报告》，人民出版社2022年版，第37页。

是创造了中国式现代化道路；没有照搬照抄西方民主模式，而是创造了中国式民主。"① 中国式民主的中国特色一是体现为"走符合国情的民主发展道路"，将民主建设始终扎根于与其相适应的经济基础，二是体现为始终坚持中国共产党的领导，将党的集中统一领导视为中国特色社会主义民主政治的本质特征和最大优势。历史地看，基于中国共产党的领导，中国人民从"追求民主""发展民主"到"实现民主"，在各历史时期根据国情实际和社会主要矛盾探索人民当家作主的条件、形式和内容，不断丰富和创新了社会主义现代化政治文明建设的理论和实践。新民主主义革命时期，党领导人民主要为争得民主进行社会革命，在推翻旧中国封建主义、官僚资本主义、帝国主义三座大山的基础上，实现了从被压迫者翻身做主人的历史性飞跃。社会主义建设和改革开放时期，中国共产党为建立和巩固人民民主的新政权，实践和探索以人民代表大会和政治协商会议为载体的民主政治形式，开创了具有中国特色的民主政治模式。新时代，伴随选举民主和协商民主的制度化和规范化发展，人民当家作主制度体系的四梁八柱逐渐建立起来，人民的民主生活因完善的民主选举、民主协商、民主决策、民主管理、民主监督程序得以丰富多彩。因此，全过程人民民主是中国共产党领导实现的人民民主形式。中国人民争取民主的奋斗史与中国共产党的奋斗史具有内在一致性，"中国共产党的奋斗史，是团结带领人民探索、形成、发展全过程人民民主的奋斗史"②，是根植于中国土壤和现实的历史、理论和实践的必然结果。中国共产党就此总结人民争取民主和发展民主的历史经验和发展规律，也是为中国式现代化民主政治建设提供的理论和实践层面的政治支撑。

其次，全过程人民民主为中国式现代化提供价值指引。全过程

---

① 中华人民共和国国务院新闻办公室：《中国的民主》，人民出版社2021年版，第49页。

② 中华人民共和国国务院新闻办公室：《中国的民主》，人民出版社2021年版，第7页。

人民民主依循群众史观，坚持人民群众在历史中的创造者地位，始终将人民作为国家的主人，并以人民代表大会制度、协商民主、多党合作开展人民当家作主的实践，凸显中国式现代化价值取向的人民性和实践指向的为民性。区别于西方民主从自然法推出天赋人权和人民主权，从性恶论出发力主三权分立和分权制衡，从自由主义倡导市场经济，全过程人民民主立足现实的个人，公开表明中国社会民主政治在根本上是为无产阶级和广大人民群众服务的，通过全过程人民民主最广泛地动员和组织全体人民以主人翁地位投身社会主义现代化建设，既是对历史主体的承认和尊重，也是对主体创造性的挖掘和提升。习近平总书记指出："现代化的最终目标是实现人自由而全面的发展。……人民是中国式现代化的主体，是全面建成社会主义现代化强国的决定性力量。"[1] 因此，尊重人民作为现代化主人翁的地位，确保人民实际参与现代化的进程，实实在在为人民服务，是中国式现代化的根本价值指向。但基于中国式现代化是人口规模巨大的现代化，人民的政治参与存在代表、选举、协商等间接民主形式，这就需要党在领导人民进行社会主义民主建设过程中，一方面解决好民主政治参与中的人口基数问题和利益差异实际，从各层次各领域扩大人民的有序政治参与，使各方面制度和国家治理更深刻地体现人民意志，另一方面要确保民主政治建设的公平和正义，依靠法治、监督和检查等举措推进全过程人民民主，确保程序民主和实质民主的有机统一。

最后，全过程人民民主为中国式现代化提升治理效能和内生动力。马克思认为，民主政治是一切国家形式的最终归宿，现代国家区别于以往旧国家的根本差别就在于以民主政治取代了封建专制。民主既是现代国家普遍的规定性，也是现代国家治理的本质属性和内在要求。现代国家以民主的办法处理个人与公民、国家与社会之

---

[1] 中共中央宣传部：《习近平新时代中国特色社会主义思想学习纲要》，学习出版社、人民出版社2023年版，第56—57页。

间的关系，具有历史的必然性。但基于各国生产条件及经济基础的差异，现代国家的民主制并非千篇一律的"世界样板"。西方国家在民主化进程中主张单线式民主发展逻辑，推崇"单一化"民主价值理念，实则忽视了民主生存发展的社会基础，否认了一个国家现代化发展的文明特殊性。实践证明，中国民主的高质量可以赋能新时代国家治理的高效能。中国的民主通过人民代表大会制度、新型政党制度、民族区域自治制度等全链条、全方位、全覆盖的制度设计和程序"有效调节国家政治关系、发展充满活力的政党关系、民族关系、宗教关系、阶层关系、海内外同胞关系，增强民族凝聚力，最大限度避免了牵扯，切实防止了相互掣肘、内耗严重的现象，形成了安定团结的政治局面和团结干事的强大合力"[①]。新时代，社会主义现代化建设需要深入探索中国特色社会主义民主的制度优势，在发展全过程人民民主的过程中，将人民当家作主的制度优势转化为治理效能，以此深入推进国家治理体系和治理能力现代化。这一方面需要始终坚持全过程人民民主，在凝聚人心和汇聚民意中淬炼民族智慧和民族力量，另一方面需充分发挥中国共产党带领中国人民集中力量办大事的能力和优势，通过加强和改善党的领导，在政党驱动、市场增量和政府有效宏观调控中实现国家治理体系和治理能力的现代化。同时，党要始终坚持"一切为了群众，一切依靠群众，从群众中来，到群众中去的群众路线"，用民主的办法将群众路线切实贯彻到政治领域，用辩证的、历史的唯物主义的方法分析社会主义民主政治建设问题，将中国特色社会主义民主政治发展问题深入到整个人类社会生活的基础。在发展全过程人民民主中，党要适时调整民主政治建设中不适应生产力发展的关系和因素，以全面深化政治体制改革不断适应经济基础，为促进社会主义生产力的发展创造解放和发展生产力和社会活力的社会条件。

[①] 中华人民共和国国务院新闻办公室：《中国的民主》，人民出版社2021年版，第42—43页。

结　语

　　民主理论是马克思政治哲学的重要组成部分，在整个马克思学说中举足轻重。我国在追求民主与独立的解放斗争中就对马克思民主理论有诸多观照。新中国成立后，理论界开始积极探索和研究社会主义民主政治建设和发展问题。只不过，当时我国正处于建设适合国情发展的社会主义民主政治道路的探索期，对马克思民主理论的研究还未系统化，因而对于马克思民主理论的具体内涵、内容体系、马克思民主理论何以指导中国民主化实践，理论界还没有清晰的答案。改革开放后，大量西方民主理论传播至国内，民主思潮涌入，我国的民主理论研究遭遇了"西化"的冲击。尤其在 20 世纪 80 年代末至 90 年代初，面对苏联社会主义民主实践遭受重大挫折，有学者开始质疑马克思民主理论的科学性。不少论者立足于西方民主话语，重新勾勒马克思民主理论，在解构、否定、重建民主理论中逐渐背离马克思民主原意。一时间，马克思民主理论的真实性被湮没，西方民主话语泛滥，资本主义民主被弗朗西斯·福山等自由主义者奉行为"意识形态的终结"，选举民主、多党政治、三权分立等成为解释和衡量一个国家是否真正民主的标准范式。这一时期的民主西化现象在一定程度上造成马克思民主理论的失语、失声。为固本正源，21 世纪，我国马克思主义民主理论研究者开始注重马克思民主理论的思想史研究、文献学研究，中西方民主理论的对比研究等，力求在"回归马克思""走进马克思"中探求马克思民主理论本意，在与西方民主思想争锋中建立研究阐释马克思民主理论的自主话语体系。

对经典文本进行深度耕犁是一项非常重要并具有深刻意义的工作，它是深化发展马克思主义的时代要求。本书聚焦马克思民主观是否自成体系、其核心内容及其与现实民主政治的关系展开研究，回应了民主与所有制、民主与国家、民主与政党等问题。在系统分析马克思民主理论的思想传统上，依循文本考究和马克思民主观的研究旨趣，将马克思民主观的形成概括为政治批判、政治经济学批判、人类学批判的多元进路，概括总结了马克思民主理论的三种解释模式，并系统探讨了学界尚显薄弱的马克思原始民主理论、共产主义民主理论。为进一步厘清马克思民主理论的真实内涵，本书针对西方长期存在的否认马克思民主理论的倾向，重点剖析了社会民主主义、无政府主义对人类解放道路的错误认识，以及政治虚无主义对人民主体作用的虚无，明确区分了马克思民主观与各种错误政治思潮的界限，阐释了马克思民主观的当代价值和意义。

立足现时代，中国马克思主义民主理论的建构需要充分观照当前国家治理体系和治理能力现代化建设的社会现实，结合对西方民主化现实困境的深度分析，探索中国特色社会主义民主政治的发展特征和独特优势，并把发展全过程人民民主的制度优势转化为话语优势，构建具有中国特色的社会主义民主话语体系。这一方面要求中国特色社会主义民主理论研究者需深度厘清中国社会民主政治和社会主义现代化的关系，解释和回答现代化过程中国家政治文明的多样性，另一方面要深入研究全过程人民民主的独特优势和治理效能，将对中国特色社会主义民主的认识深入到研究社会主义民主政治的发展规律。第一，中国社会民主政治和社会主义现代化的关系。西方发达国家是首先进行现代化的国家，但在现代化过程中，西方国家出现了与其现代化发展不相适应的民主困境，金钱崇拜、选票悖论、权力膨胀等滋生于西方政治现实。中国马克思主义民主理论的构建只有阐释清民主发展和现代化发展的相互关系，以及摸索出中国社会民主化与现代化建设相互适应的发展路径，才能顺利进行实质性民主建设。第二，制度优势和治理效能的转化方式和途径。在明确了中国特色社会主义民主制度优势的基础上，何以能够实现制度优势向制度效能的转化是当前民主研究的重要一环。全过程人民民主作为近代以来党团结带领人民长期奋斗的必然结果，凸显出社会主义国家的本质属性和党的领导优势。因此，新时代，深入学习贯彻习近平总书记关于全过程人民民主的重要论述，研究全过程人民民主的理论内核，总结全过程人民民主的实践经验等，对于推进社会主义民主制度优势转化为治理效能，进一步发展好中国的民主具有重要意义。

习近平总书记指出："制度优势是一个国家的最大优势，制度竞争是国家间最根本的竞争。"① 民主"是一切国家制度的本质"②。民主问题是涉及国家安全和人民利益的根本问题。人民在国家（共同体）中的实质性地位决定了人的"本质"或"人格"的最高实现，保证人民能够真正当家作主是社会主义民主的本质所在，也是社会主义民主政治发展的必然要求。中国作为始终高举马克思主义旗帜的社会主义国家，其民主实质和民主价值追求始终是"以人民为中心"的，人民至上是国家的最高原则。中国共产党人始终坚持"学哲学、用哲学"的好传统，基于中国的民主发展历程，在马克思主义立场、观点和基本方法的指导下，回答和解释了困惑现代化发展的"现代性之问"。民主是作为"共同价值"存在的，现代化发展不是"非此即彼"的单线式发展逻辑，一个国家不仅能够在现代化的历史变迁中保持本国的传统，而且能够建构起具有本国特色的文明发展形态。全过程人民民主的历史逻辑、理论逻辑和实践逻辑宣告了"单线式唯心史观"的破产，建立起具有中国特色的社会主义民主发展范式。它表明，在现代化发展过程中，民主发展并非只有西式民主一条道路可循，依循适应本国特殊国情和现代化发展实践，并通过实践检验的民主发展道路才能成功建立起具有本国特色的政治文明。

---

① 《习近平谈治国理政》第 3 卷，外文出版社 2020 年版，第 119 页。
② 《马克思恩格斯全集》第 3 卷，人民出版社 2002 年版，第 40 页。

参考文献

一　经典著作

《马克思恩格斯文集》第1—10卷，人民出版社2009年版。
《马克思恩格斯全集》第1卷，人民出版社1956年版。
《马克思恩格斯全集》第2卷，人民出版社1957年版。
《马克思恩格斯全集》第3卷，人民出版社2002年版。
《马克思恩格斯全集》第4卷，人民出版社1958年版。
《马克思恩格斯全集》第5卷，人民出版社1958年版。
《马克思恩格斯全集》第6卷，人民出版社1961年版。
《马克思恩格斯全集》第7卷，人民出版社1959年版。
《马克思恩格斯全集》第10卷，人民出版社1998年版。
《马克思恩格斯全集》第11卷，人民出版社1995年版。
《马克思恩格斯全集》第13卷，人民出版社1962年版。
《马克思恩格斯全集》第14卷，人民出版社2013年版。
《马克思恩格斯全集》第17卷，人民出版社1963年版。
《马克思恩格斯全集》第18卷，人民出版社1964年版。
《马克思恩格斯全集》第20卷，人民出版社1971年版。
《马克思恩格斯全集》第21卷，人民出版社1965年版。
《马克思恩格斯全集》第22卷，人民出版社1965年版。
《马克思恩格斯全集》第25卷，人民出版社2001年版。
《马克思恩格斯全集》第27卷，人民出版社1972年版。
《马克思恩格斯全集》第28卷，人民出版社2018年版。

《马克思恩格斯全集》第 29 卷，人民出版社 1972 年版。
《马克思恩格斯全集》第 30 卷，人民出版社 1995 年版。
《马克思恩格斯全集》第 31 卷，人民出版社 1998 年版。
《马克思恩格斯全集》第 34 卷，人民出版社 1995 年版。
《马克思恩格斯全集》第 36 卷，人民出版社 2015 年版。
《马克思恩格斯全集》第 37 卷，人民出版社 1971 年版。
《马克思恩格斯全集》第 38 卷，人民出版社 1972 年版。
《马克思恩格斯全集》第 40 卷，人民出版社 1982 年版。
《马克思恩格斯全集》第 42 卷，人民出版社 2016 年版。
《马克思恩格斯全集》第 44 卷，人民出版社 2001 年版。
《马克思恩格斯全集》第 45 卷，人民出版社 1985 年版。
《马克思恩格斯全集》第 46 卷，人民出版社 2003 年版。
《马克思恩格斯全集》第 49 卷，人民出版社 2016 年版。
《列宁选集》第 1—4 卷，人民出版社 2012 年版。
《列宁专题文集·论社会主义》，人民出版社 2009 年版。
《列宁专题文集·论马克思主义》，人民出版社 2009 年版。
《列宁全集》第 22 卷，人民出版社 2017 年版。
《列宁全集》第 31 卷，人民出版社 2017 年版。
中共中央马克思恩格斯斯大林列宁著作编译局国际共运史研究室编：
《国际共运史研究资料》第七辑，人民出版社 1982 年版。
《毛泽东选集》第 2、3、4 卷，人民出版社 1991 年版。
《邓小平文选》第 3 卷，人民出版社 1993 年版。
《江泽民文选》第 3 卷，人民出版社 2006 年版。
《十八大以来重要文献选编》（上），中央文献出版社 2014 年版。
《十八大以来重要文献选编》（中），中央文献出版社 2016 年版。
《十七大以来重要文献选编》（下），中央文献出版社 2013 年版。
《习近平谈治国理政》第 2 卷，外文出版社 2017 年版。
《习近平谈治国理政》，外文出版社 2014 年版。
《习近平谈治国理政》第 4 卷，外文出版社 2022 年版。

二 中文著作

包刚升：《民主的逻辑》，社会科学文献出版社 2018 年版。

北京师联教育科学研究所：《马布利选集》，学苑音像出版社 2005 年版。

卜祥记：《青年黑格尔派与马克思》，商务印书馆 2015 年版。

蔡金发等：《马克思主义发展史 1848—1883》，甘肃人民出版社 1991 年版。

陈炳辉：《西方民主理论：古典与现代》，中国社会科学出版社 2016 年版。

陈东英：《赫斯与马克思早期思想关系研究》，人民出版社 2011 年版。

陈小鸿：《论人的自由全面发展》，人民出版社 2004 年版。

陈战国：《先秦儒学史》，人民出版社 2012 年版。

程少华：《崇正义》，人民出版社 2016 年版。

高崧、骆静兰、胡企林：《马克思人类学笔记研究论文集》，商务印书馆 1988 年版。

郭丽兰：《马克思民主观的文本研究》，人民出版社 2014 年版。

黄达强等：《社会主义民主：跨世纪的沉思》，中国人民大学出版社 1993 年版。

蓝瑛：《社会主义政治学说史》（上编），上海人民出版社 2014 年版。

李佃来：《马克思的政治哲学：理论与现实》，人民出版社 2015 年版。

李凤鸣：《空想社会主义思想史》，上海人民出版社 1980 年版。

李光灿、吕世伦：《马克思恩格斯法律思想史》，法律出版社 1991 年版。

李惠斌：《马克思〈法兰西内战〉研究读本》，中央编译出版社 2013 年版。

李立纲：《马克思恩格斯人类学编年史》，云南民族出版社 2009 年版。

李淑梅：《政治哲学的批判与重建：马克思早期著作研究》，人民出版社 2014 年版。

李铁映：《论民主》，中国人民大学出版社 2007 年版。

刘泽亮、曹志平：《哲学辑刊》（第1辑），厦门大学出版社2011年版。

吕世伦、谷春德：《西方政治法律思想史》，西安交通大学出版社2016年版。

罗安宪：《论语》，人民出版社2017年版。

苗力田：《亚里士多德全集》第5卷，中国人民大学出版社1990年版。

钱逊：《〈论语〉讲义》，人民出版社2012年版。

邱敦红：《中西民主政治论》，中国工人出版社1993年版。

人民日报海外版"学习小组"：《平天下：中国古典治理智慧》，人民出版社2015年版。

阮炜：《不自由的希腊民主》，上海三联书店2014年版。

施治生、沈永兴：《民主的历史演变》，北京出版社1982年版。

史清竹：《马克思恩格斯列宁相关书信及其研究（1、2)》，中央编译出版社2015年版。

孙伯鍨：《探索者道路的探索：青年马克思恩格斯哲学思想研究》，安徽人民出版社1985年版。

孙伯鍨、张一兵：《走进马克思》，江苏人民出版社2001年版。

孙永芬：《西方民主理论史纲》，人民出版社2008年版。

孙周兴：《海德格尔选集》，上海三联书店1996年版。

王沪宁：《政治的逻辑》，上海人民出版社2012年版。

王新生：《市民社会论》，广西人民出版社2003年版。

魏凤莲：《古希腊民主制研究的历史考察：近现代》，山东大学出版社2008年版。

吴恩裕：《马克思的政治思想》，商务印书馆2016年版。

吴向宇、梁明伟：《〈太阳城〉导读》，天津人民出版社2010年版。

辛向阳：《19世纪西方民主理论论析》，山东人民出版社2013年版。

辛向阳：《20世纪西方民主理论论析》，山东人民出版社2011年版。

殷叙彝：《社会民主主义概论》，中央编译出版社2011年版。

俞可平：《权利政治与公益政治：当代西方政治哲学评析》，社会科学文献出版社 2000 年版。

俞可平等：《马克思主义经典作家关于民主和政治文明的基本观点研究》，人民出版社 2017 年版。

员俊雅：《现代性危机的反思与人道主义马克思主义诉求：斯维塔克文化批判理论研究》，黑龙江大学出版社 2016 年版。

岳麟章：《从马基雅维利到尼采：西方近代政治思想史》，陕西人民出版社 1989 年版。

张分田：《民本思想与中国古代统治思想》（上），南开大学出版社 2009 年版。

周积泉：《无政府主义思想批判》，福建人民出版社 1984 年版。

朱学平：《从古典共和主义到共产主义：马克思早期政治批判研究（1839—1843）》，中国法制出版社 2018 年版。

三 译著

［奥］汉斯·凯尔森：《共产主义的法律理论》，王名扬译，中国法制出版社 2004 年版。

［波］兹维·罗森：《布鲁诺·鲍威尔和卡尔·马克思：鲍威尔对马克思思想的影响》，王谨译，中国人民大学出版社 1984 年版。

［波兰］雅各布·塔尔蒙：《极权主义民主的起源》，孙传钊译，吉林人民出版社 2004 年版。

［波兰］莱泽克·科拉科夫斯基：《马克思主义的主要流派》第 1 卷，唐少杰译，黑龙江大学出版社 2015 年版。

［德］路德维希·安德列斯·费尔巴哈：《费尔巴哈哲学著作选集》（上卷），荣震华等译，商务印书馆 1984 年版。

［德］尤尔根·哈贝马斯：《在事实与规范之间：关于法律和民主法治国的商谈理论》，童世骏译，生活·读书·新知三联书店 2003 年版。

［德］汉娜·阿伦特：《马克思与西方政治思想传统》，孙传钊译，江苏人民出版社 2012 年版。

[德] 黑格尔:《小逻辑》,贺麟译,商务印书馆1980年版。

[德] 黑格尔:《法哲学原理》,范扬、张企泰译,商务印书馆1961年版。

[德] 亨利希·库诺:《马克思的历史、社会和国家学说》第1卷,袁志英译,商务印书馆1988年版。

[德] 克利姆:《马克思文献传记》,李成毅等译,河南人民出版社1992年版。

[德] 马克斯·韦伯:《学术与政治:韦伯的两篇演说》,冯克利译,生活·读书·新知三联书店2013年版。

[德] 莫泽斯·赫斯:《赫斯精粹》,邓习议编译,南京大学出版社2010年版。

[德] 乌尔里希·贝克:《风险社会》,何博闻译,译林出版社2004年版。

[俄] 米哈伊尔·亚历山大罗维奇·巴枯宁:《巴枯宁言论》,中央编译局编译,生活·读书·新知三联书店1978年版。

[俄] 米哈伊尔·亚历山大罗维奇·巴枯宁:《国家制度和政府状态》,马骧聪等译,商务印书馆2013年版。

[俄] 鲍·斯拉文:《被无知侮辱的思想:马克思社会理想的当代解读》,孙凌齐译,中央编译出版社2006年版。

[俄] 格奥尔基·瓦连廷诺维奇·普列汉诺夫:《无政府主义和社会主义》,王荫庭译,生活·读书·新知三联书店1980年版。

[法] 路易·皮埃尔·阿尔都塞:《保卫马克思》,顾良译,商务印书馆1984年版。

[法] 菲利波·米凯莱·邦纳罗蒂:《为平等而密谋》(下卷),陈叔平、端木美译,商务印书馆1989年版。

[法] 菲利普·内莫:《民主与城邦的衰落:古希腊政治思想史讲稿》,张竝译,华东师范大学出版社2011年版。

[法] 高宣扬:《当代政治哲学》(下),人民出版社2010年版。

[法] 古斯塔夫·勒庞:《乌合之众:大众心理研究》,冯克利译,

中央编译出版社 2000 年版。

［法］埃蒂耶纳·卡贝：《伊加利亚旅行记》第 2、3 卷，李雄飞译，商务印书馆 1988 年版。

［法］列斐伏尔：《论国家——从黑格尔到斯大林和毛泽东》，李青宜译，重庆出版社 1993 年版。

［法］卢梭：《卢梭民主哲学》，陈惟和等译，九州出版社 2004 年版。

［法］卢梭：《社会契约论》，何兆武译，商务印书馆 1980 年版。

［法］米里安·吕贝尔：《吕贝尔马克思学文集》（上），郑吉伟、曾枝盛译，北京师范大学出版社 2009 年版。

［法］克劳德·昂利·圣西门：《圣西门选集》（上），何清新译，商务印书馆 1962 年版。

［法］克劳德·昂利·圣西门：《圣西门选集》（下），何清新译，商务印书馆 1962 年版。

［法］泰·德萨米：《公有法典》，黄建华、姜亚洲译，商务印书馆 2009 年版。

［法］阿历克西·德·托克维尔：《论美国的民主》（上），董果良译，商务印书馆 2009 年版。

［法］阿历克西·德·托克维尔：《论美国的民主》（下），董果良译，商务印书馆 2015 年版。

［古希腊］柏拉图：《理想国》，庞燨春译，中国社会科学出版社 2009 年版。

［古希腊］修昔底德：《伯罗奔尼撒战争史》（上），谢德风译，商务印书馆 1960 年版。

［古希腊］亚里士多德：《尼各马可伦理学》，廖申白译，商务印书馆 2011 年版。

［古希腊］亚里士多德：《政治学》，高书文译，江西教育出版社 2014 年版。

［美］罗伯特·达尔：《多元主义民主的困境：自治与控制》，尤正明译，求实出版社 1989 年版。

[美] 汉娜·阿伦特：《过去与未来之间》，王寅丽、张立立译，译林出版社2011年版。

[美] 艾伦·伍德：《黑格尔的伦理思想》，黄涛译，知识产权出版社2016年版。

[美] 埃德加·博登海默：《法理学：法律哲学与法律方法》，邓正来译，中国政法大学出版社1998年版。

[美] 詹姆斯·博曼：《公共协商：多元主义、复杂性与民主》，黄明怀译，中央编译出版社2006年版。

[美] 大卫·雷·格里芬：《后现代精神》，王成兵译，中央编译出版社1997年版。

[美] 弗朗西斯·福山：《国家构建：21世纪的国家治理和世界秩序》，黄胜强、许明原译，中国社会科学出版社2007年版。

[美] 罗伯特·戈尔曼：《新马克思主义传记词典》，赵培杰译，重庆出版社1990年版。

[英] 卡尔·波普尔：《猜想与反驳：科学知识的增长》，傅季重等译，上海译文出版社1986年版。

[美] 莱斯利·里普森：《政治学的重大问题：政治学导论》，刘晓等译，华夏出版社2001年版。

[美] 阿伦·利普哈特：《多元社会中的民主一项比较研究》，刘伟译，上海人民出版社2013年版。

[美] 列奥·施特劳斯：《政治哲学史》（上），李天然译，河北人民出版社1993年版。

[美] 约翰·罗尔斯：《正义论》，何怀宏、何包钢译，中国社会科学出版社1988年版。

[美] 马歇尔·伯曼：《一切坚固的东西都烟消云散了：现代性体验》，徐大建、张辑译，商务印书馆2003年版。

[美] 乔治·麦卡锡：《马克思和古人：古典伦理学社会主义和19世纪政治经济学》，王文扬译，华东大学出版社2011年版。

[美] 摩尔根：《古代社会》（上册），杨东莼等译，商务印书馆1995

年版。

［美］乔万尼·萨托利：《民主新论：当代论争》（上），冯克利，阎克文译，上海人民出版社2015年版。

［美］乔万尼·萨托利：《民主新论：当代论争》（上），冯克利、阎克文译，上海人民出版社2015年版。

［美］塞缪尔·亨廷顿：《第三波：20世纪晚期民主化浪潮》，刘军宁译，上海三联书店1998年版。

［美］塞缪尔·亨廷顿：《文明的冲突与世界秩序的重建》，周琪、张立平等译，新华出版社2010年版。

［美］约翰·罗尔斯：《政治自由主义》，万俊人译，译林出版社2011年版。

［美］约瑟夫·熊彼特：《资本主义、社会主义与民主》，吴良健译，商务印书馆2011年版。

［美］约瑟夫·熊彼特：《资本主义、社会主义与民主》，吴良健译，商务印书馆2007年版。

［南］普勒德拉格·弗兰尼茨基：《马克思主义和社会主义》，杨元格、陈振华译，人民出版社1982年版。

［苏］维·彼·沃尔金：《法国空想共产主义》，郭一民译，商务印书馆1980年版。

［匈］格奥尔格·卢卡奇：《历史与阶级意识：关于马克思主义辩证法的研究》，杜章智等译，商务印书馆1992年版。

［以］阿维纳瑞：《马克思的社会与政治思想》，张东辉译，知识产权出版社2016年版。

［美］乔万尼·萨托利：《政党与政党体制》，王明进译，商务印书馆2006年版。

［意］德拉·沃尔佩：《卢梭和马克思》，赵培杰译，重庆出版社1993年版。

［意］安东尼奥·葛兰西：《狱中札记》，曹雷雨等译，中国社会科学出版社2000年版。

［意］尼可罗·马基雅维利:《君主论》,张志伟等译,陕西人民出版社2001年版。

［英］安东尼·吉登斯:《资本主义与现代社会理论:对马克思、涂尔干和韦伯著作的分析》,郭忠华、潘华凌译,上海译文出版社2013年版。

［英］波特兰·罗素:《西方哲学史》,耿丽译,重庆出版社2016年版。

［英］罗伯特·伯尔基:《马克思主义的起源:马克思与西方传统》,伍庆、王文扬译,华东师范大学出版社2007年版。

［英］大卫·利奥波德:《青年马克思:德国哲学、当代政治与人类繁荣》,刘同舫、万小磊译,中山大学出版社2017年版。

［英］戴维·赫尔德:《民主的模式》,燕继荣译,中央编译出版社2008年版。

［英］戴维·麦克莱伦:《青年黑格尔派与马克思》,夏威仪译,商务印书馆1982年版。

［英］哈耶克:《个人主义与经济秩序》,邓正来译,生活·读书·新知三联书店2003年版。

［英］哈耶克:《通往奴役之路》,王明毅等译,中国社会科学出版社1997年版。

［英］哈耶克:《自由秩序原理》(上),邓正来译,生活·读书·新知三联书店1997年版。

［英］卡尔·波普尔:《开放社会及其敌人》(第二卷),郑一明等译,中国社会科学出版社1999年版。

［英］卡尔·波普尔:《历史主义贫困论》,何林、赵平等译,中国社会科学出版社1998年版。

［英］约翰·洛克:《论宗教宽容》,吴云贵译,商务印书馆1996年版。

［英］约翰·洛克:《政府论》(下),翟菊农、叶启芳译,商务印书馆1996年版。

［英］戴维·麦克莱伦:《马克思主义以前的马克思》,和飞等译,

河北教育出版社 1990 年版。

［英］约翰·密尔：《论自由》，许宝骙译，商务印书馆 2015 年版。

［英］帕特里克·邓利维、［英］布伦登·奥利里：《国家理论：自由民主的政治学》，欧阳景根、尹冬华、孙云竹译，浙江人民出版社 2007 年版。

［英］约翰·邓恩：《让人民自由：民主的历史》，尹钛译，新星出版社 2010 年版。

［英］约翰·洛克：《论人权与自由》，石磊译，中国商业出版社 2016 年版。

［英］恩斯特·拉克劳、［英］查特尔·墨菲：《领导权与社会主义策略：走向激进民主政治》，尹树广译，黑龙江人民出版社 2003 年版。

四　中文期刊

方博：《去政治的政治哲学方案——马克思的"真正的民主制"》，《学术月刊》2018 年第 3 期。

白双翎：《马克思主义民主的主要特征及启示》，《学术论坛》2016 年第 4 期。

包刚升：《共识民主理论有"共识"吗？——对利普哈特研究方法的学术批评》，《经济社会体制比较》2014 年第 5 期。

陈雅文：《论罗尔斯的公民观》，《道德与文明》2019 年第 6 期。

褚当阳：《后马克思主义民主政治规划的张力与困境》，《社会科学战线》2014 年第 5 期。

范春燕：《"真理程序"和"减法政治"：试析巴迪欧的左翼激进哲学》，《理论探讨》2017 年第 4 期。

冯波：《雅典城邦与巴黎公社——试论亚里士多德与马克思的民主思想的关联》，《马克思主义与现实》2014 年第 5 期。

宫敬才：《市民社会概念的起源、流变和社会历史基础》，《河北大学学报》（哲学社会科学版）2009 年第 1 期。

郭为桂：《现代性与大众民主的逻辑——马克斯·韦伯的政治社会学分析》，《东南学术》2007 年第 3 期。

郭奕鹏：《马克思思想中的古典与现代——基于马克思与亚里士多德关系的考察》，《现代哲学》2013 年第 4 期。

哈兹米格·科西彦、孙海洋：《朗西埃、巴迪欧、齐泽克论政治主体的形塑——图绘当今激进左翼政治哲学的主体规划》，《国外理论动态》2016 年第 3 期。

李彬彬：《犹太人问题与马克思的现代政治批判》，《科学社会主义》2019 年第 3 期。

李佃来：《阿伦特对马克思政治哲学的四个根本性误解》，《学术月刊》2018 年第 8 期。

李佃来：《马克思政治哲学中的"社会性"问题》，《理论探索》2019 年第 2 期。

李根蟠：《"亚细亚生产方式"再探讨——重读〈资本主义生产以前的各种形式〉的思考》，《中国社会科学》2016 年第 9 期。

李惠斌：《从马克思的〈法兰西内战〉看中国的民主政治制度》，《当代世界与社会主义》2013 年第 6 期。

李淑梅：《马克思对黑格尔国家观代议制因素的批判》，《江西社会科学》2014 年第 2 期。

李淑梅：《马克思对卢格的批判与社会政治哲学的构建》，《思想战线》2009 年第 6 期。

李淑梅：《马克思早期对古希腊哲学史的研究》，《马克思主义与现实》2010 年第 4 期。

李淑梅、陈颖：《罗尔斯产权民主思想的公平诉求及其局限性——兼评其对马克思批判抽象财产权观点的回应》，《哲学研究》2018 年第 11 期。

梁燕晓：《马克思误解黑格尔王权理论了吗？——由〈法哲学〉版本问题所引发的新争论》，《上海交通大学学报》（哲学社会科学版）2019 年第 2 期。

林剑：《民主论四题》，《马克思主义研究》2017 年第 8 期。

林尚立：《建构民主的政治逻辑——从马克思的民主理论出发》，《学术界》2011 年第 5 期。

刘俊杰：《马克思恩格斯民主制思想的再阐释》，《南大学学报》（社会科学版）2018 年第 6 期。

马德普：《同意与人民主权——西方近代以来两种民主理论传统的区别、困境与误读》，《政治学研究》2017 年第 5 期。

马俊峰：《马克思主义公正观的基本向度及方法论原则》，《中国社会科学》2010 年第 6 期。

孟雪静、郝志强：《民主——马克思政治哲学的一种价值诉求》，《青岛行政学院学报》2018 年第 2 期。

牟宗艳：《"政治终结"进程中的民主——马克思的理想民主模式评析》，《当代世界与社会主义》2004 年第 2 期。

聂锦芳：《〈德意志意识形态〉研究中的"赫斯问题"》，《学习与探索》2006 年第 5 期。

任锋：《治体论的思想传统与现代启示》，《政治学研究》2019 年第 5 期。

石德金、刘卓红：《"异识"的政治：对利奥塔政治哲学思想的一种解读》，《现代哲学》2010 年第 1 期。

孙菲菲：《马克思早期民主思想演进的理论来源概述》，《理论观察》2016 年第 2 期。

田薇、曲伟杰：《卢梭"公民宗教"思想探析》，《河北学刊》2009 年第 3 期。

汪家焰、钱再见：《国内学界关于马克思恩格斯民主思想的研究动态及其评析》，《学习论坛》2017 年第 9 期。

王代月：《青年马克思走向政治批判的"卢格因素"研究》，《北京行政学院学报》2015 年第 1 期。

王代月：《早期马克思政治立场转变中的赫斯因素研究》，《马克思主义与现实》2012 年第 2 期。

王建民：《马克思国家学说的一个重要问题——"打碎旧的国家机器"思想研究》，《当代世界社会主义问题》2009 年第 4 期。

王新生：《异质性社会的社会和谐何以可能——马克思劳动生产理论视阈下的公共交往与伦理建构》，《学习与探索》2006 年第 2 期。

武海宝：《马克思政治经济学批判中的法权观探析》，《马克思主义研究》2018 年第 10 期。

项久雨：《新时代美好生活的样态变革及价值引领》，《中国社会科学》2019 年第 11 期。

谢亚洲、杨永强：《马克思与政治现代性问题》，《马克思主义与现实》2015 年第 6 期。

辛向阳：《民主的辩证法：马克思主义创始人的民主思想》，《国外社会科学》2013 年第 4 期。

辛向阳：《透镜下的政治：斯宾诺莎的自由民主理论》，《国外社会科学》2015 年第 3 期。

徐圣龙：《由民主向革命的转向——1848 年之前马克思民主思想的一个侧面》，《探索与争鸣》2016 年第 3 期。

许耀桐：《马克思恩格斯社会主义民主思想的形成和创立——纪念马克思诞辰 200 周年》，《新视野》2018 年第 5 期。

阎孟伟：《马克思"个人所有制"思想研究》，《马克思主义理论学科研究》2019 年第 2 期。

尹树广：《马克思与现代政治》，《哲学研究》2015 年第 2 期。

于涛：《命运与期望——论蒂利希的"无产阶级处境"理论》，《教学与研究》2017 年第 7 期。

余金成：《社会主义市场经济是资本逻辑与人类发展逻辑的统一》，《社会主义研究》2018 年第 4 期。

俞可平：《马克思论民主的一般概念、普遍价值和共同形式》，《马克思主义与现实》2007 年第 3 期。

俞吾金：《被遮蔽的马克思》，《学术月刊》2012 年第 5 期。

俞吾金：《社会形态理论与中国发展道路》，《上海师范大学学报》

（哲学社会科学版）2011 年第 2 期。

郁建兴：《黑格尔对社会契约论的批判》，《吉林大学社会科学学报》2000 年第 5 期。

袁立国：《青年马克思论"真正的民主制"与共产主义》，《黑龙江社会科学》2017 年第 2 期。

袁凌新：《伦理与政治的原始丰富性：古希腊实践哲学的价值与局限》，《世界哲学》2018 年第 4 期。

曾枝盛：《卢梭及其在马克思主义中的地位》，《马克思主义与现实》2012 年第 3 期。

张斌：《西方民主政治制度的普世幻象》，《当代世界与社会主义》2017 年第 6 期。

张盾、袁立国：《对社会的再发现：从卢梭到马克思》，《马克思主义与现实》2012 年第 3 期。

张飞岸：《自由民主的范式确立与范式危机》，《当代世界与社会主义》2019 年第 2 期。

张建华：《马克思对黑格尔的"内部国家制度"学说的批判》，《马克思主义与现实》2014 年第 5 期。

张双利：《批判与重构——论为什么要在当代中国语境中重新展开马克思与黑格尔之间的思想对话》，《现代哲学》2017 年第 5 期。

张一兵、赫斯：《人本学经济异化理论逻辑的初始呈现》，《福建论坛》（文史哲版）1998 年第 5 期。

张有奎：《虚无主义的终结与人的解放——基于马克思主义实践逻辑的考察》，《南京大学学报》（哲学·人文科学·社会科学版）2015 年第 3 期。

周治健：《"历史终结"时代政治主体的形塑——精神分析视野下欧洲"激进左翼"的方案》，《上海交通大学学报》（哲学社会科学版）2017 年第 6 期。

五 英文文献

Maximlien Rubel, Karl Marx: Essai de Biographie Intellectuelle, Paris: Librairie Marcel Riviere et Cie, 1971.

Lefebvre H, Guterman N, Morceaux choisis de Karl Marx, Paris: NRF, 1934.

David Leopold, the young Karl Marx, New York: Cambridge university press, 2007.

索　引

拜物教　83,107,108,164,171,193,195,207

暴力　1,2,12,21,24,72,84,93,115,119,147,157,158,171,172,183—185,193—195,225—227,245,250,253,254,256,257,273,283,300

代议制　13,19,40,86,101,157,176,180,185,205,259,260,267,300,313,316

等级议会　93,94

多数人的统治　20,27,33,34,45,48,52,53,215—217,219

二月革命　115,116,120,121

法兰西内战　7,115,121—123,126,128,158,183,257

法律　26,36,40,42,46,47,54,56,57,62,64—66,69,70,76,85,88,93,106,108,111,113,116,117,126,127,130,133,135,140,144,151,152,157,163,165—167,169,170,179—181,185,187,188,196,199,200,202,207,218,219,225,232,238,240,241,249,254,258,260,271,273,279,284,292,298,300,305—307,315,319

分配　16,34,47,54,65,67—69,72,124,152,167,198,201,202,204,227,236,242,264,272,273,282,283

革命　1,3,14,17,18,21,24,28,35—37,39,55,60,61,66—70,72,73,75,82,84,87,89,95,96,101,103,104,109,115,116,118—123,126,131,144,146,151,157—159,161,165,168,169,171,172,174,178,179,181—183,185,186,193—196,200,206—209,217,218,221—224,228—230,232—235,238,241—244,246—248,250,251,254,255,257,259,263,266,267,279,283,287,288,290—293,304,307,309,317,321

个人所有制　7,203,204,227

工人协会　226

公共权力 38,41,142,145,146,148,158,164,186—188,261,300,313,320

公社 12,67—70,72,102,115,122,125—128,130,132,134,136,143,145—148,153,158,159,175,183—186,196,197,205,208,212,213,224,225,227,242,257,274

公意 56,58,59,151,160,220,259,260

公职 46,47,65,68,69,126—128,140,145,147,159,184

共产主义 5,6,12,15,17,19,21,24,32,54,55,66—68,70,71,73,81—85,89,97,104,124,132,146,148,158,159,164,167,169,170,173,182—184,186—189,226,228—230,234,238,239,243,251—254,257,258,278,285,300,301,309,325

共同经济 134,136

雇佣劳动 105—107,130,142,194,211,212,238

国家 1—4,6,7,9—11,13—17,19—29,31,32,34,36—40,42,44,45,50,52,56—68,70,71,74—83,86—97,99—108,110,111,115,116,119,121—126,128—130,138—141,143—172,178—203,205—208,212,216,217,219,222—228,230—235,238—247,249—268,271—274,276,277,279,283—289,291—297,299—308,310—320,322—326

国家政权 16,71,100,102,116,158,181,241,250,263,300,305

国家制度 2,7,14,15,36,37,42,60—62,65,66,74,78,79,81,91,95—97,100,124,129,138—141,143,145—147,150,152—156,158,164,166—170,172,180,183,190,191,195,197,199,202,203,206,207,216,234,244—247,250,254,262,265,268,279,283,284,286,287,299,301,303,304,326

家庭 36,95,132—136,150,165,167,175,177,201,202,206,263

阶级 1—5,7—9,12—14,16,18—21,24,25,31,34—40,42,52,55,58,60,63—65,67,68,70—73,76,80,81,84,87—89,94—98,100—107,109—132,139,141—153,156—161,163—172,174,178—200,203—213,215,216,218,220,221,223—240,242—259,262—274,276,279,282—291,293—295,297,300,302,304—308,310—313,317,318,322

经验 24,29,30,35,39,48,52,60,90,95,115,116,120,122,127,130,154,167,177—179,196,205,216,224,235,255,263,274,299,302,

305,310,319,321,326

绝对观念 130,162

君主立宪制 14,60,61,80,116

劳动解放 124,212—214,225

类 1,2,4—6,14—16,18—22,27,30,33,37,38,43,45,51,55—57,59,63,64,66,70,73—80,82,83,85,89—93,96,98,101,102,105,108—110,112,113,119,123,128—143,145,147,154,155,157,159,160,162—164,166,169—175,177,178,182,183,186,189—191,195—197,200,201,204,206—209,213,215,218,222—225,228,232,239—243,245,247,250—255,257,259—262,264—266,268,271,273,278,280,281,288,300,301,311,323,325

立法权 60,61,69,70,93,96,125,126,155,156,166,167,181,182,199,236,284,304,307

联合起来的个人 148,153,164,171,187—189,212,214,255,261

平等 3—6,12,15,19,27,33,34,38,41,42,44,46,47,51,52,54,56—58,60,62,67,68,70,71,77,79—85,96,97,101,103—115,118,121,123,124,127,130,131,133—136,140,144,145,151,152,156,160—163,167,169,175—177,179—181,184,191—193,195,196,198,200,

205,207,209—211,213,217—219,223,231,232,236—238,241,243,247,248,259,260,269—271,273,276,277,279,281,282,284,296—298,310,312,317,318

平民政体 45,46,53,54

普遍利益 60,94,140,153,156,160,163,223,255,286

普选权 88,116—118,148,150,194,231,232,235,236,245,263

普选制 117,141,176,185

青年黑格尔派 14,73—75,81,88,154

权威 41,44,126,133,135,148,176,183,185,186,217,218,220,226,244,250,252—254,307,309,318

人类社会 21,85,101,130,133,138,141,159,160,163,164,172,174,178,182,189,190,195,197,200,201,204,206—208,222,223,225,239,243,250,254,255,261,264,265,280,301,311,323

人民当权的 35,138,143,146,259,261,316

人权 25,34,86,96,97,101,102,105,106,110,112,114,119,120,142,144,156,161—163,169,179,188,195,199,207,211,231,235,236,241,276,277,285,292,295,297,322

认同 6,10,13,14,17,18,24,25,31,

72,74,76,104,143—146,148,153,163,179,199,219,252,253,258,267,269,270,272,320

商品 44,83,107—114,142,161,164,166,193,200,207,209,210,223,231,236,239,241,248,259,269,277—283

社会革命 82,89,115,158,186,206,208,235,242,244,246,254,291,309,321

社会权力 25,131,135,150,171,188,189,195,203,261,304

社会所有制 169,203,204,226,234,274

实践 5,11,15,18,20,25,28,30,31,38,52,60,62,81,85,89,90,98—101,115,120,121,124—126,148,150,159,162,165,173,185,190—193,195,197,198,206—208,216,219,222,230,235,249,255,257,261,265,266,268,269,272,273,275,280,285,286,288,290,298,299,301—303,310,311,313—317,319—324,326

市民社会 3,9,17,37,59,61,87—90,95—97,100,104—108,111,130,138,143,144,146,149—153,155,156,159—165,170,171,178—180,188,189,191,192,195,200—202,206,207,211,253,255,256,259,261,269,273,274,279,283,284,286,298

所有权 58,59,106,113,167,170,201,211,287

特权 40,41,45,50,54,65,69,70,75,76,79,94,123,127,180,209

统治权 46,47,53,56,103,114,123,180

王权 13,60,96

唯物史观 91,98,161,174,177,205,221,259,288

无产阶级专政 2,4,5,7,18,31,37,39,67,115,121,123,124,147,148,157,158,168,182—185,193,196,197,205,227,229,233,238,239,242,243,247,250,254,257,274,287,318

无政府主义 148,152,187,215,231,239—246,250,254,257,325

行政权 40,60,96,155,166

虚幻的共同体 36,124,131,144,187,195,225,254,257,283

选举权 20,108,117,118,180,184,220,312,313,316

议会制 23,25,68,93,94,116,123,181,195

议政合一 122,125

真正的民主制 6,17,19,23,24,31,73,97,98,138,142,144,146,152,156,159,163,164,168—170,172—174,186,189,212,213,285,287,299,300

索　引

政治冷淡主义　242,246,253,254,257

政治虚无主义　215,247,249,250,252—257,325

政治自由　20,25,42,57,76,81,92,97,102,270

直接民主　8,22,34,59,62,63,70,136,199,259,271,314,319

种　1—9,11—15,18,20—23,25,27—30,32—34,36—38,40—42,45—51,56,58,59,61,64,66,70—72,75,77—79,82—84,87—95,99,100,104,105,107—113,116—118,120,121,123,125,126,129—142,144—148,151—159,161,162,165—167,169—172,175—177,180,182,183,187,190—202,204—220,222,223,227—235,237—239,242,245—257,261,262,266—270,272,275,277—282,284—286,289,293,294,298,300,304,311,313,317,319,325

主权　5,12,23,26,34,37,39,41,45,56—59,61—64,67,69,70,72,78,95,96,100,106,116,118,119,122,125,127,138—141,144,147,151,153,155,156,159—161,164—168,179—182,195,199,201,216,217,219—222,224,225,259,260,265,268,277,281,284,291,292,294,295,304,305,308,312,315,317—319,322

主体性　13,26,35,50,131,143,157,172,173,252,271,279,283

资本　1—4,6,7,10,13,17,18,23—25,29,31,32,37,41,50,51,58,61,63—66,70—73,78,83—85,87—89,96,100—103,105—119,121—123,125—133,139,142,144,145,147,151,156—159,161—168,170—174,178—182,186—188,192,193,195—197,200,203—207,209—212,218,220,223—227,229—238,241—244,246,248,249,253,255,257,259—261,263,264,266—270,272—274,276—284,286,287,289,290,293,297,298,300,301,304,306,311—313,318,321,324

自由　4,5,9,11,12,14,15,17—20,25,28,33—35,37,38,40—42,44—50,52,56—65,68,70,71,73—77,79—86,88,89,91—94,96,97,100—115,117—121,123,125,127,130—133,135,138—142,144,146,148,149,151,157—167,169—171,173,175,176,178—180,186—188,191,192,195—197,199,200,206,207,209—214,217,218,221,227,229—231,233,235,237,240—245,247,250,253,255,257,260,261,264,267—274,276,277,279—284,

289,291,293,294,296—298,304,309,312,318,322,324

自治　27,29,31,39,55,81,122,126,128,139,146—148,171,185,189,208,218,257,262,288,313,315,318,319,323

自主性　114,152,153,165,201,210,255,256,270,282—285

后　　记

　　本书是在我博士学位论文基础上修改而成的，从最初的论文撰写到答辩通过，再到如今的补充、完善、整理出版，所获支持和帮助，非言语所能尽。

　　感谢我的博士生导师杨谦教授。正是在她的教育和引导下，我得以深仰马克思思想之宇宙，窥得学术研究一门径。杨老师以其广博的学识和严谨治学的态度指引我潜心向学，潜心育人。本书的选题、框架、定稿都凝聚了杨老师大量的心血。杨老师不吝赐教，在每一环节上都为书稿指导分析，润色把关，这不仅给本书增辉不少，而且也使我受益良多。感谢我的硕士生导师房广顺教授。房老师深厚的学术素养和严谨治学态度是我学习的典范。从赐教文献选择、综述撰写到文本阅读，逐渐引领我走上学术道路。学习之余，两位导师对我教学、科研上的关心和帮助也让我格外感激，倍加珍惜来之不易的师生情谊。

　　感谢国家社科基金优秀博士论文出版项目平台和各位评审专家提出的宝贵意见。虽素未谋面且不知姓名，但各位专家建设性的意见和建议切中肯綮，一语中的，让我在修改书稿时思路更清晰，内容也更有针对性。

　　感谢中国社会科学出版社提供的出版平台。感谢杨晓芳编辑，多次往来联络，倾注至真性情，为本书能够顺利出版做了许多细致入微的工作。感谢对书稿进行编辑、校对的工作人员，因为你们耐心细致的工作才使得书稿在内容和形式上更加完善。

本书最终得以出版，还得益于我所工作的天津科技大学的领导和同事的大力支持。感谢天津科技大学社科专项资金支持，感谢马克思主义学院各位领导对于科研工作的支持。在此一并致谢！最后，感谢我的家人、同事和朋友，也正是在他们的关心和帮助，我才能顺利出版我的第一部学术专著。但因才力不逮，书中言语不乏有稚嫩之处。故此，此生有涯而学海无涯，新的开始，求知路不停息。